编写指导单位
中华人民共和国人力资源和社会保障部人力资源市场司

编写组织单位
北京大学人力资源开发与管理研究中心

中国人力资源服务业
蓝皮书
2019

BLUE PAPER FOR
HUMAN RESOURCES SERVICE INDUSTRY
IN CHINA

萧鸣政 等 编著

人民出版社

《中国人力资源服务业蓝皮书 2019》
组 织 委 员 会

顾问委员会

赵履宽　徐颂陶　潘金云

专家委员会

王通讯	何　宪	余兴安	吴　江	刘福垣	田小宝	刘燕斌
莫　荣	刘学民	高小平	鲍　静	张　德	董克用	曾湘泉
郑功成	杨河清	廖泉文	赵曙明	石金涛	关培兰	车宏生
郑日昌	时　勘	王二平	叶忠海	沈荣华	王　磊	梁均平
孙建立	王克良	毕雪融	王建华	陈　军	樊进生	毛大力
萧鸣政	顾家栋	袁伦蕖	段兴民	赵永乐	张宇泉	

研究项目组顾问

赵曙明　孙建立　王周谊

编辑委员会

萧鸣政	王周谊	李　震	陆　军	李　净	胡　鹏	孙　宏
卢玉珑	隋建华	梁海慧	廖承英	冯荣珍	张湘姝	韩翘楚
胡诗宇	张　冬	朱玉慧兰	张智广	董　杲	林　禾	

目　录

CONTENTS

前　　言

功以才成，业由才广。新中国成立 70 年的历史实践已经证明，人才是国家科技创新和经济社会发展的基础性力量，是实现民族振兴与赢得国际竞争主动的战略性资源。在实现中华民族伟大复兴的征程中，人才越来越站在经济社会发展的最前端，与国家强盛、民族复兴与事业发展同频共振，对推进供给侧结构性改革、转变发展方式和改善民生发挥着第一资源、第一驱动力和第一优势的重要作用。

人力资源服务业，是现代服务业发展中的重要产业，是人才资源发挥作用的重要支撑。党的十九大报告中明确指出，加快要素价格市场化改革，放宽服务业准入限制，完善市场监管体制，加快发展现代服务业。大力发展人力资源服务业，为人力资源的充分开发创造条件、提供支持，是新时代全面释放经济社会创新发展潜能、实现国家创新发展战略、凝聚人才力量发挥人才优势、增强国家核心竞争力和实现"两个一百年"奋斗目标的必然选择。为了推动人力资源服务业的健康发展，2018 年 6 月 29 日，国务院出台了我国人力资源要素市场领域的第一部行政法规《人力资源市场暂行条例》，为形成统一开放、竞争有序、管理规范的人力资源市场奠定了法治基础。

一年来，在党和国家的引导和支持下，人力资源服务业快速发展，人力资源服务业产业地位已经确立，服务产品日益丰富，服务能力日益提升，服务体系基本形成。截至 2018 年底，全国人力资源服务业全年营业总收入达到 1.77 万亿元，同比增长 22.69%，连续四年保持 20% 以上的年增长率。2018 年底，全国共有各类人力资源服务机构共计 3.57 万家，比上一年增加 5541 家。其中，经营性人力资源服务机构 30523 家，比上一年增加 5620 家。2018 年，全国各类人力资源服务机构为 329 万家用人单位提供人力资源管理咨询服务，同比增长 27.52%；举办培训班 37 万次，同比增长 15.63%；高级人才寻访（猎头）服务成功推荐选聘各类高级人才 168 万人，同比增长 29.23%。2018 年,各类人力资源服务机构共帮助 2.28 亿人次实现就业择业和流动,为 3669 万家次用人单位提供了服务,同比分别增长 12.52%、15.02%。数据还显示,2018 年,各类人力资源服务机构共设立固定招聘(交流)场所 3.19 万个,同比增长 48.51%;建立人力资源市场网站 1.33 万个,同比增长 10.61%。此外,2018 年全国各类人力资源服务机构举办现场招聘会(交流会)23.48 万场,同比增长 5.29%;现场招聘会提供岗位招聘信息 1.14 亿条,同比增长 9.37%;各类人力资源服务机构通过网络发布岗位招聘信息 3.60 亿条,同比增长 16.84%;通过网络发布求职信息 7.29 亿条,同比增长 16.29%。人力资源服务业兴盛发展,但与我国经济社会发展对人力资源服务业的要求和世界先进水平相比,仍有一定的差距。因此,对我国人力资源服务业进行系统研究,了解其发展现状、探究其发展过程中存在的问题、探索其未来的发展趋势,并采取有效措施,推动人力资源服务业发展,具有重要战略意义。

为了全面贯彻党和国家关于大力发展服务业的精神,进一步助力人力资源服务业的健康发展,提高人力资源服务业对实施人才强国战略的助推作用,在国家人力资源和社会保障部人力资源市场司的大力支持与指导下,北京大学继续推出《中国人力资源服务业蓝皮书 2019》。我们继续秉承推动人力资源服务业更好更快发展的宗旨,对 2018—2019 年度中国人力资源服务业的发展状况进行了深入调查与系统梳理,并结合专业前沿理论对年度内行业实践的状况进行了包括理论概述、事实描述、量化实证、案例分析在内的具有科学性和前瞻性的评价、分析与预测,力图更加全面地展现当前中国及其各省市人力资源服务业的发展现状、重点、亮点、问题和最新进展。

与往年相比,《中国人力资源服务业蓝皮书 2019》对结构进行了创新性的调整,并对内容又进行了较大的更新、补充和丰富,主要表现在以下几个方面。

第一,持续分析了中国人力资源服务业整体变化的特点与发展趋势。包括十一年来中国人力资源服务业相关政策法规的变化趋势与特点,人力资源服务业机构、业态与人员的变化趋势与特点,中国各地人力资源服务业发展水平的变化趋势与特点,中国人力资源服务业十大事件的变化趋势与特点,中国人力资源服务业研究成果的变化趋势与特点等。

第二,持续关注我国人力资源服务业政策法规发展的新内容、业态发展的新亮点和新机遇。

第三,继续关注中国各地人力资源服务业发展的量化评价模型。各省市的发展状况方面,继续从公众、政府、非政府组织三大群体的视角出发,通过大数据方法和文本分析方法对主流社交媒介、纸质媒介、网站、各省政府工作报告以及相关政策法规、规划文件进行数量统计和内容分析,来阐述人力资源服务业在我国各省市受到的重视程度及发展情况。发展水平评价方面,通过设计人力资源服务业发展状况评价指标体系,在搜集相关数据资料基础上,依据这一指标体系对各地区人力资源服务业发展水平进行了排序、分类,并对相关的数据分析结果进行了阐释与说明,最后概括总结了评价结果,提出了相应的政策建议。

第四,对人力资源服务业发展环境问题进行了关注,并且建构了一套评价指标体系,依据相关数据进行了量化评价与分析。这种研究在国内还是首次,从指标体系的建构、论证与应用,比较系统与深入。

第五,继续关注人力资源服务业十大事件评选。人力资源服务业十大事件的评选旨在展现中国人力资源服务业发展的延续性,让世人了解中国人力资源服务业这一年来在产、学、研三方面取得的突破性进展与重要成绩,大事件评选过程本身也能够提高全社会对人力资源服务业的关注和重视。蓝皮书秉承传统,优化了人力资源服务业十大事件部分的评选方式与流程,将原有正文中的“事件评述”部分拆分为“事件点评”和“重要启示”两部分,继续在专家评价和公共参与的基础上,进行了人力资源服务业发展十大事件评选。

蓝皮书共分为三个部分,具体结构如下:

第一部分为年度报告篇,共分为三章。第一章主要展示和分析了2018年8月—2019年7月我国人力资源服务业有重大影响的法律法规政策及其新变化。本章的亮点主要在于对政策背景的阐释及对政策的解读,使读者能够深刻理解并及时把握人力资源服务业的发展变化的新趋势和新动向。

第二章的主要亮点有两方面。一是从整体与技术层面,分层次从不同视角探讨了人力资源服务业的发展现状和趋势;二是系统梳理了2018—

2019 年度人力资源服务业的政策亮点与业务亮点等。

第三章以广西锦绣前程人力资源股份有限公司和江苏省人力资源服务业发展为案例,观察总结了江苏省在人力资源服务业和人力资源服务产业园区建设等方面的经验,更新了广西锦绣前程人力资源股份有限公司的相关资料,梳理了该公司在发展过程中的三次运行挑战和三次应对策略,这些经验可以给国内的人力资源服务机构及相关政府部门提供一定的参考和借鉴。

第二部分为专题报告篇,共分为五章。第一章进行了人力资源服务业各省市重视度与发展度评价。本章对所有数据进行了更新,通过数据比较对各省人力资源服务业发展情况进行了客观评价与分析;同时,对人力资源服务业发展具有特色的部分省份进行了重点描述。总体来讲,本章的特色在于通过客观数据对各省人力资源服务业的重视程度和发展情况进行横向与纵向的比较,并尝试进行原因的分析。

第二章主要论述全国各地人力资源服务业发展水平的评价指标体系及其结果。与去年的蓝皮书相比,本章的重点创新部分集中对于各地人力资源服务业发展水平评价的结果的分析、总结与政策建议,表现在研究背景、研究意义、文献综述的更新。总体而言,本章的亮点主要在于依据 2017 年及 2018 年的新数据对各地人力资源服务业发展状况进行了重新评价和重新排序,得到的研究结论,并针对其在发展过程中所衍生出来的新问题而提出了更有针对性的政策建议。

第三章的内容是全新的,主要是论述中国人力资源服务业发展的环境问题,这体现了我们对于中国人力资源服务业发展主题的深度研究与创新研究。首先,构建了人力资源服务业发展环境的评价指标体系,并运用客观统计数据,对各地人力资源服务业的发展环境进行了排序与分析;其次,将2017 年各地发展环境的评价结果与 2012 年的评价结果进行对比,分析了党的十八大以来中国各地人力资源服务业发展环境的变化情况;最后,将2017 年人力资源服务业发展环境评价与人力资源服务业发展水平评价进行比较,根据排名差异的大小揭示了发展环境与发展水平之间的关系。

第四章评选了人力资源服务业十大事件。本章主要有两大亮点:一是事件评选方式比较科学、合理。事件评选采用线上与线下相结合、评选与推荐相结合、从业人员与专家相结合的方式进行,经过事件采集、民主投票、科学评定三阶段的评选,最终得出本年度中国人力资源服务业十大事件,避免了重要事件的遗漏,保证了事件评选的全面性、代表性与权威性。二是十大事件介绍比较全面、系统。每个事件介绍时都分为事件提要部分与事件评述部分,既有对事件基本情况的介绍,又有关于事件特色、亮点、意义或作用方面的评述,让读者能更好地了解事件的全貌,并看到其在促进中国人力资源服务业发展中所发挥的作用。

　　第五章是中国人力资源服务业十一年中的发展与变化。本章内容完全是新的,综合了自2008年发布白皮书以来十一年的资料,突破了原有章节中主要以当年数据为基础的撰写方式,力图在新时代人力资源服务业蓬勃发展的背景下,总结与分析中国人力资源服务业十一年来的发展情况,从整体上把握人力资源服务业的发展脉络,找寻人力资源服务业的发展规律并探寻未来发展方向。本章亮点有三:一是内容涉猎广。从政策法规、地方发展水平、服务机构、行业大事、研究成果五方面进行梳理总结,既涵盖实践操作,又包含理论成果。二是研究方法新。通过对比分析等方法对年度发展情况进行梳理总结,提炼规律性认识。三是对策建议实。本章通过排名和类别两个部分的变化,归纳和总结了各地人力资源服务业发展水平变化,从政策、经济、人力三方面分析了变化的原因,并给出了一定的建议,对策具体实际有操作性。但由于数据资料收集欠缺,可能造成结论的可信度降低,需要在以后的研究中进一步跟踪研究。

　　蓝皮书由北京大学人力资源开发与管理研究中心负责组织编写,萧鸣政教授担任全书内容与各章节标题设计,指导各章节的编写,负责前言撰写、全书文字修改与审改,孙宏副教授协助萧鸣政教授完成了大量的综合协调与统稿工作。

　　李净、胡鹏、孙宏、卢玉珑、隋建华、胡诗宇与张冬等同志参与了第一部分的编写工作,其中孙宏、李净、胡鹏具体负责第一部分第一章内容的编写,卢玉珑、隋建华负责第一部分第二章内容的编写,胡诗宇与张冬负责第一部分第三章内容的编写。张湘姝、韩翘楚、梁海慧、廖承英、冯荣珍、朱玉慧兰、张智广、林禾、董杲等同志参与了第二部分的编写工作,其中张湘姝负责第二部分第一章内容的编写,韩翘楚负责第二部分第二章内容的编写,张智广与朱玉慧兰负责第二部分第三章内容的编写,梁海慧负责第二部分第四章内容的编写,廖承英、冯荣珍负责第二部分第五章内容的编写。孙宏参与了前言部分起草工作、吴智育副教授参与了目录与全书各章节内容的合稿工作。

特别感谢国家人力资源和社会保障部人力资源市场司孙建立司长等领导一直以来对北京大学在中国人力资源服务业方面研究的关注与大力支持,尤其对于本书以及未来研究提出的一系列指导性意见。感谢南京大学商学院名誉院长赵曙明教授对于本书的大力支持与相关指导,感谢北京人力资源服务协会张宇泉书记、上海市对外服务有限公司原总经理顾家栋、原党委副书记人力资源部经理邱健等专家学者对本书提出的宝贵建议。

人才是国家发展的战略资源,人才强则科技强、国家强。新时代国家创新驱动战略的实施、"互联网+"时代的来临以及"一带一路""京津冀协同发展"等重大战略的实施都对人才的发展与发挥提出了新要求,对于人力资源服务业的发展提出了前所未有的新需求,中国人力资源服务业将迎来新一轮跨越式发展。面对难得的发展机遇,我们将不忘初心,牢记使命,继续秉承蓝(白)皮书客观反映、系统提示、积极推动、方向探索的宗旨,希望《中国人力资源服务业蓝皮书2019》能够对中国人力资源服务业的发展起到一定的促进和推动作用,助力人才强国战略和中国梦的实现。

北京大学人力资源开发与管理研究中心主任
萧鸣政
2019 年 10 月

Preface

Merit is based on man, and industry is based on talent. The historical practice of the 70th anniversary of the founding of the people's Republic of China has proved that talents are the basic strength of national scientific and technological innovation and economic and social development, and the strategic resources to realize national rejuvenation and win international competition. In the process of realizing the great rejuvenation of the Chinese nation, talents are more and more at the forefront of economic and social development, resonance with national prosperity, national rejuvenation and career development, playing an important role of the first resource, the first driving force and the first advantage in promoting supply side structural reform, changing development mode and improving people's livelihood.

Human resource service industry is an important industry in the development of modern service industry and an important support for the role of human resources. In the report of the 19th National Congress of the Communist Party of China, it was clearly pointed out that we should accelerate the reform of factor price marketization, relax the access restrictions of service industry, improve the market supervision system, and speed up the discovery of modern service industry. It is an inevitable choice for the new era to develop human resource service industry vigorously, create conditions and provide support for the full development of human resources, release the potential of economic and social innovation and development in an all-round way, realize the national innovation and development strategy, pool human resources to give full play to their advantages, enhance the national core competitiveness and achieve the "two centenary" goals. In order to promote the healthy development of human resource service industry, on June 29, 2018, the State Council issued the first administrative regulation in the field of human resource factor market, the Interim Regulations on Human Resource Market, which laid a legal foundation for the formation of a unified, open, orderly competition and standardized human resource market.

In the past year, under the guidance and support of the party and the state, the human resources service industry has developed rapidly, the industrial status of human resources service industry has been established, the service products are increasingly rich, the service ability is increasingly improved, and the service system is basically formed. By the end of 2018, the total operating revenue of the national human resources service industry has reached 1. 77 trillion yuan, a year-on-year increase of 22. 69%, maintaining an annual growth rate of more than 20% for three consecutive years. By the end of 2018, there were 35700 human resource service institutions in China, an increase of 5541 over the previous year. Among them, there are 30523 operational human resources service institutions, an increase of 5620 over the previous year. In 2018, all kinds of human resource service institutions in China provided human resource management consulting services to 3. 29 million employers, with a year-on-year growth of 27. 52%; held 370000 training courses, with a year-on-year growth of 15. 63%; senior talent search (headhunting) service successfully recommended and hired 1. 68 million senior talents, with a year-on-year growth of 29. 23%. In 2018, all kinds of human resources service institutions helped 228 million people to realize employment selection and mobility, providing services to 36. 69 million secondary employers, with a year-on-year growth of 12. 52% and 15. 02% respectively. The data also shows that in 2018, all kinds of human resource service institutions set up 31900 fixed recruitment (exchange) places, a year-on-year increase of 48. 51%; and 13300 human resource market websites, a year-on-year increase of 10. 61%. In addition, in 2018, all kinds of Human resource service institutions held 234800 on-site job fairs (exchange meetings), an increase of 5. 29% year-on-year; on-site job fairs provided 114 million job recruitment information, an increase of 9. 37% year-on-year; various human resource service institutions released 360 million job recruitment information through the network, an increase of 16. 84% year-on-year; and 729 million job search information through the network, an increase of 16. 29% year-on-year. The human resource service industry is booming, but there is still a certain gap between the requirements of China's economic and social development for the human resource service industry and the world's advanced level. Therefore, it is of great strategic significance to make a systematic study of human resource service industry in China, to understand its development status, to explore the problems existing in its development process, to explore its future development trend, and to take effective measures to promote the development of human resource service industry.

In order to fully implement the spirit of the party and the state on vigorously developing the service industry, further boost the healthy development of the human resource service industry, and improve the role of the human resource service industry in promoting the implementation of the strategy of strengthening the country with talents, Peking University continues to launch the blue book of China's human resources 2019 under the strong support and guidance of the Human Resource Market Department of the Ministry of human Resources and Social Security. We urgently need to adhere to the purpose of promoting the better and faster development of human resource service industry, conduct in-depth investigation and systematic sorting of the development of China's human resource service industry in 2018-2019, and combine the professional frontier theory to make a scientific and forward-looking overview of the industry practice in the year, including theoretical overview, fact description, quantitative empirical analysis and case analysis Evaluation, analysis and prediction, trying to more comprehensively show the current situation, key points, highlights, problems and the latest progress of human resources service industry in China and its provinces and cities.Compared with the previous years, the blue book 2019 of China's human resource service industry has made innovative adjustments to the structure, and has made greater updates, supplements and enrichment to the content, which is mainly reflected in the following aspects.

First, based on 11 white papers and blue books published in the past 11 years, this paper analyzes the characteristics and development trend of the overall change of China's human resources service industry, including the change trend and characteristics of relevant policies and regulations of China's human resource service industry in the past 12 years, the change trend and characteristics of human resource service industry institutions, business types and personnel, the change trend and characteristics of the development level of human resource service industry in all parts of China, the change trend and characteristics of ten major events of China's human resource service industry, and the change of research results of China's human resource service industry Trends and characteristics.

Second, we should continue to pay attention to the new content, new highlights and new opportunities of the development of human resources service industry policies and regulations.

Third, continue to pay attention to the quantitative evaluation model of the development of human resource service industry in China. From the perspective of the public, the government and non-governmental organizations, the development of provinces and cities continues to make quantitative statistics and content analysis on the mainstream social media, paper media, websites, work reports of provincial governments, relevant policies, regulations and planning documents through big data and text analysis methods, so as to elaborate the impact of human resource service industry in China's provinces and cities. In the aspect of development level evaluation, through the design of the evaluation index system of human resource service industry development, based on the collection of relevant data, the development level of human resource service industry in each region is sorted and classified according to this index system, and the relevant data analysis results are explained and explained. Finally, the evaluation results are summarized and the corresponding policies are put forward Suggestion.

Fourthly, it pays attention to the development environment of human resource service industry, and constructs a set of evaluation index system, and makes quantitative evaluation and analysis based on relevant data. This kind of research is the first time in China, from the construction, demonstration and application of index system, it is more systematic and in-depth.

Fifth, continue to pay attention to the selection of the top ten events in the human resources service industry. The selection of the top ten events of human resource service industry aims to show the continuity of the development of China's human resource service industry, let the world know the breakthrough and important achievements of China's human resource service industry in the three aspects of production, learning and research. The selection process of major events can also improve the whole society's attention to the human resource service industry. Adhering to the tradition, Blue Book optimizes the selection method and process of ten major events in human resource service industry, divides the "event review" part of the original text into two parts: "event review" and "important revelation", and continues to select the ten major events in the development of human resource service industry on the basis of expert evaluation and public participation. The blue book is divided into three parts. The specific structure is as follows:

The first part is the annual report, which is divided into three chapters. The first chapter mainly shows and analyzes the laws, regulations and policies that have a significant impact on China's human resources service industry from August 2018 to July 2019 and their new changes. The highlight of this chapter mainly lies in the interpretation of the policy background and the interpretation of the policy, so that the readers can deeply understand and timely grasp the new trends and new trends of the development and change of human resources service industry. There are two main highlights in the second chapter. First, from the overall and technical level, it discusses the development status and trend of human resource service industry from different perspectives; second, it systematically combs the policy highlights and business highlights of human resource service industry in 2018-2019. Taking Guangxi Jinxiu Qiancheng Human Resources Co., Ltd. and the development of Jiangsu human resources service industry as examples, the third chapter observes and summarizes the experience of Jiangsu Province in the construction of human resources service industry and human resources service industrial park, updates the relevant information of Guangxi Jinxiu Qiancheng Human Resources Co., Ltd., combs the three operational challenges and three responses of the company in the development process strategy, these experiences can provide some reference for domestic human resource service institutions and relevant government departments.

The second part is the special report, which is divided into five chapters.

The first chapter evaluates the importance and development of human resource service industry. The first part is the update of all the data. It objectively evaluates and analyzes the development of human resource service industry in each province through data comparison, and the second part focuses on the description of some provinces and cities with characteristics in the development of human resource service industry. Generally speaking, the characteristics of this chapter is to compare the level of attention and development of human resources service industry in each province horizontally and vertically through objective data, and try to analyze the reasons.

The second chapter mainly discusses the evaluation index system and results of the development level of human resource service industry in all parts of the country. The key innovation part focuses on the analysis, summary and policy recommendations of the evaluation results of the development level of human resource service industry in all regions, which is reflected in the update of the research background, research significance and literature review. In general, the highlight of this chapter is to reevaluate and reorder the development of human resource service industry in different regions based on the new data in 2017 and 2018. The research conclusions are obtained, and more targeted policy suggestions are put forward for the new problems derived from the development process.

The content of the third chapter is brand-new. It mainly discusses the environmental problems of the development of China's human resource service industry, which reflects our in-depth research and innovation research on the development theme of China's human resource service industry. Firstly, the evaluation index system of the development environment of human resource service industry is constructed, and the development environment of human resource service industry in different regions is sorted and analyzed by using the relevant objective statistical data in 2017; secondly, the evaluation results of the development environment in different regions in 2017 are compared with those in 2012, and the development environment of human resource service industry in different regions in China since the 18th National Congress of the Communist Party of China is analyzed. Finally, the paper compares the development environment evaluation of human resource service industry in 2017 with the development level evaluation of human resource service industry, and reveals the relationship between the development environment and the development level according to the difference of ranking.

The fourth chapter selects the top ten events of human resource service industry. This chapter has two highlights. First, the event selection method is relatively scientific and reasonable. The event selection adopts the combination of online and offline, the combination of selection and recommendation, and the combination of practitioners and experts. After three stages of event collection, democratic voting and scientific evaluation, the top ten events in China's human resources service industry this year are finally concluded. It avoids the omission of important events and ensures the comprehensiveness, representativeness and authority of event selection. Second, the introduction of the top ten events is comprehensive and systematic. Each event introduction is divided into eventsummary part and event comment part, which not only introduces the basic situation of the event, but also comments on the characteristics, highlights, significance or role of the event, so that readers can better understand the full picture of the event and see its role in promoting the development of China's human resources service industry.

The fifth chapter is the development and change of China's human resource service industry in the past 11 years. The content of this chapter is totally new. It synthesizes the information of 11 years since the first white paper was published in 2008, breaks through the writing mode of the original chapter which is mainly based on the data of that year, and tries to summarize and analyze the development of human resource service industry in China in the past 11 years under the background of the vigorous development of human resource service industry in the new era, so as to grasp the development of human resource service industry as a whole context, to find the development law of human resource service industry and explore the future development direction. There are three highlights in this chapter. First, it covers a wide range of contents, including policies and regulations, local development level, service institutions, industry events and research results, covering both practical operation and theoretical results. Second, new research methods. Through comparative analysis and other methods to sort out and summarize the annual development situation, extract the regular understanding. Third, the countermeasures and suggestions are practical. The second part summarizes the development level of human resource service industry in different regions through the changes of ranking and category. This paper analyzes the reasons of the change from three aspects of policy, economy and manpower, and gives some suggestions. The countermeasures are practical and practical. However, due to the lack of data collection, the credibility of the conclusion may be reduced, which needs further follow-up study in the future research.

The blue book is organized and compiled by the Human Resources Development and Management Research Center of Peking University. Professor Xiao Mingzheng is responsible for the design of the contents and titles of the chapters, the preparation of the chapters, the writing of the foreword, the revision and examination of the whole book. Associate Professor Sun Hong assisted Professor Xiao Mingzheng in completing a lot of comprehensive coordination and unified draft work.

Li Jing, Hu Peng, Sun Hong, Lu Yulong, Sui Jianhua, Hu Shiyu and Zhang Dong participated in the compilation of the first part, of which Sun Hong, Li Jing and Hu Peng were specifically responsible for the compilation of the first chapter of the first part, Lu Yulong and Sui Jianhua were responsible for the compilation of the second chapter of the first part, and Hu Shiyu and Zhang Dong were responsible for the compilation of the third chapter of the first part. Zhang Xiangshu, Han Qiaochu, Liang Haihui, Liao Chengying, Feng Rongzhen, Zhu Yuhuilan, Zhang Zhiguang, Lin He, Dong Gao and other comrades participated in the preparation of the second part, in which Zhang Xiangshu was responsible for the preparation of the first chapter of the second part, Han Qiaochu was responsible for the preparation of the second chapter of the second part, Zhang Zhiguang and Zhu Yuhuilan were responsible for the preparation of the third chapter of the second part, Liang Haihui was responsible for the preparation of the fourth chapter, and Liao Chengying and Feng Rongzhen were responsible for the preparation of the fifth chapter. Sun Hong participated in the drafting of the preface, and Vice Professor Wu Zhiyu participated in the compilation of the contents of the catalogue and the chapters of the book.

Special thanks to Sun Jianli, director of human resources market department of the Ministry of Human Resources and Social Security and other leaders for their attention and strong support to Peking University's research in China's human resources service industry, especially for a series of guiding opinions on this book and future research. Thanks to Professor Zhao Shuming, honorary Dean of Business School of Nanjing University, for his strong support and relevant guidance for this book, and thanks to Secretary Zhang Yuquan of Beijing Human Resources Service Association, Gu Jiadong, former general manager of Shanghai Foreign Service Co., Ltd., Qiu Jian, former deputy secretary of the Party committee and manager of human resources department and other experts and scholars for their valuable suggestions to this book.

Talents are the strategic resources for the development of the country. Chinese hitherto unknown Internet plus, one belt, one road, and the coordinated development of Beijing, Tianjin and Hebei has brought new demands to the development and development of talents. China's human resources service industry will usher in a new round of development. In the face of rare development opportunities, we will not forget our original mind, keep in mind our mission, continue to adhere to the objective reflection, systematic prompt, active promotion and direction exploration purposes of blue (white) book, and hope that blue book 2019 of China's human resource service industry can play a certain role in promoting the development of China's human resource service industry, and help the realization of the strategy of strengthening the country with talents and the Chinese Dream.

Director of Human Resources Development and

Management Research Center in Peking University

Xiao Mingzheng

October 2019

第一部分
年度报告篇

第一章 人力资源服务业相关政策法规

【内容提要】

本章主要摘录和分析了 2018 年 8 月—2019 年 7 月期间国家出台的对于我国人力资源服务业有重大影响的法律法规政策及其新变化。本章通过对这些法律法规政策出台背景、内容要点的分析以及解读,使读者能够及时掌握人力资源服务业所处的政策环境新变化和新动向。

今年继续"政策背景"部分的创新,深入探索每项政策实施的原因和发展路径。本章除了对政策进行解读外,在分类方法上采取了层级分类,有国家层面的如国务院颁布的政策法规,有人力资源和社会保障部制定的行业政策规定。此外,除了详细解读政策本身外,本章还重点解读了政策的创新之处以及给人力资源服务业带来的影响,力求使读者能够快速掌握每项政策对于人力资源服务业的影响传导路径。

Chapter 1　Major Regulations and Policies Concerning Human Resources Service

【Abstract】

This chapter outlines and analyzes the laws, regulations and policies and their new changes that have significant impact on China's human resources service industry enacted by the state between August 2018 and July 2019. In-depth interpretation of these laws, regulations and policies enables us to keep better track of the new changes and new trends in policies and regulations concerning the HR service industry.

In addition to the introduction and interpretation of relevant policies, this chapter of the Blue Paper continues the innovation of "Policy Background" to deeply explore the causes and development path of every policy in 2019. Another new changes is the classification method by dividing relevant policies into two categories, i.e. (1) national policies enacted by the State Council that have a significant impact on China's human resources service industry. (2) policies enacted by the Ministry of Human Resources and Social Security. In addition to the in-depth interpretation of policies themselves, we also elaborate the innovations of the policy and the impact of policies on the human resources service industry. Such efforts are given to facilitate a quicker understanding of the readers on the impact transmission mechanism of each policy on the development of the human resources service industry.

一、促进简政放权、优化管理的相关政策法规

（一）国务院《关于在全国推开"证照分离"改革的通知》

为进一步破解"准入不准营"问题，激发市场主体活力，加快推进政府职能深刻转变，营造法治化、国际化、便利化的营商环境，在前期试点基础上，2018 年 10 月 10 日，国务院正式发布《关于在全国推开"证照分离"改革的通知》①（以下简称《通知》），决定在全国推开"证照分离"改革。

政策背景：

早在 2015 年底，国务院批复同意在上海浦东新区率先开展 116 项涉企行政审批事项"证照分离"改革试点。2017 年 9 月，国务院部署在更大范围推进"证照分离"改革试点。试点推进以来，有效降低了市场准入门槛和制度性交易成本，提升了政府行政服务效率，受到了企业和社会公众的广泛好评。上海浦东新区实施"证照分离"改革后的 2016 年和 2017 年，纳税主体

---

① 中央人民政府网，http://www.gov.cn/zhengce/content/2018-10/10/content_5329182.htm。

分别增加了 4.9 万户和 5.9 万户,分别较 2015 年增长了 9% 和 29%。在更大范围试点推进"证照分离"改革后,办了证、缴了税的活跃企业持续增长,改革的辐射带动效应逐渐显现。至 2018 年 9 月底,全国实有市场主体 1.06 亿户,前 9 个月新设市场主体 1561.6 万户,同比增长 10.4%,日均新设市场主体 5.72 万户,日均新设企业 1.84 万户。商事制度改革以来,新创立的市场主体已经占总数的 73%,新创立的企业已经占总数的 72.2%。

在前期试点和评估工作基础上,2018 年 9 月 27 日,国务院正式印发《通知》,要求通过改革,进一步厘清政府与市场关系,加强事中事后综合监管、公正监管,进一步营造稳定、公平、透明、可预期的市场准入环境。

内容要点:

1. 明确改革方式

对纳入"证照分离"改革范围的涉企(含个体工商户、农民专业合作社)行政审批事项分别采取以下四种方式进行管理。

一是直接取消审批。对设定必要性已不存在、市场机制能够有效调节、行业组织或中介机构能够有效实现行业自律管理的行政审批事项,直接取消。市场主体办理营业执照后即可开展相关经营活动。

二是取消审批,改为备案。对取消审批后有关部门需及时准确获得相关信息,以更好开展行业引导、制定产业政策和维护公共利益的行政审批事项,改为备案。市场主体报送材料后即可开展相关经营活动,有关部门不再进行审批。

三是简化审批,实行告知承诺。对暂时不能取消审批,但通过事中事后监管能够纠正不符合审批条件行为的行政审批事项,实行告知承诺。有关部门要履职尽责,制作告知承诺书,并向申请人提供示范文本,一次性告知申请人审批条件和所需材料,对申请人承诺符合审批条件并提交有关材料的,当场办理审批。市场主体要诚信守诺,达到法定条件后再从事特定经营活动。有关部门实行全覆盖例行检查,发现实际情况与承诺内容不符的,依法撤销审批并予以从重处罚。

四是完善措施,优化准入服务。对关系国家安全、公共安全、金融安全、生态安全和公众健康等重大公共利益的行政审批事项,保留审批,优化准入服务。要针对市场主体关心的难点痛点问题,精简审批材料,公示审批事项和程序;要压缩审批时限,明确受理条件和办理标准;要减少审批环节,科学设计流程;要下放审批权限,增强审批透明度和可预期性,提高登记审批效率。

2.统筹推进"证照分离"和"多证合一"改革

通过"证照分离"改革,有效区分"证""照"功能,让更多市场主体持照即可经营,着力解决"准入不准营"问题。营业执照是登记主管部门依照法定条件和程序,对市场主体资格和一般营业能力进行确认后,颁发给市场主体的法律文件。"多证合一"改革后,营业执照记载的信息和事项更加丰富,市场主体凭营业执照即可开展一般经营活动。许可证是审批主管部门依法颁发给特定市场主体的凭证。这类市场主体需持营业执照和许可证方可从事特定经营活动。各地要统筹推进"证照分离"和"多证合一"改革。对于"证照分离"改革后属于信息采集、记载公示、管理备查类的事项,原则上要通过"多证合一"改革尽可能整合到营业执照上,真正实现市场主体"一照一码走天下"。

3.加强事中事后监管

加快建立以信息归集共享为基础、以信息公示为手段、以信用监管为核心的新型监管制度。切实贯彻"谁审批、谁监管,谁主管、谁监管"原则,行业主管部门应当切实承担监管责任,针对改革事项分类制定完善监管办法,明确监管标准、监管方式和监管措施,加强公正监管,避免出现监管真空。全面推进"双随机、一公开"监管,构建全国统一的"双随机"抽查工作机制和制度规范,逐步实现跨部门"双随机"联合抽查常态化,推进抽查检查信息统一归集和全面公开,建立完善惩罚性赔偿、"履职照单免责、失职照单问责"等制度,探索建立监管履职标准,使基层监管部门在"双随机"抽查时权责明确、放心履职。健全跨区域、跨层级、跨部门协同监管机制,进一步推进联合执法,建立统一"黑名单"制度,对失信主体在行业准入环节依法实施限制。探索对新技术、新产业、新模式、新产品、新业态采取包容审慎的监管方式,着力为新动能成长营造良好政策环境。强化企业的市场秩序第一责任人意识,建立完善信用修复机制,更好发挥专业服务机构的社会监督作用,引导社会力量共同参与市场秩序治理,逐步构建完善多元共治格局。

4.加快推进信息归集共享

各地区、各部门要依托已有设施资源和政府统一数据共享交换平台,进一步完善全国和省级信用信息共享平台、国家企业信用信息公示系统,在更大范围、更深层次实现市场主体基础信息、相关信用信息、违法违规信息归集共享和业务协同。加快完善政府部门涉企信息资源归集目录,建立全国统一标准的企业法人单位基础信息资源库。健全市场监管部门与行政审批部门、行业主管部门之间对备案事项目录和后置审批事项目录的动态维护机制,明确事项表述、审批部门及层级、经营范围表述等内容。市场监管部门应当按照统一的数据标准,通过省级人民政府统一数据共享交换平台将信息及时推送告知行政审批部门、行业主管部门。行政审批部门、行业主管部门应当将备案事项和后置审批事项信息通过"信用中国"网站和国家企业信用信息公示系统记于相对应市场主体名下,并对外公示。

政策解读:

开展"证照分离"改革,是落实党中央、国务院重大决策部署,释放企业创新创业活力,推进营商环境法治化、国际化、便利化的重要举措。实践证明,"证照分离"改革是深化"放管服"改革,推进政府职能转变的重要抓手,在服务创新创业、转变政府职能、优化营商环境方面成效显著。主要表现在以下几方面:一是市场活力有效激发,企业满意度大幅提升。对于直接取消审批、审批改备案事项,企业不再办理许可证,实现持营业执照即可经营,可以减少企业往返各部门奔波之苦,为企业节省大量的时间和精力。二是政府职能转变成效显著。"证照分离"改革是一场刀刃向内的政府改革,改革的结果是把降低门槛后的方便送给了企业,把事中事后监管的挑战留给了政府,这是政府管理理念上的重大改革。实践证明,降低企业准入门槛,破解"准入不准营"难题的同时,注重加强事中事后监管,有效避免了出现重大监管风险。三是企业营商环境得到优化。"证照分离"改革是构建法治化、国际化、便利化营商环境的重要抓手,推动了地方"最多跑一次""就近服务""网上服务""一次办成"等公共服务创新,深度对接企业需求,提供零距离、心贴心的优质服务。

（二）中共中央办公厅、国务院办公厅《关于建立健全基本公共服务标准体系的指导意见》

中央全面深化改革委员会第三次会议审议通过了《关于建立健全基本公共服务标准体系的指导意见》①（以下简称《指导意见》）。2018 年 12 月 12 日，中共中央办公厅、国务院办公厅印发了《指导意见》，并发出通知，要求各地区各部门结合实际认真贯彻落实。

政策背景：

"十二五"和"十三五"时期，我国先后制定并实施了两部国家级基本公共服务规划，在各地区各部门的共同努力下，覆盖全民的基本公共服务制度基本建成，各级各类基本公共服务设施持续改善，国家基本公共服务清单项目全面落实，保障能力和群众满意度逐步提升，但是仍然存在着发展不平衡不充分、质量参差不齐、服务水平与经济社会发展不适应等问题。

此次《指导意见》提出，要建立健全基本公共服务标准体系，规范中央与地方支出责任分担方式，推进城乡区域基本公共服务制度统一，促进各地区各部门基本公共服务质量水平有效衔接，以标准化手段优化资源配置、规范服务流程、提升服务质量、明确权责关系、创新治理方式，确保基本公共服务覆盖全民、兜住底线、均等享有，使人民获得感、幸福感、安全感更加充实、更有保障、更可持续。力争到 2025 年，基本公共服务标准化理念融入政府治理，标准化手段得到普及应用，系统完善、层次分明、衔接配套、科学适用的基本公共服务标准体系全面建立；到 2035 年，基本公共服务均等化基本实现，现代化水平不断提升。②

内容要点：

《指导意见》指出，建立健全基本公共服务标准体系，以标准化促进基本公共服务均等化、普惠化、便捷化，是新时代提高保障和改善民生水平、推进国家治理体系和治理能力现代化的必然要求，这对于我们加快健全与完善人力资源服务标准体系提出了新要求。

《指导意见》强调，要建立健全基本公共服务标准体系，规范中央与地

---

① 新华网，http://www.xinhuanet.com/politics/2018-12/12/c_1123843910.htm。

② 《我国将从四个层面构建基本公共服务标准体系》，光明网，2018 年 12 月 24 日。

方支出责任分担方式,推进城乡区域基本公共服务制度统一,促进各地区各部门基本公共服务质量水平有效衔接,以标准化手段优化资源配置、规范服务流程、提升服务质量、明确权责关系、创新治理方式,确保基本公共服务覆盖全民、兜住底线、均等享有,使人民获得感、幸福感、安全感更加充实、更有保障、更可持续。力争到 2025 年,基本公共服务标准化理念融入政府治理,标准化手段得到普及应用,系统完善、层次分明、衔接配套、科学适用的基本公共服务标准体系全面建立;到 2035 年,基本公共服务均等化基本实现,现代化水平不断提升。

《指导意见》提出了 4 个方面的重点任务:一是完善各级各类基本公共服务标准,构建涵盖国家、行业、地方和基层服务机构 4 个层面的基本公共服务标准体系。二是明确国家基本公共服务质量要求,提出幼有所育、学有所教、劳有所得、病有所医、老有所养、住有所居、弱有所扶以及优军服务保障、文体服务保障等 9 个方面的具体保障范围和质量要求。三是合理划分基本公共服务支出责任,明确政府在基本公共服务中的兜底职能,明确中央与地方支出责任划分,制定中央与地方共同财政事权基本公共服务保障国家基础标准。四是创新基本公共服务标准实施机制,要求促进标准信息公开共享,开展标准实施监测预警,推动标准水平动态有序调整,加强实施结果反馈利用,推进政府购买公共服务,鼓励开展创新试点示范。

政策解读:

建立健全基本公共服务标准体系,明确国家和地方提供基本公共服务的质量水平和支出责任,以标准化促进基本公共服务均等化、普惠化、便捷化,是新时代提高保障和改善民生水平、推进国家治理体系和治理能力现代化的必然要求,对于不断满足人民日益增长的美好生活需要、不断促进社会公平正义、不断增进全体人民在共建共享发展中的获得感,具有十分重要的意义。《指导意见》提出了以幼有所育、学有所教、劳有所得、病有所医、老有所养、住有所居、弱有所扶等为统领,提出了涵盖公共教育、劳动就业创业、社会保险、医疗卫生、社会服务、住房保障、公共文化体育、优抚安置、残疾人服务等 9 个领域的国家基本公共服务质量要求。

《指导意见》按照系统性、层次性和协调性的要求,从国家、行业、地方、基层服务机构 4 个层面,构建了基本公共服务标准体系的总体框架。其中,国家层面要制定国家基本公共服务标准,向社会公布服务项目、支付类别、服务对象、质量标准、支出责任、牵头负责单位等。各行业主管部门结合各行业领域发展特点,制定各行业领域基本公共服务标准体系实施方案,系统梳理并修订完善现有标准规范,加快制定一批急需短缺的标准,完善设施建设、设备配置、人员配备、服务管理等软硬件标准要素,提出促进标准落地实施的保障措施。地方政府依据国家基本公共服务标准以及各行业领域标准规范,结合本地区经济发展、空间布局、人口结构和变动趋势、文化习俗等因素,经与国家基本公共服务相关规划和标准衔接并进行财政承受能力评估后,制定本地区基本公共服务具体实施标准。直接面向服务对象提供基本公共服务的人民团体、企事业单位、社会组织在严格执行各级各类标准规范的基础上,按照方便实用、清晰明了、简单易行的要求,结合实际建立服务指南、行为规范、质量承诺、服务记录追溯、服务绩效评价等制度。

(三) 中共中央组织部、人力资源社会保障部《事业单位工作人员奖励规定》

2018 年 12 月 24 日,中组部、人社部印发《事业单位工作人员奖励规定》(以下简称《奖励规定》)①,为激励广大事业单位工作人员担当作为、干事创业,加强高素质专业化事业单位队伍建设提供了制度支撑。

政策背景:

为深入贯彻习近平新时代中国特色社会主义思想和党的十九大精神,贯彻落实新时代党的组织路线,建立导向鲜明、科学规范、有效管用的事业单位工作人员奖励制度,激励广大事业单位工作人员担当作为、干事创业,根据《事业单位人事管理条例》等法律法规,中央组织部、人力资源社会保障部共同研究制定了《奖励规定》。

内容要点:

《奖励规定》坚持党管干部、党管人才,坚持德才兼备、以德为先,坚持事业为上、突出业绩贡献,坚持公开公平公正、严格标准程序,坚持精神奖励

---

① 人力资源和社会保障部网站, http://www. mohrss. gov. cn/SYrlzyhshbzb/dongtaixinwen/buneiyaowen/201812/t20181221_307467.html。

与物质奖励相结合、以精神奖励为主,坚持定期奖励与及时奖励相结合、以定期奖励为主,致力于服务经济社会发展,充分调动事业单位工作人员积极性、主动性、创造性,体现了时代性、导向性、实效性。

《奖励规定》要求按照分级分类原则组织实施奖励工作,将事业单位人事综合管理部门和事业单位、主管机关(部门)以及有关行业主管部门都列入奖励实施责任主体范围,明确划分奖励权限、规定奖励程序,注意落实和保障事业单位的自主权。根据行业特点和事业单位实际需要,《奖励规定》从加强党建工作、执行重要任务、推进改革发展、长期服务基层、发明创造创新、维护安全稳定、对外交流合作等方面,明确了奖励条件,并对嘉奖、记功、记大功等奖励种类作了细化表述,增强了奖励工作的针对性和操作性。

《奖励规定》对定期奖励和及时奖励分别作出规定。定期奖励一般以年度或聘(任)期为周期进行,以年度考核、聘(任)期考核结果为主要依据,奖励具体时间由奖励决定单位根据行业实际、工作特点等确定。定期奖励的比例(名额),由奖励决定单位结合事业单位数量、人员规模、职责任务、工作绩效等因素统筹确定,给予工作人员嘉奖、记功,一般分别不超过工作人员总数的 20%、2%,定期奖励的比例(名额)应向基层和艰苦边远地区事业单位倾斜,向一线工作人员倾斜。《奖励规定》提出加大及时奖励力度,及时奖励情况可以作为定期奖励的重要参考。《奖励规定》还对颁发奖励证书、奖章或奖牌等作了明确规定,为更好地适应各级各类事业单位奖励工作需要,对给予奖金作出原则性规定。

《奖励规定》坚持把监督贯穿奖励实施全过程,强调严格遵守政治纪律和政治规矩、组织人事纪律、工作纪律、财经纪律、廉洁纪律,在审批时,要根据需要组织评选或听取业内专家、服务对象等有关方面意见,应听取纪检监察机关意见,从制度上防止"带病奖励";对违反规定获得或实施奖励的,要按程序撤销奖励,追究责任,作出处理。

政策解读:

《奖励规定》进一步完善了事业单位的激励机制,填补了制度空白,对于激发事业单位的内生动力,激励工作人员担当作为、干事创业具有重要的意义。《奖励规定》充分体现了以下几方面特色:

一是深入贯彻习近平新时代中国特色社会主义思想和中央的最新精神,把握《中国共产党党内功勋荣誉表彰条例》《国家功勋荣誉表彰条例》相关要求,突出政治品质和业绩贡献,体现正向激励引领。

二是根据事业单位实际需要,从基本原则、条件种类、权限程序、实施要求等方面细化奖励工作具体规定。坚持定期奖励与及时奖励相结合,加大奖励力度,坚持事业为上、突出业绩贡献,充分体现奖励工作的时代性、导向性、实效性。

三是按照适度授权、统筹平衡的原则设定不同层级事业单位的奖励权限,将事业单位人事综合管理部门、主管机关(部门)、行业主管部门、事业单位都列入奖励实施责任主体范围。一方面注重调动主管部门积极性,另一方面突出落实和保障事业单位自主权,体现有收有放、统分有度。

四是借鉴《公务员奖励规定(试行)》,既明确公职人员奖励的共性要求,注意保持与公务员奖励政策的大体平衡,又把握事业单位公益性、服务性、专业性、技术性等特点,体现"同与不同"。

五是注重结果与过程相统一。《奖励规定》强调奖励工作要坚持公开公平公正,将监督贯穿奖励实施的全过程。规定奖励决定单位在审批奖励时,要根据需要组织评选或者听取业内专家、服务对象等有关方面的意见,同时对拟奖励名单,应当听取纪检监察机关的意见,涉及领导人员的,应当按照干部管理权限事先征得组织人事部门同意,防止暗箱操作和"带病奖励"。同时强调奖励工作要严格遵守各项纪律,对违反规定实施奖励的行为,规定相应的惩戒措施,保证了奖励工作的严肃性。

(四)中共中央办公厅《公务员职务与职级并行规定》

2019 年 3 月,中共中央办公厅印发了《公务员职务与职级并行规定》[①],并发出通知,要求各地区各部门认真遵照执行。

政策背景:

目前我国的公务员体制虽然运转顺利,为改革开放事业作出了巨大贡献,确保了经济社会持续健康发展,但是也存在较大的不足。由于真正的领

---

① 中央人民政府网,http://www.gov.cn/zhengce/2019-03-27/content_5377422.htm。

导职务比例和职数越到上面越少,无法满足追求事业进步和职务提升的公务员队伍的需求,以职务为主的模式愈发难以解决体制限制和个人进步之间的矛盾。过去的职务晋升不但代表着组织对个人工作的肯定,也意味着更多的保障、福利和社会荣誉,但当职务越往上越稀缺时,另一种晋升方式就成为公务员体制的必需了,这就是职级。

实行公务员职务与职级并行制度旨在适应推进国家治理体系和治理能力现代化的要求,完善中国特色公务员制度,改革公务员职务设置办法,建立职级序列,畅通职级晋升通道,拓展职级晋升空间,促进公务员立足本职安心工作,加强专业化建设,激励公务员干事创业、担当作为。

内容要点:

1. 关于职务与职级序列

此次重申了领导职务的 10 个层次:国家级正职、国家级副职、省部级正职、省部级副职、厅局级正职、厅局级副职、县处级正职、县处级副职、乡科级正职、乡科级副职。职级序列按照综合管理类、专业技术类、行政执法类等公务员职位类别分别设置。其中,综合管理类公务员职级序列分为 12 个层级:一级巡视员、二级巡视员、一级调研员、二级调研员、三级调研员、四级调研员、一级主任科员、二级主任科员、三级主任科员、四级主任科员、一级科员、二级科员。综合管理类以外其他职位类别公务员职级序列另行规定。本次具体规定了 12 个层级对应的具体级别,从第八级到二十七级。同时也规定了厅局级以下领导职务对应的综合管理类公务员最低职级。厅局级正职:一级巡视员;厅局级副职:二级巡视员;县处级正职:二级调研员;县处级副职:四级调研员;乡科级正职:二级主任科员;乡科级副职:四级主任科员。

2. 关于职级设置与职数比例

对中央机关、省级机关、副省级城市机关、地市级及县级领导班子的职级设置规格进行了规定。同时详细核定了职级职数按照各类别公务员行政编制数量的一定比例。如中央机关一级、二级巡视员不超过机关综合管理类职位数量的 12%,其中,正部级单位一级巡视员不超过一级、二级巡视员总数的 40%,副部级单位一级巡视员不超过一级、二级巡视员总数的 20%,一级至四级调研员不超过机关综合管理类职位数量的 65%。

3. 关于职级确定与升降

公务员领导职务的任免与升降,按照有关规定执行。公务员的职级依据其德才表现、工作实绩和资历确定。非领导职务公务员首次确定职级按照有关规定套转。公务员晋升职级,应当在职级职数内逐级晋升,应当根据工作需要、德才表现、职责轻重、工作实绩和资历等因素综合考虑,不是达到最低任职年限就必须晋升,也不能简单按照任职年限论资排辈,体现正确的用人导向。

4. 关于职级与待遇

领导职务与职级是确定公务员待遇的重要依据。公务员根据所任职级执行相应的工资标准,享受所在地区(部门)相应职务层次的住房、医疗、交通补贴、社会保险等待遇。担任领导职务且兼任职级的公务员,按照就高原则享受有关待遇。公务员晋升职级,不改变工作职位和领导指挥关系,不享受相应职务层次的政治待遇、工作待遇。根据工作需要和领导职务与职级的对应关系,公务员担任的领导职务和职级可以互相转任、兼任;符合规定资格条件的,可以晋升领导职务或者职级。综合管理类、专业技术类、行政执法类等不同职位类别公务员之间可以交流,根据不同职位类别职级的对应关系确定职级。机关应当严格执行公务员职务与职级并行制度,不得违反规定设置职级,不得超职数配备职级,不得随意放宽职级任职资格条件,不得违反规定提高或者降低职级待遇标准。

政策解读:

《公务员职务与职级并行规定》的出台,是我国公务员制度日趋完善、不断优化的体现,是深化公务员分类改革,推行公务员职务与职级并行、职级与待遇挂钩制度,健全公务员激励保障机制,建设忠诚干净担当的高素质专业化公务员队伍的需要,目的在于通过推行公务员职务与职级并行、职级与待遇挂钩制度,调动公务员群体积极性、健全激励保障机制。

推行公务员职务与职级并行、职级与待遇挂钩制度,有利于建立公平合理的公务员体制,拓宽公务员晋升通道,有助于完善激励保障制度、能上能下制度。让公务员的辛勤付出,不仅以职务的形式来回报,还要通过建立起相应的竞争基准和工薪分配、荣誉分配、福利分配标准来回报。向基层倾斜,科学分类、尺度更宽,探索能上能下的制度,建立更加合理的激励机制,是给干部队伍的强心针、定心丸。党的事业根基在基层、血脉在基层、源泉在基层，我们一定要让公务员们"安心立命"。当然，在提供正向激励的同时，必须明确降级标准并落实到位，亮明底线，向懒政、惰政发出警示。让付出者得、消极怠工者失，才是符合人性规律、符合执政初衷的好的制度。①

（五）中共中央《党政领导干部选拔任用工作条例》

2019 年 3 月，中共中央印发了修订后的《党政领导干部选拔任用工作条例》②（以下简称《干部任用条例》），并发出通知，要求各地区各部门结合实际认真遵照执行。

政策背景：

通知指出，党的十八大以来，以习近平同志为核心的党中央鲜明提出新时期好干部标准，进一步强化党组织领导和把关作用，完善选人用人制度机制，严把选人用人政治关、品行关、能力关、作风关、廉洁关，坚决匡正选人用人风气，推动选人用人工作取得显著成效、发生重大变化。为深入贯彻习近平新时代中国特色社会主义思想和党的十九大精神，全面贯彻新时代党的建设总要求和新时代党的组织路线，更好坚持和落实党管干部原则，党中央对《干部任用条例》进行了修订。

内容要点：

1. 进一步体现党管干部原则

党的领导是中国特色社会主义最本质的特征和最大优势。坚持党管干部原则，是党的领导在干部人事工作中的重要体现，是坚持和加强党的全面领导、巩固党的执政地位、履行党的执政使命的根本保证。党的十八大以来，各地区各部门各单位充分发挥党组织在选人用人中的领导和把关作用，有效破解了一些地方和单位出现的唯票、唯分、唯 GDP、唯年龄等问题，推动了干部工作"正本清源、回归本真"。党的十九大明确提出，要坚持和加强党的全面领导，坚持党中央权威和集中统一领导。这次条例修订，认真贯彻党的十九大精神，充分吸收近年来的经验做法，着眼把党管干部原则贯穿

---

① 樊鹏：《职务与职级并行拓宽公务员晋升通道》，《光明日报》2019 年 4 月 2 日。

② 中央人民政府网，http://www.gov.cn/zhengce/2019-03/17/content_5374532.htm。

干部选拔任用全过程和各方面,进一步充实完善分析研判和动议环节,优化调整民主推荐程序,明确严格执行民主集中制的有关要求,使党管干部原则得到更好坚持,将党的领导在干部工作中的把关定向作用进一步凸显出来。

2. 更为突出政治标准

中国共产党是具有崇高政治理想、政治追求、政治品质和严明政治纪律的马克思主义政党,历来把政治标准作为选人用人的首要标准。习近平总书记多次强调,要坚持好干部标准,把政治标准放在第一位。这次条例修订,进一步强化和明确了干部选拔任用的政治标准和政治要求。比如,明确"选拔任用党政领导干部,必须把政治标准放在首位";在基本条件中增加自觉坚持以习近平新时代中国特色社会主义思想为指导、牢固树立"四个意识"、坚定"四个自信"、坚决做到"两个维护"等要求;增加"违反政治纪律和政治规矩的"不得列为考察对象的内容;在考察内容中增加"突出政治标准,注重了解政治理论学习情况,深入考察政治忠诚、政治定力、政治担当、政治能力、政治自律等方面的情况"等。

3. 更加强调落实从严要求

全面从严治党是党的十八大以来党的建设的鲜明特征,也是锻造坚强领导力量的必然要求。这次修订条例,适应推进全面从严治党向纵深发展需要,充分吸收和有效衔接有关制度成果,进一步把从严要求贯穿干部选拔任用工作全过程。比如,强调党委(党组)及其组织(人事)部门"切实发挥把关作用";增加"凡提四必"、党委(党组)书记和纪委书记(纪检监察组组长)在考察对象廉洁自律结论性意见上"双签字"等要求;在"讨论决定"部分专门明确了不得提交会议讨论的八种情形;明确提出不准"由主要领导成员个人决定任免干部"、不准在"主要领导成员即将达到任职年龄界限、退休年龄界限或者已经明确即将离任时,突击提拔、调整干部"等。

4. 激励干部担当作为

正确的用人导向,是对干部最直接、最有效的激励,用好一个人就能激励一大片。党的十九大报告提出,坚持严管和厚爱结合、激励和约束并重,完善干部考核评价机制,建立激励机制和容错纠错机制,旗帜鲜明为那些敢于担当、踏实做事、不谋私利的干部撑腰鼓劲。这次修订条例,着眼调动和保护干部队伍积极性,增加了激励干部担当作为的有关内容。比如,要求

"大力选拔敢于负责、勇于担当、善于作为、实绩突出的干部""对不适宜担任现职的领导干部应当进行调整,推进领导干部能上能下";在基本条件中增加"主动担当作为""有斗争精神和斗争本领";提出"对符合有关规定给予容错的干部,应当客观公正对待"等。

5. 拓宽选人用人视野

坚持五湖四海、任人唯贤,是我们党历来坚持的选人用人理念。习近平总书记强调,"要打开视野、不拘一格,坚持干部工作一盘棋,除了党政机关,还要注重从国有企业、高等学校、科研院所等各个领域各条战线选拔优秀人才"。这次修订条例,着眼进一步拓宽视野、畅通渠道,增加了"注意从企业、高等学校、科研院所等单位以及社会组织中发现选拔"党政领导干部、"加大干部交流力度"、"推动形成国有企事业单位、社会组织干部人才及时进入党政机关的良性工作机制"等内容。

6. 体现精准科学

精准科学选人用人是习近平总书记对干部工作提出的重要要求。"精准",主要是把人考准考实,对干部作出实事求是、客观准确的评价;"科学",主要是把人用对用好,做到人岗相适、人事相宜。这次修订,充分贯彻和体现了精准科学选人用人的理念。比如,增加"事业为上、人岗相适、人事相宜"原则;提出确定考察对象应当"将民主推荐与日常了解、综合分析研判以及岗位匹配度等情况综合考虑";突出强调了对政治标准、道德品行、专业素养等方面的考察要求,提出"针对不同层级、不同岗位考察对象,实行差异化考察",将同考察对象面谈作为考察干部的必经程序单列出来;提出考察材料"评判应当全面、准确、客观,用具体事例反映考察对象的情况"等。

7. 推动干部工作更加务实高效

这次修订条例,坚持从实际出发,着眼提高干部工作效能,对有关程序和要求作出适当改进完善。比如,提出对"进一步使用的",除了参照个别提拔任职可以进行定向或者不定向推荐外,还可以采取听取意见的方式进行;明确个别提拔任职时"单位人数较少、参加会议推荐人员范围与谈话调研推荐人员范围基本相同,且谈话调研推荐意见集中的,根据实际情况,可以不再进行会议推荐";提出"考察内设机构领导职务拟任人选程序,可以根据实际情况适当简化"等。

8. 调整充实了"分析研判和动议"环节

动议是干部选拔任用工作的重要基础,很大程度上影响着干部选拔任用工作的走向和结果。2014 年修订条例时,将动议单列为一章,作为干部选拔任用工作的初始环节,在实践中反响比较好。这次修订,针对一些地方和部门在具体工作中存在的对干部日常了解不够、综合分析研判不到位、程序操作随意性比较大等问题,将"动议"一章的标题修改为"分析研判和动议",增加加强日常了解和分析研判条款,并对动议的主体、时机、内容、程序、要求等作了规范,从程序上促进干部选拔任用工作重心前移,推动组织人事部门把更多精力放到研究班子、研究干部、研究队伍建设上。

9. 进一步完善了"公开选拔、竞争上岗"的机制

这次修订条例,结合党的十八大以来干部工作实际,对"公开选拔、竞争上岗"进行重新定位,由原来"党政领导干部选拔任用的方式之一"调整为"产生人选的一种方式",不再单列为一章,将相关内容调整到动议环节,并对改进完善工作程序等提出原则性要求。这样修订,与其功能定位和工作实践更相符。

政策解读：

《干部任用条例》是重要的党内法规,是干部选拔任用工作的基本遵循。条例颁布实施以来,通过规范领导干部选拔任用工作、构建具有活力的选人用人机制,为提高党的领导水平和执政能力、把中国特色社会主义事业不断推向前进发挥了重要作用,作出了重要贡献。党的十八大以来,以习近平同志为核心的党中央鲜明提出新时期好干部标准,进一步强化党组织领导和把关作用,完善选人用人制度机制,严把选人用人政治关、品行关、能力关、作风关、廉洁关,坚决匡正选人用人风气,推动选人用人工作取得显著成效、发生重大变化。深入贯彻习近平新时代中国特色社会主义思想和党的十九大精神,全面贯彻新时代党的建设总要求和新时代党的组织路线,将党的十八大以来我们在选人用人方面的成功经验,吸收到条例中来,使之及时上升为普遍适用的制度规范,固化下来、坚持下去,对于建设忠诚干净担当的高素质专业化干部队伍、为新时代中国特色社会主义事业顺利发展提供坚强组织保证,具有重要意义。①

二、促进就业与人力资源开发的相关政策法规

(一) 国务院《关于推动创新创业高质量发展打造"双创"升级版的意见》

为深入实施创新驱动发展战略,进一步激发市场活力和社会创造力,2018 年 9 月 26 日,国务院出台了《关于推动创新创业高质量发展打造"双创"升级版的意见》②(以下简称《意见》),就推动创新创业高质量发展、打造"双创"升级版提出以下意见。

政策背景:

近年来,随着社会的进步,我国经济重心逐渐由原有的高速增长向高质量发展进行转变,在这个转变过程中,对于如何推动大众创业与万众创新的发展提出了更高的要求。目前在大众创业万众创新蓬勃发展的同时,存在创新创业生态不够完善、科技成果转化机制尚不健全、大中小企业融通发展还不充分、创新创业国际合作不够深入以及部分政策落实不到位等问题。打造"双创"升级版,推动创新创业高质量发展,有利于进一步增强创业带动就业能力,有利于提升科技创新和产业发展活力,有利于创造优质供给和扩大有效需求,对增强经济发展内生动力具有重要意义。

内容要点:

《意见》提出,推动创新创业高质量发展打造"双创"升级版的目标是,实现创新创业服务全面升级,创业带动就业能力明显提升,科技成果转化应用能力显著增强,大中小企业创新创业价值链有机融合,国际国内创新创业资源深度融汇。

《意见》提出以下具体内容。一是着力促进创新创业环境升级。简政放权释放创新创业活力;放管结合营造公平市场环境;优化服务便利创新创业。二是加快推动创新创业发展动力升级。加大财税政策支持力度;完善

---

①　《中组部负责人就修订颁布〈党政领导干部选拔任用工作条例〉答记者问》,新华网,http://news.xinhuanet.com/2019-03/18/c_1124250450.htm。

②　中央人民政府网,http://www.gov.cn/zhengce/content/2018-09/26/content_5325472.htm。

创新创业产品和服务政府采购等政策措施;加快推进首台(套)重大技术装备示范应用;建立完善知识产权管理服务体系。三是持续推进创业带动就业能力升级。鼓励和支持科研人员积极投身科技创业;强化大学生创新创业教育培训;健全农民工返乡创业服务体系;完善退役军人自主创业支持政策和服务体系;提升归国和外籍人才创新创业便利化水平;推动更多群体投身创新创业。四是深入推动科技创新支撑能力升级。增强创新型企业引领带动作用;推动高校科研院所创新创业深度融合;健全科技成果转化的体制机制。五是大力促进创新创业平台服务升级。提升孵化机构和众创空间服务水平;搭建大中小企业融通发展平台;深入推进工业互联网创新发展;完善"互联网+"创新创业服务体系;打造创新创业重点展示品牌。六是进一步完善创新创业金融服务。引导金融机构有效服务创新创业融资需求;充分发挥创业投资支持创新创业作用;拓宽创新创业直接融资渠道;完善创新创业差异化金融支持政策。七是加快构筑创新创业发展高地。打造具有全球影响力的科技创新策源地;培育创新创业集聚区;发挥"双创"示范基地引导示范作用;推进创新创业国际合作。

《意见》指出,要切实打通政策落实"最后一公里"。强化创新创业政策统筹;细化关键政策落实措施;做好创新创业经验推广。

政策解读:

《意见》的出台,为打造新时代的"双创"升级版、推动创新创业的高质量发展提供了重要的科学指导。

第一,《意见》强调加大政府对"双创"升级版的支持力度。如政府应加强简政放权与服务的优化工作,从企业建立、信息收集、数据共享等方面提供便利服务,加快发布全国统一的市场准入负面清单,引导和规范共享经济良性健康发展,为创新创业营造更优环境。

第二,《意见》认为要积极搭建平台,创建完备的发展要素供给机制。在"双创"工作进行的过程中,为了给企业提供一个良好的成长空间,相关部门应积极搭建创新创业的孵化平台,为企业的良性发展创建完备的发展要素供给机制。如大力促进创新创业平台服务升级,建立众创空间质量管理、优胜劣汰的健康发展机制,继续推进全国创业孵化示范基地建设,加快培育一批基于互联网的大企业创新创业平台、国家中小企业公共服务示范平台等,有效实现资源向企业的集聚,推动创业群体的扩大化。

第三,《意见》高度关注企业的主体作用。强调通过加大财税政策支持力度,确保总体上不增加企业负担,完善支持创新和中小企业的政府采购政策,建立完善知识产权管理服务体系,有效促进企业产品质量提升,发挥高质量的微观经济主体在经济发展中的支撑作用。

(二) 人力资源社会保障部、财政部《关于全面推行企业新型学徒制的意见》

为贯彻落实党的十九大精神,加快建设知识型、技能型、创新型劳动者大军,按照中共中央、国务院《新时期产业工人队伍建设改革方案》《关于推行终身职业技能培训制度的意见》(国发〔2018〕11 号)有关要求和全国教育大会有关精神,2018 年 10 月 12 日,人力资源社会保障部、财政部出台《关于全面推行企业新型学徒制的意见》①(以下简称《意见》)。

政策背景:

一是适应经济高质量发展和供给侧结构性改革的重要举措。我国经济已由高速增长阶段转向高质量发展阶段。伴随着我国经济发展方式转变和产业结构的调整,技能劳动者总量不足、技能水平不高和就业结构性矛盾等问题日益凸显。全面推行企业新型学徒制,有利于更好推行终身职业技能培训制度,进一步拓展职业培训工作领域,创新职业培训模式,为高质量发展和供给侧结构性改革提供技能人才支撑。

二是传承我国优秀历史、与当代国际人才培养模式接轨的重要创新。学徒制在我国历史悠久,师傅带徒的工匠技术传承方式一直是我国技术工人培养的主要制度,在新中国建设中也发挥了重要作用。新型学徒制在传统的企业师傅带徒这一模式基础上,引入了职业培训机构和职业院校协同开展培训,并由政府进行激励推动,给予政策支持和财政补贴,是推动校企合作、产教融合的行之有效的创新举措,具有强大的生机和活力。在总结我国历史经验、最新实践探索和国外先进经验基础上,在各类企业普遍推行

---

① 人力资源和社会保障部, http://www.mohrss.gov.cn/gkml/zcfg/gfxwj/201810/t20181024_303482.html? keywords=。

"招工即招生、入企即入校、企校双师联合培养"的新型学徒制,有利于形成政府、企业和培训机构发挥各自优势、协同推进人才培养的良好工作格局,是我国技能人才培养模式的重大创新。

三是发挥企业主体作用、提高职业培训针对性有效性的培训制度变革。职业培训一直存在着两个重点难点问题:第一是培训的针对性、有效性不强。这里面有培训质量方面的问题,但更关键的是培训内容与岗位需求联系不够紧密、培训与就业脱节。第二是企业培训主体作用发挥不够。体现为企业在职工培训中的自觉意识、责任意识、投入意识不强。解决这些难题,需要更好围绕就业需求和岗位需求开展职业培训,需要将职业培训的工作重点向岗位技能提升培训倾斜,需要将就业技能培训的重点向定单定向培训倾斜。建立企业新型学徒制培训制度,可以将就业与培训紧密衔接,充分发挥企业培训主体作用,使职工培训完全围绕企业生产实际和岗位需求开展,切实提高职业培训的针对性和有效性,保障培训质量和效果。

内容要点:

《意见》明确了培养对象和培养模式。学徒培训以与企业签订一年以上劳动合同的技能岗位新招用和转岗等人员为培养对象。企业可结合生产实际自主确定培养对象,采取"企校双制、工学一体"的培养模式共同培养学徒。

《意见》规定了培养主体职责。学徒培养的主要职责由所在企业承担。企业应与学徒签订培养协议,明确培训目标、培训内容与期限、质量考核标准等内容。

《意见》明确了培养目标和主要方式。学徒培养目标以符合企业岗位需求的中、高级技术工人为主,培养期限为1—2年,特殊情况可延长到3年。培养内容主要包括专业知识、操作技能、安全生产规范和职业素养,特别是工匠精神的培育。在企业主要通过企业导师带徒方式,在培训机构主要采取工学一体化教学培训方式。积极应用"互联网+"、职业培训包等培训模式。

《意见》健全了相关的政策制度,包括建立企校双师联合培养制度、学徒培养实行弹性学制和学分制、健全企业对学徒培训的投入机制、完善财政补贴政策。

《意见》加大了组织实施力度,包括:加强组织领导,把推行企业新型学徒制作为推行终身职业技能培训制度、加强技能人才队伍建设的重要工作内容,制定工作方案,认真组织实施,要建立人力资源社会保障部门牵头、财政等有关部门密切配合、协同推进的工作机制,加强组织领导,全面推动实施;规范组织实施;建立培训质量评估监管机制;提高服务能力;加强宣传动员,努力营造全社会关心尊重技能人才、重视支持职业技能培训工作的良好社会氛围。

政策解读:

《意见》是职业技能提升的有效途径,是落实国务院办公厅印发《职业技能提升行动方案(2019—2021 年)》的有力抓手。党的十八大以来,党中央、国务院高度重视职业技能培训工作,对职业能力建设工作提出新的更高要求,国家相继出台高技能人才队伍建设中长期规划、高技能人才振兴计划、加强职业技能人才队伍建设的意见等政策措施。党的十九大强调要大规模开展职业技能培训,建设知识型、技能型、创新型劳动者大军,这些都推进了《意见》的出台。

《意见》有利于加快企校融合,创新人才培养机制。校企双方通过开展学徒制培养工作,能够积极探索新形势下做好技能人才培养的新思路、新举措,有利于改变传统培训理念,建立全新培训模式。通过与学校的合作实践,试点企业建立了新的职工培训模式,构建了政府引导、企业主导、院校配合的多方协调联动机制,有效推动了产业与教育融合、职业标准与课程内结合、生产过程与教学过程的有机衔接,使企业获得了适应自身需求的高素质人才,职工获得了较好的就业岗位且能有效提升技能水平,学校获得了稳定的生源,政府实现了推动就业和促进经济社会良性发展的目标。此外,还有利于强化联合培养,促进师徒技艺传承。企业新型学徒制不仅吸取了传统师带徒的长处,同时又融入了当前职业教育人才培养模式,为创新中国特色技能人才培养模式、实现经济可持续发展,提供坚实的人才保障和智力支持。

(三) 国务院《关于做好当前和今后一个时期促进就业工作的若干意见》

为了深入贯彻习近平新时代中国特色社会主义思想和党的十九大精

神,全面落实党中央、国务院关于稳就业工作的决策部署,坚持实施就业优先战略和更加积极的就业政策,支持企业稳定岗位,促进就业创业,强化培训服务,确保当前和今后一个时期就业目标任务完成和就业局势持续稳定。2018 年 12 月 5 日,国务院出台了《关于做好当前和今后一个时期促进就业工作的若干意见》①(以下简称《意见》),对做好下一步就业工作提供政策动力和工作抓手。

政策背景:

当前,我国就业局势保持总体稳定,但经济运行稳中有变,经济下行压力有所加大,个别地区、个别企业还面临着一些新挑战。尤其是 2018 年以来国内外不稳定不确定因素增多,对部分企业生产经营和就业会带来一些影响。再加上就业领域固有的总量压力和结构性矛盾,劳动者对高质量就业、自主创业的需求也日益增加,这些都对就业工作提出了新的要求,都需要进一步加大政策力度,完善措施保障。

内容要点:

1. 支持企业稳定发展

一是加大稳岗支持力度。对不裁员或少裁员的参保企业,根据情况可给予企业一定程度保险费的减免或返还。二是发挥政府性融资担保机构作用支持小微企业,提高小微企业贷款可获得性,引导更多金融资源支持创业就业。

2. 鼓励支持就业创业

一是加大创业担保贷款贴息及奖补政策支持力度。二是支持创业载体建设。鼓励各地加快建设重点群体创业孵化载体,为创业者提供低成本场地支持、指导服务和政策扶持。三是扩大就业见习补贴范围。自 2019 年 1 月 1 日起,实施三年百万青年见习计划;并将就业见习补贴范围由离校未就业高校毕业生扩展至 16—24 岁失业青年;组织失业青年参加 3—12 个月的就业见习,按规定给予就业见习补贴,并适当提高补贴标准。

3. 积极实施培训

一是支持困难企业开展职工在岗培训。2019 年 1 月 1 日至 12 月 31

---

① 中央人民政府网,http://www.gov.cn/zhengce/content/2018－12/05/content_5345808.htm。

日,困难企业组织开展职工在岗培训经费的不足部分,可由就业补助资金予以适当支持。二是开展失业人员培训。支持各类职业院校(含技工院校)、普通高等学校、职业培训机构和符合条件的企业承担失业人员职业技能培训或创业培训。三是放宽技术技能提升补贴申领条件。2019 年 1 月 1 日至 2020 年 12 月 31 日,将技术技能提升补贴申领条件由企业在职职工参加失业保险 3 年以上放宽至参保 1 年以上。

4. 及时开展下岗失业人员帮扶

一是实行失业登记常住地服务。失业人员可在常住地公共就业服务机构办理失业登记,申请享受当地就业创业服务、就业扶持政策、重点群体创业就业税收优惠政策。二是落实失业保险待遇。对符合条件的失业人员,由失业保险基金发放失业保险金,其个人应缴纳的基本医疗保险费从失业保险基金中列支。三是保障困难群众基本生活。对符合条件的生活困难下岗失业人员,给予临时生活补助,补助标准根据家庭困难程度、地区消费水平等综合确定。对符合最低生活保障条件的家庭,及时纳入最低生活保障范围。对符合临时救助条件的,给予临时救助。通过综合施策,帮助困难群众解困脱困。

政策解读:

当前,稳企业已成为实现稳就业的重要一步。中国劳动和社会保障科学研究院副院长莫荣指出,要通过加大企业稳岗补贴、失业保险费返还、加强对小微企业金融支持等政策措施,帮扶面临暂时经营困难的企业尤其是小微企业,以维持企业正常经营和用工稳定,不出现规模性的集中裁员减员,以保持就业规模和局势稳定。

相比过去,本次出台的《意见》有以下特点。一是政策目标突出"稳"。2018 年以来国内外经济环境发生变化,经济下行压力加大,国内就业结构性矛盾带来的就业压力仍然存在,因此,稳就业仍然是当前及今后一段时期内就业工作的突出重点内容。二是政策内容重在"实"。《意见》中政策内容具有很强的针对性、创新性和可操作性,政策内容符合实际需要,政策要求明白清楚,资金渠道、规范标准、责任主体清晰明确。可操作性进一步得到加强,为地方相关部门做好就业工作提供了明确的指导意见。三是政策对象范围"宽"。《意见》在确定政策对象方面,抓住了未来可能失业风险点,比如将失业青年、就业困难群体、下岗失业人员、零就业家庭、困难企业等重点群体,提供可操作性强的有效扶持措施。四是政策扶持力度"大"。一些政策在原有基础上,进一步提高扶持力度。五是政策协作强调"合"。《意见》突出强调在做好就业工作方面要做好政策的协调落实,发挥各方面积极性。在政策主体上协调中央与地方、地方政府和各部门关系,要强调发挥企业、劳动者和高校及各类市场主体作用。

(四) 人力资源社会保障部、国家发展改革委、财政部《关于推进全方位公共就业服务的指导意见》

为更好服务稳就业工作,推动实现更高质量和更充分就业,2018 年 12月 5 日,人力资源社会保障部、国家发展改革委、财政部共同印发《关于推进全方位公共就业服务的指导意见》①(以下简称《意见》)。

政策背景:

党的十九大报告提出了提供全方位公共就业服务,对改善和加强各级公共就业服务提出了新要求。但目前的公共就业服务还存在一些问题。如公共就业服务范围较为局限,现有的公共就业服务多面向低端行业劳动者,对大学生就业群体和高端行业劳动者提供的公共就业服务较少。公共就业服务的供给不足,表现为力量不足,政府其他公共服务体系的供给和支持不够。公共就业服务的资源不足,政府的投入不足。公共就业服务不足,服务简单被动,主动、优质、专业、个性的服务基本上无法提供。公共就业服务的标准不高,表现为一是规范化程度低,缺乏统一的规划和管理,没有统一标准,不能协调发展;二是信息化水平低,没有一套完善的、规范的建设标准,软件系统相互独立、互不兼容,数据不能共享,信息孤岛现象严重;三是专业化建设缺失,主要是对公共就业服务的前瞻性、科学性、专业性研究工作的重视不够,对就业指导等现有的就业服务专业知识运用不够。因此,迫切需要出台统一的全方位公共就业服务的意见,以推进全方位公共就业服务的能力和水平。

---

① 人力资源和社会保障部, http://www. mohrss. gov. cn/SYrlzyhshbzb/jiuye/gzdt/201812/t20181205_306352.html。

内容要点：

《意见》明确覆盖全民的公共就业服务范围。一要推动公共就业服务城乡常住人口全覆盖。劳动年龄内、有劳动能力、有就业要求的城乡劳动者可持居民身份证（或社会保障卡），港澳台人员可持港澳台居民居住证（或港澳居民来往内地通行证、台湾居民来往大陆通行证），在常住地公共就业服务机构申请公共就业服务。二要保障各类用人单位同等享有公共就业服务。各类企业、个体经济组织、民办非企业单位等组织，机关事业单位、社会团体以及创业实体，可向公共就业服务机构咨询了解人力资源市场信息，申请招聘用工服务。对民营企业等非公有制经济，要公平对待，提供同等服务。

《意见》要求健全贯穿全程的公共就业服务功能。一要完善对劳动者求职就业全程服务。详细了解劳动者就业意愿，根据其需求和能力素质进行分级，分类提供职业介绍和职业指导服务。加强对用人单位招聘用人全程指导。二要加强对用人单位需求分类评估，指导其合理制定招聘计划和招聘条件，提供稳定用工和就业创业政策法规、市场工资指导价位、劳动合同示范文本等方面的咨询服务。三要强化创业全程服务。对有创业意愿的劳动者，提供创业培训（实训）、开业指导、融资服务、政策落实等"一条龙"服务。加强创业孵化基地建设，为入驻创业实体提供有效的综合服务和政策扶持。四要实施就业援助全程帮扶。对就业援助对象实施优先扶持和重点帮助，指定专人负责，制定个性化就业援助计划，明确服务项目和步骤，开展心理疏导，组织参加职业培训，跟踪解决就业过程中的困难和问题。五要推行终身职业技能培训。实施重点群体职业培训专项行动，全面开展企业职工岗前培训、新型学徒制培训、岗位技能提升培训，着力加强高技能人才培训，推进创业创新培训。六要适应市场需求开展专项服务。根据人力资源市场供求周期性规律，在全国范围内集中组织公共就业服务专项活动。

《意见》提出构建辐射全域的公共就业服务体系。一是构建政府主导社会参与的多元化供给体系。建立健全公共就业服务体系，完善公共就业服务机构设置，完善街道（乡镇）、社区（村）服务平台，构建覆盖城乡的公共就业服务网络。二是完善全领域的多渠道供给机制。推动线下实体网点服务与线上互联网服务深度融合,实现同一业务事项多渠道可受理、任一方式可办结。三是提升贫困地区公共就业服务能力。各地财政投入和资源配置要加大向农村和贫困地区的倾斜力度,推进城镇公共就业服务向农村延伸,推动城市优质资源向农村辐射。

《意见》要求,完善便捷高效的公共就业服务方式。一要推动标准化服务。建立健全公共就业服务标准体系,完善设施设备、人员配备等指导性标准,统一公共就业服务视觉识别系统,统一核心业务流程和规范。二要推进智慧化服务。打造全国统一的智能公共就业服务信息化平台,加快应用大数据、云服务技术,全面推进"互联网+公共就业服务"。三要推行便民化服务。持续推进"减证便民"行动,简化优化服务流程,清理各类无谓证明,逐一明确兜底条款,压减经办事项自由裁量权。

《意见》明确了组织实施保障,要健全协调机制,强化经费保障,加强队伍建设,严格监督管理,做好宣传引导。

政策解读:

《意见》从五个方面体现了全方位公共就业服务的内涵。一是服务对象的全方位,涵盖全体对象。面向有就业创业意愿的城乡劳动者,面向有招聘需求的各类单位的用人服务,面向有服务需求的各类社会培训、中介等机构的支持服务。二是服务过程的全方位,贯穿就业全程。对就业政策落实各环节、对劳动者职业生涯各阶段、对单位用人相关方面提供全程服务。三是服务项目的全方位,配备齐全功能。提供职业指导服务和职业介绍服务;提供就业技能培训服务;提供专项援助服务;提供就业扶贫和劳务输出服务;提供创业全程服务;提供失业保障服务;提供就业合作服务。四是服务手段的全方位,运用多种方式。包括场所窗口服务,线上网络服务,线上线下结合的综合服务,宣传咨询服务。五是能效提升的全方位,实现便捷高效。实现就地就近办理和网上快捷办理,简化服务流程,实施精准化服务。

加快构建公共就业服务体系,应达到以下目标:一是均等化程度大大提高;二是全过程服务基本实现;三是"互联网+公共就业服务"全面实施;四是组织机构运行良好;五是能力建设重点加强。

三、促进社会保障的相关政策法规

（一）国务院办公厅《关于全面推进生育保险和职工基本医疗保险合并实施的意见》

2019年3月25日,国务院办公厅发布《关于全面推进生育保险和职工基本医疗保险合并实施的意见》①,全面推进生育保险和职工基本医疗保险（以下统称两项保险）合并实施。

政策背景：

目前实施的"五险一金"政策对于广大参保人员利益的保障有着积极作用,但也面临基金运作过程的效率受阻、国家保险制度运行成本提高、管理和整合路径不够优化等问题。为提升保险制度管理运行效率、提升基金池抗风险能力,国家决定实施两项保险合并,这是党中央、国务院作出的一项重要部署,有利于推动建立更加公平更可持续的社会保障制度。两项保险合并实施,不会影响参保人员享受相关待遇,且有利于提高基金共济能力、减轻用人单位事务性负担、提高管理效率。

内容要点：

1. 统一参保登记

参加职工基本医疗保险的在职职工同步参加生育保险。实施过程中要完善参保范围,结合全民参保登记计划摸清底数,促进实现应保尽保。

2. 统一基金征缴和管理

生育保险基金并入职工基本医疗保险基金,统一征缴,统筹层次一致。按照用人单位参加生育保险和职工基本医疗保险的缴费比例之和确定新的用人单位职工基本医疗保险费率,个人不缴纳生育保险费。同时,根据职工基本医疗保险基金支出情况和生育待遇的需求,按照收支平衡的原则,建立费率确定和调整机制。

职工基本医疗保险基金严格执行社会保险基金财务制度,不再单列生

---

① 中央人民政府网,http://www.gov.cn/zhengce/content/2019-03-25/content_5376559.htm。

育保险基金收入,在职工基本医疗保险统筹基金待遇支出中设置生育待遇支出项目。探索建立健全基金风险预警机制,坚持基金运行情况公开,加强内部控制,强化基金行政监督和社会监督,确保基金安全运行。

3. 统一医疗服务管理

两项保险合并实施后实行统一定点医疗服务管理。医疗保险经办机构与定点医疗机构签订相关医疗服务协议时,要将生育医疗服务有关要求和指标增加到协议内容中,并充分利用协议管理,强化对生育医疗服务的监控。执行基本医疗保险、工伤保险、生育保险药品目录以及基本医疗保险诊疗项目和医疗服务设施范围。

促进生育医疗服务行为规范。将生育医疗费用纳入医保支付方式改革范围,推动住院分娩等医疗费用按病种、产前检查按人头等方式付费。生育医疗费用原则上实行医疗保险经办机构与定点医疗机构直接结算。充分利用医保智能监控系统,强化监控和审核,控制生育医疗费用不合理增长。

4. 统一经办和信息服务

两项保险合并实施后,要统一经办管理,规范经办流程。经办管理统一由基本医疗保险经办机构负责,经费列入同级财政预算。充分利用医疗保险信息系统平台,实行信息系统一体化运行。原有生育保险医疗费用结算平台可暂时保留,待条件成熟后并入医疗保险结算平台。完善统计信息系统,确保及时全面准确反映生育保险基金运行、待遇享受人员、待遇支付等方面情况。

5. 确保职工生育期间的生育保险待遇不变

生育保险待遇包括《中华人民共和国社会保险法》规定的生育医疗费用和生育津贴,所需资金从职工基本医疗保险基金中支付。生育津贴支付期限按照《女职工劳动保护特别规定》等法律法规规定的产假期限执行。

6. 确保制度可持续

各地要通过整合两项保险基金增强基金统筹共济能力;研判当前和今后人口形势对生育保险支出的影响,增强风险防范意识和制度保障能力;按照"尽力而为、量力而行"的原则,坚持从实际出发,从保障基本权益做起,合理引导预期;跟踪分析合并实施后基金运行情况和支出结构,完善生育保险监测指标;根据生育保险支出需求,建立费率动态调整机制,防范风险转嫁,实现制度可持续发展。

政策解读：

两险合并，是保障职工社会保险待遇、增强基金共济能力、提升经办服务水平的重要举措，体现了坚持以人民为中心，牢固树立新发展理念，遵循保留险种、保障待遇、统一管理、降低成本的总体思路，实现参保同步登记、基金合并运行、征缴管理一致、监督管理统一、经办服务一体化。通过整合两项保险基金及管理资源，有利于强化基金共济能力，提升管理综合效能，降低管理运行成本，建立适应我国经济发展水平、优化保险管理资源、实现两项保险长期稳定可持续发展的制度体系和运行机制。

中国宏观经济研究院社会所副研究员关博认为，两项保险合并实施具有三方面积极效果。一是扩大生育保险制度覆盖范围，有利于降低生育成本，促进家庭生育意愿有效释放。二是降低两项保险制度的运行成本，通过合并实施，统一经办，整合管理和财务路径，降低保险运行成本费用。三是打通了两项保险基金管理，扩大基金风险池，提高制度抗风险能力和可持续发展能力。[1]

（二）国务院办公厅《降低社会保险费率综合方案》

2019 年 4 月 1 日，国务院办公厅印发《降低社会保险费率综合方案》[2]（以下简称《方案》），强调要以习近平新时代中国特色社会主义思想为指导，坚持稳中求进工作总基调，坚持新发展理念，统筹考虑降低社会保险费率、完善社会保险制度、稳步推进社会保险费征收体制改革，确保企业特别是小微企业社会保险缴费负担有实质性下降，确保职工各项社会保险待遇不受影响、按时足额支付。

政策背景：

党中央、国务院高度重视降低社保费率、减轻企业缴费负担工作。2015年以来先后 5 次降低或阶段性降低社保费率，涉及企业职工基本养老保险、失业保险、工伤保险和生育保险，经初步测算，2015 年到 2019 年 4 月 30 日现行阶段性降费率政策执行期满，共可减轻企业社保缴费负担近 5000 亿

---

[1]　新浪财经转经济参考报，https://tech.sina.com.cn/roll/2019-03-26/doc-ihtxyzsm0489599.shtml。

[2]　中央人民政府网，http://www.gov.cn/zhengce/content/2019-04/04/content_5379629.htm。

元。随着我国经济发展出现一系列新形势新情况,企业对进一步降低社保费率的呼声较强,党中央、国务院提出新的要求。习近平总书记 2018 年 11 月在民营企业座谈会上强调,要根据实际情况,降低社保缴费名义费率,稳定缴费方式,确保企业社保缴费实际负担有实质性下降,在 2018 年 12 月召开的中央经济工作会议上对实施更大规模减税降费提出明确要求。李克强总理多次研究部署降低社保费率问题,在 2019 年政府工作报告中明确提出各地可将养老保险单位缴费比例降至 16%。按照党中央、国务院决策部署,四部门在深入研究论证,广泛听取各方面意见的基础上,起草了《方案》。

内容要点:

《方案》明确,自 2019 年 5 月 1 日起,降低城镇职工基本养老保险单位缴费比例,目前单位缴费比例高于 16%的省份可降至 16%。同时,继续阶段性降低失业保险和工伤保险费率。自 2019 年 5 月 1 日起,实施失业保险总费率 1%的省,延长阶段性降低失业保险费率的期限至 2020 年 4 月 30 日。自 2019 年 5 月 1 日起,延长阶段性降低工伤保险费率的期限至 2020 年 4 月 30 日。

《方案》提出,调整社保缴费基数政策。各省应以本省城镇非私营单位就业人员平均工资和城镇私营单位就业人员平均工资加权计算的全口径城镇单位就业人员平均工资,核定社保个人缴费基数上下限,合理降低部分参保人员和企业的社保缴费基数。个体工商户和灵活就业人员参加企业职工基本养老保险,可在一定范围内自愿选择适当的缴费基数。

《方案》提出,要加快推进养老保险省级统筹,逐步统一养老保险参保缴费、单位及个人缴费基数核定办法等政策,2020 年底前实现企业职工基本养老保险基金省级统收统支。要提高养老保险基金中央调剂比例,2019 年提高至 3.5%,进一步均衡各省之间养老保险基金负担。

《方案》强调,要稳步推进社保费征收体制改革。企业职工各险种缴费,原则上暂按现行征收体制继续征收,稳定缴费方式,"成熟一省、移交一省"。妥善处理好企业历史欠费问题,在征收体制改革过程中不得自行对企业历史欠费进行集中清缴,不得采取任何增加小微企业实际缴费负担的做法。要建立工作协调机制,统筹协调降低社保费率以及征收体制改革过渡期间的工作衔接。要认真做好组织落实工作,及时研究解决工作中遇到的问题,确保各项政策措施落到实处。

政策解读:

《方案》的总体考虑是,统筹考虑降低社会保险费率、完善社会保险制度、稳步推进社会保险费征收体制改革,综合施策,确保企业社会保险缴费实际负担有实质性下降,确保各项社会保险待遇按时足额支付。《方案》实施到位后,预计 2019 年全年可减轻社保缴费负担 3000 多亿元。

目前,各省份(含新疆生产建设兵团)企业缴费比例不统一,高的省份20%,多数省份阶段性降至19%,还有个别省份14%左右。单位缴费比例总体较高,有一定下调空间;且地区之间差异大,不同地区企业缴费负担不同,竞争不公平,也不利于养老保险制度的长远发展。根据《方案》,各省单位缴费比例可降至16%,一是单位缴费比例最多可降低4个百分点,不设条件,也不是阶段性政策,而是长期性制度安排,政策力度大,普惠性强,减负效果明显,彰显了中央减轻企业社保缴费负担的鲜明态度和坚定决心。二是各地降费率后,全国费率差异缩小,有利于均衡企业缴费负担,促进形成公平的市场竞争环境,也有利于全国费率逐步统一,促进实现养老保险全国统筹。三是降低费率后,参保缴费门槛下降,有利于提高企业和职工的参保积极性,将更多的职工纳入到职工养老保险制度中来,形成企业发展与养老保险制度发展的良性循环。

针对各省份城镇职工基本养老保险基金结余情况不一,有的省份基金支大于收的情况,《方案》提出,城镇职工基本养老保险单位缴费比例高于16%的省份,都可将养老保险单位缴费比例降到16%。具体降低比例由各省提出,与目前省级政府承担确保养老金发放的主体责任是一致的。目前,我国养老保险基金结余分布的确存在着一定的结构性问题。受制度抚养比不同等因素影响,养老保险基金结余存在地区差异,各省份降费率面临的压力不同。一般来说,抚养比高的地区,基金结余情况较为乐观,降费率面临的困难较小;而抚养比低的地区,基金收支平衡压力较大,降费率面临着一定的现实困难。对此,中央将通过继续加大财政补助力度、提高企业职工基本养老保险基金中央调剂比例等措施给予支持,帮助这些地区降费率后能够确保养老金按时足额发放,为形成公平的市场竞争环境创造条件,促进企业发展与养老保险制度建设的良性循环。

《方案》对缴费基数政策也进行了调整。缴费基数也是影响企业和个人社保缴费负担的重要参数。根据《方案》,缴费基数政策也要进行调整:一是明确将城镇非私营单位和城镇私营单位就业人员平均工资加权计算的全口径城镇单位就业人员平均工资作为核定职工缴费基数上下限的指标。二是个体工商户和灵活就业人员参加养老保险,可在全口径城镇单位就业人员平均工资的 60% 至 300% 范围内选择适当的缴费基数。

《方案》实施后,社保费征收工作将逐步移交。企业职工基本养老保险和企业职工其他险种缴费,原则上暂按现行征收体制继续征收,即原由社保征收的继续由社保征收,原由税务征收的继续由税务征收,稳定缴费方式,"成熟一省、移交一省"。机关事业单位社保费和城乡居民社保费征管职责如期划转至税务部门。

为保障参保单位和职工应享尽享降费红利,确保《方案》各项部署落地见效,打赢"降费减负"这场硬仗,将采取以下措施:一是指导各省抓紧制定调整养老保险费率的具体方案,坚持目标导向和结果导向,确保降费率政策 5 月 1 日如期落地实施,坚决兑现对企业和社会的承诺。二是建立定期调度机制,将及时跟踪各地政策制定及实施情况,指导地方实而又实、细而又细地落实好《方案》各项措施,让市场主体特别是小微企业有明显降费感受,不断增强参保单位和职工的政策获得感。三是开展政策总结评估,适时对政策实施效果开展全面评估,及时研究解决工作推进中遇到的新情况新问题,查缺补漏,努力达到政策实施的最优效果。四是强化监测预警,坚决兜牢民生底线。对《方案》实施后的基金运行情况做好后续跟踪,既要减轻企业缴费负担,又要保障职工社保待遇不变、养老金合理增长并按时足额发放,使社保基金可持续、企业与职工同受益。

(三) 国务院办公厅《关于推进养老服务发展的意见》

2019 年 4 月 16 日,国务院办公厅印发《关于推进养老服务发展的意见》①(以下简称《意见》)。

———————————

① 中央人民政府网,http://www.gov.cn/zhengce/content/2019-04/16/content_5383270. htm。

政策背景：

我国 60 岁以上的老龄人口已达 2.5 亿。随着人口老龄化加剧，养老服务需求日渐增多。实现老有所养，成为当前及今后迫切需要解决的社会问题。

党中央、国务院高度重视养老服务，党的十八大以来，出台了加快发展养老服务业、全面放开养老服务市场等政策措施，养老服务体系建设取得显著成效。但总的看，养老服务市场活力尚未充分激发，发展不平衡不充分、有效供给不足、服务质量不高等问题依然存在，人民群众养老服务需求尚未有效满足。

按照 2019 年政府工作报告对养老服务工作的部署，为打通"堵点"，消除"痛点"，破除发展障碍，健全市场机制，要持续完善居家为基础、社区为依托、机构为补充、医养相结合的养老服务体系，确保到 2022 年在保障人人享有基本养老服务的基础上，有效满足老年人多样化、多层次养老服务需求，老年人及其子女获得感、幸福感、安全感显著提高。

内容要点：

《意见》提出了 6 个方面共 28 条具体政策措施。

一是深化放管服改革。主要包括建立养老服务综合监管制度，继续深化公办养老机构改革，通过提高审批效能解决好养老机构消防审验问题，减轻养老服务税费负担，提升政府投入精准化水平，支持养老机构规模化、连锁化发展，做好养老服务领域信息公开和政策指引等 7 项措施。

二是拓展养老服务投融资渠道。主要包括推动解决养老服务机构融资问题，扩大养老服务产业相关企业债券发行规模，全面落实外资举办养老服务机构国民待遇等 3 项措施。

三是扩大养老服务就业创业。主要包括建立完善养老护理员职业技能等级认定和教育培训制度，大力推进养老服务业吸纳就业，建立养老服务褒扬机制等 3 项措施。

四是扩大养老服务消费。主要包括建立健全长期照护服务体系，发展养老普惠金融，促进老年人消费增长，加强老年人消费权益保护和养老服务领域非法集资整治工作等 4 项措施。

五是促进养老服务高质量发展。主要包括提升医养结合服务能力，推动居家、社区和机构养老融合发展,持续开展养老院服务质量建设专项行动,实施"互联网+养老"行动,完善老年人关爱服务体系,大力发展老年教育等 6 项措施。

六是促进养老服务基础设施建设。主要包括实施特困人员供养服务设施(敬老院)改造提升工程,实施民办养老机构消防安全达标工程,实施老年人居家适老化改造工程,落实养老服务设施分区分级规划建设要求,完善养老服务设施供地政策等 5 项措施。

《意见》提出,国务院建立由民政部牵头的养老服务部际联席会议制度。各地、各有关部门要强化工作责任落实,健全党委领导、政府主导、部门负责、社会参与的养老服务工作机制。将养老服务政策落实情况纳入政府年度绩效考核范围。各地要充实、加强基层养老工作力量,强化区域养老服务资源统筹管理。

政策解读:

国家统计局数据显示,我国到 2018 年末 60 岁及以上人口为 2.49 亿人,占总人口的 17.9%。而到 2018 年底,我国养老服务机构与设施共16.38 万个,床位总数 746.3 万张。养老机构"住不上""住不起""住不好"的问题十分突出。

《意见》特别针对这些问题,从提供基本服务、满足多元需求、提升支付能力、支持社会参与、保护合法权益 5 个方面提出了具体政策举措。《意见》明确充分发挥公办养老机构及公建民营养老机构兜底保障作用,在满足当前和今后一个时期特困人员集中供养需求的前提下,重点为经济困难失能失智老年人、计划生育特殊家庭老年人提供无偿或低收费托养服务;明确从老年产品用品、康复辅具配置、营养均衡配餐、信息技术应用、家庭适老化改造等方面满足老年人个性化多样化需求;提出推动形成符合国情的长期护理保险制度框架,鼓励发展商业性长期护理保险产品;提出组织开展对老年人产品和服务消费领域侵权行为的专项整治行动等。

我国养老服务依然存在一些体制机制障碍,比如在社会力量参与养老服务方面仍存在政策落实难、准入审批难、融资贷款难等,需要从政策制度入手破解发展障碍。对此,《意见》提出了以下几个方面的政策措施:(1)进一步放宽行业准入。简化医养结合机构设立流程,实行"一个窗口"办理;养老机构内设诊所、卫生所(室)等取消行政审批、实行备案管理等。(2)进一步扩大投融资渠道。大力支持符合条件的市场化、规范化程度高的养老服务企业上市融资;支持商业保险机构举办养老服务机构或参与养老服务机构的建设和运营等。(3)完善养老服务设施供地政策。举办非营利性养老服务机构,可凭登记机关发给的社会服务机构登记证书和其他法定材料申请划拨供地;鼓励各地探索利用集体建设用地发展养老服务设施等。(4)推动居家、社区和机构养老融合发展。支持养老机构运营社区养老服务设施,上门为居家老年人提供服务;支持物业服务企业开展老年供餐、定期巡访等形式多样的养老服务等。

针对养老服务行业统筹不够、质量不高、监管薄弱等问题,《意见》从完善体制机制、提高质量等角度提出了3方面政策措施。一是完善工作机制,如将养老服务政策落实情况纳入政府年度绩效考核范围;二是建立综合监管,如推进养老服务领域社会信用体系建设,采取商业银行第三方存管方式确保资金管理使用安全,健全养老机构食品安全监管机制等;三是完善标准体系,制定确保养老机构基本服务质量安全的强制性国家标准,推行全国统一的养老服务等级评定与认证制度。

一直以来,养老服务行业存在着人才供需悖论。一方面,从业人员紧缺,尤其是高素质专业化人才紧缺;另一方面,从业人员反映待遇不高、社会认同度低、获得感不强。为解决这些问题,《意见》针对性地列出了3项举措,包括建立完善养老护理员职业技能等级认定和教育培训制度、大力推进养老服务业吸纳就业、建立养老服务褒扬机制。因此,我们应采取系列措施破解养老服务人才短缺问题,包括把养老服务、养老护理相关的人才培养作为职业技能培训的一个重点内容;引导和支持技工院校开设相关的养老护理服务专业,推动教学改革,提高人才培养质量;把养老护理相关的专门人才培养列入急需紧缺人才培养目录当中,落实相应的补贴政策;推动用人单位和有关培训评价组织开展养老护理人才职业技能等级评价工作;加大养老服务方面就业创业的扶持政策落实力度;促进提高养老护理专业人才的经济待遇和社会地位等。

（四）国务院办公厅《关于促进 3 岁以下婴幼儿照护服务发展的指导意见》

2019 年 5 月 9 日,国务院办公厅印发《关于促进 3 岁以下婴幼儿照护服务发展的指导意见》①(以下简称《意见》)。

政策背景:

婴幼儿的照护服务是保障和改善民生的重要内容,事关婴幼儿健康成长,事关千家万户。党的十九大报告把"幼有所育"作为保障和改善民生的重要内容。目前我国有 3 岁以下(不含 3 岁)婴幼儿 5000 万左右,而照护服务供给不足。有调查显示,目前婴幼儿在各类照护服务机构的入托率仅为4.1%。近 80% 的婴幼儿是由祖辈参与看护和照料,社会普遍反映家庭婴幼儿照料负担较重。

党和政府多次提出全面推进幼有所育、老有所养,而"幼有所育"是"老有所养"的前提条件之一:如果孙辈没人看护,老人也无法安然"休养"。2016 年 1 月 1 日全面两孩政策实施后,"没人带孩子"成为制约家庭再生育的突出因素,广大群众对婴幼儿照护服务的需求日益旺盛。在此背景下,婴幼儿照护领域的顶层设计应运而生。

内容要点:

《意见》指出,要以习近平新时代中国特色社会主义思想为指导,坚持以人民为中心的发展思想,以需求和问题为导向,推进供给侧结构性改革,建立完善促进婴幼儿照护服务发展的政策法规体系、标准规范体系和服务供给体系,充分调动社会力量的积极性,多种形式开展婴幼儿照护服务,逐步满足人民群众对婴幼儿照护服务的需求。

《意见》强调,发展婴幼儿照护服务的重点是为家庭提供科学养育指导,并对确有照护困难的家庭或婴幼儿提供必要的服务。要强化政策引导和统筹引领,优先支持普惠性婴幼儿照护服务机构。按照儿童优先原则,最大限度地保护婴幼儿,确保婴幼儿的安全和健康。到 2020 年,婴幼儿照护服务的政策法规体系和标准规范体系初步建立,建成一批具有示范效应的

---

① 中央人民政府网,http://www.gov.cn/zhengce/content/2019 - 05/09/content_5389983.htm。

婴幼儿照护服务机构;到2025年,多元化、多样化、覆盖城乡的婴幼儿照护服务体系基本形成,人民群众的婴幼儿照护服务需求得到进一步满足。

《意见》提出了三方面的任务举措。一是加强对家庭婴幼儿照护的支持和指导。全面落实产假政策,支持脱产照护婴幼儿的父母重返工作岗位,为家长及婴幼儿照护者提供婴幼儿早期发展指导服务。二是加大对社区婴幼儿照护服务的支持力度。按标准和规范建设婴幼儿照护服务设施及配套安全设施,鼓励通过市场化方式,采取公办民营、民办公助等多种形式,在就业人群密集的产业聚集区域和用人单位完善婴幼儿照护服务设施。注重发挥城乡社区公共服务设施的婴幼儿照护服务功能,支持和引导社会力量依托社区提供婴幼儿照护服务。三是规范发展多种形式的婴幼儿照护服务机构。支持用人单位在工作场所为职工提供福利性婴幼儿照护服务,鼓励支持有条件的幼儿园开设托班,支持各类婴幼儿照护服务机构提供多样化、多层次的婴幼儿照护服务。加强婴幼儿照护服务专业化、规范化建设,运用互联网等信息化手段对婴幼儿照护服务机构的服务过程加强监管,依法逐步实行工作人员职业资格准入制度。

《意见》要求,各级政府要制定切实管用的政策措施,各相关部门要按照各自职责加强指导、监督和管理,通过加强政策支持、用地保障、队伍建设、信息支撑和社会支持等,促进婴幼儿照护服务规范健康发展。

政策解读:

3岁以下婴幼儿(以下简称婴幼儿)照护服务是生命全周期服务管理的重要内容,事关婴幼儿健康成长,事关千家万户。当前婴幼儿照护领域存在着供需矛盾突出、祖辈照料负担过重、养育机会成本提升、对婴幼儿照护机构的专业性要求高等问题,而婴幼儿照护机构还存在着学前教育资源严重不足、社会力量参与存在障碍、服务体系缺乏规范监管、民办机构运营压力较大等问题。在目前托育需求旺盛、公办投入无法立即满足的情况下,应引导市场健康发展。

《意见》确立了促进婴幼儿照护服务发展的4条基本原则。一是家庭为主,托育补充。发展婴幼儿照护服务的重点是为家庭提供科学养育指导,并对确有照护困难的家庭或婴幼儿提供必要的服务。二是政策引导,普惠优先。强化政策引导作用,充分调动社会力量的积极性,优先支持普惠性婴幼儿照护服务机构。三是安全健康,科学规范。按照儿童优先的原则,最大限度地保护婴幼儿,确保婴幼儿的安全和健康。四是属地管理,分类指导。在地方政府领导下,各地从实际出发,有针对性地发展多种形式的婴幼儿照护服务。

人力资源社会保障部门将负责对婴幼儿照护服务从业人员开展职业技能培训,按规定予以职业资格认定,依法保障从业人员各项劳动保障权益。

四、促进人员开发优化、民生方面的相关政策法规

(一) 国务院《关于个人所得税专项附加扣除暂行办法的通知》

2018 年 12 月 13 日,国务院印发《个人所得税专项附加扣除暂行办法》,自 2019 年 1 月 1 日起施行。[①]

政策背景:

本办法所称个人所得税专项附加扣除,是指个人所得税法规定的子女教育、继续教育、大病医疗、住房贷款利息、住房租金、赡养老人等 6 项专项附加扣除。个人所得税专项附加扣除遵循公平合理、利于民生、简便易行的原则。根据教育、医疗、住房、养老等民生支出变化情况,适时调整专项附加扣除范围和标准。

内容要点:

1. 子女教育

纳税人的子女接受全日制学历教育的相关支出,按照每个子女每月 1000 元的标准定额扣除。学历教育包括义务教育(小学、初中教育)、高中阶段教育(普通高中、中等职业、技工教育)、高等教育(大学专科、大学本科、硕士研究生、博士研究生教育)。年满 3 岁至小学入学前处于学前教育阶段的子女,按上述规定执行。

2. 继续教育

纳税人在中国境内接受学历(学位)继续教育的支出,在学历(学位)教

---

① 中央人民政府网,http://www.gov.cn/zhengce/content/2018-12/22/content_5351181.htm。

育期间按照每月 400 元定额扣除。同一学历(学位)继续教育的扣除期限不能超过 48 个月。纳税人接受技能人员职业资格继续教育、专业技术人员职业资格继续教育的支出,在取得相关证书的当年,按照 3600 元定额扣除。

3. 大病医疗

在一个纳税年度内,纳税人发生的与基本医保相关的医药费用支出,扣除医保报销后个人负担(指医保目录范围内的自付部分)累计超过 15000 元的部分,由纳税人在办理年度汇算清缴时,在 80000 元限额内据实扣除。纳税人发生的医药费用支出可以选择由本人或者其配偶扣除;未成年子女发生的医药费用支出可以选择由其父母一方扣除。纳税人及其配偶、未成年子女发生的医药费用支出,按该办法第十一条规定分别计算扣除额。

4. 住房贷款利息

纳税人本人或者配偶单独或者共同使用商业银行或者住房公积金个人住房贷款为本人或者其配偶购买中国境内住房,发生的首套住房贷款利息支出,在实际发生贷款利息的年度,按照每月 1000 元的标准定额扣除,扣除期限最长不超过 240 个月。纳税人只能享受一次首套住房贷款的利息扣除。

首套住房贷款是指购买住房享受首套住房贷款利率的住房贷款。经夫妻双方约定,可以选择由其中一方扣除,具体扣除方式在一个纳税年度内不能变更。

5. 住房租金

纳税人在主要工作城市没有自有住房而发生的住房租金支出,可以按照以下标准定额扣除:直辖市、省会(首府)城市、计划单列市以及国务院确定的其他城市,扣除标准为每月 1500 元;除上述所列城市以外,市辖区户籍人口超过 100 万的城市,扣除标准为每月 1100 元;市辖区户籍人口不超过 100 万的城市,扣除标准为每月 800 元。纳税人的配偶在纳税人的主要工作城市有自有住房的,视同纳税人在主要工作城市有自有住房。纳税人及其配偶在一个纳税年度内不能同时分别享受住房贷款利息和住房租金专项附加扣除。

6. 赡养老人

纳税人赡养一位及以上被赡养人的赡养支出,统一按照以下标准定额扣除:纳税人为独生子女的,按照每月 2000 元的标准定额扣除;纳税人为非独生子女的,由其与兄弟姐妹分摊每月 2000 元的扣除额度,每人分摊的额度不能超过每月 1000 元。可以由赡养人均摊或者约定分摊,也可以由被赡养人指定分摊。约定或者指定分摊的须签订书面分摊协议,指定分摊优先于约定分摊。具体分摊方式和额度在一个纳税年度内不能变更。

政策解读:

专家指出,此次公布的暂行办法较好地兼顾了公平和效率,一方面,相关支出得到合理扣除,减负力度明显;另一方面,具体操作力求简便易行,方便纳税人缴税,总体上让个税制度更加公平合理,纳税人在享受减税红利的同时,也有利于刺激消费、扩大需求。个税专项附加扣除遵循公平合理、简便易行、切实减负、改善民生的原则。可享受的扣除项目因人而异,单身人士可享受住房或教育相关的扣除,上有老下有小的家庭或可享受更多扣除。

"此次专项附加扣除的标准超出预期,最大限度地释放了民生红利。"西南财经大学经济与管理研究院院长甘犁表示,每年每位子女 1.2 万元的教育支出扣除标准,可大体覆盖全国各地各阶段子女教育的平均支出,也高于一般发达国家教育支出扣除金额占社会平均工资的比例,力度较大。而不同区域、不同教育阶段实行统一扣除标准,有利于降低征纳成本、防范道德风险。

学历继续教育与非学历继续教育分设定额,中南财经政法大学财税学院教授许建国分析,这主要是因为学历继续教育的费用标准一般高于非学历继续教育。据了解,艺术、体育运动等属于个人兴趣爱好的培训与职业技能关联度不高,暂不纳入抵扣范畴。

很多扣除规定与相关宏观政策相衔接。比如房贷扣除范围限定于首套房贷款利息支出,无疑体现了"房住不炒"的政策精神,旨在保障公众基本居住需求。而住房租金扣除标准总体略高于房贷利息扣除标准,体现了政策利好向租房群体倾斜。

(二) 国务院《国家职业教育改革实施方案》

2019 年 1 月 24 日,国务院印发《国家职业教育改革实施方案》①(以下

---

① 中央人民政府网,http://www.gov.cn/zhengce/content/2019 - 02/13/content_5365341. htm。

简称"职教 20 条")。

政策背景：

党的十八大以来,以习近平同志为核心的党中央把职业教育摆在了前所未有的突出位置。李克强总理就深化职业教育改革作出重要批示,提出明确要求。"职教 20 条"明确职业教育和普通教育是两种不同的教育类型,具有同等重要地位。我国正处于决胜全面建成小康社会和建成社会主义现代化强国的历史交汇期。2035 中长期目标和 2050 远景目标对职业教育提出了新的更高要求。加快发展现代职业教育,既有利于缓解当前就业压力,也是解决高技能人才短缺的战略之举。职业教育要主动适应供给侧结构性改革需要,加强技术技能积累,努力站在服务国家战略最前沿,为建设现代产业体系提供支撑。要强化人才的有效供给和适度超前储备,为社会成员就业创业、在岗提升提供保障。要以现代职业教育的大改革大发展,加快培养国家发展急需的各类技术技能人才,让更多青年凭借一技之长实现人生价值,让三百六十行人才荟萃、繁星璀璨。[①]

职业教育与普通教育是两种不同教育类型,具有同等重要地位。改革开放以来,职业教育为我国经济社会发展提供了有力的人才和智力支撑,现代职业教育体系框架全面建成,服务经济社会发展能力和社会吸引力不断增强,具备了基本实现现代化的诸多有利条件和良好工作基础。随着我国进入新的发展阶段,产业升级和经济结构调整不断加快,各行各业对技术技能人才的需求越来越紧迫,职业教育重要地位和作用越来越凸显。但是,与发达国家相比,与建设现代化经济体系、建设教育强国的要求相比,我国职业教育还存在着体系建设不够完善、职业技能实训基地建设有待加强、制度标准不够健全、企业参与办学的动力不足、有利于技术技能人才成长的配套政策尚待完善、办学和人才培养质量水平参差不齐等问题,到了必须下大力气抓好的时候。没有职业教育现代化就没有教育现代化。

内容要点：

"职教 20 条"坚持目标导向和问题导向,针对长期以来"单纯的学历教

---

① 《教育部关于深入学习贯彻〈国家职业教育改革实施方案〉的通知》,教育部网站,http://www.moe.gov.cn/srcsite/A07/zcs_zhgg/201905/t20190517_382357.html。

育"或"简单的技能教学"两个倾向,提出了一系列解决长期制约职业教育发展的体制机制难题的政策措施。职业教育战线要以深化改革和狠抓落实为重点,逐项落实"职教 20 条"提出的各项任务。

1. 完善国家职业教育制度体系

(1)健全国家职业教育制度框架。将标准化建设作为统领职业教育发展的突破口,完善职业教育体系,为服务现代制造业、现代服务业、现代农业发展和职业教育现代化提供制度保障与人才支持。建立健全学校设置、师资队伍、教学教材、信息化建设、安全设施等办学标准,引领职业教育服务发展、促进就业创业。推进资历框架建设,探索实现学历证书和职业技能等级证书互通衔接。

(2)提高中等职业教育发展水平。优化教育结构,把发展中等职业教育作为普及高中阶段教育和建设中国特色职业教育体系的重要基础,保持高中阶段教育职普比大体相当,使绝大多数城乡新增劳动力接受高中阶段教育。改善中等职业学校基本办学条件。加强省级统筹,建好办好一批县域职教中心。指导各地优化中等职业学校布局结构,科学配置并做大做强职业教育资源。加大对民族地区、贫困地区和残疾人职业教育的政策、金融支持力度,落实职业教育东西协作行动计划,办好内地少数民族中职班。完善招生机制,建立中等职业学校和普通高中统一招生平台,精准服务区域发展需求。

(3)推进高等职业教育高质量发展。把发展高等职业教育作为优化高等教育结构和培养大国工匠、能工巧匠的重要方式,使城乡新增劳动力更多接受高等教育。建立"职教高考"制度,完善"文化素质+职业技能"的考试招生办法,提高生源质量,为学生接受高等职业教育提供多种入学方式和学习方式。启动实施中国特色高水平高等职业学校和专业建设计划,建设一批引领改革、支撑发展、中国特色、世界水平的高等职业学校和骨干专业(群)。根据高等学校设置制度规定,将符合条件的技师学院纳入高等学校序列。

(4)高层次应用型人才培养体系。发展以职业需求为导向、以实践能力培养为重点、以产学研用结合为途径的专业学位研究生培养模式,加强专业学位硕士研究生培养。推动具备条件的普通本科高校向应用型转变,鼓励有条件的普通高校开办应用技术类型专业或课程。开展本科层次职业教育试点。

2.构建职业教育国家标准

(1)完善教育教学相关标准。按照专业设置与产业需求对接、课程内容与职业标准对接、教学过程与生产过程对接的要求,完善中等、高等职业学校设置标准,规范职业院校设置;实施教师和校长专业标准,提升职业院校教学管理和教学实践能力。持续更新并推进专业目录、专业教学标准、课程标准、顶岗实习标准、实训条件建设标准(仪器设备配备规范)建设和在职业院校落地实施。

(2)启动"学历证书+若干职业技能等级证书"制度试点(以下简称1+X证书制度试点)工作。深化复合型技术技能人才培养培训模式改革,借鉴国际职业教育培训普遍做法,启动1+X证书制度试点工作。试点工作要进一步发挥好学历证书作用,夯实学生可持续发展基础,鼓励职业院校学生在获得学历证书的同时,积极取得多类职业技能等级证书,拓展就业创业本领,缓解结构性就业矛盾。各类职业技能等级证书具有同等效力,持有证书人员享受同等待遇。院校内实施的职业技能等级证书分为初级、中级、高级,是职业技能水平的凭证,反映职业活动和个人职业生涯发展所需要的综合能力。

(3)开展高质量职业培训。落实职业院校实施学历教育与培训并举的法定职责,按照育训结合、长短结合、内外结合的要求,面向在校学生和全体社会成员开展职业培训。自2019年开始,围绕现代农业、先进制造业、现代服务业、战略性新兴产业,推动职业院校在10个左右技术技能人才紧缺领域大力开展职业培训。引导行业企业深度参与技术技能人才培养培训,促进职业院校加强专业建设、深化课程改革、增强实训内容、提高师资水平,全面提升教育教学质量。

(4)实现学习成果的认定、积累和转换。加快推进职业教育国家"学分银行"建设,从2019年开始,探索建立职业教育个人学习账号,实现学习成果可追溯、可查询、可转换。有序开展学历证书和职业技能等级证书所体现的学习成果的认定、积累和转换,为技术技能人才持续成长拓宽通道。职业院校对取得若干职业技能等级证书的社会成员,支持其根据证书等级和类别免修部分课程,在完成规定内容学习后依法依规取得学历证书。对接受职业院校学历教育并取得毕业证书的学生,在参加相应的职业技能等级证书考试时,可免试部分内容。从 2019 年起,在有条件的地区和高校探索实施试点工作,制定符合国情的国家资历框架。

3. 完善有利于职业教育发展的相关配套政策

支持企业和社会力量兴办职业教育,会同有关部门制定落实产教融合型企业认证和组合式激励政策,鼓励有条件的企业特别是大型企业举办高质量职业教育。建设一批示范性职业教育集团(联盟),建设一批高水平职业教育实训基地。建立民办职业教育负面清单制度,鼓励发展股份制、混合所有制等职业院校和各类培训机构。完善"文化素质+职业技能"的考试招生办法,为学生接受高等职业教育提供多种入学方式和学习方式。要在中央财政大幅增加对职业教育投入的同时,督促地方落实职业教育经费投入机制,加强地方财政支持力度,新增教育经费要向职业教育倾斜。

4. 厚植各方支持职业教育的良好环境

要加强党对职业教育工作的全面领导,充分发挥党组织在职业院校的领导核心和政治核心作用,将党建工作与学校事业发展同部署、同落实、同考评。要牵头落实好国务院职业教育工作部际联席会议制度各项职责,做好职业教育工作的统筹规划、综合协调、宏观管理,形成政策合力。要组建国家职业教育指导咨询委员会,为职业教育改革提供重大政策咨询。要持续办好职业教育活动周等活动,多渠道总结提炼和宣传推介优秀案例,讲好职教故事,培育和传承好工匠精神。

政策解读:

此次职业教育改革方案中很重要的部分就是要服务于我国进一步扩大改革开放的新形势新需要,服务于"一带一路"倡议,对促进国家资历标准的国际互认与对接、为中国企业走出去和职业技能人才的跨国流动与就业创造更好的基础性条件。对接科技发展趋势和市场需求,完善职业教育和培训体系,优化学校、专业布局,深化办学体制改革和育人机制改革,以促进就业和适应产业发展需求为导向,鼓励和支持社会各界特别是企业积极支持职业教育,着力培养高素质劳动者和技术技能人才。经过 5—10 年左右时间,职业教育基本完成由政府举办为主向政府统筹管理、社会多元办学的格局转变,由追求规模扩张向提高质量转变,由参照普通教育办学模式向企业社会参与、专业特色鲜明的类型教育转变,大幅提升新时代职业教育现代化水平,为促进经济社会发展和提高国家竞争力提供优质人才资源支撑。

到 2022 年,职业院校教学条件基本达标,一大批普通本科高等学校向应用型转变,建设 50 所高水平高等职业学校和 150 个骨干专业(群)。建成覆盖大部分行业领域、具有国际先进水平的中国职业教育标准体系。企业参与职业教育的积极性有较大提升,培育数以万计的产教融合型企业,打造一批优秀职业教育培训评价组织,推动建设 300 个具有辐射引领作用的高水平专业化产教融合实训基地。职业院校实践性教学课时原则上占总课时一半以上,顶岗实习时间一般为 6 个月。"双师型"教师(同时具备理论教学和实践教学能力的教师)占专业课教师总数超过一半,分专业建设一批国家级职业教育教师教学创新团队。从 2019 年开始,在职业院校、应用型本科高校启动 1+X 证书制度试点工作。

(三) 国务院办公厅《职业技能提升行动方案(2019—2021 年)》

2019 年 5 月 24 日,国务院办公厅发布《职业技能提升行动方案(2019—2021 年)》①(以下简称《方案》)。

政策背景:

高技能人才短缺,已成为我国产业转型升级的一大瓶颈。近年来,尽管我国技能人才队伍不断发展壮大,但技术工人特别是高技能人才占就业人员总量的比例仍不足 6%。从市场供需看,最近几年技术工人的求人倍率(即岗位需求数与求职人数之比)一直在 1.5 以上,高级技工的求人倍率甚至达到 2 以上水平,全国高级技工缺口达 1000 万人。

内容要点:

《方案》指出,要以习近平新时代中国特色社会主义思想为指导,全面贯彻党的十九大和十九届二中、三中全会精神,把职业技能培训作为保持就业稳定、缓解结构性就业矛盾的关键举措,作为经济转型升级和高质量发展

---

① 中央人民政府网,http://www.gov.cn/zhengce/content/2019-05/24/content_5394415.htm。

的重要支撑,坚持需求导向,服务经济社会发展,适应人民群众就业创业需要,大力推行终身职业技能培训制度,面向职工、就业重点群体、建档立卡贫困劳动力等城乡各类劳动者,大规模开展职业技能培训,加快建设知识型、技能型、创新型劳动者大军。

《方案》明确,2019 年至 2021 年,持续开展职业技能提升行动,提高培训针对性实效性,全面提升劳动者职业技能水平和就业创业能力。三年共开展各类补贴性职业技能培训 5000 万人次以上,其中 2019 年培训 1500 万人次以上;到 2021 年底技能劳动者占就业人员总量的比例达到 25% 以上,高技能人才占技能劳动者的比例达到 30% 以上。

《方案》提出了实施职业技能提升行动的政策措施。一是对职工等重点群体开展有针对性的职业技能培训。大力开展企业职工技能提升和转岗转业培训,对就业重点群体开展职业技能提升培训和创业培训,加大贫困劳动力和贫困家庭子女技能扶贫工作力度。二是激发培训主体积极性,有效增加培训供给。支持企业兴办职业技能培训,推动职业院校扩大面向职工、就业重点群体和贫困劳动力的培训规模,鼓励支持社会培训和评价机构开展职业技能培训和评价,创新培训内容,加强职业技能培训基础能力建设。三是完善职业培训补贴政策,加强政府引导激励。支持地方调整完善职业培训补贴政策,加大资金支持力度,依法加强资金监管并定期向社会公开资金使用情况,将职业培训补贴政策落到实处。

《方案》强调,地方各级政府要把职业技能提升行动作为重要民生工程,切实承担主体责任。各相关部门要健全工作机制,形成工作合力。深化职业技能培训工作"放管服"改革,提高培训管理服务水平,推进职业技能培训与评价有机衔接。大力弘扬和培育工匠精神,营造技能成才良好环境。

政策解读:

当前就业市场中,企业用人需求和人才供给结构不相适应的问题日益凸显。一方面,劳动密集型岗位、中小企业岗位和生产一线岗位的劳动力供给不足;另一方面,新技术、新业态发展所产生的用人需求也与现有人才供给规模及水平不匹配。伴随我国产业转型升级的不断深化,加快建设一支新型劳动者大军迫在眉睫。

因此,《方案》提出,面向职工、就业重点群体、建档立卡贫困劳动力等城乡各类劳动者,大规模开展职业技能培训,加快建设知识型、技能型、创新型劳动者大军。不仅要在3年里开展各类补贴性职业技能培训5000万人次以上,同时还要在全国各类企业全面推行企业新型学徒制、现代学徒制培训,力争用3年时间培训100万新型学徒,实现到2021年底,我国技能劳动者占就业人员总量的比例达到25%以上,高技能人才占技能劳动者的比例达到30%以上的目标。

明确"培训什么""如何培训",是提高职业技能培训针对性和有效性的重点。在培训内容上,此次《方案》提出,要围绕市场急需紧缺职业以及先进制造业、战略性新兴产业等新产业开展培训,尤其要加大人工智能、云计算、大数据等新职业新技能培训力度。同时围绕促进创业,开展经营管理、品牌建设、市场拓展、风险防控等创业指导培训,从而使培训行动更加贴近经济社会发展,真正做到人岗匹配。

在培训形式上,采取岗前培训、在岗培训、脱产培训,开展岗位练兵、技能竞赛、在线学习等活动,短中长相结合,线上线下相结合,学制教育与非学制培训相结合,灵活多样,适合各类劳动者。

为了进一步提高职业技能培训基础能力,此次《方案》还要求加强实训设施、实训基地、职业训练院等建设。职业训练院具有高技能人才培养、就业培训、竞赛评价等多种功能,是区域和行业开展综合职业培训的重要载体,对于整合培训资源、提高职业培训的整体水平具有重要意义。

为了鼓励支持劳动者参加培训,变"要我学"为"我要学",《方案》还明确企业要为职工培训创造条件,与参训职工协商一致灵活调整工作时间,保障职工参训期间应有的工资福利待遇。同时,多项培训均由政府直接给被培训者发放资金补助,符合条件的劳动者都可以参加培训并获得补贴。为了让参训者更加方便地申领到补贴,《方案》还提出建立培训补贴网上经办服务平台,有条件的地区可对项目制培训探索培训服务和补贴申领告知承诺制,简化流程,减少证明材料,提高服务效率。

开展大规模职业技能培训,对全面提升劳动者就业创业能力、缓解技能人才短缺的结构性矛盾、提高就业质量将起到重要作用,对适应经济高质量发展、培育经济发展新动能、推进供给侧结构性改革内在要求,推动大众创业万众创新、推进制造强国建设、提高全要素生产率、推动经济迈上中高端,具有重要意义。

（四）国务院办公厅《关于促进家政服务业提质扩容的意见》

2019 年 6 月 26 日,国务院办公厅发布《关于促进家政服务业提质扩容的意见》①(以下简称《意见》)。

政策背景：

2018 年,我国家政服务业的经营规模达到 5762 亿元,同比增长 27.9%,从业人员总量已超过 3000 万人。随着城乡居民收入水平不断提高,消费能力不断增强,加上新型城镇化、人口老龄化和"全面二孩"政策等多种因素影响下,未来家政服务需求仍将不断提升。家政服务业作为新兴产业,对促进就业、精准脱贫、保障民生具有重要作用。近年来,我国家政服务业快速发展,但仍存在有效供给不足、行业发展不规范、群众满意度不高等问题。

《意见》主要有三个背景。第一,党中央、国务院高度重视家政服务业的发展。习近平总书记指出,家政服务是朝阳产业,也是爱心工程,大有可为。李克强总理也强调,家政服务是大事,不是小事。这次出台的《意见》是十八大后国务院层面的第一个家政服务的政策性文件,为今后一段时期发展家政服务业指明了方向。第二,社会有需求。近年来,我国居民消费能力在不断增强,加上"全面二孩"政策推进实施,老龄化程度不断加深,社会分工日益细化,新型城镇化加速推进,居家养老、康复护理、育婴育幼、烹饪保洁等多样化的家政服务需求呈现刚性增长,家政服务的市场总规模近些年均保持 20% 左右的增速。第三,还有一个现实背景,就是家政服务业发展的短板十分突出。虽然家政行业发展潜力巨大,但是长期以来家政服务领域积累的矛盾较多,家政服务领域一些负面事件时有发生,人民群众对此反响强烈。在这样的背景下,研究出台促进家政服务业提质扩容的意见,加强顶层设计,完善政策体系,回应广大人民群众的关切,不仅十分必要,也十分迫切。

---

① 中央人民政府网,http://www.gov.cn/zhengce/content/2019-06-26/content_5403340.htm。

内容要点：

为促进家政服务业提质扩容,实现高质量发展,《意见》提出 10 方面重点任务:

一是采取综合支持措施,提高家政从业人员素质。包括支持院校增设一批家政服务相关专业,以市场为导向培育一批产教融合型家政企业,加大岗前培训和"回炉"培训工作力度等。

二是适应转型升级要求,着力发展员工制家政企业。包括员工制家政企业员工根据用工方式参加相应社会保险,灵活确定服务人员工时,实行企业稳岗返还和免费培训等。

三是强化财税金融支持,增加家政服务有效供给。包括扩大员工制家政企业免征增值税的适用范围,开展家政服务"信易贷"试点,拓展发行专项债券等多元化融资渠道等。

四是完善公共服务政策,改善家政服务人员从业环境。包括加强社保补贴等社会保障支持,支持发展家政商业保险,积极推动改善从业人员居住条件,畅通职业发展路径,表彰激励优秀从业人员等。

五是健全体检服务体系,提升家政服务人员健康水平。包括分类制定家政服务人员体检项目和标准,更好提供体检服务等。

六是推动家政进社区,促进居民就近享有便捷服务。包括支持家政企业在社区设置服务网点,加大社区家庭服务税费减免力度等。

七是加强平台建设,健全家政服务领域信用体系。包括建立家政服务信用信息平台系统,加大守信联合激励和失信联合惩戒力度等。

八是加强家政供需对接,拓展贫困地区人员就业渠道。包括建立家政服务城市与贫困县稳定对接机制,建立健全特殊人群家政培养培训机制等。

九是推进服务标准化,提升家政服务规范化水平。包括推广使用家政服务合同示范文本,加快建立家政服务人员持证上门制度,开展家政服务质量第三方认证,建立家政服务纠纷常态化多元化调解机制等。

十是发挥规范示范作用,促进家政服务业可持续发展。包括建立健全家政服务法律法规,促进家政服务业与养老、育幼、物业、快递等服务业融合发展,培育家政服务品牌和龙头企业等。

《意见》要求,国务院建立由发展改革委、商务部牵头的部际联席会议制度,各地要把推动家政服务业提质扩容列入重要工作议程,构建全社会协同推进的机制,确保各项政策措施落实到位。

政策解读:

《意见》针对家政业发展短板和广大人民群众的关切,提出了促进家政业提质扩容的 36 条具体政策。家政服务业是事关千家万户福祉的朝阳产业,对于促进消费、改善民生、扩大就业有着十分重大的意义。

《意见》可以归纳为"1234",即"一个目标""两个着力""三个行动""四个聚焦"。一个目标,即按照高质量发展的要求,促进家政服务业提质扩容。提质,是提高家政服务业的供给质量,让人民群众用得满意、用得放心。扩容,是扩大有效供给,解决"找不到、买不起、用不好"等问题。两个着力,即着力发展员工制企业,着力推动家政进社区。《意见》从加大税费减免力度、完善社会保险、灵活确定工时等方面,推动家政企业向专业化、规模化、品牌化的员工制企业转型,支持家政企业在社区设置服务网点。三个行动,即家政培训提升行动、"领跑者"行动和信用建设专项行动。家政培训提升行动,着眼于提升从业人员素质来提高家政服务质量,力争到 2020 年累计培训 500 万人次,实现 100 万以上常住人口城市家政培训能力全覆盖;"领跑者"行动是通过综合措施,遴选一批示范城市,打造一批示范社区,培育一批示范企业,形成一批家政服务知名品牌,引领行业规范发展;信用建设专项行动,重点是推进家政企业、服务人员及消费者全面健全信用记录。四个聚焦,即聚焦降低成本、培养人才、完善保障和强化监管。

降低成本方面,将通过完善增值税加计抵减、扩大员工制家政企业免征增值税的适用范围、支持家政企业发行企业债、放开社区家政网点租赁用房性质限制等多举措降低企业成本。

服务质量的提高,关键在人才。本科院校和职业院校增设一批家政相关专业并扩大招生规模、支持一批家政企业举办职业教育、建设一批实训基地、完善家政培训体系,提高从业人员素质,从源头上提高服务质量。

让供需双方能安心服务放心使用,关键在保障。《意见》提出,通过推动改善从业人员居住条件,充分发挥工会组织作用,规范和完善从业人员体检服务,引导发展家政商业保险等措施,保障家政从业人员和消费者的合法权益。

行业的健康规范发展,需要有效的监管。《意见》提出,将通过建立健全家政业标准体系、推广使用合同示范文本、建立从业人员持证上门制度、实行从业人员职业背景信息验证核查等方式,推动行业规范有序健康发展。

人力资源社会保障部明确提出围绕市场急需紧缺职业开展家政、养老服务等就业技能培训,并对培训工作加大资金等政策支持力度。我国将着眼于提升从业人员素质来提高家政服务质量,力争到 2020 年底前累计培训超过 500 万人次,到 2022 年实现城区常住人口 100 万以上的地级市家政服务培训能力全覆盖。

(五) 国务院《关于实施健康中国行动的意见》

2019 年 7 月 15 日,国务院印发《关于实施健康中国行动的意见》(以下简称《意见》)①。

政策背景:

推进健康中国建设,是全面建成小康社会、基本实现社会主义现代化的重要基础,是全面提升中华民族健康素质、实现人民健康与经济社会协调发展的国家战略,是积极参与全球健康治理、履行 2030 年可持续发展议程国际承诺的重大举措。党的十九大作出实施健康中国战略的重大决策,将维护人民健康提升到国家战略的高度。2018 年,新一轮党和国家机构改革全面铺开,国家卫生健康委员会组建挂牌,国家部委的名称中第一次出现了"健康"二字。面向健康中国战略目标,从以治病为中心转变到以人民健康为中心,充分彰显了党中央、国务院对人民健康的高度关注和责任担当。

经过持续努力,我国健康领域改革发展取得显著成就,人民健康水平和身体素质持续提升。2018 年,我国人均预期寿命提高到 77.0 岁,居民主要健康指标总体已优于中高收入国家平均水平。但是,这并不意味着对于健康的追求与管理可以松懈。随着工业化、城镇化、人口老龄化进程加快,我国居民生产生活方式和疾病谱不断发生变化。心脑血管疾病、癌症、慢性呼吸系统疾病、糖尿病等慢性非传染性疾病导致的死亡人数占总死亡人数的

---

① 中央人民政府网,http://www.gov.cn/zhengce/content/2019-07/15/content_5409492. htm。

88%，导致的疾病负担占疾病总负担的 70%以上。因此，国务院出台《关于实施健康中国行动的意见》，坚持预防为主，积极有效应对当前突出健康问题，实施疾病预防和健康促进的中长期行动，健全全社会落实预防为主的制度体系，持之以恒加以推进，努力使群众不生病、少生病，提高生活质量。

内容要点：

《意见》指出，人民健康是民族昌盛和国家富强的重要标志，预防是最经济最有效的健康策略。要以习近平新时代中国特色社会主义思想为指导，全面贯彻党的十九大和十九届二中、三中全会精神，坚持以人民为中心的发展思想，坚持改革创新，贯彻新时代卫生与健康工作方针，强化政府、社会、个人责任，加快推动卫生健康工作理念、服务方式从以治病为中心转变为以人民健康为中心，建立健全健康教育体系，普及健康知识，引导群众建立正确健康观，加强早期干预，形成有利于健康的生活方式、生态环境和社会环境，延长健康寿命，为全方位全周期保障人民健康、建设健康中国奠定坚实基础。

《意见》提出，要坚持普及知识、提升素养，自主自律、健康生活，早期干预、完善服务，全民参与、共建共享的基本原则。到 2022 年，健康促进政策体系基本建立，全民健康素养水平稳步提高，健康生活方式加快推广。到 2030 年，全民健康素养水平大幅提升，健康生活方式基本普及，居民主要健康影响因素得到有效控制，因重大慢性病导致的过早死亡率明显降低，人均健康预期寿命得到较大提高，居民主要健康指标水平进入高收入国家行列，健康公平基本实现。

《意见》明确了三方面共 15 个专项行动。一是从健康知识普及、合理膳食、全民健身、控烟、心理健康等方面综合施策，全方位干预健康影响因素。二是关注妇幼、中小学生、劳动者、老年人等重点人群，维护全生命周期健康。三是针对心脑血管疾病、癌症、慢性呼吸系统疾病、糖尿病四类慢性病以及传染病、地方病，加强重大疾病防控。通过政府、社会、家庭、个人的共同努力，努力使群众不生病、少生病，提高生活质量。

《意见》强调，国家层面成立健康中国行动推进委员会，制定印发《健康中国行动（2019—2030 年）》，细化上述 15 个专项行动的目标、指标、任务和职责分工，统筹指导各地区各相关部门加强协作，研究疾病的综合防治策略,做好监测考核。要动员各方广泛参与,凝聚全社会力量,形成健康促进的强大合力。要加强公共卫生体系建设和人才培养,加强财政支持,强化资金统筹,优化资源配置,加强科技、信息支撑,完善法律法规体系。要注重宣传引导,及时发布政策解读,设立健康中国行动专题网站,以有效方式引导群众了解和掌握必备健康知识,践行健康生活方式。

政策解读:

随着工业化、城镇化、人口老龄化进程加快,我国居民的生产生活方式和疾病谱不断变化,不健康生活方式较为普遍,由此引起的疾病问题日益突出。

为积极有效应对当前突出健康问题,必须关口前移。此次健康中国行动坚持预防为主,是对《"健康中国 2030"规划纲要》任务目标的细化和落实,体现了两个"突出"——把预防摆在更加突出的位置,突出健康促进和动员倡导,统筹推进 15 个重大专项行动,实施疾病预防和健康促进的中长期行动,为全方位全周期保障人民健康、建设健康中国奠定坚实基础。

从影响健康因素的前端入手,是健康中国行动的一大亮点。健康中国行动文件通篇从前端入手,从主要的健康影响因素入手,通过健康促进手段,实现健康水平的提升。依据健康中国行动倡议,应该鼓励每周进行 3 次以上、每次 30 分钟以上中等强度运动,或者累计 150 分钟中等强度或 75 分钟高强度身体活动。日常生活中要尽量多动,达到每天 6000—10000 步的身体活动量。

如何确保拥有积极健康的精神状态,也是当今社会关注的话题。健康中国行动提出目标,到 2022 年和 2030 年,居民心理健康素养水平预期提升到 20% 和 30%;焦虑障碍患病率、抑郁症患病率上升趋势减缓。健康中国行动提出,政府部门应重视并开展心理危机干预和心理援助工作。卫生健康、政法、民政等单位建立和完善心理健康教育、心理热线服务、心理评估、心理咨询、心理治疗、精神科治疗等衔接合作的心理危机干预和心理援助服务模式。

从健康知识普及和合理膳食,到全民健身和控烟,再到心理健康和健康环境促进,指标不断细化,民生红利落地,健康促进行动将在未来 10 年内使全民健康素养水平得到较大幅度的提高,健康科普更加规范科学。

第二章　人力资源服务业发展与创新

【内容提要】

2019 年人力资源服务业快速发展,新业态、新模式不断涌现,服务产品日益丰富,服务能力进一步提升;未来人力资源服务业将更加规范化、精细化、品牌化、集群化、信息化、国际化、跨界化趋势发展;在新一轮以 5G、物联网、区块链、人工智能、云计算等为代表的新技术浪潮的冲击下,人力资源服务边界不断被突破,人力资源服务模式不断被创新;2019 年人力资源服务业的政策亮点包括颁布人力资源要素市场领域的第一部行政法规、颁布产业结构调整目录,社保入税与个税修正改革以及落实"三计划"和"三行动";业务亮点包括人力资源服务高端业态快速发展、人力资源服务业与互联网深度融合,同时,在人力资源产业园建设、人力资源服务外包、蓝领招聘、灵活用工以及人力资源展会、论坛等十分活跃。

Chapter 2　Development and Innovation of Human Resource Service Industry

【Abstract】

In 2019, the human resources service industry developed rapidly, new formats and new models continued to emerge, service products became increasingly rich, and service capabilities were further enhanced. In the future, the human resources service industry will be more standardized, refined, branded, clustered, informationized, internationalized and cross-border; Under the impact of a new wave of new technologies such as 5G, Internet, blockchain, artificial intelligence and cloud computing, the boundaries of human resources services have been constantly broken through, and the mode of human resources services has been constantly innovated. The policy highlights of human resources service industry in 2019 include the promulgation of the first administrative regulations in the field of human resources factor market, the promulgation of the catalogue of industrial restructuring, the reform of social security income tax and individual tax, and the implementation of three plans and three actions. Business highlights include the rapid development of high-end human resources services, the deep integration of human resources services and the internet, at the same time, in the construction of human resources industrial park, human resources service outsourcing, blue-collar recruitment, flexible employment and human resources exhibitions, forums and other aspects also show some highlights.

人力资源是推动经济社会发展的第一资源。人力资源服务业是生产性服务业和现代服务业的重要组成部分，对推动经济发展、促进就业创业和优化人才配置具有重要作用。近年来，人力资源服务业快速发展，新业态、新模式不断涌现，服务产品日益丰富，服务能力进一步提升。但与中国经济社会发展对人力资源服务业的要求相比，与世界先进水平相比，还有一定差距。因此，系统梳理人力资源服务业的发展现状，了解人力资源服务业在服务机构、服务业态等方面的新变化，把握人力资源服务技术创新的现状以及未来的发展趋势，对于准确理解人力资源服务业的行业发展动态，把握人力资源服务业未来的机遇和挑战，推动中国人力资源服务业的健康发展以及国家人才强国战略的实现都具有重要意义。

一、人力资源服务业发展现状与趋势

人力资源服务业，是指提供人力资源服务的众多经济单位的集合或系统，它是按照经济活动的功能和性质划分的国民经济组成部分之一。

作为服务于人才和各类组织的中国人力资源服务业，从1979年中国首家人力资源服务机构——北京外企人力资源服务有限公司成立至今，已走过 40 年的发展历程,基本形成了多元化、多层次的人力资源市场服务体系,目前正努力向人力资源利用的精细化方向发展,通过人力资源产品创新、管理创新、服务创新,切实发挥创新驱动发展战略、就业优先战略和人才强国战略的重要抓手作用。

(一) 中国人力资源服务业的发展现状

1. 产业规模

中国人力资源服务市场活力不断被激发,产业规模持续扩大,涌现出跻身世界 50 强的机构,培育出一些有规模、有效益的人力资源服务产业园。

(1)营业收入持续增长。2018 年人力资源服务行业全年营业总收入达到 1. 77 万亿元①,连续四年保持 20% 以上的年增长率(见图 1-2-1)。随着中国经济进入高质量发展新阶段,人力资源服务新动能不断形成,现代服务业快速发展,催生了对人力资源服务的旺盛需求。

图 1-2-1　2012—2018 年中国人力资源服务行业产业规模

(2)有世界 50 强机构,但整体效益仍欠理想。自 2010 年开始每年发布的《HRoot 全球人力资源服务机构 50 强榜单与白皮书》,一直是衡量全球

---

①　中华人民共和国人力资源和社会保障部:《2018 年度人力资源和社会保障事业发展统计公报》,http://www.mohrss.gov.cn/SYrlzyhshbzb/zwgk/szrs/tjgb/201906/t20190611_320429.html。

人力资源服务公司发展的权威榜单。在"2019 HRoot 全球人力资源服务机构 50 强"总榜单里,再次入围的"中智公司""前程无忧""海峡人力"三家中国机构合计营业收入 148.11 亿美元、营业利润 3.13 亿美元,同比分别增长 22.10%、27.24%。但是,仍与一直独占鳌头的瑞士德科集团有很大的差距(见表 1-2-1)。①

表 1-2-1　HRoot 全球人力资源服务机构 50 强榜单(中国入围机构)

年度	公司名称	排名	营业收入(百万美元)	营业利润(百万美元)	营业收入增长率	营业利润率	主营业务	成立年份
2019	德科集团	1	28,160	785	5.50%	2.80%	人才派遣/租赁/安置服务	1957
	中智公司	5	13,706	135	21.80%	1.00%	人力资源服务外包	1987
	前程无忧	46	571	174	34.00%	30.40%	在线招聘	1999
	海峡人力	49	534	4	19.20%	0.80%	人才派遣/租赁/安置服务	2004
	合计		14,811	313	25.00%	10.73%		
2018	德科集团	1	26,681	1,119	6.20%	4.20%	人才派遣/租赁/安置服务	1957
	中智公司	6	11,256	113	15.70%	1.00%	人力资源服务外包	1987
	海峡人力	47	448	4	14.50%	0.90%	人才派遣/租赁/安置服务	2004
	前程无忧	49	426	129	21.20%	30.20%	在线招聘	1999
	合计		12,130	246	17.13%	10.70%		
2017	德科集团	1	25,129	1,175	2.90%	4.70%	人才派遣/租赁/安置服务	1957
	中智公司	7	9,729	89	13.70%	0.90%	人力资源服务外包	1987
	海峡人力	47	391	4.2	4.60%	1.10%	人才派遣/租赁/安置服务	2004
	前程无忧	50	352	92	8.50%	26.20%	在线招聘	1999
	合计		10,472	185	8.93%	9.40%		

---

① HRoot:《HRoot 全球人力资源服务机构 50 强榜单与白皮书》,http://www.hroot.com/。

续表

年度	公司名称	排名	营业收入（百万美元）	营业利润（百万美元）	营业收入增长率	营业利润率	主营业务	成立年份
2016	德科集团	1	24,424	333	-8.10%	1.40%	人才派遣/租赁/安置服务	1957
	中智公司	7	8,554	47	15.60%	0.60%	人力资源服务外包	1987
	前程无忧	50	324	88	6.00%	27.00%	在线招聘	1999
	合计		8,878	135	10.80%	13.80%		
2015	德科集团	1	26,584	1,184	2.60%	4.50%	人才派遣/租赁/安置服务	1957
	中智公司	6	7,398	92	12.10%	1.20%	人力资源服务外包	1987
	合计		7,398	92	12.10%	1.20%		
2014	德科集团	1	25,898	1,034	-1.90%	4.00%	人才派遣/租赁/安置服务	1957
	中智公司	6	6,598	88	23.70%	1.30%	人力资源服务外包	1987
	前程无忧	47	277	81	15.60%	29.10%	在线招聘	1999
	合计		6,875	169	19.65%	15.20%		
2013	德科集团	1					人才派遣/租赁/安置服务	1957
	中智公司	8					人力资源服务外包	1987
	前程无忧	46					在线招聘	1999
2012	德科集团	1					人才派遣/租赁/安置服务	1957
	中智公司	8					人力资源服务外包	1987
	前程无忧	45					在线招聘	1999
2011	德科集团	1					人才派遣/租赁/安置服务	1957
	中智公司	8					人力资源服务外包	1987
	前程无忧	39					在线招聘	1999
	104 人力银行	44					职业生涯规划服务	1996
	ATA	49					考试测评	1999

续表

年度	公司名称	排名	营业收入（百万美元）	营业利润（百万美元）	营业收入增长率	营业利润率	主营业务	成立年份
2010	德科集团	1					人才派遣/租赁/安置服务	1957
	中智公司	10					人力资源服务外包	1987
	前程无忧	38					在线招聘	1999
	104人力银行	44					职业生涯规划服务	1996

（3）人力资源服务产业园建设加速。人力资源产业园，是以人力资源服务为核心，以促进人力资源有效开发与优化配置为方向，以服务当地、辐射周边、集聚产业、协同创新为功能定位，以促进就业创业和推动经济发展为目标，集公共就业人才服务与市场服务为一体，由人力资源服务企业与配套机构在空间上集聚而形成的产业发展模式。自 2010 年 11 月，中国第一个国家级的人力资源服务产业园——中国上海人力资源服务产业园在上海正式挂牌成立后，中华人民共和国人力资源和社会保障部在陆续批准建立中国上海、中国重庆、中国中原、中国苏州、中国杭州、中国海峡、中国成都、中国烟台、中国长春、中国南昌、中国西安等 11 个国家级人力资源服务产业园的基础上，2018 年又增添了中国天津、中国北京、中国广州、中国深圳四个国家级产业园（见表 1-2-2），已经建成或在建的地方人力资源服务产业园超过 100 个，使人力资源服务业的发展站在了更高的起点，为促进人力资源服务产业集聚、服务发展、市场培育提供了重要的平台。

表 1-2-2　2010—2018 年中国国家级人力资源服务产业园名录

序号	名　称	准建时间	所在地
1	中国上海人力资源服务产业园	2010 年 7 月 7 日	上海
2	中国重庆人力资源服务产业园	2011 年 8 月 5 日	重庆
3	中国中原人力资源服务产业园	2012 年 7 月 27 日	郑州
4	中国苏州人力资源服务产业园	2013 年 12 月 2 日	苏州
5	中国杭州人力资源服务产业园	2014 年 12 月 16 日	杭州

续表

序号	名　称	准建时间	所在地
6	中国海峡人力资源服务产业园	2014 年 12 月 16 日	福州
7	中国成都人力资源服务产业园	2016 年 5 月 6 日	成都
8	中国烟台人力资源服务产业园	2016 年 5 月 6 日	烟台
9	中国长春人力资源服务产业园	2017 年 5 月 15 日	长春
10	中国南昌人力资源服务产业园	2017 年 5 月 15 日	南昌
11	中国西安人力资源服务产业园	2017 年 5 月 15 日	西安
12	中国北京人力资源服务产业园	2018 年 10 月 10 日	北京
13	中国天津人力资源服务产业园	2018 年 10 月 10 日	天津
14	中国广州人力资源服务产业园	2018 年 10 月 17 日	广州
15	中国深圳人力资源服务产业园	2018 年 10 月 17 日	深圳

资料来源:中华人民共和国人力资源和社会保障部网站。

（4）人力资源市场快速增加。2018 年,各类人力资源服务机构共设立固定招聘（交流）场所 3.19 万个,同比增长 48.51%;建立人力资源市场网站 1.33 万个,同比增长 10.61%(见图 1-2-2)。①

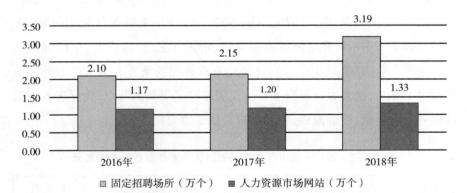

图 1-2-2　2016—2018 年中国人力资源市场数量

① 中华人民共和国人力资源和社会保障部:《我国人力资源服务业发展再上新台阶——2018 年人力资源服务业统计情况》, http://www.mohrss.gov.cn/SYrlzyhshbzb/dongtaixinwen/buneiyaowen/201905/t20190524_318428.html。

2.行业结构

中国人力资源服务业经营性机构比重逐渐加大,服务主体多元化,服务业态多样化,但产品结构不甚合理。

(1)机构总量进一步增加,经营性机构比重逐渐加大。2018年发布实施的《人力资源市场暂行条例》,鼓励社会力量参与人力资源市场建设,各地纷纷按照深入推进"放管服"改革的要求,进一步放宽设立人力资源服务机构的准入条件,使得经营性人力资源服务机构数量增长较快。截至2018年底,全国共有各类人力资源服务机构3.57万家,同比增长18.37%。其中,公共人力资源服务机构5180家,比上一年减少79家;经营性人力资源服务机构30523家,比上一年增加5620家[①]。经营性机构占比85.49%,较上一年增加约3个百分点,市场化程度不断提高(见图1-2-3)。

图1-2-3　2016—2018年中国人力资源服务行业机构规模

(2)服务主体多元化。由政府主导、自上而下发展,是中国人力资源服务业的一个显著特点。随着人力资源自由流动成为常态,过去由政府主导的人力资源服务业更多地让位给市场主导的择才聚才主体,形成市场主导和政府推动的格局。目前,中国人力资源服务业主要有四类主体:政府所属综合性公共就业和人才服务机构(以下简称公共服务机构)、国有性质的服务企业(以下简称国有企业)、民营性质的服务企业(以下简称民营企业)、

---

① 中华人民共和国人力资源和社会保障部:《我国人力资源服务业发展再上新台阶——2018年人力资源服务业统计情况》,http://www.mohrss.gov.cn/SYrlzyhshbzb/dongtaixinwen/buneiyaowen/201905/t20190524_318428.html。

外资及港澳台资性质的服务企业(以下简称合资企业)。

第一类,公共服务机构。这类是县级以上人民政府设立的公共就业和人才服务机构。2018年10月1日开始施行的《人力资源市场暂行条例》,在继《中华人民共和国就业促进法》实施十年后再次明确规定,公共人力资源服务机构免费提供下列服务:人力资源供求、市场工资指导价位、职业培训等信息发布;职业介绍、职业指导和创业开业指导;就业创业和人才政策法规咨询;对就业困难人员实施就业援助;办理就业登记、失业登记等事务;办理高等学校、中等职业学校、技工学校毕业生接收手续;流动人员人事档案管理;县级以上人民政府确定的其他服务。

第二类,国有企业。这类企业有先天优势,在全国范围内开展业务,主要业务是人事代理、人才派遣、人才培训等。代表企业有中智、北京外服、上海外服等。

第三类,民营企业。这类企业发展迅速,涉足网络人才中介、人事代理、猎头、招聘流程外包、灵活用工等细分领域。代表企业有科锐国际、埃摩森人力资源、锐仕方达等。

第四类,合资企业。这类企业从事人力资源服务时间较长,经验丰富,专业性强,以猎头、人力资源外包为主要业务。代表企业有万宝盛华集团、任仕达集团、外企德科等。

(3)服务业态推陈出新。随着人力资源服务专业化、数字化程度越来越高,细分出了互联网招聘、电商猎头、在线职业培训、薪酬服务设计等新业态。目前已经形成了包括人事代理服务、人才招聘服务、人才测评服务、猎头、人力资源外包服务等在内的服务业态,并且在不同细分领域产生了具有示范带头作用的领军机构(见表1-2-3)。

表1-2-3　我国人力资源服务业基本业态情况表

业态类型	基本业务	代表机构
人事代理	是人力资源外包的一种方式。为个人或用人单位提供基础人事管理工作,如人事档案、职称评定、社会保险、制度证明、薪酬管理等	各地公共人力资源服务机构、上海外服、中智、安德普翰、北京外企德科、前程无忧

续表

业态类型	基本业务	代表机构
灵活用工	人力资源派遣单位根据用工单位的要求，与用工单位签订派遣协议，由派遣单位将劳动者派往用工单位，被派遣劳动者在用工单位的指挥和管理下提供劳动，派遣单位从用工单位获取派遣费，并向被派遣劳动者支付劳动报酬	北京外企、中智、海峡人力、上海外服、万宝盛华、北京外企德科、科锐国际、人瑞集团、CDP集团、杰艾人力、肯耐珂萨、力德国际、欧孚科技
猎头	专门寻找、甄选符合客户需求的具有专业技能或高层管理能力的高端人才，并促成合格人才与客户签订劳动合同	海德思哲、光辉国际、猎聘网、科锐国际、万宝盛华、任仕达、锐仕方达、大瀚
招聘流程外包	是人力资源外包的一种方式。整个流程包括：确定职位描述，分析用人理念、职位需求，与用人部门负责人沟通，筛选简历，人才测评，面试，录用通知，候选人报到	锐仕方达、科锐国际、北京外企、上海必胜、嘉驰国际、肯耐珂萨、仕邦达、光辉国际
人力资源综合咨询	基于客户在人力资源领域的特殊需求，为其提供适合的人力资源管理解决方案，如人员选聘、绩效考核、薪酬体系、培训、职业生涯规划	智睿咨询、CEB、合益集团、诺姆四达、光辉国际、凯洛格、太和集团
人力资源软件系统	运用人才管理专业技术和云计算技术，为客户提供与人力资源相关的信息管理系统，如组织规划、招聘管理、考勤管理、人事在职离职档案、薪酬管理、绩效管理、培训管理	肯耐珂萨、北森、白金软件、嘉扬、万古、盖雅工场、智思、磐哲、上海大易云、e成科技、谷露软件、云招
人才测评	为用人单位和人才提供人力资源的基本素质、职业能力、职业兴趣、职业心理、职业操作技能等的测试和评价	北森、SHL、智睿咨询、怡安、倍智、全美在线、凯莱德
培训与发展	专业技能培训、通用技能培训、职业资格认证培训、就业与创业指导等	肯耐珂萨、凯洛格、云学堂、中欧商业在线
网络招聘平台	通过运用网络系统等IT技术手段，帮助用人单位完成招聘过程	前程无忧、智联招聘、领英、58同城、猎聘、拉勾、脉脉、BOSS直聘、中华英才、斗米
背景调查	以客户的利益出发，通过"数据库+人工"的方式核实预聘人员的背景信息，让客户在相对较小成本费用下规避雇佣风险，提高招聘质量	太和鼎信、知了背调、八方锦程、i背调、全录求是、较真背调、北京外企

资料来源：HRoot 网①；搜狐网②。

---

①　HRoot：《2018 大中华区人力资源服务品牌 100 强榜单》，http://rankings.hroot.com/brands100/2018/brands.html。

②　人力资源智享会：《2019 中国招聘与任用供应商价值大奖获奖名单揭晓》，http://www.sohu.com/a/326220127_183808。

　　(4)高端业态快速发展。《人力资源市场暂行条例》鼓励并规范高端人力资源服务等业态发展,为提高人力资源服务业发展水平创造了良好发展环境。2018 年,高端业态呈现快速发展态势,全国各类人力资源服务机构为 329 万家用人单位提供人力资源管理咨询服务,同比增长 27.52%;举办培训班 37 万次,同比增长 15.63%;高级人才寻访(猎头)服务成功推荐选聘各类高级人才 168 万人,同比增长 29.23%。① 与 2012 年相比,三项业务都翻了一番(见图 1-2-4)。这反映出经济高质量发展大量需要各类人才,国家"择天下英才而用之"的人才战略对高层次人才的引进服务提出了更高要求,从而为人才培训、寻访的业务提供了广阔空间。

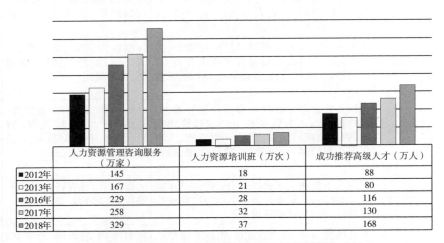

	人力资源管理咨询服务(万家)	人力资源培训班(万次)	成功推荐高级人才(万人)
■2012年	145	18	88
□2013年	167	21	80
■2016年	229	28	116
▨2017年	258	32	130
▣2018年	329	37	168

图 1-2-4　2012—2018 年中国高端人力资源服务成果

3. 从业人数

　　随着中国人力资源服务业的快速发展,人力资源服务行业从业人员不断增加。截至 2018 年底,全国共有各类人力资源服务机构从业人员 64.14 万人,同比增长 9.89%(见图 1-2-5)。②

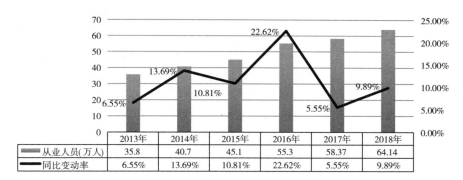

	2013年	2014年	2015年	2016年	2017年	2018年
从业人员(万人)	35.8	40.7	45.1	55.3	58.37	64.14
同比变动率	6.55%	13.69%	10.81%	22.62%	5.55%	9.89%

图1-2-5　2013—2018年中国人力资源服务行业从业人数

4.服务能力

(1)人力资源市场配置能力进一步提升。2018年,全国各类人力资源服务机构举办现场招聘会(交流会)23.48万场,同比增长5.29%;现场招聘会提供岗位招聘信息1.14亿条,同比增长9.37%;各类人力资源服务机构通过网络发布岗位招聘信息3.60亿条,同比增长16.84%;通过网络发布求职信息7.29亿条,同比增长16.29%(见图1-2-6)。各类人力资源服务机构共帮助2.28亿人次实现就业择业和流动,为3669万家次用人单位提供了服务,同比分别增长12.52%、15.02%。随着人力资源市场体系建设的不断推进,人力资源服务业在促进就业创业和优化人力资源配置方面,正在发挥越来越重要的作用。①

(2)人力资源外包服务逐渐增强。我国人力资源服务已经从单纯的人事代理逐渐向中高端人才寻访、人力资源服务外包等方向转变。一般来说,人力资源外包包括人事服务外包、人力(劳务)外包和人力资源专业管理外包三种。2017年我国人力资源外包市场规模增长至4850.5亿元,2018年约增长26%(见图1-2-7),但占人力资源服务业总收入的比重基本与2017年持平(见图1-2-8)。②

---

①　中华人民共和国人力资源和社会保障部:《我国人力资源服务业发展再上新台阶——2018年人力资源服务业统计情况》,http://www.mohrss.gov.cn/SYrlzyhshbzb/dongtaixinwen/buneiyaowen/201905/t20190524_318428.html。

②　前瞻产业研究院:《2018年人力资源服务行业市场现状与发展趋势　向服务外包方向转变》,http://mini.eastday.com/a/190611180316339.html。

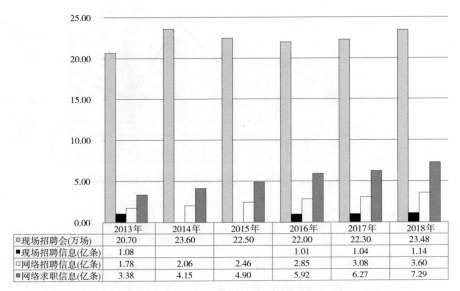

	2013年	2014年	2015年	2016年	2017年	2018年
□现场招聘会(万场)	20.70	23.60	22.50	22.00	22.30	23.48
■现场招聘信息(亿条)	1.08			1.01	1.04	1.14
□网络招聘信息(亿条)	1.78	2.06	2.46	2.85	3.08	3.60
■网络求职信息(亿条)	3.38	4.15	4.90	5.92	6.27	7.29

图 1-2-6 2013—2018 年中国招聘活动数据

图 1-2-7 2012—2018 年中国人力资源外包业务规模

(3)灵活用工的市场价值持续增长,但业内占比太小。灵活用工是指企业面临人员编制紧张、旺季人才短缺、项目用工短缺、三期员工短期替补等难题时,针对那些替代性、临时性、辅助性的岗位,由专业人力资源服务机构派驻员工的一种特殊用工形式。该服务机构承担全方位的法定雇主责任,包括招聘、薪酬发放、培训等,承担所有用人风险。2018 年中国灵活用

图 1-2-8　2012—2018 年中国人力资源外包业务比重

工市场规模约 389 亿元(不包括劳务派遣),2012—2018 年的市场年均复合增长率约为 18%。① 但相对于中国人力资源服务行业总规模,其体量微乎其微(见图 1-2-9),市场基数小,发展仍处于初期。根据人瑞集团发布的《中国灵活用工发展白皮书(2018)》显示,中国企业对灵活用工的认知度不高,对灵活用工"很了解"的企业比例仅为 13.7%。其中,细分到国企类别中,对灵活用工"很了解"的占比仅 9.6%。

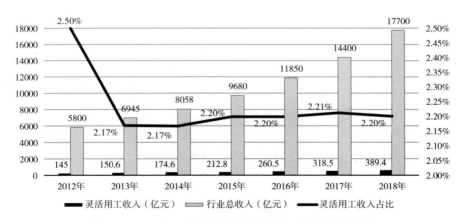

图 1-2-9　2012—2018 年中国灵活用工市场规模及占比

---

　　① 朱茜:《2023 年中国灵活用工规模达千亿　成人力资源服务下一个"爆发点"》,前瞻产业研究院,https://www.qianzhan.com/analyst/detail/220/170517-4896538d.html。

　　（4）信息化背景下细分业态不断扩容。2019 年一季度,中国人力资源在线服务行业投融资规模达 20.9 亿元,同比增长 30.2%,但相较于全球市场而言涨幅较小(见图 1-2-10)。其中,在线招聘选拔行业融资规模占比 39%,在线薪酬福利行业占比 30%,在线劳动力管理、HR SaaS、学习发展分别占 20%、10%、1%(见图 1-2-11)。① 说明人力资源服务方式不断改进,信息化水平不断提高,为"一带一路"建设、京津冀协同发展等国家重大战略提供人力资源支撑保障的能力将增强。

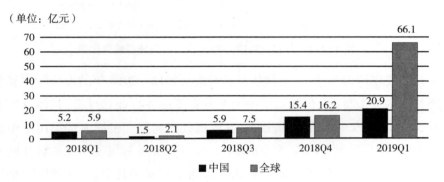

**图 1-2-10　2018 年一季度至 2019 年一季度中国与
全球人力资源在线服务业融资规模**

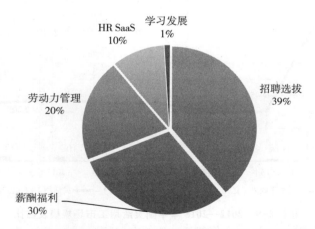

图 1-2-11　2019 年一季度中国人力资源在线服务细分行业融资规模占比

---

　　① 非凡产研:《2019 年 Q1 中国人力资源在线服务行业投融资报告》,http://www.hrtechchina.com/27734.html。

（二）中国人力资源服务业的发展趋势

在供给侧结构性改革已推进了 3 年半之际,习近平总书记于 2019 年 7 月 30 日中共中央政治局会议重申"坚持稳中求进工作总基调,坚持以供给侧结构性改革为主线,坚持新发展理念、推动高质量发展,坚持推进改革开放"。追求"高质量",是人力资源服务业发展的核心标准。未来,人力资源服务业将进一步向规范化、精细化、品牌化、集群化、信息化、国际化、跨界化发展。

1. 规范化

快速扩张的人力资源服务业,或多或少有些鱼龙混杂。为保障消费者利益和维护人力资源服务行业信誉,2018 年 5 月 2 日,中国人力资源服务业首部法规《人力资源市场暂行条例》尘埃落定,并自 2018 年 10 月 1 日起施行。此外,颁布实施的《劳务派遣暂行规定》《人才市场管理规定》《中外合资人才中介机构管理暂行规定》《就业服务与就业管理规定》《中华人民共和国电子商务法》以及人力资源服务业国家标准《高级人才寻访服务规范》《现场招聘会服务规范》《人才测评服务业务规范》等,为规范中国人力资源服务业建立了较为健全的政策法规体系、诚信服务体系、服务标准体系,监管机制规范高效,人力资源服务业发展环境不断优化。

2. 精细化

人力资源服务业愈发重视提供精细化服务,做到标准化与个性化相结合。其中,标准化服务方面,为客户提供完整的、透明的服务流程和成熟的管理工具,使客户清晰了解所接受的服务内容;个性化服务方面,侧重客户导向,突出细分市场,提供"专、精、深、特"的服务产品,在确保服务质量的同时,尽可能降低客户的使用成本。

人力资源服务业态细分有两个维度。一是基于某一服务点位的细分,如招聘服务板块,细分出蓝领招聘、电商人才招聘、高端人才招聘、互联网人才招聘、海归人才招聘、兼职招聘、程序员招聘等人群。二是基于服务环节的细分,如从招聘、猎头中细分出来的背景调查服务。与国际相比,中国目前的背景调查市场潜力巨大。美国 1.6 亿的就业人口,创造了 300 亿元人民币的背景调查市场。而中国 7.2 亿的就业人口,目前的背景调查市场仅为几亿元人民币。《2017 中国职场诚信调研报告》中显示,超过 33.91% 的人力资源从业者认为,有进行全员背景调查的必要性,阿里巴巴、京东、链家这些企业,都已经开始进行全员背景调查。① 再例如,随着全球经济增速放缓,加之《国税地税征管体制改革方案》于 2019 年 1 月 1 日起实施,意味着企业的用工成本将大幅上升,因此,灵活用工将成为企业降低用工成本的重要手段。随着中国人口红利由数量向质量转变,中小企业逐步放弃多用低水平员工的人力资源低成本战略,转而在员工的高附加值、高绩效、高产出上下功夫,试图区分普通员工和高绩效员工,增加招聘高价值员工占比,有效降低人力资源成本。然而中小企业普遍缺乏技术全面、能力出色的人力资源工作人员,这将使人才测评、人力资源管理咨询服务、招聘流程外包有一定的市场空间。

近年来,越来越多的人力资源服务机构选择专注一个行业、一个领域、一类人群进行服务,往深里发展、往细里服务,通过人力资源服务外包、管理咨询、人才测评、职业社交网站、高级人才寻访等中高端服务,增加服务的技术含量和附加值,收获颇丰的效益。一些"小而美"的机构通过提供更多差异化、特色化、专业化的服务来提升竞争力,在极度细分的领域占据一席之地,如大街网、拉手网、e 兼职。

3. 品牌化

品牌是现代企业参与市场竞争的利器。中国人力资源服务行业在经历质量变革、效率变革、动力变革的浪潮后,沉淀出一批品牌认可度高、服务好的企业,品牌效应日益明显。例如,在网络招聘领域,除了"前程无忧""智联招聘""中华英才网"传统三个龙头企业外,"中国招聘求职网""北京高校毕业生网""医药英才网""58 同城""猎聘网""拉勾网""薪介网""大街网"也快速发展起来;在人力资源外包领域,有"上海外服""北京外服""中智";在人力资源管理咨询领域,"北大纵横""华夏基石"等迅速发展;在人才培训领域,中国人力资源开发研究会已经建立起国内领先的人力资源管理师中高端职业认证培训品牌。尽管如此,面对机构数量快速增长但服务质量良莠不齐的中国人力资源服务业,实施品牌化经营战略,仍然是实现跨

---

① 吴帅:《创新是人力资源服务业的必由之路》,http://news.gmw.cn/2018－04/22/content_28431524.htm。

越式发展的必然选择,品牌建设任重道远。

4. 集群化

产业集群理论认为,在一个特定区域的一个特别领域,集聚一组相互关联的公司、供应商、关联产业和专门化的制度和协会,将可以通过这种区域集聚形成有效的市场竞争,构建出专业化生产要素优化集聚洼地,使企业共享区域公共设施、市场环境和外部经济,降低信息交流和物流成本,从而形成区域集聚效应、规模效应、外部效应和区域竞争力。

人力资源服务产业园是中国实现产业集群效应的一个创举。人力资源服务领域有多种业务形态,包括招聘、派遣、猎头、培训、咨询、外包、代理等。产业园区一方面将行业内众多业务侧重不同的企业集聚在一起,在业务开展过程中会产生不同的链条结合,产业链就逐步形成了。另一方面,人力资源服务产业园还可以进一步拓展与人力资源服务产业相关或以人力资源服务产业为核心的领域,吸引专业的供应商、专业人才、前沿技术,诸如财务、法务、心理咨询、科技中介、健康服务、专利服务、保险服务、技能鉴定等企业,甚至吸引资本进入园区,形成产业聚集效应。通过吸引上下游企业入驻园区,把整个人力资源服务行业链条延展,形成多种业务形态聚焦、关联性产业汇集。[1] 例如,中国上海人力资源服务产业园,作为全国首个国家级人力资源服务园区,自2010年成立以来,已集聚任仕达、万宝盛华、海德思哲、米高蒲志、上海外服、前锦众程等260家知名人力资源企业,提供人力资源选用育留"一揽子"服务,形成了覆盖招聘、派遣、培训、人力资源外包、猎头等初、中、高端,满足不同层次人力资源服务需求且相对完备的产品链,逐步实现从机构集聚、功能集聚到产业集聚的转变,"雁阵效应"益发凸显。开园至今,税收规模保持年均30%以上的增长态势,2017年税收规模达到13.86亿元。[2]

人力资源服务产业园规划建设,应重视融合化、特色化、数据化三大特征。融合化方面,打造"五结合"产业园新型运营模式——将人才、科技、产

① 王睿:《人力资源服务业迎来历史机遇期》,《中国人力资源社会保障》2019年第5期。
② 罗菁:《上海人力资源服务产业园"提速"》,http://gov.eastday.com/ldb/node13/node15/u1ai422945.html。

业、资本相结合,将引进与孵化相结合,将需求挖掘与产品创新相结合,将经济效益与社会效益相结合,将线上与线下相结合。特色化方面,根据本地产业结构和特色,引进和发展相应的人力资源服务企业。数据化方面,结合"互联网+",推动产业园数字化转型,搭建数据云平台,打造园区服务线上平台,实现人才服务、人才引入、企业孵化、人才管理等线上功能,以科技创新推动人力资源服务产业向高质量发展。[①]

可以预见,推动以人力资源服务产业园为标配的产业集群化发展,是提升人力资源服务产业整体竞争力的优选举措。

5. 信息化

人力资源服务行业,正在经历一场以计算机信息系统为核心的技术改进。在新的服务模式下,计算机信息系统的批量处理功能逐步代替传统的手工操作,系统的模块功能、技术改进已成为人力资源服务商的重要竞争能力。人力资源服务产业的信息化,对客户的价值、对人力资源服务机构的内部管理、对人力资源服务行业的商业模式,都会产生重大的影响。

在人力资源服务信息化的过程中,将以人力资源产业化架构为蓝本,以数据标准化为基础,以信息共享为平台,实现主要业务的整合贯通,实现管理的整体信息化。人力资源服务的各模块,如招聘、测评、培训、薪酬、派遣等服务,实现各自的信息化以及各模块之间的信息关联。

6. 国际化

自"一带一路"倡议提出以来,沿线各国相关行业的人才需求日益增长,为人力资源服务业国际化提供了广阔的发展空间。

人力资源服务业的国际化,至少应包含三个方面:其一,人力资源市场配置的国际化;其二,从业人员思维方式、服务方式、服务网络的国际化;其三,对不同文化以及不同文化环境中成长的人才的尊重、理解、包容。

我国人力资源服务业的未来发展,必须具有国际化的战略思维和执行团队。首先,要形成开放的人才观,无论是具体的人才和人才团队、虚拟的人才智力,还是先进的人才体制机制,都可以作为开放的对象。其次,要做

---

① 人力圈:《中国人力资源服务行业即将进入 3.0 时代》,http://www.sohu.com/a/328553144_120073133。

到知己知彼,不仅要清楚我国人力资源领域的长处与不足,更要清楚地了解竞争对手与合作伙伴的情况,特别是把握"一带一路"沿线国家人才、企业以及相关组织的各种诉求,并构建起国际化的对话与行为模式。最后,要实现人才的双向流动,实现从"为我所用"向互利共赢跨越,不仅要将境外人才请进来,也要让国内人才、智力、先进的人力资源服务模式走出去,积极融入全球产业链、创新链、价值链,将中国经验、中国技术传播到海外;不仅要让中国逐渐成为世界各国优秀人才施展才华、干事创业的"热土",还要结合"一带一路"建设,给予境外人才更多的中国机会和中国舞台,完成由"集聚全球人才"向"发展全球人才"的战略转变。

7. 跨界化

政策的扶持、技术的渗透、资本的助推,再加上长期的实践摸索,中国人力资源服务行业悄然发生着变化:通过兼并收购、强强联手、合纵连横的方式,跨界融合,促进产业链的延伸、强化业务服务能力。

例如,科锐国际投资大易,以实现从招聘向招聘软件平台服务的延展;雇得易与托马斯国际合作,加强招聘环节的人才评鉴功能;全球领先人力资源管理咨询公司韬睿惠悦,与全球风险管理、保险经纪巨头韦莱集团合并;全球卓越的组织和人才咨询机构光辉国际对合益集团的收购;主攻蓝领市场的招聘平台 58 同城对中华英才网的并购;招聘服务商前程无忧先后收购针对大学生及在校生招聘的应届生求职网、针对企业培训测评等人才发展解决方案的智鼎在线、针对高端财经人脉拓展的高顿教育,并投资定位为互联网行业招聘平台的拉勾网。

在行业深入整合的进程中,伴随跨界与行业整合深化,人力资源服务市场不断衍生出新的产品、服务。整个人力资源服务行业,正在形成产业链整合价值逐步释放的局面。

二、人力资源服务技术创新与发展趋势

2019 年,随着中国发放 5G 临时牌照,预示着一个与现实世界并存、庞大而复杂的 5G 网络世界即将形成。在新一轮以 5G、物联网、区块链、人工智能、云计算等为代表的新技术浪潮的冲击下,人力资源服务的边界不断被

突破,人力资源服务模式不断被创新,多元与开放已经成为常态,或向综合服务供应商转型,或聚集在人力资源更加细分的市场,从而成为人力资源服务市场的赢家。

(一) 赋能于人力资源服务的科技基础

1. 互联网

20 世纪 90 年代我国正式接入国际互联网后,互联网企业如雨后春笋般在中国大地上生根发芽、快速成长。2008 年后,随着智能手机以及 3G、4G 通信网络的推广普及,互联网开始迅速渗透到普通大众日常生活中,互联网上网人数大幅攀升。2019 年 6 月 6 日,工信部正式向中国电信、中国移动、中国联通、中国广电发放 5G 商用牌照,中国正式进入 5G 商用元年。鉴于 5G 具有高数据速率、减少延迟、节省能源、降低成本、提高系统容量和大规模设备连接、有确定的安全性能力等优势,国家层面正在大力推进 5G的普及发展。截至 2019 年 6 月底,我国固定互联网宽带接入用户总数达4.35 亿户,上半年净增 2737 万户;移动电话用户总数达 15.9 亿户,同比增长 5%,其中,手机上网用户数为 13 亿户,对移动电话用户的渗透率为82.2%(见图 1-2-12)。①

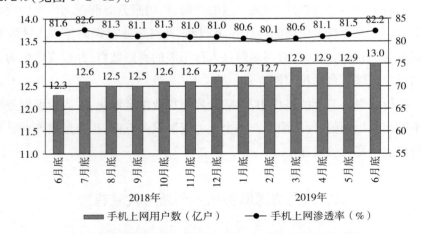

图 1-2-12　2018 年 6 月底—2019 年 6 月底手机上网用户情况

---

① 工信部:《2019 年上半年通信业经济运行情况》,http://www.miit.gov.cn/n1146312/n1146904/n1648372/c7149071/content.html。

2. 云计算

云计算是通过网络统一组织和灵活调用各种 ICT 信息资源,将原本分散的 ICT 资源集中起来共享使用实现大规模计算的信息处理方式。

云计算按部署类型可以分为公有云、私有云、混合云。所谓公有云,是指云计算服务由第三方提供商完全承载和管理,为用户提供价格合理的计算资源访问服务,用户无需购买硬件、软件或支持基础架构,只需要为其使用的资源付费。所谓私有云,是指企业自己采购基础设施,搭建云平台,在此之上开发应用的云服务。所谓混合云,是指由用户创建,而管理和运维职责由用户和云计算提供商共同分担,其在使用私有云作为基础的同时结合公有云的服务策略,用户可根据业务私密性程度的不同自主在公有云和私有云之间进行切换。

中国云计算产业自 2010 年起开始培育,如今越来越多的企业相信云计算的计算、网络、存储、安全等各方面的能力,借助云计算实现数字化转型。市场需求从最开始部署公有云,到逐步增加部署私有云,最后更多部署混合云和多云,市场对云的需求不断变化但从未停止,云计算规模也在稳步增加,年均增速超过 30%,是全球增速最快的市场之一,2018 年中国云计算整体市场规模达到 1100.8 亿元。①

3. 大数据

大数据是指无法在一定时间范围内用常规软件工具进行捕捉、管理和处理的数据集合,是需要新处理模式才能具有更强的决策力、洞察发现力和流程优化能力的海量、高增长率和多样化的信息资产。

近年来,随着大数据产业的快速发展和应用落地,大数据产业正在成为中国数字经济发展的重要驱动力。中国数字经济增速已经连续三年排名世界第一,预计 2019 年我国大数据产业规模将达到 7200 亿元,数字经济走向应用和服务深化的发展新阶段。②

---

① 李佳师:《云计算:从零到千亿元的产业》,http://www.cinic.org.cn/xw/schj/591802.html。

② 中国产业经济信息网:《大数据:2019 年产业规模将达 7200 亿元》,http://www.cinic.org.cn/xw/schj/590927.html。

4. 人工智能

人工智能(AI),是模拟、延伸和扩展人类智能研究的技术科学,包括机器人、语言识别、图像识别、自然语言处理和专家系统等。

相比全球,中国人工智能产业发展较慢,于 20 世纪七八十年代艰难起步。20 世纪八九十年代,中国人工智能产业在国家的大力支持下迎来曙光,21 世纪进入了蓬勃发展阶段。2018 年,中国人工智能产业整体市场规模达到 383.8 亿元,同比增长 27.6%;全球人工智能市场规模达到 2636.7 亿元,同比增长 17.7%。① 2018 年中国人工智能市场并未受到经济下行压力的明显影响,依然保持高速增长,并且高于全球平均增速 10 个百分点。

2019 年 8 月 1 日,科技部印发了《国家新一代人工智能开放创新平台建设工作指引》,明确开放创新平台建设要聚焦四大重点任务:第一,开展细分领域的技术创新,结合开放创新平台细分领域已有技术基础与产业资源,协同推动人工智能基础理论、模型方法、基础软硬件研究,服务和支撑人工智能前沿基础理论和关键技术创新。第二,促进成果扩散与转化应用,积极探索开放创新平台成果转化与应用机制,有效整合相关技术、产业链和金融资源,汇聚上下游创新力量,构筑完整的技术和产业生态。第三,提供开放共享服务,开放创新平台面向细分领域建设标准测试数据集,促进数据开放和共享,形成标准化、模块化的模型、中间件及应用软件,以开放接口、模型库、算法包等方式向社会提供软硬件开放共享服务。第四,引导中小微企业和行业开发者创新创业,在细分领域打造知识共享和经验交流社区,引导科技型中小微企业和创新创业人员基于开放创新平台开展产品研发、应用测试,降低技术与资源使用门槛,营造全行业协同创新创业的良好氛围。② 这意味着国家新一轮人工智能开放创新平台即将全面铺开,新一代人工智能产业起到的支撑国民经济的作用面更广,应用场景可以涵盖与国计民生相关的各个领域。

---

① 李振:《中国人工智能市场现状与趋势》,http://www.cena.com.cn/semi/20190808/101918.html。

② 中国科技部:《国家新一代人工智能开放创新平台建设工作指引》,http://www.most.gov.cn/mostinfo/xinxifenlei/fgzc/gfxwj/gfxwj2019/201908/t20190801_148109.htm。

5. 虚拟现实

虚拟现实(VR)技术作为引领全球新一轮产业变革的重要力量,跨界融合了多媒体、传感器、人工智能、互联网等多个领域的技术,是下一代通用性技术平台和下一代互联网入口。

近年来,我国虚拟现实产业创新高速发展,相关关键技术进一步成熟,在画面质量、图像处理、眼球捕捉、3D声场、机器视觉等技术领域不断取得突破;市场规模快速扩大。据工信部统计,2017年我国虚拟现实产业市场规模已达160亿元,同比增长164%。① 5G商用将为虚拟现实技术在更广泛领域的应用开辟新天地。预计到2021年,中国的虚拟现实市场规模将达到544.5亿元,年复合增长率达到95.2%。②

随着VR与AI的快速进步,AI融入VR系统成为趋势,使VR特征由3I成为4IE,即除了沉浸感(Immersion)、交互性(Interaction)、构想性(Imagination)外,还将具有智能(Intelligent)、自我演进演化(Evolution)的特征。③

6. 区块链

狭义的区块链技术是一种按照时间顺序将数据区块以链条的方式组合成特定数据结构,并以密码学方式保证的不可篡改和不可伪造的去中心化共享总账,能够安全存储简单的、有先后关系的、能在系统内验证的数据。广义的区块链技术则是利用加密技术来验证与存储数据、利用分布式共识算法来新增和更新数据、利用运行在区块链上的代码,即智能合约,来保证业务逻辑的自动强制执行的一种全新的多中心化基础架构与分布式计算范式。④

2019年迎来区块链商业应用元年。首先,区块链技术已经在性能、易

① 王政:《去年我国虚拟现实产业规模增164%》,http://paper.people.com.cn/rmrb/html/2018-05/22/nw.D110000renmrb_20180522_4-10.htm。

② 夏旭田:《5G牌照发放为VR开辟新天地,预计2021年VR年复合增长率达95.2%》,https://m.21jingji.com/article/20190620/herald/7c6e561c18663cbb61ab2af496a32fc.html。

③ 赵沁平:《VR有可能成为新信息技术支撑平台》,http://www.cena.com.cn/arvr/20180821/95284.html。

④ 姚前:《区块链技术的特点和未来发展趋势》,http://www.lianmenhu.com/blockchain-1816-1。

用性、可操作性方面发展成熟,能够支撑起大规模商业应用;其次,区块链法律法规和监管体系逐步完善,越来越多的企业可以正规地做应用。① 区块链技术具备的不可篡改性和可追溯性能够成为"信任"的技术解决方案,区块链技术将为大数据时代保驾护航。

(二)人力资源服务技术创新

新一代数字化技术正在颠覆着人类的生产和生活方式,数字化转型已经成为企业的核心战略,有数据显示,全球 1000 强企业中的 67%、中国 1000 强企业中的 50%都会把数字化转型作为企业的战略核心。现代人力资源服务业,也在经历着数字化带来的深刻变革。

1. 招聘选拔领域数字化

行业洗牌节奏变快,新型岗位不断涌现,雇主口味日趋刁钻,优质候选人转瞬即逝,招聘难度陡然上升,传统招聘方式让人力资源从业者不堪重负。随着云计算、大数据、人工智能的发展,实现招聘选拔智能化成为可能。

该领域常见品牌有 e 成科技、Moka 等。

(1)e 成科技。作为人力资本数字化平台,e 成科技是数字化人才战略领先者,开创性地将 AI 技术与人才战略升级场景深度结合,形成数字化招聘、数字化员工服务、数字化人才咨询三大支柱产品线,覆盖求职、入职、在职三大场景,激活人才生命全周期,助力企业选、融、育、激全面升级。

(2)Moka。一款新生代的 SaaS 智能化招聘管理系统,包含三大核心模块:聚合招聘渠道,统一管理招聘流程,提升各节点转化率,促进协同;积累企业人才库,自动且有效地进行持续激活;全方位数据统计,提供招聘洞见,全面帮助企业提升招聘效能。

Moka 除了在产品交互能力有突出的优势以外,在基本功能架构方面同样占据优势,如招聘流程协同方面,在各招聘管理系统较难实现突破的背景下,Moka 招聘管理系统实现了各招聘流程和环节节点操作自动化,降低了 HR 手动操作成本。

---

① 第一财经:《区块链全面进入应用时代》,https://www.yicai.com/news/100270229.html。

2. 薪酬福利领域数字化

薪酬福利是企业的一项基本职能和最大的预算项目,更是重要数据和战略洞见的来源之一。薪酬福利管理数字化,不仅可以解决传统发薪中流程烦琐、差错率高、成本高的问题,而且可以利用薪酬数据作为关键战略资源,优化企业业务。例如,工资单数据通常显示了薪酬与绩效之间的直接、正相关关系,了解细节是设计薪酬的关键,而这也将是吸引并留住员工的关键。

该领域常见品牌有薪太软、人银通、保准牛等。

(1)薪太软。通过独立研发薪酬智能云 SaaS 系统,依托强大的金融整合能力,联合传统银行、保险机构等共同打造"互联网薪酬结算+超级员工入口"产品,与全国人力资源公司场景结合,布局场景化、大数据风控和稳定收入人群的职业钱包形成闭环的产融结合生态圈。其特点是创造性地将薪酬作为供应链金融的核心资产,充分挖掘薪酬价值并结合大数据风控模型,为人力企业提供多种结构的薪酬垫付服务。

(2)人银通。面向人力资源行业,以企业财务为中心,支持人事外包、代缴社保公积金、代发工资、商业保险理赔等人力资源服务业务,满足支付、进项发票验真认证、销项发票打印、凭证生成、税务申报等财务需求的财税集合平台。

(3)保准牛。针对人力资源用工风险的定制保险平台。独有五维(行业、工种、年龄、场景、风险点)大数据风控分析技术,为企业护航;帮助人力资源公司流量变现,扩展业务品类提升核心竞争力,提高企业人员的操作效率,降低企业的用工成本与风险。

3. 劳动力管理领域数字化

近年来,劳动力跨国跨地域工作增多,国内劳动力成本上升,高科技智能化工具减轻对低级操作工的依赖,灵活用工率增高,"00 后"步入职场、"90 后"即将成为职场的主力军和创新源泉。劳动力的这些变化,都对企业的劳动力管理提出了挑战,企业需要适应时代的发展,以更快的速度进行迭代更新,将劳动力管理的数字化转型提上日程,以保持自己的竞争力。

劳动力管理的数字化转型,需要明确五个基本标准。第一,客户为先的文化。打造"客户为先"的企业文化,不仅仅以"劳动力"定位一线员工,而是将他们视为客户,寻求双赢。第二,即时反馈。将客户(一线员工)与服务者(相关管理者)连接,帮助企业即时获取客户动态,分析异常原因,促进双方沟通。第三,实时自动化。人工介入越少越好,理想状况是 100% 由计算机处理。第四,智能。服务能够帮助客户处理最原始的信息并进行相关运算、汇总、提炼和转换,让用户省心。同时,服务也应当能预测客户的下一步操作,并提前做好准备,提供优化建议。第五,定期迭代。需要跟上商业的变化,不断根据市场的需求进行自我迭代,顺应时代的潮流,从而在留住用户的同时,保持旺盛的生命力。

劳动力管理领域常见品牌有盖雅工场、Kronos、乐才科技等。

(1)盖雅工场。亚太地区劳动力管理软件云服务领导品牌,通过业界领先的劳动力管理软件云服务平台和优质高效的服务能力,为包括"二五一十"(世界 500 强、中国 500 强、行业前 10 名)在内的众多中大型生产制造、连锁零售、现代服务业客户和政企单位,提供从劳动力计划——智能排班、劳动力执行——复杂考勤、劳动力绩效——生产工时和销售绩效到劳动力大数据分析等全流程劳动力管理解决方案,帮助企业精确控制劳动力成本、快速提升劳动力效率、预先规避合规化风险,并切实提高员工满意度。

2019 年 7 月,盖雅工场携手阿里云发布了劳动力管理领域首个面向新零售的智能排班联合解决方案。该方案是首批阿里云联合解决方案中唯一的劳动力管理云,它基于人工智能的机器学习和预测模型,结合动态劳动力标准和多个优化方向,以区域为资源池灵活调度员工,从而为客户增加三方面的价值:提高销售转换率,提升服务水准;优化用工,提高人效;全流程合规性管控,降低人工成本。①

(2)Kronos(克罗诺思软件)。将人工智能技术以及数十年劳动力管理经验结合,从而引领以人工智能实现劳动力管理。Kronos 劳动力管理系统包括自动化考勤、劳动力需求预测、智能优化排班、工时大数据分析,实现劳动力平台集中化、标准化以及流程统一性,帮助企业控制人工成本,提高劳动生产率和员工满意度,最小化合规风险。

---

① 盖雅工场:《盖雅工场×阿里云:共启零售业智能排班联合解决方案》,http://www.ga-iaworks.cn/gaiaworks-news-20190725.html。

（3）乐才科技。服务业 SaaS+PaaS 一体化劳动力及人力资源管理平台。乐才科技以服务业排班为切入点，以智能化的排班和精细化考勤为核心，打造了集劳动力及人事管理、薪酬福利等业务一体化的六朵智能云平台：排班考勤云、组织人事云、行政后勤云、培训学习云、薪酬保险云、智能分析云。让管理者、门店、员工通过"电脑+手机端"实时地进行劳动力管理，直接降低用工成本、提高用工效率、规避用工风险。

4. HR SaaS 系统

HR SaaS 系统，是以 SaaS 模式为主研发的人力资源服务软件。

HR SaaS 模式系统厂商将人力资源管理软件统一部署在自己的服务器上，客户可以根据自己实际需求，通过互联网向厂商定购所需的应用软件服务，按定购的服务多少和时间长短向厂商支付费用，并通过互联网获得厂商提供的服务。SaaS 改变了传统软件服务的提供方式，减少本地部署所需的大量前期投入，进一步突出信息化软件的服务属性，或成为未来信息化软件市场的主流交付模式。

过去使用人力资源管理软件是 1% 的大企业才能享受的"特殊待遇"，广大中小企业尽管知道提升效率的关键在于"人"，但却受限于自身的经济实力、人力资源相关的人员配置以及招聘、培训和绩效管理、薪资福利管理等制度健全与否等，难以降低人员成本。即便部分大型企业人力资源使用 eHR 系统（例如 PeopleSoft、SAP）去管理工资、福利、绩效等企业内部人力，但这类工具已无法应对新的精细化管理需求，且购买成本高，模块和功能不能很好地协同和衔接，动态数据库也不能及时更新，售后服务更难保证。于是，一些成本低、效率高且能为 HR 减少服务压力的 SaaS 产品就有了发挥空间，比如，减轻筛选简历压力的招聘类 SaaS 产品、进行"五险"缴纳和管理的社保类 SaaS 产品。

随着 HR 职能由低端的服务功能向高价值的管理功能和业务功能转变，SaaS 产品不再局限于基础的服务，那些关注招聘过程管理、绩效管理、薪酬和人力成本分析、引导企业构建健康的企业文化、激励员工参与、向员工赋能、实现团队协作等，基于云端，可帮助企业进行更为深刻的人力资源管理变革的"软件+咨询"的 SaaS 产品开始成为主角。

常见的 HR SaaS 系统有瑞人云、i 人事、金蝶、智思云等。

（1）瑞人云。中国第一个人力资源全流程外包服务云平台，专注于解决人力资源公司管理难题的一款软件，适用于各类人力资源公司及其他类型的公司，无论大中小型企业都可以使用。主要有六大功能：工资单查询、人员增减、社保费用计算、网上费用申报、微信工资条和员工合同在线签约。优点：功能模块齐全，完美解决人力资源公司管理难题；页面简洁，操作简单，易上手；售后服务好；专业的技术团队；软件具有二次开发的空间，可根据需求定制功能。缺点：功能模块更倾向于解决人力资源公司的难题，招聘、考勤、考核方面功能不齐全。

（2）i人事。中国领先的人力资源管理 SaaS 软件，集合人力资源管理、考勤、移动办公、员工自助 APP 等功能，以更智慧精准的数据收集与分析能力、更强劲高效的功能连接、更简易操作的界面设计，助力企业准确决策，提升 HR 工作效率，方便员工参与管理，驱动组织达到效率与自由兼顾、个性与原则共存，以高度适应未来组织的要求。优点：界面美观、操作简单方便；有 PC 端和移动端；员工通过手机定位实现直接考勤；线上移动版薪资，及时准确传递，一键送达。缺点：功能不齐全；产品不稳定。

（3）金蝶。中国中小型企业市场中占有率最高的企业管理软件。比较适用国内大中型集团企业，同时兼容中小型企业的应用需求。优点：财务管理功能专业；帮助企业实现基础人事管理、专业人力资源管理和员工自助等三个层面的应用。缺点：流程不够灵活；设置上比较复杂；收费较高。

（4）智思云。"智思云"HR SaaS，一个以"人"为中心，连接全员、全场景、实时的人力资源管理一站式解决方案，其核心特征就是全员连接、数据智能、融合共生。智思云管理平台让企业更为方便地连接员工、连接信息、连接任务、连接成果，其简单、易用、功能强大、全员参与的产品优势得到企业管理者的广泛赞赏和认同。产品特点：通过深度的可配置能力去满足不同企业的个性化管理需求，基于微信企业号的移动应用，员工无需任何培训和下载安装即可快速掌握使用，简洁方便，支持企业微信和钉钉等社会化APP 整合入口。

5. 背景调查

"全景求是"是中国领先的背景调查服务机构。以创新的技术和服务，为企业提供高效、可靠、全面的员工背景调查解决方案，帮助企业节省人力、物力,提高企业对招聘需求的聘用成功率。通过互联网大数据实现职业数据采集、验证,保证数据来源安全、真实、可信。

6. 电子合同

"法大大",是一家为互联网金融、O2O 电子商务企业及个人提供在线电子合同缔约、证据托管的开放式 SaaS 服务的第三方电子合同平台。用户可通过"法大大"平台高效签署电子合同并实现证据文件托管。例如,在APP 上面去签入职的协议文件。

"法大大"平台提供专业的电子合同服务:合同签署业务,无需面对面,极速签发有效电子合同;实名认证+数字认证,确保身份真实;领先的数字签名技术,有效防止篡改。合同管理业务,提供合同检索、归档、下载等免费功能;降低合同管理的仓储成本和人力成本;海量存储空间,合同管理一站解决方案。在线编辑业务,提供云端合同编辑,省心又省时;合同模板上传,在线修改更方便;500+合同模板,满足各类签署需求。区块链证据保全业务,全球首批接入蚂蚁区块链 BaaS 平台,专业为客户提供完整的电子合同证据链。

"法大大"应用于人力资源行业。HR 招聘异地员工时,可以使用"法大大"电子合同生成劳动合同;员工可在"法大大"平台随时查看人事合同,立即获取详细的薪酬福利细则、人事管理细则等。

(三)　人力资源服务技术发展趋势

1. 互联网+人力资源服务将更加深入

人力资源服务业在"互联网+"的背景下,其产品和商业模式也受到互联网快速发展的影响,并在招聘、猎头、人力资源和社会保障事务代理等业态产生了以互联网技术为基础的产品和商业模式创新。

人力资源服务机构借助互联网进行产品或者经营模式创新的活动,在主要的人力资源服务业态都有涉及,排在前五位的是招聘、劳务派遣、人力资源和社会保障事务代理、人力资源管理咨询、职业指导。人力资源服务机构借助互联网进行的产品创新主要包括基于微信进行客户获取、宣传和代理、外包等业务网络化处理,基于移动互联网的 APP 开发,基于云存储技术进行数据积累和挖掘等。

信息化和互联网对人力资源服务机构的作用多种多样，主要体现在提高经营效率、创新产品和服务模式、加强机构品牌建设等方面。互联网+人力资源的运用，目前比较成熟的是前程无忧、中华英才网和智联招聘三大网站，以及专注于蓝领招聘的 58 同城和赶集网。最近又发展出了很多细分领域如垂直招聘、直聘、视频招聘、测评、人事外包等功能的提供人力资源服务的互联网业态。腾讯和阿里也从企业内部沟通的角度切入互联网人力资源服务行业，百度从兼职和蓝领招聘角度切入互联网人力资源服务领域。

2. 云计算+人力资源服务将更加普及

纵观近年的人力资源服务市场，涉及云计算的服务产品频繁出现在人力资源服务市场。以云计算为基础的 SaaS 已经在人力资源服务机构领域独领风骚，云时代的来临从根本上掀起了人力资源变革的大幕。

云计算技术的使用，能够把人力资源管理所需的一切硬件设施和数据集中在同一个服务商那里，所有的数据输入、处理、分析、输出全部由一个服务商来完成，人力资源部门只需要选择和使用软件。

人力资源云端化，将繁杂的人力资源管理常规内容交给专业的管理团队和技术平台，使客户能够聚焦更具战略性的核心业务，有效控制成本，最大化发挥战略价值。

3. 大数据分析+人力资源服务成为重要趋势

随着云时代的来临，大数据也吸引了越来越多的关注。据统计预测，2019 年大数据分析产品和服务的市场规模将高达 4.5 万亿美元，并产生 550 万个新的就业机会。

大数据技术正在给人力资源管理带来全方位的变化。大数据将为人力资源规划提供更为科学、全面的信息与数据基础；基于人才数据库的招聘工作将在招聘信息发布、简历收集筛选、人才测评、人岗匹配等方面大大提高工作效率和效果；知识数据库将培训资源和培训需求实时链接和高效匹配，更有利于培训目标的达成；薪酬数据库使得外部薪酬调研高度便利化，市场薪酬的透明性又反过来推动了企业薪酬进一步体系化和公平化；绩效数据库使得绩效数据统计分析更加客观和便捷，使绩效管理从烦琐的数据分析中解脱出来；员工信息数据库使得劳动关系管理更加科学和规范，更有利于防控用工风险、推进人本管理提升员工的企业黏性。

4.人工智能+人力资源服务将愈发受欢迎

人工智能、机器学习等技术的快速进化开始颠覆各个行业,人力资源服务行业也不例外。对于实际场景依赖性不强的工作,机器终将比人工劳动更具精确性与时效性,而且机器重复工作的时间往往也可以胜过人类。因此,目前许多组织开始将人工智能技术运用到人力资源管理实际,HR 终于可以从低技能、低价值的重复性工作转向规划判断、组织战略、情感投入、创新变革等高价值的判断性工作。

随着人工智能对通信、办公、协作等多种功能的接管,传统人力资源管理中大部分的"人事"工作和"六大模块"的工作,都将被人工智能的方法和机器的方法取代。例如,招聘环节中的简历筛选、面试邀约、性格分析等,重复性极高而信息收集能力极强的工作,交由庞大的 SaaS 系统通过类似于结构化面试问题的反复确认,结果判断优于人类的喜恶,最终必将省去大量车马劳苦和成本,而直接挑选更加符合组织需求的某类人。

5.虚拟现实+人力资源服务将开始尝试

虚拟现实技术,是利用计算机生成一种交互式的三维动态视景,让人置身其中能产生交互的技术。

虚拟现实技术在招聘的应用。使用虚拟现实技术实现远程招聘,一方面可以节省面试者和应聘者的时间,同时也方便应聘者对于工作环境的初步了解,有助于双方作出是否匹配岗位的判断。

虚拟现实技术在入职体验的应用。通过虚拟现实技术可以给员工身临其境的入职体验,帮助员工尽快熟悉办公环境,提供接近真实的入职感受,方便员工尽快适应工作岗位和工作环境。

虚拟现实技术在培训的应用。通过模拟真实工作场景,让员工在接近真实的工作场景中接受培训,使员工更加容易掌握培训的内容。虚拟现实技术的最大优点就是带入感极强,给人的感受更贴近现实。另外,对于同一类岗位可以重复使用,对于不同岗位只需要更换虚拟现实技术的背景视频,省去很多现实的设备和场景的准备,大大降低时间和人力成本。不仅如此,对于一些高难度、危险性的工作,现实的培训风险很大,而借助虚拟现实技术的培训能够弥补这方面缺陷。

三、2019 年人力资源服务业的亮点

一个国家或地区人力资源服务业的发展,对推动经济发展、促进就业创业以及优化人才配置均具有十分重要的作用。2019 年我国人力资源服务业发展呈现出以下亮点。

(一) 政策亮点

1. 颁布人力资源要素市场领域的第一部行政法规

实施就业优先战略和人才强国战略,促进就业创业和人力资源开发配置,是党中央、国务院作出的重大战略部署,是人力资源市场的重要使命。2018 年 6 月 29 日,李克强总理签署国务院令,颁布《人力资源市场暂行条例》(以下简称《条例》),自 2018 年 10 月 1 日起施行。该《条例》是改革开放以来,我国人力资源要素市场领域的第一部行政法规。《条例》着眼于我国人力资源市场发展中依然存在的不平衡、不充分的实际,在促进就业创业和人力资源的流动配置、培育和规范人力资源市场方面作出了一系列明确的规定。旨在解决市场体系的统一性、市场要素的流动性、市场运行的规范性、市场主体的公平性、市场监管的强制性五个方面的问题①(见表 1-2-4)。

表 1-2-4　《条例》主要解决的问题一览表

问题	问题概述	问题内容
问题一	解决市场体系的统一性问题	通过立法的手段,确认原来的人才市场和劳动力市场的整合改革的成果,推动建立统一的管理制度和管理规范,推动形成统一的人力资源市场体系
问题二	解决市场要素的流动性问题	明确建立政府宏观调控、市场公平竞争、单位自主用人、个人自主择业、人力资源服务机构诚信服务的人力资源流动配置的机制。提出要破除户籍、地域、身份等体制机制的弊端,促进人力资源的自由有序流动

---

① 《〈条例〉主要解决五个方面的问题》,中华人民共和国中央人民政府网,http://www.gov.cn/xinwen/2018-07/17/content_5307143.htm。

续表

问题	问题概述	问题内容
问题三	解决市场运行的规范性问题	规定了劳动者和用人单位在求职招聘过程中的基本权利义务,确定了人力资源服务机构的基本行为规范,明确了政府部门宏观调控和监督管理制度的基本遵循,切实维护了劳动者和用人单位的合法权益
问题四	解决市场主体的公平性问题	赋予劳动者和用人单位平等的法律地位,规定用人单位和人力资源服务机构应当向求职者提供平等的就业机会和公平的就业条件,对公共服务机构和经营性的服务机构统一规范和监督管理,营造更加公平的市场环境
问题五	解决市场监管的强制性问题	对人力资源市场主体违反《条例》行为应当承担的法律责任进行了明确的规定,明确对黑中介、人力资源市场的违法犯罪行为要进行查处,为监管执法提供了法律依据

资料来源:根据中华人民共和国中央人民政府网资料整理。

2.颁布产业结构调整目录

2019年4月8日,国家发改委就《产业结构调整指导目录(2019年本,征求意见稿)》(以下简称《指导目录》)正式面向全社会公开征求意见。《指导目录》由鼓励类、限制类、淘汰类三个类别组成,本次修订的意向旨在推动产业优化升级,加快先进制造业、服务业发展。本次产业结构调整目录(第41条)涉及人力资源服务业的条目共计5项,且全部为鼓励性政策[1](见表1-2-5)。

表1-2-5　《指导目录》对人力资源服务业结构的调整

序号	类　别	限制/淘汰/鼓励
1	人力资源信息化建设	鼓　励
2	人力资源服务产业园和平台建设	鼓　励
3	人力资源招聘、就业和创业指导、人力资源和社会保障事务代理、人力资源培训、劳务派遣、人力资源测评、人力资源管理咨询、人力资源服务外包、高级人才寻访、人力资源信息软件服务等人力资源服务业	鼓　励
4	人力资源市场及配套服务设施建设	鼓　励
5	农村劳动力转移就业服务平台建设	鼓　励

资料来源:根据法律图书馆网资料整理。

---

[1]　《国家发改委关于就〈产业结构调整指导目录(2019年本,征求意见稿)〉公开征求意见的公告》,法律图书馆,http://www.law-lib.com/fzdt/newshtml/20/20190412142622.htm。

从 2019 年人力资源服务业结构调整可以看出我国未来人力资源服务业发展的趋势。人力资源信息化建设、产业园和平台建设、服务具体项目建设、市场及配套服务设施建设以及转移就业服务平台建设等均为鼓励类条目,人力资源服务行业的具体业务也必然围绕上述展开。

3. 社保入税与个税修正改革

(1)《国税地税征管体制改革方案》

2018 年 7 月,中共中央办公厅、国务院办公厅印发了《国税地税征管体制改革方案》(以下简称《改革方案》)。国税地税征管体制改革是以习近平同志为核心的党中央着眼全局作出的重大决策,是保证国税地税征管体制改革平稳有序推进的指导性文件。《改革方案》提出,"改革国税地税征管体制,合并省级和省级以下国税地税机构,划转社会保险费和非税收入征管职责,构建优化高效统一的税收征管体系",[1]要求"先合并国税地税机构再接收社会保险费和非税收入征管职责"。[2]

国税地税机构合并之后,对企业来说一方面,有些业务办理不用再国税地税两地跑,社会保险费交由税务部门统一征收,业务手续便捷了不少,对降低征纳的成本、提高征管效率无疑是一件好事;但另一方面,之前国地税分家,很多税种因为涉及不同的征管机关,存在推诿及征管不到位的情况。国地税合并之后,社保入税,所有的企业纳税情况一个执法口径,企业造假难度加大。企业用工成本的增加,无疑会使企业寻找新的人力资源服务模式。

(2)《中华人民共和国个人所得税法》第七次修正

2018 年 8 月 31 日,第十三届全国人民代表大会常务委员会第五次会议通过了《关于修改〈中华人民共和国个人所得税法〉的决定》,并于 2019 年 1 月 1 日起实施。

该《决定》共 17 条,反映出此次个税改革的重大变化,主要变化体现在:增加了综合所得概念,对综合所得改为按年计算所得税,扩大了减除

---

① 中华人民共和国中央人民政府网,http://www.gov.cn/zhengce/2018-07/20/content_5308075.htm。

② 中华人民共和国中央人民政府网,http://www.gov.cn/zhengce/2018-07/20/content_5308075.htm。

费用扣除范围,增加了公益捐赠的扣除,增加了反避税条款,加大了征收管理的力度等六个方面①(见表 1-2-6)。

表 1-2-6　个税法修订的主要变化一览表

序号	变化项目	具体内容
1	增加了综合所得概念	包括工资薪金所得、劳务报酬所得、稿酬所得、特许权使用费所得四大类收入,这四类收入将合并计算个人所得税。
2	对综合所得改为按年计算所得税	以前的历次修正,个人所得税均为按月缴纳。而第七次修正最大的变化,就是将综合所得个人所得税的计算改为按年为单位,即月度预缴、年度汇算清缴的方式。根据最新个人所得税法规定,综合所得按年计算,在取得所得的次年三月一日到六月三十日内办理汇算清缴。
3	扩大了减除费用扣除范围	综合所得的费用扣除额由原来的月 3500 元,扩大为年 6 万元;除了原来税法规定的社保、公积金扣除项以外,扩大为六大扣除项,包括:基本养老保险、基本医疗保险、失业保险等社保保险费和住房公积金等、子女教育、继续教育、大病医疗、住房贷款利息或住房租金、赡养老人等支出。此外,稿酬所得的收入额减按 70% 计算。
4	增加了公益捐赠的扣除	对教育、扶贫、济困等公益慈善事业进行捐赠,捐赠额未超过申报应纳税所得额 30% 的部分,准予扣除。
5	增加了反避税条款	税法第八条规定,税务机关有权对以下情况进行纳税调整: 1. 个人与其关联方之间不符合独立交易原则而减少个人或关联方应纳税额的; 2. 居民个人控制的企业,或与其他居民企业共同控制的、设立在实际税负明显偏低的国家(地区)的企业,无合理经营需要,对应当归属居民个人的利润不作分配或减少分配; 3. 其他不具有合理商业目的的安排而获取不当税收利益的。
6	加大了征收管理的力度	税法第十五条规定,公安、人民银行、金融监管机构、教育、卫生、医疗保障、民政、人力资源社会保障、住房城乡建设等部门能力配合,提供纳税人的身份信息、账户信息和其他扣除信息。

资料来源:根据人大新闻网相关资料整理。

个税改革对组织、HR、财务产生了颠覆性的影响。2019 年 1 月 1 日起按综合所得纳税,导致年终奖平摊 12 个月的政策大变化,个人报税临界点方式大变化,企业薪酬大变化,社保、个税合规高要求高成本,传统避税方式受到限制。在企业成本用工大大增长的同时,如果劳资双方不再形成用人

---

① 《全国人民代表大会常务委员会关于修改〈中华人民共和国个人所得税法〉的决定》,http://npc.people.com.cn/n1/2018/0831/c14576-30264982.html。

单位和劳动者之间的常规劳动关系,就可以不用缴纳社保,必然导致企业"对内部用人的机制进行重新设置,构建多种不同的灵活用工模式。也就是我们常说的'组织重启'以及'灵活用工'",①从而催生了人力资源服务机构薪酬业务、灵活用工业务的新变化。

4. 落实"三计划"和"三行动"

2017 年 10 月,人社部印发的《人力资源服务业发展行动计划》(以下简称《行动计划》)指出,以基本建立专业化、信息化、产业化、国际化的人力资源服务体系为目标,到 2020 年人力资源服务产业规模达到 2 万亿元,培育形成 100 家左右在全国具有示范引领作用的行业领军企业,培育一批有特色、有规模、有活力、有效益的人力资源服务业产业园,行业从业人员达到 60 万,领军人才达到 1 万名左右,同时针对人力资源服务业发展中的重大问题和关键环节,提出了落实《行动计划》的"三计划"和"三行动"。

为落实人社部的《行动计划》,各地围绕着"三计划"和"三行动"纷纷制定行动方案,以助力当地人力资源服务业的发展。通过查阅并对比一些省份的行动方案,我们发现,各省市的行动计划均以人社部的《行动计划》为指导,主要内容包括目标任务、具体措施以及组织保障等。各省市在人力资源服务业发展的总体方向上是一致的,即建立专业化、信息化、产业化的人力资源服务体系。但各省市依据各自经济发展以及人力资源服务业发展的不同现状,又制定出了各自不同的目标任务,在具体措施方面也各有其特色。以河北省、山西省、江西省为例。

(1)《河北省人力资源服务业发展行动计划》(冀人社字〔2018〕283 号)

2018 年 9 月 14 日,中共河北省委组织部、河北省人力资源和社会保障厅、河北省财政厅、河北省商务厅、国家税务总局河北省税务局、河北省工商行政管理局联合印发《河北省人力资源服务业发展行动计划》的通知。

上述计划提出要开展"双百十园两规范"建设,基本建立专业化、信息化、产业化的人力资源服务体系。到 2020 年,全省人力资源服务行业年营业收入突破 300 亿元,服务机构数量达到 1500 家,培育 100 家行业骨干企业,建设 10 家人力资源服务产业园,培养 100 名行业领军人才。人力资源

---

① 沈海燕:《社保入税,企业可合规减负》,《人力资源》2018 年第 10 期。

市场管理和服务行为规范专业,服务方式不断改进,服务质量明显提升,为京津冀协同发展、雄安新区建设、京张筹办冬奥会等战略提供人力资源保障。

河北省在具体措施方面的突出亮点是放宽市场准入条件。如除职业中介进行行政许可外,其他人力资源服务业务改为备案登记;开展职业中介业务只要具备相应的固定场所、办公设施和专职工作人员,有明确的章程和管理制度,即可申请办理行政许可;推进人力资源服务企业进入资本市场,组建企业集团等。

此外还包括:第一,加强政府对人力资源服务业的扶持引导,如安排就业创业专项资金,加大政府购买人力资源服务力度,支持社会各类群体设立人力资源服务机构,毕业5年内的高校毕业生初次创办人力资源服务机构,并持续经营6个月以上的,可向机构所在地人社部门申请一次性创业补助等。第二,推进产业集聚发展。依托已有的行业基础和产业优势,打造人力资源公共服务中心和人力资源服务产业创新发展平台。加快建设人力资源服务产业园,对获准建设的国家级产业园给予600万元一次性专项补助、省级产业园给予300万元一次性专项补助,到2020年每个设区市和有条件的县(市)都要建设一家人力资源服务产业园。在雄安新区谋划建设国家级"中国雄安人力资源服务产业园",打造立足华北、引领全国、面向全球的人力资源服务平台和人才高地。第三,培育优质服务品牌。鼓励各地结合实际选树人力资源诚信服务示范机构,打造一批全国和省级"人力资源诚信服务示范机构"并给予补助,贯彻实施"人力资源服务京津冀区域协同地方标准",引导人力资源服务机构对标达标和参加等级评定。第四,优化行业发展环境。把握京津冀协同发展、建设雄安新区、京张筹办冬奥会等重大战略,稳步推进人力资源市场对外开放,鼓励吸引国内外知名人力资源服务机构在河北省投资设立人力资源服务企业。①

(2)《山西省人力资源服务业发展行动计划》(晋人社厅发〔2018〕96号)

2018年11月15日,山西省委组织部、山西省人力资源和社会保障厅、

---

① 河北省人力资源和社会保障厅,http://rst.hebei.gov.cn/a/tongzhi/2018/0918/6753.html。

山西省发改委、山西省财政厅等部门联合印发《山西省人力资源服务业发展行动计划》。

上述计划提出到 2020 年,基本建立专业化、信息化、产业化的人力资源服务体系。到 2020 年各类人力资源服务机构达 1000 家左右,产业规模达到 100 亿元以上。培育形成 20 家左右在全省具有示范引领作用的行业领军企业。建设 1 个国家级和 3—5 个省级人力资源服务产业园。全省行业从业人员达到 10000 人左右,领军人才达到 200 人。

山西省在具体措施方面的亮点主要体现在对人力资源服务业发展的政策扶持以及资金支持上。

在资金支持上,加大对人力资源服务业的资金支持力度。将人力资源服务园区纳入省级创业孵化基地和省级创业示范园区推荐评选范围,对认定为省级人力资源服务创业孵化示范基地或者创业示范园区的,按规定从省级就业资金中给予补助。

在税收政策上,在全省开展连锁经营统一核算的人力资源服务企业,经省财税部门批准,可由总部机构统一计算,就地预缴增值税。进一步加大对人力资源服务小型微利企业的税收优惠,对年应纳税所得额低于 100 万元(含)且符合税法规定条件的小型微利企业,其所得减按 50% 计入应纳税所得额,按 20% 的税率征收企业所得税。

在金融政策扶持上,鼓励符合条件的人力资源服务企业进入资本市场融资,支持符合条件的人力资源服务企业上市或发行信用债券融资。鼓励各类融资担保机构加大对人力资源服务企业提供融资担保的力度。加大金融机构对人力资源服务机构的信贷投入,并在国家允许的贷款利率浮动幅度内给予优惠。鼓励各类社会资本以独资、合资、收购、参股、联营等多种形式进入人力资源服务领域。对合伙经营与组织起来创办人力资源服务机构且符合我省创业担保贷款政策的,可申请创业担保贷款。

在人力资源社保政策上,落实鼓励小微企业吸纳劳动者就业的各项扶持政策,按规定给予就业补助、岗位补贴和社会保险补贴。鼓励人力资源服务企业开发高校毕业生见习岗位,符合条件的可申请享受见习补贴。人力资源服务企业向各类劳动者提供职业介绍等服务的,按规定享受各项就业创业补贴扶持政策。①

(3)《江西省人力资源服务业发展行动计划(2018—2020年)》(正赣人社发〔2018〕38号)

2018年12月2日,中共江西省委组织部、江西省人力资源和社会保障厅、江西省发展和改革委员会、江西省财政厅、国家税务总局江西省税务局、江西省市场监督管理局联合印发《江西省人力资源服务业发展行动计划(2018—2020年)》。

上述行动计划提出,到2020年,江西全省人力资源服务机构总数达到1300家,产业规模达到700亿元,全行业服务各类人员1200万人次,服务用人单位60万家次,基本建成专业化、信息化、产业化、国际化的现代人力资源服务体系,人力资源服务业对经济增长贡献率稳步提升。

江西省具体措施的主要亮点是在落实"三个行动"和"三个计划"上提出了各自具体的目标。如在实施骨干企业培育计划方面,力争到2020年重点培育30家骨干企业,产生省级行业领军企业10—12家、国家级行业领军企业3—4家,5年内打造人力资源服务企业上市公司1—2家。在领军人才培养计划方面,每年选派20—30名人力资源服务企业中高级管理人员到国(境)内外专业院校、知名人力资源服务企业学习培训,鼓励高校和技校开设人力资源服务相关专业;引进一批人力资源服务行业高层次人才,享受相关优惠政策。在产业园建设方面,力争到2020年,中国南昌人力资源服务产业园产业规模突破300亿元,建成省级产业园6—8家,形成全省区域化分布格局等。其他措施还包括:加强人力资源服务行业信息化建设,不断提高服务质量和效率;实施诚信主题创建行动,打造一批"全省人力资源诚信服务示范机构",不断完善日常监管制度,促进人力资源服务机构规范有序发展;实施"一带一路"人力资源服务行动,定期举办人力资源服务行业大型活动,打造对外交流合作平台,鼓励全省人力资源服务机构"走出去"②。

---

① 山西省人力资源和社会保障厅,http://rst.shanxi.gov.cn/zwyw/zcfg/dfxfg/201905/t20190506_107864.html。

② 中华人民共和国中央政府网,http://www.gov.cn/xinwen/2018-12/08/content_5346948.htm。

（二）业务亮点

在上述政策背景之下,2019 年我国人力资源服务行业的业务发展亦呈现出一些亮点。如《人力资源市场暂行条例》带来人力资源服务业中的高端业态快速发展;个税法修正和社保征收改革为人力资源服务业带来了新机遇,导致灵活用工、薪酬服务模式升级;人力资源服务业结构调整政策大大激发了人力资源信息化平台建设、人力资源产业园建设以及相关人力资源服务具体项目建设等。

1.人力资源服务高端业态快速发展

习近平总书记在党的十九大报告中提出,"要着力加快建设实体经济、科技创新、现代金融、人力资源协同发展的产业体系",将人力资源服务业提升到新的战略高度,也赋予了人力资源服务业新的发展内涵。我国人力资源服务业目前呈现出行业规模不断扩大、高端业态快速发展等特点。

《人力资源市场暂行条例》鼓励并规范高端人力资源服务等业态发展,为提高人力资源服务业发展水平创造了良好发展环境。一般来说,人力资源服务业存在招聘服务类、公共活动类、教育培训类、软件应用类、业务代理类、咨询服务类、人才测评类、劳务派遣类八大业态。[①] 随着人力资源服务专业化、数字化程度越来越高,人力资源传统服务业态中细分出了互联网招聘、电商猎头、在线职业培训、薪酬服务设计等新业态。

首先,从总体上来看,2018 年全国各类人力资源服务机构为 329 万家用人单位提供人力资源管理咨询服务,同比增长 27.52%;举办培训班 37 万次,同比增长 15.63%;高级人才寻访(猎头)服务成功推荐选聘各类高级人才 168 万人,同比增长 29.23%。[②]

其次,在不同细分领域产生的具有示范带头作用的领军机构的高端业态快速发展。如成立于 2015 年 11 月的斗米网从招聘切入,利用互联网技术和专业化的服务构建了全网最大的灵活用工人才"活水池",迅速发展为国内领先的灵活用工一站式服务平台。斗米目前用户规模达到 7600 万,平

① 钟红艳:《论人力资源服务业的业态及价值》,《企业科技与发展》2019 年第 3 期。
② 中华人民共和国人力资源和社会保障部:《我国人力资源服务业发展再上新台阶——2018 年人力资源服务业统计情况》,http://www.mohrss.gov.cn/SYrlzyhshbzb/dongtaixinwen/buneiyaowen/201905/t20190524_318428.html。

台月活访问用户超过 3000 万,日新增简历量近 30 万,覆盖全国 300 多个城市,成长为灵活用工的领军者。2018 年,斗米获得年度最佳一站式灵活用工服务平台、大中华区人力资源服务机构百强、最受用户欢迎 APP 等奖项。① 埃摩森(中国)管理咨询有限公司是一家专业从事人力资源咨询、猎头服务、职业规划和人才测评、咨询服务的一流人力资源服务机构,为雇主提供涵盖整个雇佣生命周期和商业周期的一系列服务,在大中华地区的核心业务为猎头服务。作为猎头行业的领航品牌,该公司立足上海,服务全国。目前在全国 40 多个城市设立直营办公室 150 个,拥有资深猎头顾问3000 多个,合作客户 52389 多个,中高端客户成功案例达 85312 多个。该公司借助互联网平台实现快速反应,精准招聘,做到 1 分钟下单,1 小时对接,1—3 天完成推荐报告,3—5 天安排面试,15 天即可推荐成功。

2.人力资源服务业与互联网深度融合

为落实国家"互联网+"发展战略要求,推动人力资源服务和互联网的深度融合,各地人力资源服务机构积极运用大数据、云计算、移动互联网、人工智能等新技术,促进人力资源服务业创新发展、融合发展,主要表现在:

(1)依靠大数据实现精准引才

随着大数据时代的到来,通过大数据技术,及时、准确掌握人才需求和供应信息,是实现精准引才的有效办法。

在人才供给方面,建立人才数据库智能平台。人才数据库不仅要具有搜索、存储、统计、排序等传统功能,还要不断从学校、科研院所、行业协会等渠道广泛采集数据,对碎片化的信息进行科学提取和智能分析,提高引才的科学性、准确性和有效性。

在人才需求方面,依托专业服务机构,常态化开展人才需求调研,突出需求导向,动态编制《重点行业人才需求目录》,同时对接当地人才数据系统,精准预测人才需求。

在人才供需匹配方面,人才数据库与当地经信系统、社保系统、税务申报系统、用人单位进行对接,及时获取当地产业发展情况、人才需求、新增人才、流失人才等信息,对人才信息进行管理、流动记录、类型标记、查询统计

---

① 　https://www.admin5.com/article/20190111/893597.shtml.

等方式处理,准确掌握各类产业人才的分布、结构、流动与发展规律和需求情况,为精准制定引才政策提供参考。

案例　邛崃市"互联网+"大数据平台打造精准引才"雷达"

邛崃市地处成都平原西部,地域条件、资源禀赋、工作基础等方面的比较优势并不明显,却能主动出击"找人才",探索出了高端人才"引进柔性、使用弹性、服务个性"的引才引智模式。该市委托专业人力资源机构,运用大数据技术构建人才寻访导航地图,以人才需求目录和岗位清单为基础,以主导产业链全景图为蓝本,精准绘制高端人才分布地图、本地人才需求结构图和人才流动动态示意图。该系统重点聚焦新能源、智能制造、食品饮料(优质白酒)、文博创意等 6 大产业,以及事关民生的教育医疗产业等,动态搜集全市柔性引才需求。每季度依托成都人才网、政府公众网、新媒体"周末磁场"专栏等互联网平台按批次发布需求目录清单,纳入需求目录清单的岗位作为重点项目进行扶持激励。同时创建人才交互对接平台。打造涵盖需求发布、人才寻访、交流对接三大功能的"周末磁场人才交互信息网",为人才和用人单位开展对接和落地工作提供全程服务。

(2)以共享大数据平台推动服务外包

运用共享经济的理念,推动人力资源服务机构与发改委、人社部、工信部、科技部、教育部等相关部委开展数据对接共享,并与高校院所、行业协会、重点企业等合作采集专利、论文、技术交易等数据,为人力资源供需双方搭建以共享信息为核心的共享大数据平台,打造基于数据挖掘和分析的新型人力资源外包服务,实现"互联网+"时代的业务转型升级。

(3)人力资源与现代金融协同发展

人力资源与现代金融协同发展关键在于"金融信贷"。创新人力资源服务产品,推动人力资源服务机构与金融证券组织、民间创投机构开展对接合作,推动各地组建区域性人才创投联盟,发挥人才和资本的桥梁纽带作用,发挥人才金融的创新引领效应,打造人才项目投融资领域的金融大数据平台,利用人工智能技术建立人才金融风控安全体系。鼓励金融机构开发"人才投""人才贷""人才保"等人才金融产品,为人力资源服务提供金融支撑。2019 年一季度,中国人力资源在线服务行业投融资规模达 20.9 亿元,同比增长 302%,其中,在线招聘选拔行业融资规模占比 39%,在线薪酬福利行业占比 30%,在线劳动力管理、HR SaaS、学习发展分别占 20%、10%、1%。① 中国人力资源在线服务行业融资规模超过 1 亿人民币的交易共 6 起,其中 50% 属于招聘选拔行业,分别是 e 成科技、Moka 和青团社。最大的一笔融资项目是 e 成科技获得 8000 万美元的 C 轮融资,本轮融资主要用于加速数字化人力资本平台建设、产品及技术研发投入、人才引进及加速市场化等。②

3. 人力资源产业园建设中的亮点

2014 年 12 月,人力资源社会保障部、发改委、财政部联合出台《关于加快发展人力资源服务业的意见》,中国的人力资源服务业开始呈现出独立的产业姿态。2017 年《人力资源服务业发展行动计划》提出,"培育一批有特色、有规模、有活力、有效益的人力资源服务产业园",③并提出了产业园区行动计划。

截至 2018 年,全国已建、在建和筹建人力资源产业园已达 150 家以上。例如天津国家级产业园分园——津南人力资源服务产业园的顶层设计具有特色,后来居上于 2019 年 5 月开园。这些产业园区在探索人力资源服务产业园区建设模式、运行机制、产业聚集等方面积累了丰富的经验,也在创造规模经济效益、促进人才聚集、优化人力资源配置方面发挥了重要作用。各地人力资源产业园在建设和发展过程中呈现出一些亮点。

(1) 多位一体的产业链为产业园带来了规模集聚效应

目前我国已经建成的人力资源产业园基本形成了中高端人才寻访、招聘、培训、薪酬、人力资源外包、人才测评、管理咨询、人力资源信息软件等多位一体的综合人力资源服务产业链,集聚效应和规模效应逐步显现。

如我国成立最早的中国上海人力资源服务产业园,早在 2014 年就基本形成了以人力资源服务外包为主,同时包括高级人才寻访、人才培训、人才

---

① 非凡产研:《2019 年 Q1 中国人力资源在线服务行业投融资报告》,http://www.hrtechchina.com/27734.html。

② 非凡产研:《2019 年 Q1 中国人力资源在线服务行业投融资报告》,http://www.hrtechchina.com/27734.html。

③ 中华人民共和国人力资源和社会保障部:《人力资源社会保障部关于印发〈人力资源服务业发展行动计划〉的通知》,2017 年 9 月 29 日。

测评、管理咨询、人才派遣等业务在内的人力资源服务产业链,实现营业收入 335.1 亿元、税收 6.66 亿元。如今,产业园已集聚了万宝盛华、海德思哲、米高蒲志、上海外服、前锦众程近三百家各类人力资源服务机构,使产业园成为上海新的经济增长点,也使上海成为全国的重点人力资源服务枢纽平台。产业园集聚了上海市所有的人事人才公共服务,这是上海产业园区的一大特色。围绕园区建设,上海市出台落实了一系列创业补贴、办公租赁补贴、管理服务、品牌建设等方面的优惠政策,并将园区企业纳入国家服务业综合改革试点和现代服务业产业引导基金扶持范围。2018 年税收规模达到 13.86 亿元。

(2)政府设立产业园专项发展基金,完善优惠扶持政策

各地产业园的建设和发展,离不开地方政府行政职能的推动,更需要系统的政策体系做支撑。如上海市政府一方面从产业政策、财税扶持政策、人力资源服务专项政策等方面给产业园的发展提供支持,另一方面从提供办公用房优惠、人才公寓、子女就业等配套措施鼓励和吸引企业入驻。对新引进的经认定的总部型、具有总部特征及大型人力资源服务企业在本区购买自用办公用房的,按购房价一次性给予不超过 10% 的补贴(最高补贴额度为 150 万元);租赁自用办公用房的,3 年内按年租金给予不超过 20% 的补贴(最高补贴额度为 150 万元)。中国重庆产业园区享受的政府优惠政策从种类上包括补贴类、奖励类和服务保障类,从具体的项目上涉及房租、装修、物业、吃饭、停车等。中国苏州人力资源产业园吴江分区对经审核批准入驻的人力资源服务机构,给予连续 2 年的减免租金和水电费减半收取优惠。对有明确意向入驻人力资源服务产业园的外地区人力资源服务机构给予降低工商注册门槛的优惠,即允许注册资本分两年到位。中国南昌产业园为入驻企业提供人才公寓 130 多套,对为区域企业解决招工、培训问题的产业园区人力资源服务机构按实际情况给予奖励,对入园企业根据营收规模、税收情况及对园区贡献等指标进行评比,对排名前三名给予奖励等。

(3)政府主导,市场化运作与公共服务相结合

在人力资源服务产业园的运营模式上,各地基本都在尝试一种以政府推动为主,将政府的行政管理、公共服务与市场主导的园区业务相结合的一种模式。

首先,围绕使园区各项政策落地来进行园区管理体系建设。比如上海产业园在此方面就进行了有益的探索。产业园实行"联席会议+联席办+服务办"的管理运营模式。联席会议第一召集人为分管副市长,成员包括市人社、闸北区政府、市发展改革、商务、质监、工商等成员单位。联席会议下设办公室,并成立园区服务办公室,从而形成了市政府决策部署层面、市人社局和闸北区政府会商执行层面、园区服务机构日常管理层面的三级管理体制。三级管理运营模式一方面构成灵活,可适应于园区不同的发展阶段,既可以在园区建设初期充分发挥政府的主导和推动作用,又可以在园区运行日渐成熟之后强化市场机制的主导作用;另一方面有助于联合多部门共同形成合力,获得尽可能多的资源和要素支持。与此同时,在园区具体运行层面也能够较好地实现"落地",使各项政策措施得以有力实施,为园区实现规范持续发展创造良好的体制机制保障。

其次,按照产业与事业联动的思路进行产业园的功能设计。如中国重庆人力资源服务产业园,其在功能设计上最大的特色,就是坚持把发展人力资源服务产业和推进人力社保公共事业有机结合起来,将产业基地、公共服务中心与行政中心进行一体化设计,实现市场服务、公共事务、行政管理三大职能有机衔接,打造一个产业与事业联动融合、相互促进、特色鲜明的多功能园区,主要涵盖人力资源要素"大市场"、人力社保公共服务"大平台"、人力资源信息"大数据"、综合服务产业"大基地"、一园多基地"大园区"等"五大"特色功能。其中人力资源要素大市场面积达 7500 平方米,可设置50 多个服务窗口,布局 300 多个展位,可容纳上万人进场。

(4)借助"互联网+"模式打造人力资源服务业生态链

通过大数据、移动互联网等新技术手段丰富人力资源服务业生态链,推动传统人力资源服务企业的转型升级,并从数据化方面,结合"互联网+",推动产业园数字化转型,搭建数据云平台,打造园区服务线上平台,实现人才服务、人才引入、企业孵化、人才管理等线上功能,以科技创新推动人力资源服务产业向高质量发展。

如中国宁波人力资源服务产业持续推进思路创新、机制创新和载体创新,打造了"人力资源+资本+互联网"融合发展的产业体系,走出了一条独具特色的产业发展之路。几年来,在"一核驱动,多团组联动"的园区集聚发展模式引领下,宁波市持续优化人力资源服务行业发展环境,通过大数据、移动互联网等新技术不断丰富人力资源服务业生态链,搭建了以"互联网+"为主轴的国家级人力资源服务创新创业大赛平台,确立并巩固了宁波在国内行业发展中的地位。中国长沙人力资源服务产业园则致力打造中部首家"人才大数据中心",按"四个中心一个基地"的总体空间布局,"四个中心"即产业集聚中心、人才大数据中心、培育孵化中心、共享服务中心,"一个基地"即湖南人才市场基地,初步形成了产业园集聚和人力资源链式产业生态圈。

4. 人力资源外包服务的新亮点

从我国人力资源服务产业结构的变化来看,我国人力资源服务产业的结构从人事代理已经逐渐向中高端人才寻访、人力资源服务外包等方向转变。人力资源服务外包是企业为了降低人力成本,实现效率最大化,将人力资源事务中非核心部分的工作全部或部分委托人才服务专业机构管(办)理。2016 年我国人力资源服务外包市场规模为 3430.6 亿元,2017 年我国人力资源服务外包市场规模增长至 4850.5 亿元,2018 年我国人力资源服务外包市场规模增至 6125 亿元,且出现了以下新的亮点。

(1)人力资源外包服务趋向政府购买

为加强政策引导,创造良好发展环境,最大限度地激发人力资源行业发展活力,人社部、国家发展改革委、财政部联合下文《关于加快发展人力资源服务业的意见》(人社部发〔2014〕104 号),指出要"完善政府购买人力资源公共服务政策,逐步将适合社会力量承担的人力资源服务交给社会力量"。① 上述意见要求各地政府将人力资源服务纳入政府购买服务的指导目录,明确政府购买人力资源服务种类、性质和内容,加大政府向社会力量购买人力资源服务力度。政府部门、国有企事业单位应进一步向社会公开相关信息,特别是外包服务、企事业单位社保缴纳等政府购买公共服务的信息,通过竞争择优的方式,选择承接政府购买人力资源服务的社会力量,确保具备条件的社会力量平等参与竞争。2017 年 10 月人力资源社会保障部

---

① 中华人民共和国人力资源和社会保障部,http://www.mohrss.gov.cn/gkml/xxgk/201501/t20150121_149772.html。

印发《人力资源服务业发展行动计划》,再次强调各地人社部门要高度重视促进人力资源服务业发展工作,稳步推进政府购买人力资源服务。

公共服务外包发展的历程与经验表明,公共服务外包是当今世界各国公共管理领域改革的趋势。中国政府在"简政放权、放管结合、优化服务"方面的力度和决心非常大,建设服务型政府成为深化行政管理体制改革的核心。政府公共服务外包也是实现政府职能转变最有效的路径。在中央号召、政策指导、地方响应、快速推进的配合下,并参考国外成熟的政府公共服务外包经验,中国政府公共服务外包已逐步开始了创新领域。

案例　广东汉普法务服务有限公司法务外包

近年来,各级法院、检察院普遍面临"案多人少"的严峻形势,传统的法院、法官工作模式已不能适应新时代要求,因此,把司法辅助事务剥离出来,通过购买社会服务来完成,已成为全国各级法院的改革共识和普遍选择。广东汉普法务服务有限公司最早于2014年开始尝试法务外包服务,在汉普法务的参与下,2015年,中山市第一人民法院法官全年人均判案316件,是同年广东省法官人均判案率的2.35倍,2016年,这个数字飙升到405件,2017年,又上升到418件⋯⋯汉普法务的这一尝试,在解决"案多人少"困局、法官全面减负、降本增效等方面成效显著。近期,顺德和广州南沙区的几家法院也陆续和汉普法务签订了合作协议,旨在通过购买汉普法务的外包服务来提升法院的办案效率。汉普法务聚焦法务外包,开创了人力资源服务的新蓝海,其以成立法务外包专业公司为起点,继而向全国推出法务外包服务,在外包行业具有非常重大的突破意义。自2018年5月24日开启首届合作考察洽谈会以来,共有13家人力资源服务公司成功签约,合作范围已辐射11个省市地区,预示着以加盟为主、直营为辅的汉普法务司法外包服务网络正在全国稳步有序的推进中。

(2)中小企业人力资源服务外包需求增加

一方面,在市场竞争加剧下,人力资源外包服务商将降低价格,这使得中小企业有了采购人力资源外包服务的能力;另一方面,中小企业为了减少一些重复的、费时的工作,更加集中精力和资源,将会对人力资源外包产生明显的需求。

（3）薪酬外包成为行业新的增长点

放眼国际，美国、日本等国家都在征管体系发生变更的情况下产生了薪酬服务外包公司。2018 年 6 月，我国在国家层面完成了国地税机构的正式合并，2019 年 1 月 1 日开始实施新规则的个税征收，上述举措无疑会导致薪酬服务及其外包业务出现新的变化。

案例　小爱科技社税机器人

在薪酬服务领域，关键是数据的精准性和数据的安全性，从而必然需要依托技术尽可能地实现业务办理的自动化。薪酬服务外包业务的发展离不开技术的支撑，所以行业中需要把技术应用到薪酬外包领域的科技公司，去给所有想做薪酬外包的企业做技术赋能，而小爱科技就是扮演这样的角色。小爱科技社税机器人赋能薪酬服务新业务，自然人税收合规机器人应运而生。社税机器人具有几大核心价值：企业 HR 和财务无需改变现有的工作方式和工作内容；社税机器人代替大量事务性工作；无需了解个税政策条例的升级与调整，社税机器人智能化实时更新最新政策条例，帮客户做到准确、合规；智能化提醒与通知，智能问答；合并计税；支持集团型公司。这几大核心价值赋能了社税机器人无可替代的优势。人工智能作为大数据催生的新技术，在大量政策文件的准确解读和把握上，将具有更强大的优势，集成了社税政策智慧能力的人工智能机器人，将更好地帮助人力资源服务企业为甲方企业在合规化业务经营中，提供直接有效的智能化服务，助力人力资源服务企业开拓薪酬外包服务的新蓝海市场。

案例　上海外服薪酬福利综合平台

上海外服集团聚焦薪酬福利产品线的综合展示平台，也是专注于提升员工薪酬福利服务交付的功能平台。平台基于互联网与云技术，以提升企业员工薪酬福利服务体验为核心，为企业雇主方提供包括薪酬管理系统、医疗与保障、健康管理产品、弹性福利产品等方面的全面薪酬福利解决方案。同时，满足企业雇员在平台上的薪酬查询、保险服务、体检预约、福利兑换等服务的线上线下服务交付。便捷、高效、安全的综合平台服务一方面减少了人事行政沟通成本与烦琐工作，优化企业人力资源薪酬福利管理，另一方面通过专业细致的服务让企业员工幸福满满,显著提升企业员工对公司的认可度及归属感。

5.蓝领招聘与灵活用工的新亮点

(1)蓝领招聘的新亮点

蓝领生态市场规模是个万亿+级的市场,包括制造业蓝领、服务业蓝领、建筑业蓝领等。目前国内的蓝领招聘网站包括蓝领之家、壹打工网、趣打工网等。蓝领招聘环节的突出痛点是黄牛中介遍布,欺诈暴力丛生,蓝领权益难以保障。同时,蓝领招聘行业始终呈现小而散的市场格局,即使许多中介也拓展了线上经纪人的渠道,但年送工数量依然很难突破5万。从表面上看,阻碍规模突破的因素有很多,如用户基数不够大、线上经纪人效率不够高等。但核心原因还是在于该行业一贯以派遣公司(即付费方)为服务对象,而向劳务派遣公司输送劳动力,需要很大精力去维护客户关系,不利于规模化发展,而且用户体验差,因此信任度极低。行业改造的第一步就是转变思路,在"互联网+"的时代下,人力资源服务机构通过技术赋能,创新薪酬产品,打破了劳动力供需双方的信息不对称,提高了经纪人的效率,改变了传统蓝领人力资源中介的盈利模式。

案例　我的打工网周薪薪赋能蓝领招聘中介门店

在"互联网+"的时代下,我的打工网周薪薪联盟通过技术赋能,提升了传统蓝领人力资源中介的盈利模式。其主要经验包括:

第一,"劳务+中介门店+互联网"的方式。

周薪薪为缓解传统中介的现状,由经纪人模式切入蓝领招聘市场,利用"劳务+中介门店+互联网"的方式,由TOB转TOC,通过信誉赋能、技术驱动、订单共享、收益为王这4大利器赋能其核心,实现多方共赢。

该招聘模式与传统线上招聘模式相比的优势在于,用户与经纪人间的强信任关系会从多个维度助力公司的规模化:老客留存率提高,并以口碑传播获取新客,用户规模扩大;线上交流耗时更短,成功输送的转化率更高,经纪人效率提升;蓝领在到达门店前,已经在线上联系过经纪人并确认了求职意向。线下门店只起到资料采集和集散的功能,流程简化,线下输送系统吞吐量提高;重心转向线上,模式更轻,可与当地派遣公司直接合作而无需自营门店,便于跨区域拓展;汇集新城市的本地流量,可经由线上覆盖服务业蓝领招聘,便于跨行业拓展。公司通过以上业务改变门店形象及整个行业的生态链,破局用工荒,降低招工成本、缩短招工周期。

据介绍,我的打工网要求经纪人以蓝领用户利益为重,帮助他们打破信息不对等,找到最合适的工厂。更进一步,信任关系与用户体量也为营收来源的拓展提供了空间。由于现金流较稳定,财务压力较小,我的打工网可以延后收费节点,甚至不需要在招聘这一环节变现。2018 年经纪人数量约 400 个,送工人数达 50 万人次,营收近亿元人民币,GMV15 亿元人民币,市场份额行业第一。上一轮融资为 2017 年完成的 B+轮,金额为 3000 万+美元,老股东诺基亚领投,经纬中国跟投。

第二,创新薪酬产品。

2017 年底,我的打工网推出了周薪月薪混合制的薪酬产品"周薪薪",从根本上讲,周薪薪替代的并非月薪的结算发放模式,而是"返费"。返费是工厂招揽工人的额外奖金,持续在职一般几十天即可发放,金额大小随订单的淡旺季波动,从而调动流动性极大的蓝领人群的积极性。对于工厂而言,虽然能够利用返费灵活调配工人数量,但一旦成为常态,人员的持续流失也意味着在招聘上需要长期投入,人力成本也将攀升。对于劳务公司而言,其盈利模式就是买卖流量、赚取返费差价,蓝领高频跳槽对其而言似乎是利好。但随着智能手机的普及,工厂返费多少这类信息已经不再是秘密,劳务公司的获利空间也被压缩。以往,在用工低谷、供大于求的二三月,劳务公司给到蓝领的返费往往可以压得很低,这也是中介在一年中盈利最高的时间段;而在用工高峰、供不应求的八九月,劳务公司为了保证输送量,需要在工厂返费的基础上额外贴补圈住蓝领(返费总额可达近万元),因此产生亏损。在周薪薪模式下,工资计算以小时或天为单位,返费概念被移除。蓝领们每周可预支部分薪资,满足其即时消费需求,保持积极性;每月的结薪日获发剩余工资,培养其储蓄习惯。报酬的主体由返费变成薪资后,一方面蓝领们的收入将与表现挂钩,有助其成长为有效劳动力;另一方面蓝领的收入曲线也将更加平滑,有助其跳出"赤贫—发薪—不理智消费或借贷—赤贫"的死循环。此外,高频的结算也避免了薪资拖欠事件的发生。

与此相对应,劳务公司和周薪薪的营收来源从入职后的一次性佣金转为管理费分成,不再需要倒贴返费。经纪人的绩效考核规则也以蓝领的在岗时长为重要指标。蓝领在工厂里一直做下去,输送链条上的各方就会有持续的收入。换句话说,帮蓝领找工作本身已经不赚钱,帮他们找到满意合适的工作才能带来收入。由此来看,周薪薪模式其实是对行业价值取向进行改造的切入口。

（2）灵活用工的新亮点

我国劳动年龄人口数量加速下降,产业结构升级转型,在"互联网+"和数字经济的推动下,催生出大量的服务业用工需求和就业岗位,灵活用工迎来高速发展期。与此同时,企业面临招人难、旺季人才短缺、控制人力成本、提高人才使用效率等问题,而在移动互联网背景下成长起来的新生代求职者,也更倾向于运用互联网找工作,自主性更强,对自我价值的追求和自由灵活的工作更为向往。据金柚网研究院《2019 中国灵活用工及灵活就业研究报告》显示,2018 年至 2025 年,中国灵活用工市场的 CAGR（复合年均增长率）将高于 23%;预测到 2025 年,国内灵活用工市场规模将超过 1600 亿元人民币。我国的人力资源行业正处于快速成长期,灵活用工的市场潜力尤为巨大。[1]

从长远来看,灵活用工可以帮助企业节约人力资源管理成本,缩短招聘周期,转移用工风险,保障雇主品牌,更有利于优化行业布局,升级现有的劳动力结构,释放强大的社会生产力,不断为个人、企业、社会创造更高的价值。

案例　灵活用工模式的引领者——金柚网

作为灵活用工模式的引领者,金柚网持续为企业发展赋能,提升企业管理效能,激发人才创新力量,推动企业商业模式变革。金柚网通过一系列富有竞争力、安全可信赖的产品、服务与解决方案,以非全日制用工、兼职小时工、劳务工（退休返聘、见习实习）等多种用工方式,将专业人才释放到市场上,再以互联网模式进行自由调配,打通线上及线下,让供需双方把时间用在刀刃上,不断优化升级服务体验。在人尽其用的同时为企业增加创新活

---

　① 　HRoot 统计数据。

力,实现人才与企业的双赢。其主要产品包括:

一是应用于蓝领工人工作场景的"金柚蓝精灵",该产品采用非全日制用工形式,依托大数据平台合理匹配,解决酒店、餐饮、零售等劳动密集型行业"忙时太忙,闲时太闲"的人力资源痛点。

二是应用于灵活就业场景的"金柚小灵",基于数字经济的社会化用工调配能力,金柚小灵实现人才与用工方的自由合作与灵活承揽需求,实现了企业与个人价值最大化。

案例　斗米全产业链条灵活用工一站式服务

由中国科学院旗下《互联网周刊》评选的"2018 年度 APP 分类排行"榜单正式发布,斗米凭借在灵活用工领域的深耕、创新的产品和专业的服务,斩获 2018 年度招聘求职 APP 榜单第五殊荣,稳居招聘领域第一阵营。而此前,斗米在中国领先的人力资源媒体 HRoot 推出的"2019 年 1 月人力资源管理类 APP 下载量排名"榜单中,也持续蝉联垂直细分领域榜首,彰显斗米在行业中的影响力。

斗米作为高速成长的灵活用工"独角兽",将着力点放在引领用工方式的创新和发展中来。斗米从招聘切入,深耕数量庞大的服务业一线基层岗位,并利用互联网技术和专业化的服务构建了全网最大的灵活用工人才"活水池",迅速发展为国内领先的灵活用工一站式服务平台。在具备流量优势的基础上,以服务的深耕、产品的打磨为"利器",在流量红海的时代实现爆发增长。与此同时,斗米以高度社会责任感的产品观、创新内容和形式,解决最广大基层服务业劳动者求职和企业招聘的痛点,从多个维度满足用户需求,在社会和商业环境不断变化的时代背景下,做有价值和温度的产品。针对企业,斗米为其提供覆盖在线招聘、RPO 招聘、岗位外包、在线众包等多类型灵活用工服务,满足企业不同的用工需求;针对广大的基层求职者,斗米从用户视角出发,不断提升和优化求职体验,致力打造工作好、选择多、上手快的灵活就业服务平台,不断提升求职体验和招聘效率。

未来,作为灵活用工领域的领头羊,斗米将继续站在灵活用工前沿,以前瞻性的创新能力和生态思维,打造诚信、高效、专业的灵活用工一站式服务平台,为企业和就业者提供价值链上更多的延伸服务。

6.人力资源服务业论坛、展会亮点

为贯彻落实《人力资源服务业发展行动计划》,人力资源服务企业越来越重视自主品牌建设,各地纷纷举办各种名目的论坛、展会等,以加强人力资源服务企业之间的交流与合作,同时也促使人力资源服务企业积极参加各类交流推广活动,加大服务产品的品牌宣传推介力度。近十年,国内会展产业从规模化发展逐渐向专业化、集团化发展演变,由此带来了会展产业多种业态的融合,国内展览市场的持续升温为会展人力资源开发带来了新动能。①

从 2018 年 7 月—2019 年 8 月间全国各地举办的论坛、展会等情况分析,论坛和展会的规模比较大,一般都在 600 人以上,人力资源服务机构数量一般在 400 家以上。从主题和内容来看,主要有三个方面:一是突出新时代,旨在探讨人力资源服务业面临的机遇、挑战,以及未来的发展趋势;二是突出人才,旨在探讨人才在经济发展中的作用,人力资源服务业如何在人才开发和培养方面进行助力;三是突出产品和创新,旨在探讨互联网、大数据等背景下人力资源服务机构如何创新产品以及管理模式问题。

表 1-2-7　2018 年 7 月—2019 年 8 月全国人力资源服务业论坛、展会等一览表

序号	会议名称	时间	地点	会议主题
1	"走进人力资源新时代"2018 年人力资源管理高峰论坛	2018.8.18	南昌	人力资源走进新时代
2	2018 中国人力资源高峰论坛	2018.10.18	北京	
3	2018 中国(浙江)人力资源服务业博览会高峰论坛	2018.10.25	杭州	从人口红利到人才红利——新时代人力资本价值管理与科技创新
4	第九届(北京)人力资源博览会暨 2018HR 年终盛典	2018.11.15	北京	
5	2018 中国人力资源科技博览会论坛	2018.11.16		
6	2019 中国人力资源服务业创新大会	2018.11.3—4	苏州	产品是王道
7	2018 西部人力资源服务博览会暨首届西部人力资源服务创新大赛	2018.12.13—14	重庆	开发人资蓝海、引领西部未来,为创业喝彩,为产业赋能

①　史宏伟:《京津冀会展人力资源开发的问题与对策分析》,《劳动保障世界》2019 年第 3 期。

续表

序号	会议名称	时间	地点	会议主题
8	HRID 2018 年中国人才发展论坛	2018.12.15	北京	新时代、新未来、新跨越
9	2019 宠才人力资源高峰论坛暨第一届宠物行业最佳雇主颁奖盛典	2019.1.3	苏州	
10	大连第四届人力资源服务创新与高端发展峰会	2019.2.23	大连	贯彻落实《人力资源市场暂行条例》，推动人力资源服务业创新发展
11	2019 年中国人力资源服务业发展高层论坛暨评价成果发布会	2019.3.19	北京	贯彻党和国家关于大力发展服务业的精神，助力人力资源服务业的健康发展，提高人力资源服务业对实施人才强国战略的助推作用
12	第十七届中国国际人才交流大会暨 2019 亚太人力资源服务博览会及第十五届高峰论坛	2019.4.15	深圳	共享机遇，共促发展，共创更加辉煌的 40 年
13	新时代、新动能、新发展中国天津人力资源服务业发展论坛	2019.5.10	天津	立足天津、服务京冀、全国领先、国际知名
14	第八届 2019 HRoot 中国人力资源服务展	2019.5.16	深圳	
		2019.6.14	上海	
		2019.6.20	成都	
		2019.7.25	北京	
		2019.11.8	广州	
15	2019 中国（绍兴）企业人力资源服务博览会	2019.5.30	绍兴	活力绍兴人才引领
16	2019 第五届人力资源高峰论坛（北京）	2019.6.27	北京	聚焦信息科技的前沿，探讨人工智能、大数据、区块链等技术迭代更新对企业发展和人力资源管理带来的巨大变化和挑战，帮助企业和 HR 掌握新思想、新技术和新工具，勇立潮头
17	中国人力资源经理人高峰论坛暨首届中国北方人力资源产业博览会	2019.8.18	沈阳	壮丽 70 年，赋能新未来

资料来源：作者根据网站信息整理。

第三章　人力资源服务业的先进经验与案例

【内容提要】

随着经济结构深入调整,我国人力资源服务业迎来了一个新的发展时期,各地人力资源服务产业园和人力资源服务公司如雨后春笋纷纷出现,人力资源服务业在经济社会发展中发挥着越来越重要的驱动作用。本章以广西锦绣前程人力资源股份有限公司和江苏省人力资源服务业为例,介绍了部分公司和地区的人力资源服务发展情况,供从业者和读者交流参考。

Chapter 3　Evaluation of the Development Level of the HR Service Industry in Various Regions

【Abstract】

With the further adjustment of the economic structure, China's human resource service industry has ushered in a new development period. Human resource service industrial parks and human resource service companies have sprung up one after another. Human resource service industry is playing an increasingly important driving role in the economic society. The chapter takes Guangxi Jinxiuqiancheng Human Resources Company and Jiangsu province human resources service industry as examples, introducing the development of human resources services in some companies and regions, for the reference of practitioners and readers.

一、广西锦绣前程人力资源股份有限公司

（一）公司简介

广西锦绣前程人力资源股份有限公司（以下简称为"锦绣前程"，证券简称：前程人力，证券代码：833486）是广西壮族自治区的一家人力资源专业服务机构，成立于 2007 年 3 月，属于民营单位，是一家快速成长型现代化人力资源公司。

1. 主营业务

锦绣前程专注于人力资源服务领域，是广西壮族自治区内外广大国有、民营和外资企业的合作单位，主要提供人力资源外包（HRO，含劳务派遣，下同）及其关联业务、猎头、人才培训、HR 管理咨询、贝福管家五大类综合性 HR 服务，同时该司根据市场需求变化及时跟进研发并升级换代服务产品，可满足企业高中基层全方位的需求，打造完整的服务产品线、价值链和绿色环保的产业生态，形成了自身特有的运营与发展模式。

2. 市场地位

锦绣前程目前的市场地位已在广西 HR 行业雄踞前列。

（1）发展规模。锦绣前程现已发展成为集团公司规模，2015 年 3 月将总部搬迁至深圳市科技园。依据 STP 理论，面对外部东盟 10 国 14 亿人口的大市场和国家"一带一路"倡议之海上丝绸之路重要结点区域，以及粤港澳大湾区建设的市场需求，不断修正并瞄准目标市场，除在广西 HR 行业继续发挥着"桥头堡"作用以外，还将 HR 业务推向全中国，乃至东盟。截至 2019 年 6 月，锦绣前程已在广西内的 14 个市设立了分支机构，在广西外的深圳、北京、杭州、广州、雄安、海南、成都等地设立了 10 余家分支机构，并已在云贵川等人力资源大省布设了招聘代理网点，拟在越南、老挝、柬埔寨等国设立分支机构，将业务范围拓展到东盟 10 国。

（2）经营业绩。锦绣前程 12 年来一直奉行"打造一流团队、提供一流服务、开拓一流市场、创造一流效益"的经营理念和"诚信、和谐、高效、独创"的企业精神，专注于"人力资源外包及其关联业务"为主的综合性 HR 服务的精耕细作。截至 2019 年 6 月，锦绣前程已拥有广西鑫达保安押运服

务有限公司、中国邮政集团公司玉林市分公司、广西艾娱电子竞技有限公司等1000余家客户单位,拥有外包/派遣员工60000余人。该司作为中国人力资源社会保障理事会副理事长单位、中华人力资源研究会理事单位、深圳市管理咨询行业协会副会长单位,依托其技术支持,依靠北上广深杭等地联盟企业的业务协作,充分利用"互联网+"信息技术手段,规范运作、快速发展。营业收入每年均以"亿元"的量级速度递增,至2018年营业收入已达13.06亿元,净利润773万元,且12年来累计为国家创造税收已达2亿元(仅2018年就达4000余万元)。现阶段,该司以"务实、高效"的奋斗精神,进一步做实做强自身业务,拓宽业务价值链,构建绿色环保的产业生态,实施并快速推进公司的中长期战略——"大鹏计划"。

(3)客户口碑与行业荣誉。该司致力于打造一家负责任、有担当的现代化人力资源服务机构,在发展过程中成为许多用工单位选取HR服务供应商的首选。据广西鑫达保安押运服务有限公司、中国邮政集团公司、中国移动通信广西公司等发包单位反馈,锦绣前程的人力资源服务优化目标企业的团队经营模式,核心业务得以突出;在内部历年展开的HR服务供应商·服务质量的评比中,锦绣前程连续多年获得优秀评价,且每年所进行的客户满意度调查得分均保持在98分以上。

锦绣前程履行"帮助个人成长、服务企业发展、满足社会需求"的企业使命,切实履责,持续改进服务质量,逐年树立起了自身闪亮的品牌形象,提高了公司软实力。该司在发展过程中,取得以下一些成绩:

①2007年至今,连续多年成为南宁市、广西人社系统诚信经营示范单位——"行业先进机构"、市区级"放心职业中介机构"、"人力资源诚信服务机构"等;2012年,唯一一家被南宁市总工会授予了"先进职工之家"荣誉称号的民营企业;2016年至今,连续多次荣获广西工信厅和企业联合会联合评定的"广西优秀企业100强""广西民营企业50强"和"广西服务业50强"荣誉称号;2019年3月,南宁市高新区工会授予锦绣前程工会"五星级基层工会"荣誉称号。

②2007年至今,连续多年被国家人社部评定为HR行业的"中国劳务派遣诚信单位""中国人力资源服务机构诚信示范单位106强";2012年,荣获国家人社部评定的家政服务业"全国千户百强家庭服务企业(单位)"称

号;2017 年 8 月,荣获"22 省市自治区经信委培训处"发起的"中国教育百强最佳服务商"评定之第 20 强;2017 年 1 月,锦绣前程喜获中华全国工商业联合会颁发的"2017 年度全国工商联上规模民营企业"证书,标志着锦绣前程已正式进入全国上规模民营企业序列。

③2014 年,荣获"北京大学教育贡献奖"荣誉称号;2017 年 7 月,据 HRoot 公布的统计数据显示,锦绣前程已跻身于全球 HR 行业 100 强之列;2019 年 5 月《全球人力资源供应商市值排名》,锦绣前程以 2900 万美元荣登该榜第 63 名,再创新高;2017 年 12 月,荣获《中国证券时报》组织评定的"2016 年度新三板最具价值投资百强奖";经《互联网周刊》联合 eNet 研究院统计发布,锦绣前程荣登中国"2018 人力资源外包 15 强"第 6 名。

锦绣前程如今已步入全球 HR 行业 100 强之列,并已从 2018 年的第 78 名跃升至 2019 年的第 63 名,每年以靠前 5 名的速度进步。

(二) 先进经验

1. 战略引领

得益于加入深圳市管理咨询行业协会,锦绣前程在各种学术活动中受到了有益影响,经过 12 年来的艰苦努力与反复研究、摸索总结,最终形成了战略清晰、目标明确的"大鹏计划",用以统领指导并监督日常的各项经营管理工作。目前"大鹏计划"正在随着企业的经营发展稳步推进。

2. 全链服务

锦绣前程经过多年发展,现已能为自治区内外国有、民营和外资发包单位,提供人力资源外包及其关联业务、猎头、人才培训、HR 管理咨询、贝福管家五大类综合性服务,可"一站式"全链满足客户单位全方位的需求,极大地方便了客户单位。公司打造出了完整的服务产品线和价值链,以及绿色环保的产业生态,形成了自身特有的运营与发展模式。

3. 高端路线

锦绣前程的传统业务 HRO(包括劳务派遣)一直以来属于低附加值业务,基本上要依靠服务数量维持。在这种情况下,一旦公司发展急需大额资金时,例如 IPO 上市募集,便会遭遇到上市门槛条件的硬性限制,而且这种制约如果单纯依靠传统业务原生态发展,几乎是无法逾越的。

几经摸索,锦绣前程最终将服务产品的发展方向定格在专业智库、HR管理咨询以及猎头三种高价值业务上来,注重高端路线,聚焦公司所有资源,"力出一孔",并且今后将在 HR 服务经营实践中逐渐淘汰低价值业务。

4. 转型升级

锦绣前程历年来一直把"转型升级"当作常态化的创新管理工作来对待。每当国家政策发生重大变化,给原有经营带来业务风险,抑或是企业经营过程遭遇资金瓶颈,面对发展危机,锦绣前程均视此为创新的契机,不失时机地进行跟进关注、研究探索、系统实践、反复验证,直至最终探索出一条适合市场环境和企业自身发展的道路。

5. 拓宽经营

面对未来具有广阔发展前景的养老家政服务市场和其国家种种利好扶持政策,锦绣前程结合自身实力与服务优势,适时为面向客户单位高管和社会成功人士,研发并推出了居于家政服务链高端的贝福管家产品。经营的客观环境条件还比较严酷,该司仍在不断拓展业务范围,争取更大的发展空间。

6. 运营规范

由于该司已在新三板挂牌,证券、会计、律师等机构对其均有运营规范化的硬性要求,以求降低经营风险,取信于市;公司经营规模壮大之后,客观上也需要规范运营,才能"力出一孔",步调一致。因而锦绣前程一直比较重视现代化企业制度及其运行机制的建设,推进"制度管人"常态化,减轻人治成本,提高企业收益。

7. 团队建设

尽管锦绣前程的团队建设已经取得了明显效果,人员流失率长期不足3%,但是辩证地来看,随着经营活动的展开和日益变化,适当的人员流动(包括内外部流动)反倒可以激发人员和团队活力。因此,锦绣前程在发挥企业文化凝聚人心、稳定队伍的同时,也建立了层层分解、层层包干的目标责任制,并配套了奖勤罚懒的末位淘汰制,增强负激励效应,提高员工的积极性,从而焕发了组织活力。

（三）运行挑战

1. 第一次业务转型

第一次转型目标是主营业务方向的调整策划与实施。2013 年 7 月 1 日新《劳动合同法》修订版出台，将劳务派遣人数须压缩到职工总数 10% 以内，并严格限制在"三性"岗位上。这使公司原有劳务派遣主营业务受到了大幅度冲击，以致发生经营风险。

2. 第二次业务转型

第二次的转型目标主要是从低价值业务向高价值业务的转变。随着公司的迅猛发展，益发需要越来越多的建设与运营资金来维系，而现有传统业务人力资源外包（HRO）的营收与利润贡献已经力不从心。为发展需要计，公司不得不将业务重点从低价值业务的 HRO（包括劳务派遣）转移至高价值的猎头、管家、人才培训和 HR 管理咨询上来。

3. 第三次业务转型

第三次的转型要增强资本运作，进行混改合营与提升效益的系列经营活动。同前所述，公司发展资金除了靠自身业务的价值转型以外，利用资本运作手段，利用"混改"有利时机，通过合资合营方式，可迅速扩大业务体量，依靠自身 IPO 上市募集也是一种方法。而这种方法本身却对上市公司的业务体量和利润率都有一定的要求，且非靠前者低价值向高价值业务的转型所能奏效。

（四）克服策略

1. 针对第一次业务转型，公司及时将主营业务从劳务派遣向人力资源外包（HRO）方向进行转变，花费 2 年时间完成了 HRO 服务团队的组织结构与部门职责、人员调整、服务流程、作业能力培训及其配套的规章制度的设计与贯彻落实。这次变革逐渐增加了营业收入当中 HRO 所占的比重，直到新三板挂牌，HRO 业务成为公司对财报营收贡献最大的业务板块，比较圆满地完成了转型任务。

2. 针对第二次业务转型，公司及时调整了业务布局，为猎头、人才培训、HR 管理咨询和贝福管家高价值业务重置资源配置，设立了相应机构（包括组织治理结构和部门职能职责设计），优化作业流程，加强服务人员专业能力培训,以及积极建设配套的规章制度等,并将业务重点最终聚焦到了猎头业务上面。目前该转型升级的后续实践仍在路上,并已收到明显成效。

3. 针对第三次业务转型,公司为了在短时间内达到 IPO 上市门槛条件,特别是业务体量的要求,从 2015 年起就开始不断深挖自身的人脉资源,积极寻找合作伙伴与商机,先后与广西百色红城集团、中海油、中铁交投等大型国企磋商,借"混改"形势,合资成立公司,并摸索研究出了相应的顶层设计、运作模式、服务流程等规章制度。目前运营效果符合预期设定。

二、江苏省人力资源服务业

(一)江苏省人力资源服务业发展概况

人力资源是推动经济社会发展的第一资源,人力资源服务业是生产性服务业和现代服务业的重要组成部分,在实施创新驱动发展战略、人才强国战略和就业优先战略中承担着重要的职责和使命。当前,江苏省人力资源服务业发展迅猛,全省现有人力资源服务企业 7300 余家,从业人员近 10 万人,产业年营业总收入突破 1600 亿元。全省共建成国家级人力资源服务产业园 1 家,省级人力资源服务业产业园 11 家,拥有全省人力资源服务骨干企业 100 家,其中上市企业 9 家。全省人力资源服务业发展体现出四个特点。

一是江苏省委省政府对推动人力资源服务业发展高度重视。江苏省委、省政府高度重视人力资源服务业发展,抢抓发展机遇,作出重大部署,2012 年以省委办公厅、省政府办公厅两办名义,在全国率先出台了针对人力资源服务业发展的政策意见。省委组织部、省发改委、省财政厅、省人社厅等相关职能部门相互配合、通力协作,继两办意见后,又相继出台了"省级人力资源服务业发展专项资金使用管理暂行办法""省级人力资源服务产业园建设管理办法""省人力资源服务业十大领军人才评比办法""省人力资源服务骨干企业认定办法"等一系列配套促进产业发展的政策。

二是全省各级人社部门对推动人力资源服务业发展积极作为。为了推动全省人力资源服务业持续快速健康发展,省人社厅及各市人社部门作为推动全省人力资源服务业发展的职能部门,始终以更好地发挥市场机制的决定性作用为导向,以满足经济社会发展对人力资源的需求为出发点和落脚点,以提高人力资源服务供给能力和促进人力资源服务业持续快速发展为主要任务,把推动人力资源服务业发展当作人社部门践行新发展理念、推进供给侧结构性改革的重要抓手,实施了一系列重大工程和重点项目,包括评选领军人才、确认骨干企业、评选诚信单位、推动产业园建设、评选优秀服务项目和优秀服务产品等。

三是全省各级人力资源服务行业协会为推动人力资源服务业发展搭建平台。省人力资源服务行业协会及各市人力资源行业组织在配合政府部门做好监督管理的基础上,积极履行服务、自律、协调、规范职能,促进行业、企业之间相互借鉴,优势互补,共同发展,积极搭建了各类交流合作平台。出台了行业公约,从坚持诚信经营、推行服务制度、提高人员素质、推动行业创新等方面对全省人力资源服务行业作出规范,搭建了行业合作交流平台。近年来,省行业协会及各市行业协会共举办高峰论坛、创新发展大会、高端人才培训班、供需对接交流会等活动近百场。形成了"江苏人力资源服务业高峰论坛""江苏人力资源服务业发展研讨会""中国(苏州)人力资源服务业创新大会""江苏加快人力资源服务业发展高端人才培训班"等一批品牌活动。此外,各地协会还组织人力资源服务业领军人才、骨干企业代表到北京、上海、浙江、广东、深圳等兄弟省市开展考察交流,并派员到美、加、日、英、法、德、澳、新等地区参加人力资源服务业考察交流,大力推进省际、国际间行业交流合作。

四是全省各级人力资源服务机构为推动人力资源服务业发展凝聚动力。全省人力资源服务机构在良好政策环境下,得到了长足发展,企业实力不断增强,行业规模越来越大,创新转型加速推进,产品服务价值凸显,社会贡献持续提升,开创了江苏人力资源服务业新的时代。从 2012 年全省人力资源服务业年产值不到 800 亿元,到 2018 年全省人力资源服务业年营业总收入突破 1600 亿元,年增速高达 20%,实现了发展高增速。随着经济政策的进一步调整和产业结构的进一步优化,人力资源服务机构竞相转型升级,人力资源服务产品与服务模式不断推陈出新,劳务派遣、职业介绍、人事代理等传统服务产品做精、做细,人力资源服务外包、网络招聘、人才测评等新兴业态产品占领市场,向服务价值链高端延伸。此外,一批人力资源服务龙头企业带头人及所属企业,纷纷成功入选江苏服务业专业人才特别贡献奖、江苏现代服务业"十百千"行动计划重点培育企业等省政府重点项目。一批人力资源服务骨干企业成功获得省著名商标、市知名商标认定,推动行业品牌战略实施。一批人力资源新兴业态企业,相继登陆新三板,不断引领行业风向,推动产业转型升级,为行业创新发展提供了成功借鉴。

(二)江苏省人力资源服务产业园

1. 园区概况

江苏省人力资源服务产业园的发展走在国家前列。2013 年 12 月,国家人社部正式复函江苏省人民政府,同意在苏州建立"中国苏州人力资源服务产业园"。目前,江苏省共建立国家级人力资源服务产业园 1 家(中国苏州),已建成省级人力资源服务产业园 11 家(包括江苏南京浦口、江苏南京经济技术开发区、江苏无锡新区、江苏常州、江苏苏州高新区、江苏苏州吴江、江苏常熟、江苏昆山、江苏南通苏通、江苏盐城、江苏镇江),同意筹建省级人力资源服务产业园 3 家(包括江苏中国医药城、江苏东台、江苏淮海)。各地也纷纷建立人力资源服务产业集聚区,目前共建立市级人力资源服务产业园 20 余家。人力资源服务产业园区的创建,加快了市场主体的培育,促进了行业规范发展,也有利于人力资源服务企业集团的形成,吸引了万宝盛华、任仕达、中智、博尔捷、英格玛、江苏领航等一大批国内外、省内外知名人力资源服务机构入驻。

2. 政策扶持

为鼓励和支持人力资源服务产业园建设,省人社厅会同省发改委、省财政厅等相关职能部门制定了《江苏人力资源服务产业园建设管理办法》,对园区建设规划、项目、投资、建设、运营等环节加强跟踪指导,在经费上予以支持,省财政对获批建设的省级人力资源服务产业园每家分别给予 100 万的经费扶持。南京、苏州、盐城等市对产业园建设,地方财政也都分别给予一次性的经费支持,有力地推动了全省人力资源服务产业园区建设。全省各级人力资源服务产业园积极为入驻园区的人力资源服务企业实施税收优惠政策、社会保障政策和产业政策,在园区内提供人才服务、档案管理、社保服务、就业服务、行政审批等一站式政府公共服务。

3. 园区发展特点

纵观全省各地已筹建的产业园区,江苏省人力资源服务产业园的发展主要呈现以下几个特点:第一,公共服务配套较完善。现有园区均配有综合性的公共服务平台,为园区内企业提供社会保险、劳动维权、就业管理、档案托管、户口挂靠以及行政审批、公共资源交易等一站式服务。第二,充分发挥政府和市场两者合力。园区在建成初期通常采用"政府搭台、市场化运作"的运营模式,通过政府引导、不断引入社会资源的方式,实现园区运营管理效能的提升。第三,基本形成人力资源服务全产业链。园区内人力资源服务机构的业务范围通常涵盖招聘、培训、薪酬、绩效、咨询等人力资源服务的各个环节,着力打造完整的人力资源产业链条。

4. 现存问题

(1)新型园区管理模式探索不充分、服务功能创新不足

目前,各地人力资源服务产业园主要是通过政策、房租税收优惠来吸引机构集聚,尚未形成产业园内在的关联机制,专业分工协作还没有大规模出现,仍有部分产业园是一种物理上的集聚,而非功能上的集聚,业态和服务存在单一性。各园区的产业结构特色差异不明显,总体布局结构不清、分工不合理等问题仍然可以见到。产业自我循环的良性发展与产业链的延长深化、以增量带动布局优化、进一步辐射其他产业的功能还处在起步阶段。服务功能的创新决定了产业园是否能向"智慧园区"发展,目前园区没有发挥市场优化配置资源的作用,联动会商机制与园区领导小组的建立理念不成熟,园区经营主体的观念没有创新性,应向产业服务者转变。服务功能变革创新不足与园区运营管理机制创新不够成为已建成且未成熟的园区的重要问题之一。

(2)投入机制模式创新不够

从政府角度看,江苏省建成和在建的人力资源服务产业园大部分依靠当地人社部门牵头抓总,投资、建设、管理基本依靠行政资源,造成投资模式单一、资金缺口存在,市场机制仍在完善,效率较低。此外,银行信贷等金融支持力度相比于其他产业薄弱,针对中小人力资源企业的信贷产品、利率优惠、担保服务都缺乏必要的支持。产业园在吸引民间资本与社会资本方面还没有行之有效的方法,资金对人力资源服务产业园的关注度和投入支持

不高。从社会角度看,未能充分发挥公私部门的各自优势,没做到能"让专业的人做专业的事",忽视了相容的约束机制的建立,未能有效将政府的政策目标、社会目标和产业园内部的运营效率、技术进步内在动力结合起来,从而使得人力资源产品和服务供给效率提升缓慢。新常态下,单一且老旧的投入机制已无法适应社会的进步,有创新型的多元化投入机制才是重中之重。

（3）产业园内企业合作渠道不通畅

江苏省人力资源服务产业园在环境上虽占有较大优势,但产业布局相对比较分散,资源共享的集群优势无法显现出来。而相对分散的产业集聚规模会影响示范带动作用的发挥,产业园的功能集中体现于产业集聚、孵化企业、培育市场,而区域人力资源服务产业的规模又与当地经济及人力资源水平密切相关。目前产业园内部的企业发展阶段不尽相同,水平参差不齐,会导致高质量的企业吸收更多的客户,资源以及人才,从而创新性的发展速度会加快,这样水平参差不齐的企业差距会愈发加大。此外,在同一个园区内相同服务业态会同时存在多家大大小小的企业,它们的服务内容和服务理念不尽相同,然而它们却鲜有机会进行沟通和交流,因为园区内的沟通渠道大多并不流畅甚至还未建立,这样的结果是每一家企业仍拘泥于自己的思路,无法与其他企业共同分享先进的服务模式,对于园区内相同服务业态的整合发展十分不利,缺少企业间的合作,园区的服务质量和效率便无法充分保障。

（三）政府和行业协会间的合作

作为省级行业性社团组织,江苏省人力资源服务行业协会(以下简称"协会")积极关注政策变化和响应政府要求,在承办和参与行业领军人才培养、全省人力资源服务业领军人才评选及骨干企业确认、人力资源专业高级职称评审、高端人才培训、地方标准制定、人力资源服务业发展白皮书编写、急需紧缺人才目录编制及标准研究、就业精准服务、工勤人员继续教育等方面打造品牌,做好政府相关委托项目的承接工作,推动全省人力资源服务业品牌化、规模化、专业化发展。

1. 全力组织实施全省人力资源服务业领军人才培养计划

培养一批具有国际视野、创新思维、战略眼光和开拓精神的复合型高层次人力资源服务业人才,打造一支适应江苏高质量发展需要的领军型人力资源服务业人才队伍,江苏省率先在全国组织实施全省人力资源服务业领军人才培养计划。计划以每 2 年为一个培养周期,每个周期培养 50 名左右人力资源服务业领军人才。省人社厅党组对该计划高度重视,2018 年 9 月 1 日在南京专门举行首期领军人才班开班仪式。国家人社部对江苏省这一创新举措给予充分肯定,人社部人力资源市场司、中国人才研究会发来贺信。省人大常委会副主任、党组成员,省总工会主席魏国强出席开班仪式并为首期领军人才班授班旗,省委组织部副部长、省人社厅党组书记、厅长戴元湖出席开班仪式并讲话,省人社厅党组成员、副厅长朱从明主持开班仪式。中国工程院院士、中国药科大学教授王广基,中国人才交流协会副会长毕雪融,省委组织部、省发改委、省财政厅分管负责同志等领导、专家出席开班仪式。

为确保培养计划顺利实施,协会邀请了国内人力资源专业权威——南京大学商学院名誉院长、南京大学人文社会科学资深教授赵曙明担任总指导,首期领军人才班共组织了八次集中授课,邀请了中国工程院缪昌文院士,人社部人力资源市场司张文森司长,中国人事科学研究院余兴安院长,省人社厅党组成员、朱从明副厅长,省人社厅党组成员、省纪委省监委驻厅纪检监察组陈良灵组长,江苏银行季明行长,苏酒集团董事局张雨柏主席,日本瑞可利集团松原伸明社长,北京科锐人力资源股份有限公司高勇董事长等资深领导、行业专家、企业家为大家解读分享,满足学员理论与实践的双重需求。集中授课期间协会还采取了参观考察、主题报告、高峰论坛、行业分享、学习研讨等多种形式,推动学员间互动交流,进一步营造浓厚的学习氛围。学员们全身心地投入学习、交流和思考,全面地提升自己的知识、思维和能力。作为"黄埔一期",学员们领跑行业发展,切实担负起了领军人才的重任。

2. 成功开评全省人力资源专业高级职称

为拓展江苏省人力资源领域专业技术人才职业发展通道,推动行业从业人员创新进取、努力成长,加快打造一支素质优良、结构合理的人力资源服务业高端人才队伍,2016年下半年,协会根据国家和省有关职称制度改革的部署要求,结合江苏省人力资源服务业发展实际,在厅专技处的支持指导下,认真学习借鉴兄弟省市经验做法,经前期调研论证,向省职称工作领导小组办公室上报了关于组建全省人力资源专业高级职称评审委员会的请示,并草拟了《江苏省人力资源专业高级专业技术资格条件(试行)》草案及相关文稿,得到了省人社厅、省职称工作领导小组办公室的大力支持。

　　2017年6月30日,省职称工作领导小组下发苏职称〔2017〕7号文件,授权同意省人力资源服务行业协会成立江苏省人力资源高级专业技术资格评审委员会,负责全省人力资源专业高级人力资源师和正高级人力资源师资格的评审工作。这是省人社厅、省职称工作领导小组对省人力资源服务行业协会的高度信任,也是对全省从事人力资源工作专业技术人员的关心和厚爱。根据苏职称〔2017〕7号文件和《江苏省人力资源专业高级专业技术资格条件(试行)》的有关精神,协会在省人社厅、省职称工作领导小组办公室的领导指导下,及时成立了江苏省人力资源服务行业协会职称工作领导小组,组建了由行业资深领导、高校专家学者、品牌机构高管等一批具有高级职称的专家组成的评审专家队伍,下发了《关于报送2017年度全省人力资源专业高级职称评审材料的通知》,部署了2017年度全省人力资源专业高级职称评审申报工作,得到了全省广大人力资源专业工作人员的积极响应。一批长期从事人力资源专业工作、业绩能力突出的同志,根据开评通知要求,对应资格条件,认真准备材料,积极申报评审。各地有关部门对申报材料进行了认真初审,在规定时间内完成上报工作。2018年在2017年工作的良好基础上,会同省职称办下发了《关于报送2018年度全省人力资源专业高级职称评审材料的通知》,部署了2018年度全省人力资源专业高级职称评审申报工作,得到了全省广大人力资源专业工作人员的积极响应。

　　2017年、2018年全省共有505名同志获得了人力资源专业高级职称,其中29名同志获得了正高级人力资源师资格,476名同志获得了高级人力资源师资格。

　　3.努力做好全省人力资源服务业领军人才及骨干企业的申报推荐工作

　　为充分发挥领军人才和骨干企业的示范引领作用,推进全省人力资源服务业快速健康发展,经省政府批准,自2014年起,由省委组织部、省发改委、省人社厅联合在全省人力资源服务业领域开展"人力资源服务业领军人才"评选表彰活动,每两年一次;由省人社厅牵头在全省人力资源服务业领域开展"人力资源服务业骨干企业"评选确认活动,每年一次。根据两个活动的通知要求,明确评选、确认活动由省委组织部、省发改委和省人社厅等部门共同组织,委托省人力资源服务行业协会具体负责实施。这两项活动的开展,是政府给予江苏省人力资源服务业从业人员个人和从业企业的最高殊荣,充分体现了省委、省政府对人力资源服务业发展的高度重视。为确保评选确认工作的顺利实施和公开、公平、公正,协会在省委组织部人才工作处、省发改委服务业处和省人社厅人力资源市场处的工作指导下,以认真负责的精神,科学严谨的工作态度,通过协会微信公众号、网站等,下发有关通知,召开座谈会等形式,宣传省委、省政府及有关部门在全省人力资源服务业领域中开展两项评选表彰活动的目的、意义和具体做法,协助符合条件的人力资源服务业领军人才和骨干企业积极参与、踊跃申报,对申请上报的材料认真做好收集整理、资格审核、初评推荐、专家评审、社会公示等程序,圆满完成了相关工作任务。截至 2019 年 2 月底,共评选表彰 30 名"全省人力资源服务业领军人才"、评选确认 90 家"全省人力资源服务骨干企业",此项工作为全国作出了良好示范,在 2017 年 9 月人社部印发的《人力资源服务业发展行动计划》中将领军人才培养和骨干企业培育作为推动人力资源服务业发展的重要计划。

4. 开展年度急需紧缺人才目录编制及全省经营性人力资源服务机构(抽样)供求信息月度统计调查工作

2016 年 9 月,根据人社部人力资源市场司的项目委托,协会承接了江苏省 2016—2017 年度急需紧缺人才目录编制工作,这是部市场司对协会的高度信任。年度急缺人才目录旨在围绕《江苏省国民经济和社会发展第十三个五年规划纲要》和全省"十三五"人才发展规划,基于改革发展和实际需要,从全口径、区域性、专业性、重点产业行业等多个维度来编制发布,为政府相关部门研究人才状况、拟定人才政策、开展人才引进提供重要参考,为各类人才及高校毕业生落地就业创业提供信息引导,为各类人力资源服务机构投身"两聚一高"实践提供数据支持。经过调研、座谈、发动、收集、汇总、确认等环节,2017 年 12 月,协会向人社部人力资源市场司申请结题,并顺利通过,得到相关部门负责同志的充分肯定。

2017 年 9 月,根据省就管中心的项目委托要求,协会从全省人力资源服务骨干企业和诚信机构中选择了 30 家品牌经营性人力资源服务机构,开展全省经营性人力资源服务机构(抽样)供求信息月度统计调查工作。按产业类别、行业类别、经济类型、制造业、新型业态、人员类别等分组提供本期需求人数、本期求职人数、本期求人倍率、累计需求人数、累计求职人数、累计求人倍率等,并对以上数据进行汇总、整理、分析和月度比较。统计调查工作不仅是为了适应供给侧结构性改革对就业创业工作提出的新任务、新要求,也是为了更好地服务好全省各地各类企业的用工需求和城乡劳动者就业创业工作。

5. 牵头承担了全省人力资源服务业团体标准的制定、试点和推广任务

2016 年,经省质监局批准同意,由省人力资源服务行业协会作为全省人力资源服务业团体标准试点牵头单位,按照标准体系要求,结合江苏行业发展实际,统筹推进全省人力资源服务业团体标准、地方标准制定工作。根据江苏省现代服务业标准化项目申报的要求,协会于 2013 年初,经省人社厅同意,组织申报制定了江苏省《人力资源培训服务组织管理规范》地方标准,并得到省质监局、省发改委和省人社厅的大力支持,经过为期一年的调研、起草、修改、论证、评审等工作,标准经省质监局批准,由国家标准委审核备案,于 2014 年 11 月 1 日正式发布施行。按照标准化建设总体部署,协会会同省人社厅市场处,先后确立了苏州协会、徐州协会、盐城协会、江苏外服、江苏领航、江苏百得、苏州博尔捷、点米科技、人才金港、中智江苏、溧阳千里马等 12 家单位,作为全省人力资源服务业标准化试点单位和示范基地;具体实施《高级人才寻访服务规范》《人力资源外包服务规范》《人力资源培训服务组织管理规范》等相关国家及地方标准。按照试点工作要求,12 家试点单位结合自身实际,对试点工作进行了汇报交流,均取得了良好效果。

6. 协助开展好人力资源服务产业园专场招聘及高校毕业生供需对接活动

发挥新型载体作用,组织人力资源服务产业园专场活动,延伸就业服务触角。联合省就管中心、省人才市场,分别在南京、无锡、常州、苏州、盐城、

镇江等地举办"全省人力资源服务产业园高校毕业生就业精准服务系列活动"28 场,共组织参会单位 7000 余家,提供需求岗位 5.6 万多个,服务毕业生近 10 万人,初步达成就业意向约 1.4 万人次。

(四) 江苏省人力资源服务业发展建议

党的十九大作出中国特色社会主义进入新时代这一重大政治论断,把习近平新时代中国特色社会主义思想确立为我们党必须长期坚持的指导思想。2018 年是全面贯彻党的十九大精神的开局之年,也是改革开放 40 周年,在新的历史起点上,谋划和推进人力资源服务业发展意义重大。新时代、新发展、新要求为人力资源服务业发展提供了新机遇,要深入思考和把握新时代人力资源服务业发展的新特征、新要求和新定位。

1. 贯彻人才强省战略

党的十九大报告指出"人才是实现民族振兴,赢得国际竞争主动的战略资源",把人才资源的重要性提高到前所未有的历史新高度。近年来,随着科技创新和产业变革深入推进,人才竞争异常激烈,人力资源服务业发展既面临着难得的历史机遇,也面临着严峻的挑战。要贯彻落实人才强省战略,把人力资源服务业人才培养特别是领军人才培养在全省人才工作大局中突出出来,着力以人力资源服务业人才的优化布局,带动人力资源服务产业的优化布局;以人力资源服务业人才的结构调整,带动人力资源服务产业结构的调整;以人力资源服务业高端人才的发展,带动人力资源服务产业的高端发展,探索人才发展与产业发展的规律,加快推进"四个对接",进一步强化科技同经济对接,创新成果同产业对接,创新项目同现实生产力对接,研发人员创新劳动同其利益收入对接,最大限度地释放人才在配置资源中的决定性作用,最大限度地发挥人才优势向科技优势和产业优势的转化。要进一步优化人力资源服务业领军人才发展环境,实行更加积极、更加开放、更加有效的人才政策,努力把优秀人才集聚到人力资源服务产业发展上来。

2. 推动人力资源高质量发展

党的十九大作出"我国经济已由高速增长阶段转向高质量发展阶段"的重大判断,深刻揭示了新时代中国经济发展的历史方位和基本特征。这不仅是对我们党发展内涵的丰富、完善和发展,也是对人力资源服务业发展提出的新目标、新任务、新要求。近年来,江苏省人力资源服务业快速发展,新模式、新业态不断涌现,服务产品日益丰富,服务能力进一步提升,但与我国经济社会发展对人力资源服务业的要求相比,与世界发达地区产业发展的先进水平相比,与高质量发展的新要求相比,存在较大差距。因此,要解放思想、查找问题、对标比差、创新思路,着力把人力资源作为推动经济社会发展的战略资源,作为发展战略性新兴产业、先进制造业的核心支撑力量。建设现代化经济体系,需要深化供给侧结构性改革,在人力资源产业发展上提供优质服务,在人力资本服务领域形成新的增长点,形成新动能。实现新旧动能转换,必须把发展新产业体系、培植新的增长点、增强创新动能,与人力资源产业发展紧密结合起来,把创新作为驱动人力资源服务业发展的主攻方向。总之,要把人力资源服务业发展纳入高质量发展的重要位置,在推进人力资源服务业高质量发展中促进转型升级,在实现产业转型升级中推进高质量发展,努力为全国发展探路。

3. 推进供给侧结构性改革

推进供给侧结构性改革,是适应和引领经济发展新常态的重要创举,是从提高供给质量出发,用改革的办法推进结构调整,扩大有效供给,提高供给结构对需求变化的适应性和灵活性。"释放新需求,创造新供给"已经成为江苏省经济发展众多新动能的重中之重。"供给侧结构性改革"释放经济发展的新信号,核心是"去产能、去库存、去杠杆、降成本、补短板"。就人力资源服务业发展而言,一是要转变产业发展方式,鼓励人力资源服务业向价值链高端发展。人力资源服务业产业的发展促使生产要素流入,整体要素禀赋水平提升,人力资源服务业形成核心竞争力,从而得到发展和升级。[①] 江苏省要继续推动跨界融合,探索新兴业态,开发服务产品,拓展服务内容,创新服务方式,提升人力资源服务供给水平,为实现优化配置人才资源,促进经济社会发展,提供高质量的人力资源服务保障。二是要进一步加强行业交流,鼓励地方搭建人力资源服务业创新发展平台,举办人力资源

---

① 梅鹏、奚国泉:《江苏省人力资源服务业转型升级中的发展探析》,《现代商业》2015年第6期。

服务供需对接、服务产品推介等活动。支持人力资源服务企业运用互联网技术探索开展与金融、教育、医疗等行业的跨界服务模式。三是要创新供给新模式,提高服务供给质效,通过新技术、新模式的研发及应用提升服务效率和投入产出效益,通过品牌化和标准化建设促进各类人力资源服务企业提供更加优质的服务产品。未来的人力资源服务业必然会向知识化智能化服务、内部人才管理服务方向转型,以提供综合解决方案,提供个性化产品为主,实现由"量"的规模性服务到"质"的结构性服务变化。四是要推动不同地区人力资源协同发展,加强人力资源发展统筹规划和分类指导,推动省内人力资源流动和智力共享,错位发展、优势互补、合作共赢[①],实现齐步共进、人才强省。

4. 推动新一代信息技术与人力资源服务的深度融合

随着科学技术尤其是信息技术的快速发展,特别是新一代信息技术的快速发展以及与制造业的深度融合,正在引发影响深远的产业变革。在新的市场需求刺激下,人力资源服务通过智能化、精细化、专业化、延伸发展的新路径,一批新产品、新业态、新商业模式正在不断涌现并发展壮大,也随之催生未来发展趋势。一是促进人力资源行业提供精细化的产品和服务。很多创新型企业都开始集中优势资源开发人力资源服务行业的细分市场,借助互联网的思维和技术优势,能够通过"互联网+"来实现企业自身的转型升级。同时,很多原来不是这个行业的创业公司,也开始越来越多地进入到人力资源服务行业,跨界成为主流。二是人力资源行业供给模式发生了新的变革。互联网将人才供给方和人才需求方更好地联系在一起,快速兴起的职业社会交际网站就是人力资源行业供给模式创新发展的真实体现,传统的招聘模式,比如人才市场、报纸期刊、招聘网站等已经落伍。新的以社交、人脉为基础发展起来的招聘模式受到了市场的青睐,例如领英、微人脉等,它们一方面是重要的人力资源数据库,另一方面更是求职者拓展职业人脉的平台。三是要充分利用推进产业融合发展这个关键一招。推动人力资源服务和互联网的深度融合,积极运用大数据、云计算、移动互联网、人工智能等新技术,促进人力资源服务业创新发展、融合发展。不断创新大数据挖

---

① 宋田桂:《增强江苏省人力资源竞争优势研究》,《改革与开放》2016年第23期。

掘服务、私人定制化服务、移动 APP（手机应用软件）服务、虚拟产业园服务等，结合互联网的特性，利用云服务、大数据计算、SaaS（软件即服务）等信息化手段，引领行业革新商业模式，为行业快速发展提供新的增长动力。

5. 社会资本的广泛投入

当前，人力资源服务业已经进入到一个新的发展阶段，经济发展新常态、人力资源新业态、科学技术新变革、深化改革新要求，迫切需要我们尽快转型升级、提质增效，不断变革业态模式、提高技术含量，加快资本融合、深化跨界创新，拓展行业发展新空间。党的十九大报告指出，在人力资本服务等领域培育新增长点，形成新动能。这说明人力资源服务有旺盛的市场需求和发展潜力，彰显出人力资源服务业在现代经济体系中具有不可或缺的地位。推动人力资源服务企业积极进入资本市场，进一步放宽人力资源服务业市场准入，鼓励社会资本进入人力资源服务领域，是人力资源服务业做大做精做强的必由之路。新三板作为构建多层次资本市场中重要的一环，已获得快速发展，并为众多表现优异的中小企业提供了展示自己发展潜力的舞台。2014 年 11 月，江苏谋士在仁人才管理咨询股份有限公司（现在叫点米科技）获批挂牌"新三板"，成为江苏省首家、全国第二家实现资本证券化的人力资源服务公司。江苏省资源服务企业在一系列政策的春风下，吹响了进军资本市场的号角，金色未来、无锡蓝创、越吴股份、盐城人才网、欧孚科技等一批人力资源服务企业成功登陆新三板。社会资本的广泛投入，给人力资源服务业带来了新机遇、新风口和新活力。

第二部分
专题报告篇

第一章　人力资源服务业各省市
重视度与发展度分析

【内容提要】

本章从公众、政府、媒体和社会组织等不同群体的视角出发,通过大数据方法和文本分析方法对主流社交媒介、纸质媒介、网站、各省政府工作报告以及相关政策法规、规划文件进行数量统计和内容分析,来阐述与展示人力资源服务业在我国各省市受到的重视程度及发展的情况。

本章第一部分,通过具有权威性的三类检索指数来反映各地公众对于人力资源服务业关注度的变化趋势,并描绘关注人群的特征;通过大数据分析方法对微博、微信这两大社交网络平台的用户进行分析来呈现各地公众对于人力资源服务业的关注度和支持度。

在第二部分,通过各地2019年政府工作报告,人力资源服务业相关政策、法规、规划,来系统揭示各地政府对于人力资源服务业的政策保障与发展规划支持力度,并对政府间推动人力资源服务业发展的区域合作以及不同地区典型省份发展人力资源服务业的典型案例进行解析。

在第三部分,通过对各地媒体对于"人力资源服务业"的相关报道和各地行业协会和人力资源服务中心等社会组织发展度,来反映各地媒体及社会组织对于人力资源服务业的关注度。

Chapter 1　Recognition Level and Development Evaluation of Human Resources Service Industry in Different Provinces and Cities

【Abstract】

This chapter employed the methods of big data analysis and content analysis, analyzed the mainstream social media, paper media, websites, provincial government work reports and relevant policies, regulations and planning documents, from three different perspectives of the public, government and nongovernmental organizations, to describe the degree of attention and development situation of human resources services in China's provinces and cities.

In the first section of this chapter, three authoritative searchindex reflected the trend of public attention around the human resources services, and depicted the characteristics of the followers. This part adopted big data analysis methods to analyze the users on the mainstream social platform, Sina Micro-blog and WeChat, to explore the public attention and support to the human resources services. Alexa ranking is also applied to analyze the traffic of web sites related to human resources services, to reflect public's attention to the HR service industry.

The second part systematically revealed the level of local governments' policy support for development of the human resources services industry through the government work report in 2018, human resources service industry-related policies, regulations and planning.

In the third part, we made analyses through the reports and news concerning human resources services on local media and the development of social organizations like human resources consulting association and human resources service centers, to reflect the attention of social organizations paying to human resources services.

一、各地公众对人力资源服务业的关注度

在网络高度发展的现代社会,社会公众在网络上对人力资源服务业的关注度能够在一定程度上反映各地公众对该行业的关注度。本部分借助具有权威性的三类检索指数来反映各地公众对于人力资源服务业关注度的变化趋势;通过大数据分析方法对微博、微信这两大自媒体平台的用户进行分析来呈现各地公众对于人力资源服务业的关注度和支持度;引入 Alexa 排名来分析人力资源服务相关网站的流量,以反映公众对该行业的关注度。

(一) 关注趋势分析

本部分将利用当前网络时代具有权威性和代表性的三类指数——百度指数、360 指数和微信指数来分析公众对于人力资源服务业的关注度。百度指数主要反映关键词在百度搜索引擎的搜索热度;360 指数主要反映关键词在 360 搜索引擎的搜索热度;微信指数主要是帮助大家了解基于微信本身的某个关键词的热度。

1. 百度指数

百度指数是以百度海量网民行为数据为基础的数据分享平台。通过检索特定关键词,可以呈现关键词搜索趋势、洞察网民兴趣和需求、监测舆情动向、定位受众特征。

"人力资源"是输入百度指数的关键词,将时间段限定为 2018 年 8 月 1 日到 2019 年 7 月 31 日,得到的搜索指数①如图 2-1-1 所示。

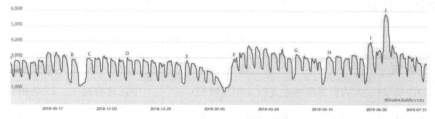

图 2-1-1　"人力资源"搜索指数变化趋势(2018 年 8 月 1 日至 2019 年 7 月 31 日)

---

①　搜索指数是以网民在百度的搜索量为数据基础,以关键词为统计对象,科学分析并计算出各个关键词在百度网页搜索中搜索频次的加权和。

　　图 2-1-2 需求分布图所呈现的是近一周（2019 年 7 月 23 日至 2019 年 7 月 29 日）与"人力资源"相关的检索关键词，该图是针对特定关键词的相关检索词进行聚类分析而得的词云分布。从中可以看出公众对于人力资源的检索关注点在于"人力资源资格证""人力资源和社会保障局""HR"等领域，对于"人力资源服务业"的关注还未明显展现出来。

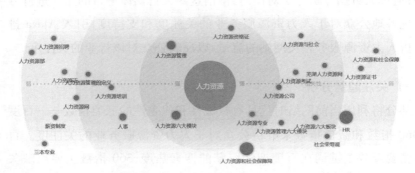

图 2-1-2　与"人力资源"相关的需求分布图

　　2018 年 8 月 1 日到 2019 年 7 月 31 日新闻热点中与人力资源服务业相关的新闻如表 2-1-1 所示。继 2017 年 10 月人社部印发的《人力资源服务业发展行动计划》，围绕该行动计划的相关政策解读和新闻报道相继涌现。类似地，2018 年、2019 年主要新闻热点在于各省相继颁布了本省的人力资源服务业发展计划，并对本省人力资源服务业年收入进行了报道，相关研究机构对人力资源服务业的发展前景进行了分析，能够看到国家层面对于人力资源服务业发展的高度重视，这也引发了社会公众对于人力资源服务业的广泛关注。

表 2-1-1　"人力资源服务"相关新闻热点

时间	名　称	来　源	相关报道
2019/5/29	人力资源服务业连续 3 年高增长	中国政府网	25 条相关
2019/5/27	我国人力资源服务业发展再上新台阶	中国劳动保障新闻网	38 条相关
2018/9/14	顺势而为推动人力资源服务业高质量发展	中国劳动保障新闻网	25 条相关
2018/12/8	人力资源服务业发展行动计划出台	江西新闻网	16 条相关

续表

时间	名 称	来 源	相关报道
2019/5/24	2018 年杭州市人力资源服务业成绩单出炉,37 家机构年营收超亿元	新蓝网	8 条相关
2019/6/6	2018 年河北省人力资源服务业年营收超 233 亿元	河北省政府网	11 条相关
2018/9/2	人力资源服务行业竞争格局及前景分析	搜狐网	9 条相关
2019/5/27	去年我国人力资源服务业营收 1.77 万亿元,同比增长 22.69%	新浪网	17 条相关

对关注"人力资源"的人群展开分析,总体上华东地区公众的关注度明显高于其他地区,华东、华中、华北次之,而东北、西北的社会公众关注度相对较低,地域分布情况与 2018 年基本相同。

从城市上来看,北京、上海、深圳、广州则是社会公众关注度相对高的地区。从检索关注的人群地域分布可以发现,经济发达的沿海地区对于人力资源服务业的关注度较高,侧面反映出这些地区人力资源服务业发展具有相对良好的社会环境基础和广泛的社会关注度。

2. 360 指数

360 指数平台是以 360 网站搜索海量网民行为数据为基础的数据分析统计平台,在这里可以查看全网热门事件、品牌、人物等查询词的搜索热度变化趋势,掌握网民需求变化。"人力资源"是在 2019 年 1 月 30 日至 2019 年 7 月 31 日中浏览较多的关键词,可以通过分析其"360 指数"的变化趋势来分析社会公众对于"人力资源"领域的关注度。

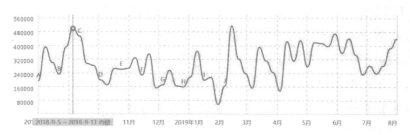

图 2-1-3 "人力资源"360 指数变化趋势(2018 年 8 月 1 日
至 2019 年 7 月 31 日)

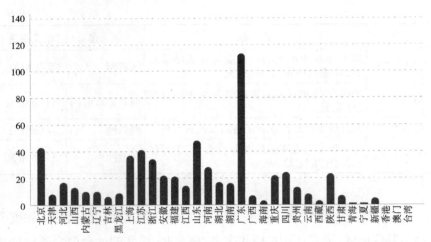

图 2-1-4　"人力资源"关注人群地区分布（2018 年 8 月 1 日至 2019 年 7 月 31 日）

与百度指数反映出的结论类似，广东、北京、上海、山东等地区对于人力资源服务的热议度最高，总体上看沿海地区的热议度高于内陆地区。

3. 微信指数

微信指数①是腾讯开发的整合了微信上的搜索和浏览行为数据，基于对海量云数据的分析，形成的当日、7 日内、30 日内以及 90 日内的"关键词"的动态指数变化情况，即用具体的数值来表现关键词的流行程度。相较于长时间段的百度指数和微博指数，微信指数能够更加精确地反映某个词语在短时间段内的热度趋势和最新指数动态，能够预测该关键词成为热词的潜力。

以"人力资源服务业"作为检索关键词，得到了近 90 日（2019 年 4 月26 日到 2019 年 7 月 24 日）"人力资源服务业"微信指数变化趋势情况。与百度指数、360 指数相比，微信指数在本季度中并无较大变化，其中，6 月社会公众对于人力资源服务业的关注度稍有提高。

鉴于三类指数的计算方式有所差别，难以直接进行比较。与 2018 年同期相关指数相比，2019 年公众对于人力资源服务业关注度总体趋势相对平

---

① 微信指数计算采用数据：总阅读数 R、总点赞数 Z、发布文章数 N、该账号当前最高阅读数 Rmax、该账号最高点赞数 Zmax。采用指标：总阅读数 R、平均阅读数 R/N、最高阅读数 Rmax、总点赞数 Z、平均阅读数 Z/N、最高点赞数 Zmax、点赞率 Z/R。

稳并稳中有增,这显示了公众对人力资源服务业的关注出现常态化的趋势。

(二) 网络社交体传播途径

随着互联网的发展,微博和微信已经成为社会公众交流互动、信息发布、意见表达的重要平台。因此本部分在微博和微信环境下进行研究,探究各地网民对人力资源服务业的关注度。

1. 微博

2019 年 5 月 23 日,中国领先的社交媒体微博平台公布了截至 2019 年 3 月 31 日的第一季度财报。2019 年 3 月的月活跃用户数(MAUs)较上年同期净增约 5400 万,达到 4.65 亿。月活跃用户数中 94% 为移动端用户。2019 年 3 月平均日活跃用户数(DAUs)较上年同期净增约 1900 万,达到 2.03 亿。凭借用户规模的优势,微博已经成为内容生产者传播信息和与粉丝互动的重要平台,也是观察社会公众对"人力资源服务业"关注度的重要窗口。通过新浪微博的用户高级搜索界面,搜索到了"人力资源服务"相关用户数量为 8136 个,比去年同期增长了 699 个,增幅 9.4%。其中机构认证用户数量 2264 个,个人认证用户数量 456 个,普通用户 5416 个。通过对微博用户的标签信息进行检索,搜索到了 177 个机构认证用户,同比增长 6 个;17 个微博个人认证用户;215 个普通用户,同比增长 3 个(见图 2-1-5)。

在这些用户中,粉丝量在 1 万及以上的都是认证机构,有 21 个认证机构粉丝量达到了 1 万以上,相较于 2017 年增长了 11 个,有较为显著的增长。

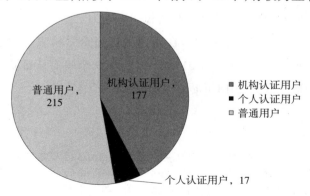

图 2-1-5 新浪微博用户分析(用户标签"人力资源服务",
截止时间:2019 年 7 月 31 日)

表 2-1-2　人力资源服务相关用户地区分布

排名	地区	用户数量	排名	地区	用户数量	排名	地区	用户数量	排名	地区	用户数量
1	北京	82	8	湖北	18	15	湖南	9	22	吉林	2
2	上海	78	9	辽宁	15	16	安徽	9	23	山西	2
3	广东	66	10	山东	14	17	天津	8	24	香港	2
4	其他①	40	11	四川	12	18	重庆	8	25	甘肃	1
5	江苏	28	12	福建	10	19	海南	6	26	贵州	1
6	河南	23	13	陕西	9	20	广西	4	27	青海	1
7	浙江	21	14	河北	9	21	黑龙江	3	28	云南	1

根据表 2-1-2,从地域分布上来看与 2018 年排序保持一致。数量排在前三位的依然为北京、上海、广东,其人力资源服务相关用户数量远高于其他地区,属于第一梯队。江苏、河南、浙江区域内的相关用户数量都在 20 以上,也相对较高,属于第二梯队。湖北、辽宁、山东、四川地区的用户数量在 10 以上,属于第三梯队。其余则是在各个省份零散分布,不成规模。

2. 微信公众号

2018 年 6 月 3 日,企鹅智酷联合中国信息通信研究院产业与规划研究所发布了《"微信"影响力报告》。根据报告,截至 2017 年底,公众号的注册总量已经超过 2000 万个,活跃的公众号数量为 350 万个,其中服务行业公众号占比约 1/5,运营者对公众号的投资,数量和金额均明显增长②。可见微信公众号当前在社会中具有日益增长的影响力。

以"人力资源服务"为关键字在搜狗微信公众号检索平台上进行检索(检索截止时间为 2019 年 7 月 31 日),得到 199 个具有认证资格的相关微信用户,用户数量较之 2018 年同期相比下降一个。③

---

① 表中的"其他"为微博自动分类的,除了国内省、自治区、直辖市之外的其他地区。

② 企鹅智酷:《"微信"影响力报告》,http://www.yanbao.info/archives/17271.html。

③ 这或许与 2018 年 11 月微信出台的政策有关。2018 年 11 月 16 日,微信公众平台发布公告称,即日起,公众号注册将做调整:个人主体注册公众号数量上限由 2 个调整为 1 个,企业类主体注册公众号数量上限由 5 个调整为 2 个。

表 2-1-3　2019 年"人力资源服务"相关微信公众号地域分布

地　区	2019 年区域内 微信号数量	2019 年区域内 微信号数量占比	近一个月 发文量总量
广　东	30	15.0%	346
江　苏	27	13.5%	378
北　京	17	8.5%	255
河　北	15	8.0%	264
上　海	13	6.5%	164
浙　江	13	6.5%	185
山　东	9	4.5%	77
云　南	8	4.0%	89
四　川	5	2.5%	95
陕　西	8	4%	69
内蒙古	5	2.5%	39
新　疆	5	2.5%	71
福　建	5	2.5%	79
甘　肃	4	2.0%	86
安　徽	4	2.0%	95
天　津	4	2.0%	89
山　西	4	2.0%	71
湖　南	4	2.0%	56
河　南	3	1.5%	76
湖　北	3	1.5%	68
重　庆	3	1.5%	11
辽　宁	2	1.0%	38
海　南	2	1.0%	55
贵　州	2	1.0%	8
江　西	2	1.0%	12
吉　林	1	0.5%	26
广　西	1	0.5%	2
总　计	199	100%	2804

数据来源:搜狗微信公众号检索,http://weixin.sogou.com,截止日期:2019 年 7 月 31 日。

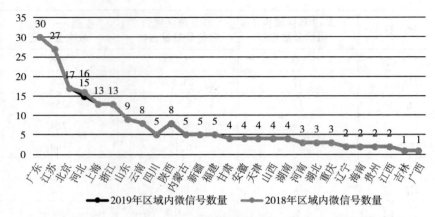

图 2-1-6　2018 年、2019 年"人力资源服务"相关微信公众号地域分布对比

　　根据图 2-1-6,对比 2018 年数据,可以发现 2019 年各省份的微信公众号数量排序基本保持不变,广东、江苏公众号数量依然明显多于其他地区,两地公众号累计占比 28.5%,其余公众号在各地零散分布,总发文量相较于 2018 年的 2825 篇,略有下降。

（三）小结

　　整体上看,各地公众对人力资源服务业的发展关注度相较于 2018 年略有增长。具体来看,在关注渠道上,微博、微信公众号等网络社交媒体人力资源服务相关账号保持着较高的活跃度。在关注的地域分布上,沿海地区以及北京、上海、广州、深圳等大型城市的公众关注度相对较高,地域分布情况与 2018 年的情况保持一致。在关注趋势变化上,各类指数反映出在人力资源服务业热点事件发生。

二、各地政府对人力资源服务业的重视度

　　地方政府发布的政府工作报告、年度工作计划以及相关的法律法规、政策文件能够集中体现该地区政府的政策关注点。因此,本部分通过各地2019 年政府工作报告,人力资源服务业相关政策、法规、规划,来分析各地

政府对于"人力资源服务业"关注与重视程度。

（一）各地政府对人力资源服务业的关注度

首先通过对各省、自治区、直辖市（港澳台地区除外）的 31 份 2019 年政府工作报告进行文本分析，探究省级政府对人力资源服务业的关注度。

其中，5 份政府工作报告中明确提及"人力资源服务"。海南省政府在"以优化营商环境为重点，推进政府自身建设"中提出"引进国内外高端人力资源服务机构，规划建设国际社区、学校、医院等适应国际人才需求的公共服务体系，为集聚国际人才提供一流服务"；湖北省政府在"大力推进制造业高质量发展，加快新旧动能转换"中提出要"发展现代供应链、人力资源服务等生产性服务业，扶持研发设计、检验检测认证等高技术服务业加快成长"；江西省政府在"强化创新支撑引领，加快产业结构优化升级"中提出"继续实施急需紧缺高层次人才引进等工程，设立人力资源服务产业基金，推进中国（南昌）人力资源服务产业园建设"；陕西省政府在"突出制造业高质量发展，加快建设现代产业体系"中提出"围绕制造业集群构建区域服务体系，促进融资租赁、检验检测、法律咨询、信息技术、人力资源服务等生产性服务业发展壮大"；天津市政府提出"优化人才绿卡制度，加快中国天津人力资源服务产业园和人才公寓建设，进一步拓展保障服务，努力将天津建设成为人才高地"。其余报告中，人力资源则是在相关战略背景下间接体现，主要是两大背景性要素：第一，"创新发展"需要配合以"人才支撑"，以人才驱动发展是多个省市的重要提法；第二，在发展高质量产业体系的背景下，各地政府提出要"努力构建实体经济、科技创新、现代金融、人力资源协同发展的产业体系"，而人力资源是其中重要的构成要素。

习近平总书记在 2018 年、2019 年全国两会中持续强调，"发展是第一要务，人才是第一资源，创新是第一动力"，"乡村振兴是包括产业振兴、人才振兴、文化振兴、生态振兴、组织振兴的全面振兴"。而人力资源服务业是生产性服务业和现代服务业的重要组成部分，对推动经济发展、促进就业创业和优化人才配置具有重要作用。党的十九大报告中强调我国经济已由高速增长阶段转向高质量发展阶段,首次提出要"着力加快建设实体经济、科技创新、现代金融、人力资源协同发展的产业体系"。各省市在 2019 年的政府工作报告中也直接或间接地提出了有助于人力资源发展的要素,将人力资源服务业视为生产性服务业和现代服务业的重要组成部分,以推动经济发展、促进就业创业和优化人才配置。

表 2-1-4 各地 2017 年政府工作报告与"人力资源服务业"相关内容(节选)

类型	省份	政府工作报告相关内容
明确提出人力资源服务	海南	继续实施"百万人才进海南"行动计划,加快国际人才管理改革试点,充分利用好港澳台侨资源,允许外籍和港澳台地区技术技能人员按规定在海南就业,构建具有竞争力的人才制度。引进国内外高端人力资源服务机构,规划建设国际社区、学校、医院等适应国际人才需求的公共服务体系,为集聚国际人才提供一流服务。
	湖北	大力实施服务业提速升级行动计划,发展现代供应链、人力资源服务等生产性服务业,扶持研发设计、检验检测认证等高技术服务业加快成长。支持武汉建设国家会展中心城市和中国软件名城。支持襄阳、宜昌建设现代供应链体系重点城市。
	江西	继续实施急需紧缺高层次人才引进等工程,设立人力资源服务产业基金,推进中国(南昌)人力资源服务产业园建设,力争高校毕业生留赣比例超过 50%。深化科技体制改革,落实相关政策,推进加大全社会研发投入攻坚行动,R&D 经费支出占 GDP 比重达到 1.6% 以上,以创新链的崛起支撑引领制造强省建设。
	陕西	围绕制造业集群构建区域服务体系,促进融资租赁、检验检测、法律咨询、信息技术、人力资源服务等生产性服务业发展壮大。深化西安、西咸新区国家服务业综合改革试点。
	天津	增创引才聚才新优势。深入实施"海河英才"行动计划,聚焦战略性新兴产业,聚焦"团队+项目",引育一大批急需紧缺的人才。推进"海河工匠"建设工程,构建名师带徒、大师引领、项目定制、工匠涵养的梯次式培养体系,造就一大批高品质技能人才,努力建设知识型、技能型、创新型产业工人队伍。优化人才绿卡制度,加快中国天津人力资源服务产业园和人才公寓建设,进一步拓展保障服务,努力将天津建设成为人才高地。
人力资源是产业体系中的重要构成要素	江苏、河北、黑龙江、浙江、四川等	加快建设实体经济、科技创新、现代金融、人力资源协同发展的产业体系。

类型	省份	政府工作报告相关内容
人力资源服务对于实施人才战略的积极作用	安徽	实施更积极、更开放、更有效的人才政策,落实科研人员股权激励政策,深化科技项目评审、人才评价、机构评估改革,加强知识产权保护和运用,完善人才服务保障体系,营造尊才爱才、宜业宜居的人才发展环境。
	甘肃	发挥人才第一资源支撑引领作用。全面推动各项人才政策落地见效,全力做好人才保障服务工作。用好"省长人才奖"等系列奖励政策,实施"陇原英才"计划,引进一批海内外高层次人才。鼓励地方和企业设立人才引进发展基金。完善人才科学评价机制,培养更多实用型技能人才。
	广东	打造国际创新人才高地。优化实施"珠江人才计划""广东特支计划""扬帆计划"等重大人才工程,推进博士和博士后人才创新发展,集聚更多高精尖人才。完善科研人才激励机制,加快推进高校开展科技成果处置权改革和技术入股改革试点,赋予科研机构和领军人才更多自主权。深入推进人才分类评价和职称制度改革。全面实施人才优粤卡制度,优化人才签证服务。加强高技能人才队伍建设,支持有条件的技师学院纳入高等教育,抓好高技能人才培训基地、公共实训基地和技能大师工作室建设,着力培育"南粤工匠"队伍。
	上海	持续优化人才发展环境。高标准实施人才高峰工程,集聚更多世界级科学家、企业家和投资家。分类推进人才评价机制改革,探索符合市场导向和产业变革趋势的职称评价办法,建立高技能人才与专业技术人才的职业发展贯通制度,努力打造支撑高质量发展的高水平人才队伍。
	山东	在广聚人才上下功夫。全面落实人才新政 20 条,实施好泰山系列人才工程,继续实施"山东—名校人才直通车""外专双百计划"引才工程、省级高端外国专家项目等引智专项,开展"百千万专家服务基层"活动。实施青年科技人才竞争力提升计划。健全人才分类评价机制和科研管理机制,赋予科研单位和科研人员更大自主权。
	贵州	实施更加有力的人才政策,在技术路线选择、经费使用、收益分配等方面,赋予高等院校、科研机构和领军人才更多自主权。深入实施"百千万人才引进计划""黔归人才计划""高技能人才振兴计划",加强工匠人才培养,增强人力资源对高质量发展的支撑作用。
	山西	全面推动国家和我省科技创新、人才激励政策落地落实,实施"三晋英才"支持计划,大力引进培育高水平科技人才和创业团队,留住用好本土人才,建立全省人才津贴制度,赋予科研机构和人员更大自主权,优化科研项目评审、科技人才评价、科研机构评估,让更多创新活动获得支持结出硕果,让更多科技成果资本化产业化,让科技人才更加受尊重得实惠。

（二）各地政府对人力资源服务业的政策保障度

使用"北大法宝 V5 版"数据库的高级检索针对"地方法规规章"进行检索。以"人力资源服务"进行全文检索，发布时间范围为 2018 年 8 月 1 日至 2019 年 7 月 31 日。检索到各地政策主要包括两类：一类是地方性法规，另一类是地方规范性文件。

1. 地方性法规

检索得到与"人力资源服务"相关的地方性法规有 5 篇。这些法规主要是地方人才工作条例，以及地方性经济开发区的相关条例，对于人力资源服务发展保障主要从以下三个方面出发。

（1）保障落实人才政策。例如《吉林省优化营商环境条例》中规定："鼓励市场主体通过各类人力资源服务企业，采取市场化方式落实人才政策。市场主体自行培养、引进的高端创业创新人才、高端经营管理人才、高技能人才，经县级以上人民政府有关部门确认，享受前款规定的服务保障。"①

（2）规范化人力资源服务机构管理。例如《贵州省人力资源市场条例》（2019 修正）中规定："为促进人力资源的合理配置，规范人力资源市场活动，维护劳动者、用人单位和人力资源服务机构的合法权益，根据有关法律、法规的规定，结合本省实际，制定本条例。"②《广东省人才发展条例》规定："县级以上人民政府应当支持引进知名人力资源服务机构，培育发展人力资源服务产业园和骨干企业，培养人力资源服务业人才，促进人力资源服务业发展。"③

（3）将建设人力资源服务机构作为完善创新服务体系的重要部分，大力支持人力资源服务机构发展。《辽宁省开发区条例》规定："支持在开发区内设立金融服务、法律服务、资产评估、信用评级、投资咨询、知识产权交易、人力资源服务等中介服务平台，为开发区的生产经营和创新创业活动提

---

① 《吉林省优化营商环境条例》，吉林省第十三届人民代表大会常务委员会公告第 25 号，2019 年 5 月 30 日。

② 《贵州省人力资源市场条例》（2019 年修正），贵州省人民代表大会常务委员会公告 2019 第 5 号，2019 年 3 月 29 日。

③ 《广东省人才发展条例》，广东省第十三届人民代表大会常务委员会公告第 17 号，2018 年 11 月 29 日。

供服务。"①

2. 地方规范性文件

从 2018 年 8 月 1 日至 2019 年 7 月 31 日,检索得到与"人力资源服务"
相关地方规范性文件共 169 篇(如表 2-1-5 所示),相比 2018 年 364 篇有
明显下降。

表 2-1-5　"人力资源服务"相关地方规范性文件地域分布
(2018 年 8 月 1 日至 2019 年 7 月 31 日)

2019 年排名	省　份	2019 年数量	2018 年数量	2019 年地方法规规章占比	相较于 2018 年变化
1	福建省	16	40	4.4%	−24
2	湖北省	14	10	3.9%	−4
3	广东省	14	29	3.9%	4
4	浙江省	11	25	3.0%	4
5	湖南省	11	23	3.0%	1
6	青海省	10	22	2.8%	6
7	河南省	9	18	2.5%	−2
8	江苏省	8	17	2.2%	−21
9	江西省	8	17	2.2%	3
10	山东省	8	11	2.2%	−9
11	黑龙江省	7	10	1.9%	−1
12	贵州省	7	10	1.9%	−1
13	安徽省	6	9	1.7%	−19
14	四川省	6	8	1.7%	−17
15	北京市	5	8	1.4%	−4
16	河北省	4	8	1.1%	−18
17	吉林省	4	7	1.1%	−13
18	云南省	4	7	1.1%	0
19	辽宁省	3	6	0.8%	−38
20	上海市	3	6	0.8%	−3
21	广西壮族自治区	3	6	0.8%	−4

①　《辽宁省开发区条例》,辽宁省人民代表大会常务委员会公告〔十三届〕第 14 号,2018
年 10 月 11 日。

续表

2019 年排名	省　份	2019 年数量	2018 年数量	2019 年地方法规规章占比	相较于2018 年变化
22	山西省	2	6	0.6%	−4
23	天津市	1	6	0.3%	−1
24	西藏自治区	1	5	0.3%	0
25	陕西省	1	4	0.3%	−5
26	甘肃省	1	4	0.3%	−5
27	宁夏回族自治区	1	3	0.3%	−1
28	海南省	1	3	0.3%	−7

数据来源:北大法宝、各地政府官方网站,检索时间段:2018 年 8 月 1 日至 2019 年 7 月 31 日,2018 年数据参考《中国人力资源服务业蓝皮书 2018》。

根据表 2-1-5,从地域上来看,2018 年 8 月 1 日至 2019 年 7 月 31 日这一年内,福建、湖北、广东、浙江、湖南、青海六个省份发布的与人力资源相关的地方规范性文件数量为 10 份及以上,多于其他地区,其次是河南、江苏、江西、山东等省份多于 5 份文件,展示出这些地区的地方政府对于"人力资源服务业"的关注度较高。但与 2018 年相比,各个省份发布的文件数量显著减少,但各省之间的差异缩小。而海南、甘肃、宁夏、西藏等地区发布的相关政策文件数量最少。与 2018 年数据相比,福建省虽在文件出台数量上有了大幅下降,但在全国排名中仍然占据着前三的其中一席,这说明福建省近几年对人力资源服务业的关注一直走在全国前列。此外,福建省还将人力资源服务业作为两岸沟通的桥梁之一,同等扶持在闽设立台湾人力资源服务机构,引进台湾优质人力资源服务机构来闽开展业务,对新设立机构给予资金支持。2018 年,福建省人社厅会同省委组织部、省财政厅向厦门自贸片区 2 家台湾人力资源服务机构分别拨付 30 万元启动资金,目前福建省已引入 11 家台资独资人力资源服务机构。① 此外,东部沿海省份在推动人力资源服务业发展方面举措频频。其中,浙江省绍兴市积极培育人力资源服务市场,在市级、上虞建成 2 家人力资源服务产业园,举办第二届人力资源服务会展。

---

① 福建省人力资源和社会保障厅:《"六个率先"走前列,"六个同等"新举措》,http://rst.fujian.gov.cn/xw/zyxw/201905/t20190524_4884954.htm。

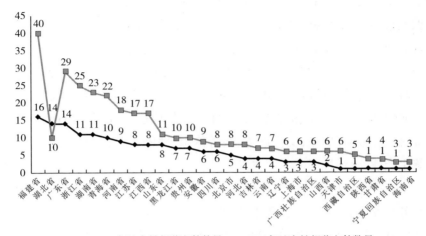

图 2-1-7　2018 年、2019 年各地地方规范性文件数量对比

数据来源:北大法宝、各地政府官方网站,检索时间段:2018 年 8 月 1 日至 2019 年 7 月 31 日,所涉及的 2018 年数据参考《中国人力资源服务业蓝皮书 2018》。

从具体的文件内容来看,大致可以分为几类:

第一类与就业创业保障相关。例如《青岛市人民政府关于进一步稳定和扩大就业的实施意见》中提出:"鼓励创建人力资源服务产业园,发挥市人力资源交流服务协会等中介机构作用,支持开展人力资源服务活动。"[①]《玉溪市人民政府关于做好当前和今后一个时期促进就业工作的实施意见》中指出,"培育人力资源服务产业,建立健全专业化、信息化公共就业服务,实现更加充分和更高质量的就业"。[②]《广州市人力资源和社会保障局关于明确促进就业政策项目办理程序的通知》中规定:"持有许可范围为'职业介绍'《人力资源服务许可证书》的经营性人力资源服务机构通过广州市就业培训信息系统录入空岗信息和求职者信息,匹配并开具职业介绍推荐信,并及时在系统反馈职业介绍成功结果。"[③]

---

① 《青岛市人民政府关于进一步稳定和扩大就业的实施意见》(青政发〔2019〕10 号)。

② 《玉溪市人民政府关于做好当前和今后一个时期促进就业工作的实施意见》(玉政发〔2019〕9 号)。

③ 《广州市人力资源和社会保障局关于明确促进就业政策项目办理程序的通知》(穗人社规字〔2019〕3 号)。

　　第二类与发展当地服务业体系有关。例如《天津市人民政府办公厅关于促进市内六区高端服务业集聚发展的指导意见》中要求："培育发展高级人才寻访、人力资源管理咨询、人力资源服务外包等新兴业态,形成一批专业服务领军企业和知名品牌。"①《湖南省发展和改革委员会关于印发〈湖南省服务业示范集聚区管理办法〉的通知》中要求："示范集聚区重点发展的方向包括:研发设计、检验检测、软件和信息服务、电子商务、现代物流、现代金融、节能环保服务、文化创意、旅游休闲、健康养老、会展和人力资源服务等生产性、生活性服务业。"②

　　第三类与发展现代服务业相关。例如《湖北省人民政府关于进一步加快服务业发展的若干意见》要求"大力发展人力资源服务业";《山东省服务业创新发展行动纲要(2017—2025 年)》中提到一条"人力资源服务",要求"大力推动人力资源服务业跨越发展。加强人力资源服务产业园建设,推进人力资源服务产业的集聚发展"。③

　　第四类与当地特殊发展规划和政策相关。例如《广元市人民政府关于加快电子信息产业发展的意见》指出："针对我市电子信息产业中小企业研发投入不足、融资困难和人才缺乏等困难和问题,引导支持多元主体建设和完善研发中心、技术检测中心、技术产权交易中心、小微企业创业孵化园、投融资平台、人力资源服务指导站等一大批公共服务平台。"④湖南省人民政府办公厅关于印发《深化制造业与互联网融合发展的若干政策措施》的通知要求："充分利用现有人才引进相关政策,鼓励和支持人力资源服务机构引进工业互联网和'制造业＋互联网'急需的高层次人才。"⑤

---

① 《天津市人民政府办公厅关于促进市内六区高端服务业集聚发展的指导意见》(津政办发〔2019〕11 号)。
② 《湖南省发展和改革委员会关于印发〈湖南省服务业示范集聚区管理办法〉的通知》(湘发改服〔2019〕107 号)。
③ 《山东省发展和改革委员会关于印发〈山东省服务业创新发展行动纲要(2017—2025 年)〉的通知》(鲁发改服〔2017〕1553 号)。
④ 《广元市人民政府关于加快电子信息产业发展的意见》(广府发〔2018〕25 号)。
⑤ 《湖南省人民政府办公厅关于印发〈深化制造业与互联网融合发展的若干政策措施〉的通知》(湘政办发〔2018〕79 号)。

（三）各地政府对人力资源服务业的发展规划

1.人力资源服务业发展规划政策文件

党的十九大报告提出,要建设人力资源协同发展的产业体系,在人力资本服务等领域培育新的增长点,形成新的动能,这对于推动人力资源服务业发展提出了新的更高的要求。十九大报告更是把人力资源服务业提高到了前所未有的高度,将人力资源服务与实体经济、现代金融、科技创新并列作为国家现代产业体系的"四大支柱",成为我国今后一段时期推动经济发展的新经济增长点和新动能,为新时代人力资源服务业的创新发展提供了历史机遇。

自 2017 年 9 月 29 日人社部印发《人力资源服务业发展行动计划》(以下简称《行动计划》)后,各地政府对于人力资源服务业的发展规划也在如火如荼地进行中,相关支持人力资源服务业发展的政策文件相继出台。据统计,截至 2018 年 7 月 31 日,共有 13 个省级政府、17 个市级政府、6 个区级政府出台地方人力资源服务业发展规划。① 此后,陆续有部分省市出台相关文件,具体情况见表 2-1-6。

表 2-1-6　地方性人力资源服务业发展相关文件概览
（2018 年 8 月 1 日至 2019 年 7 月 31 日）

序号	地区	级别	文件名称	发布时间	文号
1	江西	省级	江西省人民政府关于加快人力资源服务业发展的意见	2018 年 9 月 15 日	赣府发〔2018〕27 号
2	湖北	市级	武汉市人民政府关于促进人力资源服务业高质量发展的实施意见	2018 年 12 月 29 日	武政规〔2018〕39 号
3	江苏	市级	徐州市人民政府印发关于加快发展人力资源服务业实施意见的通知	2018 年 10 月 23 日	徐政发〔2018〕48 号
4	广东	市级	深圳市人力资源和社会保障局、深圳市发展和改革委员会、深圳市财政委员会印发《深圳市关于加快发展人力资源服务业的若干措施》的通知	2018 年 10 月 15 日	深人社发〔2018〕94 号
5	广西	市级	南宁市人民政府关于印发《加快南宁市人力资源服务业发展实施办法》的通知	2018 年 8 月 14 日	南府规〔2018〕20 号

---

①　数据来源:《中国人力资源服务业蓝皮书 2017》。

序号	地区	级别	文件名称	发布时间	文号
6	江苏	市级	苏州市人力资源和社会保障局关于表彰"苏州市人力资源服务业服务品牌"的决定	2018 年 12 月 11 日	苏人保就〔2018〕31 号
7	江西	省级	江西省人力资源和社会保障厅关于印发《江西省人力资源服务业发展行动计划(2018—2020 年)》的通知	2018 年 11 月 2 日	——
8	吉林	省级	吉林省人力资源和社会保障厅关于举办东北地区人力资源服务业高级管理人员培训班的通知	2018 年 10 月 31 日	——
9	山东	省级	山东省人力资源和社会保障厅关于组织开展 2018 年度省级人力资源服务业发展资金重点扶持项目申报工作的通知	2018 年 9 月 30 日	鲁人社字〔2018〕329 号
10	吉林	省级	吉林省人力资源和社会保障厅、吉林省财政厅关于开展 2019 年度吉林省人力资源服务业发展重点扶持项目申报工作的通知	2018 年 9 月 28 日	吉人社联字〔2018〕82 号

数据来源:北大法宝、各地政府官方网站,检索时间段:2018 年 8 月 1 日至 2019 年 7 月 31 日。

如表 2-1-6 所示,江苏省政府在支持人力资源服务业发展方面给予了较多的政策支持和保障,形成了省级—市级—区县级完整政策保障链条,政策支持体系更为完备。

2. 典型省份

(1)重庆:人力资源服务业助力脱贫攻坚行动

2019 年 3 月,人社部发布《人力资源社会保障部办公厅关于进一步开展人力资源服务机构助力脱贫攻坚行动的通知》。相应地,2019 年 8 月重庆市人力社保局联合市财政局印发《打赢人力资源和社会保障脱贫攻坚战若干政策措施》(以下简称《措施》),在全国人力资源机构助力脱贫的工作上走在了全国前列。

《措施》主要有三大特点:一是大集中。与之前的政策相比,本次出台的《措施》从就业扶贫、社保扶贫、技能扶贫、人才人事扶贫等 4 个方面,汇总了近年来人社扶贫的政策,首次实现了人社扶贫政策的"大集中"。二是降低了门槛。在综合考虑和充分吸纳区县反馈问题基础上,对原有扶贫车间、公益性岗位补贴、跨区域就业往返城市间交通补贴等 16 项政策进行优化,切实解决人社扶贫政策条件限制高、操作性不强、效果不佳的问题。三是有创新。结合山东、安徽、贵州等省市的人社扶贫工作经验,突出工作重点、吸纳先进做法、完善政策措施。同时,因地制宜、结合实际,出台赴山东就业稳岗补助、"三支一扶"贫困家庭子女招募优惠等创新政策。

就业扶贫政策分为5类。在促进贫困人员就地就近就业类,主要包括就业扶贫车间吸纳就业给予带动就业示范奖补,落实公益性岗位补贴、社会保险补贴等。在促进贫困人员转移就业类,主要包括落实跨区域就业往返城市间交通补贴、贫困人员一次性求职创业补贴、人力资源服务机构就业创业服务补贴和企业吸纳贫困人员就业岗位补贴、社会保险补贴等。在促进贫困人员自主创业类方面,主要包括发放创业担保贷款支持贫困人员创业、鼓励创业就业示范街(山村)吸纳贫困人员就业,向有创业意愿的贫困人员开发免费创业工位。在加强鲁渝劳务协作类,主要是提升劳务输出组织化程度,发放一次性求职创业补贴和以工代训补贴。在促进贫困家庭高校毕业生就业创业类方面,为重庆市高校在毕业年度内有就业创业意愿并积极求职创业的建档立卡贫困家庭高校毕业生发放求职创业补贴。

2019年以来,重庆市新落实社保补贴、岗位补贴3800余万元,惠及贫困劳动力3万余人,向贫困户新发放创业担保贷款4500余万元,扶持创业346人。截至6月底,贫困人员城乡养老保险参保人数达到128.6万,比年初增加了30万人,参保率达到98.92%。

(2)江苏:人力资源服务产业园建设

人力资源服务产业园区建设是加快推进人力资源服务业发展的重要举措之一,江苏省目前已建成国家级人力资源服务产业园1家、省级人力资源服务产业园11家,数量居全国首位,相关工作得到了国家人社部的充分肯定。2011年底,苏州高新区管委会按照江苏省委、省政府《关于加快人力资源服务业发展的意见》精神,在苏州市人社局的指导下,成立了苏州高新区人力资源服务产业园领导小组,负责产业园的组建和战略发展。2012年6月18日,产业园正式开园,作为人力资源服务产业园的探索者,先试先行。在各级领导的关心和支持下,产业园在短短两年时间内迅速发展,已形成国内首家包含全产业链的"一核四区"实体人力资源服务产业园,不仅获得了省级人才市场和省级人力资源产业园的称号,还成为唯一一家直接挂牌的国家级人力资源服务产业园核心区,创造了多个行业内的"第一",得到部、省、市领导的一致认可,在全省及全国起领先示范作用。

苏高新人力资源产业园,作为中国苏州人力资源服务产业园的核心组成,是按现代服务业集聚区的标准进行规划建设的园区。产业园以高新区产业空间布局为基础,在 5 平方公里范围内,规划土地 300 亩,总建筑面积 60 万平方米,错位打造高端系统性"人才广场"核心区、中端创新性"博济人力资源创业"孵化区、基础流程性"枫桥劳务职介"服务区、"职业培训教育"服务区及"科技城"人才社区。在一年半时间里,产业园完成了一期"战略规划、功能布局、管理职能、政策配套、服务功能、孵化平台"的建设,形成了"一核四区"功能布局,创新了"政府主导,市场化运作"模式,打造了全国特色的政府公共服务和市场专业服务两大平台。目前已集聚 163 家人力资源服务机构,形成了包括招聘、培训、薪酬、人力资源外包、测评、咨询、人力资源信息软件等多位一体的综合产业链。年举办现场招聘会 250 场,服务企业 5 万家次,提供岗位 60 万个次。

2019 年新建的淮海人力资源服务产业园位于徐州经济技术开发区软件园内,是徐州市委、市政府确立的 2019 年重大产业项目之一,总投资 5 亿元。建成开园后,将成为淮海经济区规模最大、服务体系最健全、辐射面最广的人力资源服务业专业园区。2018 年 9 月,江西省人民政府发布《关于加快人力资源服务业发展的意见》,充分发挥市场在人力资源配置中的决定性作用和更好发挥政府作用,以规划引领、产业引导、政策扶持、环境营造为重点,通过建设人力资源服务产业园,推动人力资源服务业向专业化、信息化、产业化、国际化方向创新发展,拓宽服务范围,提高服务能力,打造人才引进新高地和经济发展新增长极,为助力我省经济社会发展,建设富裕美丽幸福现代化江西提供强有力的人力资源支撑。

(3)浙江:人力资源服务业专项政策

在省级层面,浙江省于 2012 年 10 月 15 日颁布了《浙江省人民政府办公厅关于加快发展人力资源服务业的意见》。《意见》指出了浙江省人力资源服务业发展的目标,2015 年,基本建成专业化、信息化、产业化、国际化的现代人力资源服务体系,实现基本公共服务充分保障,市场经营性服务产业逐步壮大,高端服务业快速发展,支持有条件的人力资源服务企业"走出去",积极承接国际服务外包业务。人力资源服务业在整个服务业中的比重明显提升,总体发展水平显著提高,各项指标位居全国前列。人力资源服务机构总数达到 3500 家,人力资源服务业营业总收入达到 650 亿元;人力资源服务业从业人员总量达到 4 万人;人力资源服务业政策体系基本完善,市场秩序不断规范,企业、从业人员权益得到有效维护。到 2020 年,力争人力资源服务业达到中等发达国家水平,较好满足经济社会发展的需要,并从建立健全人力资源服务业发展政策体系、大力实施人力资源服务业发展推进工程、依法加强人力资源服务业发展监督管理、切实强化人力资源服务业发展组织保障四个方面提出措施。

在市级层面,在省级的《意见》出台之后,台州市、湖州市、杭州市、嘉兴市、温州市、宁波市先后也出台了市级的指导意见。

(四)人力资源服务业区域政府合作

1.京津冀地区

继 2018 年 4 月京津冀三地人力社保部门和质监部门共同发布人力资源服务京津冀区域协同地方标准后,2019 年 5 月,京津冀人才一体化发展部际协调小组第四次会议在京召开。在会议现场,北京市通州区、天津市武清区、河北省廊坊市三地人力社保局签订了《通武廊人力资源服务协同发展合作框架协议》。根据该协议,三地将合作共建"通武廊人力资源服务业协同发展示范区",在人力资源服务信息、政策、提供、升级等四个方面实现一体化。

根据协议,在人力资源服务信息一体化方面,三地将围绕人力资源服务供求信息、政策保障信息、权威指数信息及活动培训信息等各类人力资源服务相关信息,探索建立由三地相关行政职能部门、人力资源服务机构、社会组织、用人单位及个人共同参与的区域人力资源服务信息生态系统。在人力资源服务政策一体化方面,三地将协商探索建立区域一致的人力资源服务政策保障环境,根据人力资源服务机构、社会组织的服务活动效能,制定相应的资金补贴、流程简化等扶持奖励政策。依据三地人才政策体系,对区域内交流、安置的人才及劳动力,制定统一的资金补贴、住房安置、资格评审等方面的保障奖励政策。

在人力资源服务提供一体化方面,三地将整合区域内优质人力资源服务机构、研究机构、社会组织等相关部门,定期举办人力资源服务高端研讨、品牌峰会、招聘会、培训会等各类活动,并为区域内有需求的单位及个人针对性地提供人才寻访引进、人才服务管理、人才交流共享、人才定向培养、灵活用工、劳动力技能培训、档案管理、战略咨询、职业规划、福利管理等覆盖人力资源服务各类业态的解决方案及服务产品。

在人力资源服务升级一体化方面,三地将协调区域内人力资源服务机构与政府职能部门实现对接,推进政府购买服务,推动区域内人力资源公共服务升级换代;协助区域内研究机构与人力资源服务机构实现对接,促进前沿科研成果与人力资源服务深度融合转化,提升人力资源服务能力,丰富人力资源服务产品;合理调动空间资源,加大政策扶持力度,依托产业集群,推动人力资源服务机构在区域内实现孵化、布点,提升区域人力资源服务覆盖范围。①

2. 东北地区

按照国家人社部关于东北地区人力资源市场建设援助计划,推动东北地区人力资源服务业快速发展,提升东北地区人力资源服务业高级管理人员的素质和能力,适应东北地区人力资源服务业发展需要,人社部委托吉林省人力资源和社会保障厅于 2019 年 11 月下旬在长春市举办东北地区人力资源服务业高级管理人员培训班。培训期间,来自东北三省一区东北地区人力资源服务机构以及人社系统人力资源市场管理部门的百余名负责人就人力资源服务业四十年发展历程、人力资源服务业历史使命、猎头行业技术创新、管理者选人用人技巧等方面进行交流学习。

本次培训是实施人社部西部和东北地区人力资源市场建设援助计划的重要举措,是进一步深化东北地区人力资源交流与合作,加快推进东北地区人力资源服务业创新发展,打造区域人力资源高地,服务振兴东北战略的具体体现。②

---

① 《京津冀合作共建"通武廊人力资源服务业协同发展示范区"》,人民网,http://bj.people.com.cn/n2/2019/0405/c233088-32814952.html。
② 吉林省人力资源和社会保障厅:《东北地区人力资源服务业高级管理人员培训班顺利开班》,http://hrss.jl.gov.cn/gzdt/201811/t20181120_5250519.html。

（五）小结

总体来看,各地政府高度重视人力资源服务业的发展。各省市在2019年的政府工作报告中将人力资源服务业视为生产性服务业和现代服务业的重要组成部分,以推动经济发展、促进就业创业和优化人才配置。从各地政府发布的人力资源服务业相关政策文件来看,除了关注本地区的人力资源服务业发展之外,也开始关注人力资源服务业的区域性合作。人力资源服务业发展相对不发达的地区政府在积极加强区域合作,建立与东部发达地区的合作机制,共同推进人力资源服务行业的发展繁荣。在人力资源服务业区域合作方面,京津冀地区作出了积极的探索和良好的示范。

三、各地媒体和社会组织对人力资源服务业的关注度

（一）各地媒体对人力资源服务业的关注度

首先通过对国内主流媒体及各省市主要报刊的报道进行分析,以此来反映各地社会关注度的情况。

1. 国内主流报纸媒体报道情况

通过搜索引擎,在光明网、人民网、环球时报、中国青年报、新京报官方网站搜索"人力资源服务业"相关新闻,得到下列数据(如表2-1-7所示)。与上一年度相比,总量上有所增长,这也和新时代的改革要求相关。党的十九大对新时代发展人力资源服务业提出了新要求,将人力资源服务和实体经济、现代金融、科技创新作为国家现代产业体系的"四大支柱",把人力资源服务业提高到了前所未有的高度,政策导向也带来报纸媒体关注的增长。

表2-1-7　2014—2019年主要报纸媒体关于人力资源服务业新闻报道数量

	光明网	人民网	环球时报	中国青年报	新京报	总量
2019年相关报道篇目	154	373	57	8	3	595
2018年相关报道篇目	96	257	40	16	1	410
2017年相关报道篇目	81	203	35	4	3	326
2016年相关报道篇目	154	153	21	*	1	329

续表

	光明网	人民网	环球时报	中国青年报	新京报	总量
2015 年相关报道篇目	169	213	32	6	1	421
2014 年相关报道篇目	104	99	10	*	7	220

数据来源:各报纸官网,检索时间段:2018 年 8 月 1 日至 2019 年 7 月 31 日。2014 年、2015 年、2016 年、2017 年、2018 年数据参考各年《中国人力资源服务业蓝皮书》。

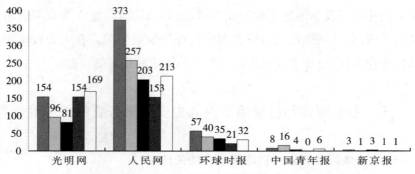

图 2-1-8　2015—2019 年主要报纸媒体关于人力资源服务业新闻报道数量

其中人民网关于"人力资源服务业"的相关报道数量增长较多,其从 2018 年 1 月起开设专栏,推出"聚焦高质量发展·人才是第一资源"系列报道,从发展现状、细分业态、政府推动、"互联网+"等多个角度,呈现当前人力资源服务业的发展特点和经验做法。

2.各省市主流媒体报道情况

接着,本部分通过对各省市(港澳台地区除外)主流报纸对"人力资源服务业"的相关报道数量进行统计分析(如表 2-1-8 所示)。

表 2-1-8　2016—2019 年各地报纸媒体人力资源服务业相关报道数量

	2019 年相关报道篇目	2018 年相关报道篇目	2017 年相关报道篇目	2016 年相关报道篇目
北京日报	1	20	13	4
天津日报	1	27	15	6
上海新民晚报	7	*	*	22

	2019 年相关报道篇目	2018 年相关报道篇目	2017 年相关报道篇目	2016 年相关报道篇目
重庆日报	11	14	18	*
河北日报	8	23	29	26
河南日报	14	28	50	1
云南日报	3	18	10	3
辽宁日报	4	24	18	23
黑龙江日报	2	31	24	22
湖南日报	8	6	11	20
安徽日报	9	22	33	26
山东齐鲁晚报	*	*	*	17
新疆日报	5	9	7	*
江苏扬子晚报	*	*	*	13
浙江日报	5	17	24	*
海南日报	2	10	9	2
江西日报	3	14	11	17
湖北日报	1	25	21	10
广西日报	8	22	17	1
甘肃日报	3	7	11	*
山西日报	4	6	19	27
呼和浩特日报	1	5	*	8
陕西日报	4	15	24	9
吉林日报	6	15	39	2
福建日报	1	9	18	2
贵州日报	10	16	36	3
广东日报	*	*	*	6
青海日报	4	10	6	1
中国西藏新闻网	*	*	*	8
四川日报	2	18	23	10
宁夏日报	*	6	10	3
总计	127	417	496	292

数据来源:中国知网—报纸系统,全文检索"人力资源服务业",检索时间跨度为 2018 年 8 月 1 日至 2019 年 7 月 31 日,http://kns.cnki.net/kns/brief/result.aspx? dbprefix = CCND;2016 年、2017 年、2018 年数据参考各年《中国人力资源服务业蓝皮书》。

根据图 2-1-9,可以看出近一年来各地报纸媒体关于"人力资源服务业"的相关报道数量相较于上一年在总量上有略微降低。但其中部分地区的报道也较多增长。

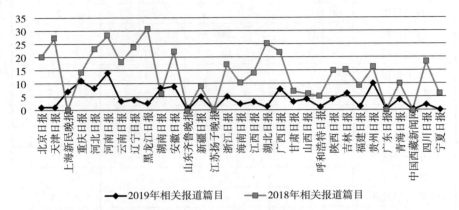

图 2-1-9 2018—2019 年各地报纸媒体人力资源服务业相关报道数量
（截止日期:2019 年 7 月 31 日）

（二） 各地人力资源服务业相关社会组织的发展概况

本部分通过对在地方民政部登记的地方社会组织进行查询和分析,来反映各地与人力资源服务相关的社会组织的发展程度。拓展政府组织之外的另一观察各地对于人力资源服务业发展关注度的视角。

截至 2019 年 7 月底,各地民政部门登记的社会组织,与"人力资源服务"相关的共有 161 个,相较于 2018 年 7 月底增长了 53 个,其中 113 个为社团组织(主要是各地的人力资源服务行业协会),48 个为民非组织(主要是各地的人力资源服务中心)。

（三） 小结

相比去年,国内主流报纸媒体和各省市主流报纸媒体关于"人力资源服务业"的报道数量有所下降。但各地人力资源服务业的社会组织数量相较于 2018 年也有所增长,行业协会在人力资源服务业发展中扮演着越来越多元化的角色,发挥着越来越积极的作用。

第二章　各地人力资源服务业发展情况评价

【内容提要】

根据之前的研究发现,经济落后地区人力资源服务业发展水平较低,难以为经济发展提供足够的人力资源服务,这直接制约了不发达地区的人才资源配置,造成经济低效率。若放任各地人力资源服务业发展的差距不断拉大,将会进一步扩大地区间经济发展的差异,不利于发挥人力资源服务业对国民经济和产业升级的推动作用。在这种背景下,我们有必要对各地人力资源服务业发展水平进行评价,了解不同地区人力资源服务业的发展态势,进而为制定有效的人力资源服务业产业政策提供依据,以更好地发挥人力资源服务业对经济社会发展的推动作用。

本章通过设计人力资源服务业发展状况评价指标体系,在搜集相关数据资料基础上,依托这一指标体系利用主成分分析法等对各地区人力资源服务业发展水平进行了排序、分类,并对相关的数据分析结果进行了阐释与说明,最后概括总结了评价结果,提出了相应的政策建议。研究结果显示:我国人力资源服务业区域性发展差异显著,中西部地区行业发展空间广阔;对于人力资源服务业的发展来讲,政府积极、及时的政策扶持与宏观调控是至关重要的;人力资源服务业的发展不能只关注发展的速度,产业发展的基础以及未来发展的潜力等均是产业水平的重要组成部分;人力资源服务业发展水平较高地区的辐射带动作用尚未充分发挥,未来需进一步关注地区行业互动机制的建立;应正确理解地区人力资源服务业的发展与经济发展间的相互协同关系。基于这些结果,本章最后也针对性地提出了相关政策建议,如产业发展的相关政策也应与当地整体的社会经济发展政策相吻合,不能脱离现实而盲目追求产业发展的高速度;不断实现政策的完善化、精准化,保持政策的延续性和平稳性,因地制宜地保证政策实施落地;等等。

Chapter 2　Evaluation of the Development Level of the HR Service Industry in Various Regions

【Abstract】

Considerable gap in development of the HR service industry has been identified among different regions in China. According to previous researches, the development of the HR service industry in underdeveloped region is in low level which is difficult in providing enough HR service for the economic development. This situation directly restricts the human resources allocation in those areas and further results in economic inefficiencies. Moreover, if it was left untreated, the regional HR development gap will continue to be widened while more HR service providers moving to developed areas, then making the HR service inefficiency even worse in the underdeveloped areas. This will further widen the economic development gap between regions and is not conductive to give full play to the roles of the HR service industry in promoting the national economic development and industrial upgrading. In this context, it is necessary for us to evaluate the development level of HR service industry to comprehend the development trend in different areas and further provide the basis for formulating an effective industrial policy of HR service industry so that the HR services industry can play a better role in promoting the development of economy and society.

Based on the collection of relevant data and materials, this chapter uses the principal component analysis(PCA) method to rank and classify the development level of human resource service industry in various regions through the design of evaluation index system of human resource service industry development status, the data analysis results are defined and explained. Finally, the evaluation results are summarized and the corresponding policy recommendations are put forward.The result of research indicates that there are significant differences among the HR service industry of different areas and there is broad space for industry development in Mid-west areas of China. The positive and timely policy support as well as the macro adjustments and controls by the government are of great significance for the development of HR service industry; the development of the HR service industry can not only focus on the speed of development, the foundation of industrial development and the potential for future development are all important components of the industry level. The leading role of areas in which the development of HR service is in a high level hasn't been fully played. Regional industry interaction mechanism should be further established in the future and the synergy relationship between HR service industry and economy development should be correctly understood. Based on these results, the chapter also puts forward relevant policy recommendations in the end.For example, the relevant policies of industrial development should also be consistent with the overall social and economic development policies of the locality.It cannot blindly pursue the high speed of industrial development without being separated from reality.We should realize the improvement and precision of the policy, the continuity and stability of the policy, the implementation of the policy, and so on.

一、研究背景与意义

（一）研究背景

我国的人力资源服务业从产生到现在已有30余年的历史，30余年间，人力资源作为现代企业发展的"第一资源"与核心竞争力的地位，日趋被现代企业管理者所广泛熟知，人力资源服务业也因其蓬勃的发展态势成为服务业中的朝阳产业。人力资源服务业作为第三产业的重要分支，为用人单位和劳动者两大供求主体提供相应的人力资源服务，满足其多方面的人力资源需求，有效地帮助用人单位提升人力资源管理的效率与质量、降低生产成本、提高劳动生产率，也有力地推动了劳动者就业能力的提升和职业生涯的发展;与此同时,人力资源服务业在我国整体劳动力市场的人力资源有效开发与配置、产业结构的转型与升级过程中也发挥了不可替代的作用。经过近四十年的发展,我国已基本建成多层次、多元化的人力资源市场服务体系,实现民营、国有、外资等不同类别人力资源服务机构共同发展的格局。新形势下,人力资源服务业开始将向知识化、专业化、综合化方向发展。2018 年至今,我国人力资源服务业呈现出机构数量进一步增长、行业规模进一步扩大、高端业态快速发展、人力资源市场配置能力进一步提升的新特点和新形势。截至 2018 年底,全国共有各类人力资源服务机构 3.57 万家,比上一年增加 5541 家。其中,公共人力资源服务机构 5180 家,比上一年减少 79 家;经营性人力资源服务机构 30523 家,比上一年增加 5620 家。2018年,全国各类人力资源服务机构为 329 万家用人单位提供人力资源管理咨询服务,同比增长 27.52%;举办培训班 37 万次,同比增长 15.63%;高级人才寻访(猎头)服务成功推荐选聘各类高级人才 168 万人,同比增长 29.23%。2018 年,各类人力资源服务机构共帮助 2.28 亿人次实现就业择业和流动,为 3669 万家次用人单位提供了服务,同比分别增长 12.52%、15.02%[1]。

一直以来,政府与市场"两只手"为我国人力资源服务业的发展保驾护航。从政府角度来讲,政策和制度为人力资源服务业提供坚实的保障。2007 年,《关于加快发展服务业的若干意见》首次将人力资源服务业写入国务院文件;2011 年,人力资源服务业首次被写入国民经济和社会发展第十二个五年规划,同年人力资源服务行业正式被纳入《产业结构调整指导目录》中"第一类鼓励类"行业;2012 年,《服务业发展"十二五"规划》对人力资源服务业的发展模式和路径做了详细的设计;2014 年,《关于加快发展人力资源服务业的意见》首次从国家层面对发展人力资源服务业作出全面部署,提出到 2020 年人力资源服务行业规模达到 2 万亿元,这是首部全国性的行业发展政策文件;2016 年 3 月,《关于深化人才发展体制机制改革的意见》突出了人力资源服务业在人才市场化配置中的地位和作用;2016 年 4

① 《人力资源服务业连续 3 年高增长》,http://www.gov.cn/xinwen/2019-05/27/content_5394980.htm。

月,人力资源和社会保障部协调财政部、税务总局出台了专门政策,妥善处理营改增后行业税负增加问题。2017年国务院印发了《"十三五"促进就业规划》和《关于做好当前和今后一段时期就业创业工作的意见》,明确提出要"大力发展人力资源服务业,实施人力资源服务业发展行动计划"。为贯彻落实这一新精神新要求,2017年10月人社部印发《人力资源服务业发展行动计划》,从国家层面出发就当前和今后一个时期促进人力资源服务业发展工作进行明确部署,重点实施骨干企业培育计划、领军人才培养计划、产业园区建设计划和"互联网+"人力资源服务行动、诚信主题创建行动、"一带一路"人力资源服务行动,进一步改善发展环境,培育市场主体,推进业态创新,加快开放合作。2018年6月,国务院公布《人力资源市场暂行条例》(2018年10月1日起施行),以更好地规范人力资源市场活动,促进人力资源合理流动和优化配置,促进就业创业,使得统一开放、竞争有序的人力资源产业更加指日可待。各地政府也紧跟国家步伐,纷纷出台加快发展人力资源服务业的相关政策意见和实施措施,同步推进公共服务与市场经营性服务,并重点推进人力资源服务产业园区建设。同时,党的十九大报告也为人力资源服务业的发展提供了方向指引和政策引领,提出"深化供给侧结构性改革","推动互联网、大数据、人工智能和实体经济深度融合,在中高端消费、创新引领、绿色低碳、共享经济、现代供应链、人力资本服务等领域培育新增长点、形成新动能。支持传统产业优化升级,加快发展现代服务业,瞄准国际标准提高水平",为人力资源服务业的发展提供了新的机遇。此外,在国家对外开放的政策(如"一带一路"等)和经济全球化的机遇和背景之下,我国的人力资源服务业日趋与国际接轨,人才的全球化进程不断加快。德科(Adecco)、任仕达(Randstad)、万宝盛华(Manpower Group)、瑞可利(Recruit Holdings)、安德普翰(ADP)等全球前十强人力资源服务机构已全部在中国运作。中国实力较强的人力资源服务机构也逐步扩张到全球市场,如智联招聘、前程无忧引入海外资本,并在美国上市。无论是从政策的高度还是从市场需求的角度看,我国人力资源服务业均呈现出蓬勃发展的乐观态势。

当前我国人力资源服务业机遇与挑战并存。尽管近年来我国人力资源服务业高歌猛进,行业总量不断提升、市场主体日趋多元,但是由于我国人力资源服务行业发展历程较短,发展格局还不成熟,其所面临的诸多挑战也不容忽视。首先,人力资源服务业供给不足、供给效率低下等老生常谈的问题仍较为显著,需求市场对于人力资源服务的专业化、精细化、规模化、国际化等要求与现阶段我国人力资源市场服务形态单一、服务同质化倾向严重、行业规范化与专业化程度不高等现实之间的矛盾仍较为突出,如何实现与其他产业间的创新融合、优化布局产业结构,提升人力资源服务的专业化、精细化程度,已成为现实中的巨大挑战。其次,随着全球化的不断推进,"一带一路"建设的不断深入,国内人力资源服务机构在面对行业的国际竞争时,亟须找到自身的核心竞争优势,抓住机遇扩大自身影响力。最后,我国人力资源服务业区域性发展差异显著,区域性发展的不平衡已在一定程度上限制了整个行业的进一步发展。面对上述挑战,对我国人力资源服务业发展水平实施跟踪性评估就显得尤为重要。出于此目的,本章将会在建立人力资源服务业发展状况评价指标体系的基础上对各省人力资源服务业发展水平进行评价和分析,以帮助政府部门、行业协会、人力资源服务机构更好地了解各地人力资源服务业发展水平和动态趋势,为制定更加科学合理的行业规划提供借鉴与参考。

(二) 研究意义

在我国,人力资源服务业作为现代服务业的重要组成部分,对于全国经济产业平稳健康发展具有重大的战略意义。与此同时,人力资源服务业作为一个新兴行业,其发展水平仍处于初级阶段,在这样的背景下,了解人力资源服务业的发展状况,尤其是不同地区人力资源服务业发展状况差异,对于未来国家制定合理的产业政策,统筹地区发展大有裨益。任何行业的发展都是一个动态的过程,需要经历不同的发展阶段。为了准确洞悉不同阶段不同地区人力资源服务业的发展状况,本章在构建人力资源服务业发展水平评价指标体系的基础上,通过宏观数据对各地区人力资源服务业发展水平进行综合排序,这无疑具有很重要的意义。具体来讲,主要包括以下几个方面。

1. 把握全国人力资源服务业发展的宏观态势

伴随全球社会经济环境的剧变,经济数字化的迅速转型,人力资源领域的思维、技术、产品与服务也在不断地推陈出新,人力资源已经成为影响世界经济发展的第一资源。人力资源服务业作为服务于人力资源的产业,市场潜力巨大。经济新常态强调经济结构的优化升级,人才战略显得尤为重要,急需挖掘人力资源市场潜力,优化人力资源配置效率。因此,良好的经济环境和有利的政策环境既为人力资源服务业提供了发展机遇,同时对人力资源服务业的规模、整体布局、行业规范等提出更高层次的要求。受历史、地理、政策等因素影响,我国经济社会发展呈现出明显的东、中、西部不均衡特征,《中国人力资源服务业蓝皮书2017》一书基于实证研究发现,各地区人力资源服务业发展水平与其经济社会发展水平密切相关。在这种背景下,基于科学评价指标体系的各地人力资源服务业发展水平评价,是从整体上深入把握不同地区人力资源服务业发展态势的关键,这能够更加直观地把握人力资源服务业发展的阶段性特征和区域性特征,深入跟踪了解行业发展的动态变化,这既可以为未来国家/地区实现更高视角和层次的产业布局和规划打下基础,又可以为加快人力资源服务业的发展进程指明方向。

2. 科学引领人力资源服务业产业发展

行业持久而稳定的发展也离不开政府的有效调控和指引,人力资源服务业同样如此,社会主义市场经济条件下,政府的宏观调控可以有效弥补市场经济中的信息不对称、公共物品(服务)无法提供、外部性等缺陷。人力资源服务业作为现代服务业的重要组成部分,其发展情况对于我国国民经济的可持续发展意义非凡。当前,我国人力资源服务企业处于发展初期,对于其总体发展程度和发展态势把握不足,很容易造成决策失误,影响行业的整体进步。在这种背景下,基于科学进行各地人力资源服务业发展水平评价就显得尤为重要。一方面,根据相关评价指标体系和评价数据结果,可以更好地从宏观层面把握区域性发展差异,在制定产业政策时能够更加注重统筹发展、提升政策制定的针对性和有效性,亦可以为未来进一步展开行业监管、制定行业规范提供借鉴与参考;另一方面,可以让各地区直观了解目前人力资源服务业的发展水平,摆正位置,更好地树立学习标杆、向行业发展较好的地区借鉴与学习,基于自身情况制定出更为合理的发展目标与产业政策,进而推动整个行业的繁荣发展。

3. 充分展示人力资源服务业的经济社会效益

随着我国社会保障体系不断完善,人才流动性的增强,人力资源服务的市场需求进一步扩大,从业机构进一步增多,国内人力资源服务业步入快速发展阶段,市场逐步呈现比较多样化的服务产品,包括人才派遣、人事社保代理、招聘猎头、岗位外包、财务外包、福利外包、员工关系、管理咨询、教育培训、外籍人员服务、海外劳务等。进入 20 世纪 90 年代后,在互联网发展的推动下,人力资源服务逐步延伸至基于网络应用的服务模式。网络招聘等业务的兴起,推动了人力资源服务的快速发展。尽管一些实证研究表明,地区人力资源服务业发展水平与其经济社会发展水平密切相关,但是在实践中人力资源服务业对地区经济社会发展的重要推动作用还是在一定程度上被忽视了。

本章有关各地区人力资源服务业发展水平评价指标体系和数据结果,可以更加直面地凸显出人力资源服务业与一系列经济社会发展指标间的密切联系,提供了一种联系而非孤立的视角来看待该行业的发展,使其更好地借助服务业改革的浪潮来推动产业向着纵深方向发展,如建设产业园区、扶植行业龙头企业、促进咨询等高端业态的发展等,在行业不断完善、提升中更好地发挥对整个经济社会发展的推动作用,进而实现经济社会发展与人力资源服务业发展之间的协同效应。

二、各地人力资源服务业发展水平综合评价

(一) 人力资源服务业发展水平评价方法概述

评价不同地区人力资源服务业发展水平实质上就是对不同地区人力资源服务业的竞争力进行评价。对竞争力评价的方法多种多样,比较常见的有综合指数法、聚类分析法、因子分析法等。按其属性划分为:定性评价法、分类评价法、排序评价法和操作型评价法。本节将对以上集中评价方法进行简要回顾和概述。

1. 定性评价法

定性评价法有因素分析法、内涵解析法等几种。因素分析法一般采取"由表及里"的因素分析方式,从最表面、最容易感知的属性入手,逐步深入

更为内在的属性和因素展开分析。内涵解析法将定性分析和定量分析相结合,重点研究影响区域竞争力的内在因素,对于一些难以直接量化的因素,可以采取专家意见或者问卷调查的方式进行分析判断。

2. 分类评价法

分类评价法有模糊综合评价法、聚类分析法、物元分析法等几种。模糊综合评价法既有严格的定量刻画,也有对难以定量分析的模糊现象进行的定性描述,定性描述和定量分析相结合是比较适合区域竞争力评价的评价方法。聚类分析法是研究分类的一种方法,是当代分类学与多元分析相结合在区域竞争力评价分析中的运用,可以对不同区域的竞争力状况进行分类,判断区域竞争力的相对强弱。物元分析法把物趣分析理论运用于系统的研究,建立系统物元、相容系统和不相容系统等概念,并提出了化不相容系统为相容系统的有关方法,通过系统物元变换,可以处理不相容系统中的问题。

3. 排序评价法

排序评价法有综合指数评价法、主成分分析法、因子分析法、集对分析法、层次分析法、功效系数法等几种。

综合指数评价法是一种综合指标体系评价法。该方法通过选取一定的定性指标以及定量指标,经过无量纲化处理,达到统一量化比较的目的,从而得出具体的综合评价指数。

主成分分析法就是找到几个彼此不相关的综合指标,并且尽可能多地反映原来指标所提供的信息量。

因子分析法是假设大量观测变量背后潜藏着少数几个维度,被命名为"公因子",每个观测变量总变异中的绝大部分能够被这几个公因子所解释,不能被公因子解释的部分称为该变量的"特殊因子"。因此,一般情况下,所有观测变量都可以表示为公因子和特殊因子的一个线性组合,称为因子分析的线性模型。

集对分析法是一种新的系统分析方法,核心思想是把确定、不确定视作一个系统。在这个系统中,确定性与不确定性互相转化、互相影响、互相制约,用一个能充分体现其思想的确定、不确定式子来统一地描述各种不确定性,从而把对不确定性的辩证认识转换成一个具体的数学工具。

层次分析法是用于解决多层次、多准则决策问题的一种实用方法,它提供了一种客观的数学方法来处理个人或者群组决策中难以避免的主观性以及个人偏好影响的问题。

功效系数法是根据多目标规划原理,对每一个指标分别确定满意值和不允许值,然后以不允许值为下限,通过功效函数计算每个指标的功效系数,最后加权计算综合指数的一种评价方法。

4. 操作型评价——标杆测定法

标杆测定法不仅能够评价和判断竞争力的高低,找出竞争力高低的主要原因,而且其研究结果还能指示提高竞争力的路径。标杆测定法评价竞争力的步骤为:第一,确定标杆测定的主题、对象和内容;第二,组成工作小组并确定工作计划;第三,收集资料,开展调查;第四,分析比较,找出差距,确定最佳方法,明确改进方向,制定实施方案;第五,组织实施,并将实施结果与最佳做法进行比较,在比较的基础上进行修改完善,努力达到最佳实践水平,超过标杆对象。

本章主要通过构建评价指标体系的方式对各地人力资源服务业发展水平进行比较和评价,在构建评价指标体系的过程中,将会综合运用上述提到的各种竞争力评价方法,以获得最客观、合理的结果。

(二) 人力资源服务业发展水平评价指标体系

1. 评价指标体系构建的背景

目前学界中直接关于人力资源服务业发展水平评价指标体系的研究较少。早期学者对于人力资源服务业统计评价的指标设计主要集中在人力资源服务业的基本情况,包括行业总量、单位性质、单位规模、发展情况、服务质量等指标。如学者韩树杰(2008)提出主要从行业总量指标、市场主体指标、服务质量指标、发展空间指标等相关指标进行评价。[①] 王振、周海旺(2006)等人建立了一套主要基于人才服务企业的基本情况的评价指标,包括单位性质、设立年份、单位规模、发展情况、具体服务内容这 5 个子指标。[②]

---

① 韩树杰:《我国人力资源服务业的发展现状与趋势》,《中国人力资源开发》2008 年第 1 期。

② 王振、周海旺:《上海人力资源发展报告:2005—2006》,学林出版社 2006 年版,第 79 页。

北京大学人力资源开发与管理研究中心萧鸣政教授及其指导的课题研究组自 2007 年以来对中国人力资源服务业的发展进行了长期跟踪研究,并连续十一年出版了《中国人力资源服务业蓝(白)皮书》,对我国人力资源服务业的发展动向进行了系统的梳理与把握。2011 年以来,萧鸣政教授及其课题研究组依托国家人力资源和社会保障部人力资源市场司"中国人力资源服务业战略发展评估研究"的合作项目,在人力资源服务业发展状况评价方面积累了丰硕的研究成果,如张轩(2012)①通过文献综述、专家咨询和访谈调查,设计和构建了包括基本情况指标(含服务机构情况、从业人员情况和业务经营情况三方面指标)和评估指标(含信息化、国际化、研发能力和满意程度四方面指标)两个层面在内的人力资源服务业统计指标体系,并基于问卷对该指标体系的合理性进行了验证。《中国人力资源服务业白皮书 2013》②则将人力资源服务业统计指标划分为服务机构总体情况、从业人员情况、财务指标情况、服务业态情况以及其他五个层面,并基于对北京市人力资源服务行业的部分问卷调查结果对这一指标体系进行了验证和分析。章梦昱(2014)③采用了 SCP 分析框架对北京市人力资源服务业的市场结构、市场行为和市场绩效等方面进行了描述和分析。董小华(2015)④以北京市人力资源服务业 2011—2013 年基础数据为研究样本,在界定了人力资源服务效能内涵边界的基础上,从广义和狭义两个层面分别建立起了人力资源服务效能评价模型,并利用包络分析法和因子分析法对评价模型进行了实证分析,探索了对人力资源服务效能产生影响的各种因素。吴思寒(2016)⑤采用层次分析法和因子分析法,构建起了两个层面(行业总量层面、机构发展层面)、五个维度(行业规模、行业贡献、机构盈利能

① 张轩:《人力资源服务业统计指标体系研究》,硕士学位论文,北京大学,2012 年。

② 萧鸣政、郭丽娟、李栋:《中国人力资源服务业白皮书 2013》,人民出版社 2014 年版,第 305 页。

③ 章梦昱:《基于 SCP 范式的人力资源服务产业分析》,硕士学位论文,北京大学,2014 年。

④ 董小华:《人力资源服务效能评价与服务效能影响因素的实证研究——基于北京市人力资源服务业发展情况样本》,博士学位论文,北京大学,2015 年。

⑤ 吴思寒:《网络招聘服务业发展与评价指标体系研究——基于北京市样本数据的分析》,硕士学位论文,北京大学,2016 年。

力、机构服务效率、机构影响范围)以及十五项具体指标的网络招聘服务业发展评价指标体系,并对北京市网络招聘服务业的发展水平进行了检验和评价。丁肇启(2017)①从人力资源服务业的规模、人力资源服务机构质量、政策支持和市场环境四个维度出发构建了区域人力资源服务业评价的体系,利用评价结果对区域人力资源服务业与地方经济社会发展的关系进行了实证研究,并深入分析了区域人力资源服务业如何与地方经济社会发展产生的内在联系,在此基础上提出了未来人力资源服务业发展中所要注意的问题与发展建议。曹伟晓(2017)②从产业发展能力、产业发展规模和产业发展结构三个方面出发构建了人力资源服务业区域竞争力评价指标体系,并采用因子分析和数据包络分析方法,对 2011—2015 年的北京市区域面板数据进行分析,得到北京市人力资源服务业的现实区域竞争力和综合效率评价结果,并以此为基础,进一步采用了空间计量经济学方法对人力资源服务业综合效率与影响因素展开了探讨。

除北京大学人力资源开发与管理研究中心的系统研究成果外,孙林(2015)③设计了 5 个一级指标来构成人力资源服务业的评价体系,分别是行业总量、服务机构、从业人员、服务对象和服务效果,5 个一级指标分别从人力资源服务整个产业的规模和经济贡献度、服务机构的资质和业务水平、从业人员的数量和质量、服务对象的数量和业务需求、服务效果的满意度评价五个维度测量和评估了人力资源服务业效能的发挥程度。在此基础上,其采用德尔菲法为每个指标设置了权重,并基于北京市人力资源服务业2013 年度的统计数据和调查数据测算出北京市人力资源服务业效能综合分数为 77.5 分,当前仍处于行业效能提升阶段的中后期。俞安平(2017)④选择了外部环境、发展状况和发展潜力 3 个一级指标来评价江苏省各市人

---

① 丁肇启:《区域人力资源服务业与经济社会发展关系研究》,博士学位论文,北京大学,2017 年。

② 曹伟晓:《人力资源服务业区域竞争力评价及竞争力提升策略研究——基于北京市样本》,博士学位论文,北京大学,2017 年。

③ 孙林:《人力资源服务业评价指标体系的构建与实践——以北京市人力资源服务业为例》,《中国市场》2015 年第 35 期。

④ 俞安平:《江苏人力资源服务业发展研究报告(2016)》,南京大学出版社 2017 年版,第 100 页。

力资源服务业竞争力,并将这 3 个一级指标细化为 11 个二级指标。依托此指标体系,其进一步基于 2015 年江苏省统计年鉴以及各市人社部门公布数据,采用了层次分析法和模糊综合评价法,对江苏省主要城市人力资源服务业发展指数进行了测算并排序。

由于学界对于该行业发展状况评价指标体系的直接研究较少,故下文重点梳理了国内服务业发展状况评价指标体系构建的相关研究成果,以为下一步的研究提供更多参考。李江帆(1994)①较早地探索了一般服务业的发展评价指标体系,他认为一个地区第三产业的发展状况应由服务的社会需求决定,而人均 GDP、城市化水平、人口密度和服务输出状况是影响服务需求的主要因素,他用三个方面的指标来衡量服务业的发展状况,包括:第三产业就业比重、产值比重,人均服务产品占有量,服务密度;但这一体系并未考虑服务业的投入情况。单晓娅和张冬梅(2005)②以贵阳市为例,从区位条件、资源和基础设施条件、经济条件、市场条件、要素条件、社会服务条件六个维度入手构建了评价贵阳市各辖区服务业发展水平的指标体系,并对各辖区服务业发展状况做了测算和排名。李艳华等(2009)③构建了现代服务业创新能力评价指标体系,从创新投入、创新环境、创新直接产出、创新经济绩效四个方面构建了包含 8 个二级指标和 11 个三级指标的评价体系,并基于这套体系对北京市现代服务业的创新能力进行了评价。冯华和孙蔚然(2010)④从服务业发展规模、服务业产业结构、服务业增速和服务业经济效益这四个方面着手构建评价指标体系,并利用这一体系对 2008 年全国各省份的服务业发展状况进行了评价和排序。魏建等(2010)⑤则研究了生产性服务业评价的问题,从生产性服务业发展水平、生产性服务业聚集区绩效

①　李江帆:《第三产业的产业性质、评价依据和衡量指标》,《华南师范大学学报》1994年第 3 期。

②　单晓娅、张冬梅:《现代服务业发展环境条件指标体系的建立及评价——以贵阳市为例》,《贵州财经学院学报》2005 年第 1 期。

③　李艳华、柳卸林、刘建兵:《现代服务业创新能力评价指标体系的构建及应用》,《技术经济》2009 年第 2 期。

④　冯华、孙蔚然:《服务业发展评价指标体系与中国各省区发展水平研究》,《东岳论丛》2010 年第 12 期。

⑤　魏建、张旭、姚红光:《生产性服务业综合评价指标体系的研究》,《理论探讨》2010 年第 1 期。

水平和生产性服务业社会供求及效率三方面入手构建了三级指标体系。邓泽霖等（2012）①从发展水平、增长潜力、基础条件和专业化程度四个维度入手构建了包含 18 个二级指标的现代服务业综合评级体系,并对全国省级行政单位的服务业状况进行了评价和排序。余兴安（2014）设计了一套人力资源服务业发展评价指标,该指标体系在考察人力资源服务业的发展情况的同时,也是对现有人力资源服务行业运行情况的考核。这一指标体系的5 个评价维度分别是发展制度环境维度、发展资源潜力维度、发展规模结构维度、服务质量创新维度、服务效率效益维度。其贡献主要在于关注人力资源服务业的发展潜力,在发展制度环境、发展潜力和服务质量创新等方面的研究具有一定的借鉴意义。陈凯（2014）②对中国服务业增长质量的评价问题进行了研究,他从服务业增长结构、增长稳定性、成果分配和资源利用四个维度入手构建了一套三级指标体系,利用 1978 年以来的数据对我国服务业增长质量进行了评价分析。刁伍钧等（2015）③分别从发展环境的竞争力、科技研究的创新能力、专业技术的服务能力和科技成果市场化水平四个方面,构建以 34 个指标为基础的科技服务业评价指标体系,然后以 2011 年陕西省和全国科技服务业数据为样本,运用功效系数法与模糊综合评价法进行了实证分析。洪国彬、游小玲（2017）④确定了现代服务业发展基础、发展环境、发展规模、发展潜力四个指标评价体系准则层,并通过大量文献阅读,海选出四个方面对应的指标层,进而根据信息含量最大和重复信息剔除原则,利用主成分——熵的评价指标体系信息贡献模型等对指标层进行处理及筛选,构建现代服务业发展水平指标评价体系。王钰等（2018）⑤结合"一带一路"所涉及的区域范围和研究的目标,从宏观经济环境、服务业发

---

①　邓泽霖、胡树华、张文静:《我国现代服务业评价指标体系及实证分析》,《技术经济》2012 年第 10 期。

②　陈凯:《中国服务业增长质量的评价指标构建与测度》,《财经科学》2014 年第 7 期。

③　刁伍钧、扈文秀、张建锋:《科技服务业评价指标体系研究——以陕西省为例》,《科技管理研究》2015 年第 4 期。

④　洪国彬、游小玲:《信息含量最大的我国现代服务业发展水平评价指标体系构建及分析》,《华侨大学学报(哲学社会科学版)》2017 年第 1 期。

⑤　王钰、张维今、孙涛:《"一带一路"沿线区域服务业发展水平评价研究》,《中国软科学》2018 年第 5 期。

展规模、服务业产业结构和服务业增长速度四个方面构建了"一带一路"背景下服务业发展评价指标体系。

综观已有文献可以看到,目前有关人力资源服务业发展水平评价指标体系设计还较少,已有的研究过分关注于行业内部的一些指标,忽略了该行业与整体经济社会发展诸多指标间的潜在联系,无法站在更高的层面展开实证测度。与此同时,服务业的评价是一项系统工程,单一指标的评价已不能满足研究和分析的需要,已有的研究方向和侧重点各不相同,构建指标体系的视角和维度也不尽相同,但都是构建了一整套完整的评价体系,评级体系大多包含了两到三个层级的指标。这对本书的启示是在构建指标体系时应该做到覆盖面广,至少包括速度、规模、结构、环境、潜力等方面的指标;指标体系应该分层构建;指标体系中应该有能反映人力资源服务业特点的指标;指标体系应可以反映行业与整体经济社会发展的联系,不能仅局限于行业内选取指标。

2. 评价指标体系的构建导向及原则

人力资源服务业发展水平评价是对当前我国人力资源服务业的综合能力的一种全面分析和测评,其指标体系也是反映一个复杂的系统的由多个指标所组成的统计指标群,其遵循着一定的构建目的和构建原则。

任何指标体系的构建,都是为了适应特定的功能需求而进行的,人力资源服务业发展水平的评价指标体系也不例外,其构建的目的在于:一是反映我国当前人力资源服务业的发展现状;二是在于鲜明体现人力资源服务业的发展方向,充分发挥引领性和指导性的作用。尽管当前我国人力资源服务企业保持着稳步增长的良性发展态势,但在企业规模、专业化程度、员工素质等方面仍与发达国家存在着巨大差距。一个科学的行业竞争力的评价指标体系必然要能够充分体现行业发展的鲜明特点,并发挥出一定的引导和指导作用,为该行业的健康、可持续发展指明方向,铺就道路。因此,本书在构建评价指标体系的过程中,将充分考虑未来国际国内人力资源服务企业发展的趋势和导向,选取与提升人力资源服务业发展水平关系最为密切的指标。

与此同时,作为由多个指标共同构成的复杂的统计指标群,人力资源服务企业发展水平评价指标体系也应该坚持一定的构建原则。

（1）坚持科学性与系统性相结合的设计理念

指标体系的信度与效度很大程度上取决于指标选取和指标体系设计的科学性。人力资源服务业发展水平的评价指标需要在把握人力资源服务业发展特点的基础上，结合发展水平评价的相关理论与研究，兼顾人力资源服务业的发展动向，从该行业发展水平的影响要素角度入手，逐级将指标进行细化，确保各个指标内涵明确，彼此独立，能够客观真实地反映行业竞争力的实际状况。与此同时，人力资源服务业发展水平评价指标体系构建的过程中，也要注重指标体系的系统性，尽可能全面反映行业的发展情况，防止片面性，努力做到各指标之间相互联系，各有侧重。

（2）兼顾全面性与可操作性的设计要求

指标体系的设计要尽可能全面合理，一方面，要尽可能全面地选取具有区分度的评价指标，使其最大程度地真实反映人力资源服务业的本质功能，揭示行业发展的内在规律；另一方面，指标体系的设计也要充分顾及数据的可得性与可操作性，对于某些特别重要而又难以获取数据的指标，应根据尽可能多的信息进行估计或采取可替代的指标。同时，指标的含义要明确，统计范畴、统计口径相一致，核算和综合方法统一，以达到动态可比，保证指标比较结果的合理性、客观性和公正性。

（3）把握动态性与稳定性的设计结构

伴随着经济的发展，人力资源服务业也不断呈现出新特点和新要求，因此，人力资源服务业发展水平的评价指标体系要充分考虑该行业发展变化的动态化特点，保持一定程度的灵活性，能够根据行业的发展和国家产业政策的变化及时作出反应和调整。但与此同时，指标体系不宜频繁变动，其需要在一定时期内保持指标体系的相对稳定性，以使评估结果的解释具有一定的持续性和动态可比性。

3.人力资源服务业发展状况评价指标体系的结构

（1）指标介绍

本书根据人力资源服务业的文献分析，结合人力资源服务业发展水平评价指标体系构建的原则，并参照现有人力资源服务业的统计指标及评价理论等相关内容，从两个方面为人力资源服务业发展水平评价指标体系选取指标，分别是人力资源服务业发展现状和人力资源服务业发展潜力。

其中,发展现状部分包括发展规模和发展速度两个维度,六个指标;而在发展潜力方面,包括人均国内生产总值等六个指标。具体指标体系参照表2-2-1。

表 2-2-1　人力资源服务业发展水平评价指标说明

	指　　标	说　　明
发展现状		
发展规模	人力资源服务业增加值比重	人力资源服务业增加值/GDP
	人力资源服务业机构数量	行业机构总规模
	人力资源服务业从业人数	从业人员总规模
	人力资源服务业生产率	人力资源服务业增加值/人力资源服务业从业人员数量
发展速度	人力资源服务业增加值增速	当年人力资源服务业增加值/上年人力资源服务业产值-1
	人力资源服务业从业人员数量增速	当年人力资源服务业从业人员数量/上年人力资源服务业从业人员数量-1
发展潜力	人均国内生产总值	GDP/总人口
	城镇化率	城镇人口数量/总人口
	第二产业增加值比重	第二产业增加值/GDP
	居民人均消费性支出	无
	利用外资情况	当年实际利用外资总额
	城镇居民储蓄余额	无

本章在《中国人力资源服务业蓝皮书2018》的基础之上,进一步调整和改进了当前的人力资源服务业发展水平评价的指标体系。其中,人力资源服务业发展现状主要反映的是一个地区现有人力资源服务业发展的状况,具体包括两部分:发展规模和发展速度。人力资源服务业发展规模主要包括人力资源服务业的产值、从业人员情况和生产效率,这是对一个地区人力资源服务业静态发展状况最直接的说明。其中人力资源服务业增加值占GDP比重是最为直观的一个指标,它清楚地反映了人力资源服务业在整个国民经济中所占的比重;人力资源服务业机构数量反映出人力资源服务产业的市场化程度,人力资源服务机构作为人力资源服务业的载体,承担着公

共就业、人才开发配置、提供市场化服务等职责和使命,从某种程度上来说机构的数量可以反映人力资源服务业的市场化程度;人力资源服务业从业人数从从业人员的角度反映了人力资源服务业的规模;人力资源服务业生产率反映了一个地区人力资源服务行业的生产效率,是对该地区人力资源服务业服务质量的描述。人力资源服务业发展速度主要反映了一个地区人力资源服务业的增长情况,有的地区可能在总量指标上占优势,但增长缓慢,最终还是会被后进高增长的地区所超越,因此,人力资源服务业发展速度也是我们需要考虑的重要方面,它是对一个地区人力资源服务业动态发展状况最直接的说明。两个具体指标都是增速指标,分别反映了人力资源服务业增加值和人力资源服务业就业人员数量的增长速度。

人力资源服务业发展潜力指标主要反映了一个地区人力资源服务业未来的可能发展状况,这些指标虽与人力资源服务业不直接相关,但却很好地说明了一个地区未来的发展潜力。人均 GDP 反映了一个地区的整体经济发展水平,相关经济理论指出随着一个地区的经济发展,其产业结构也在发生着变化,从业人口和资源逐渐从第一、第二产业向第三产业转移。考虑到中国整体的经济发展水平,中国应该处于人口和资源大规模向第二产业转移,部分地区向第三产业转移的阶段。人力资源服务业是第三产业的分支,因此当一个地区人均 GDP 水平较高时,预示着其第三产业将会迎来巨大的发展空间,人力资源服务业也将从中受益;反之,人力资源服务业的发展仍会受到人口和资源的限制。城镇化率是一个反映地区居民结构的指标,城镇化率高,说明人口更加集中在少数地区,更加集中的人口会促进包括人力资源服务业在内的现代服务业的发展。此外,城镇化率高意味着更多的农民离开土地进入城镇,这部分农民的流动会带来对人力资源服务的需求。第二产业增加值占 GDP 的比重描述了一个地区产业结构的现状,当一个地区第二产业较为发达时,意味着这个地区会更早开始产业的升级,资源和要素将从第二产业流向第三产业,人力资源服务业将从这个过程中受益,反之则说明这一地区产业结构落后,服务业快速发展的阶段远未到来。居民人均消费性支出反映了一个地区的消费状况,消费多的地区第三产业更为发达,居民的消费将会刺激包括人力资源服务业在内的现代服务业的发展。利用外资情况反映了一个地区对外开放程度,人力资源服务业在国内属于朝阳产业,但在发达国家属于比较成熟的产业,向发达国家学习人力资源服务业发展的经验可以帮助国内的人力资源服务企业快速成长并提供专业化的服务,引入外资就是很重要的学习途径。城镇居民储蓄余额反映了一个地区的投资潜力,任何行业的发展都离不开投资,人力资源服务业也会从一个地区巨大的投资潜力中受益。

（2）数据的说明与处理

本章进行人力资源服务业发展水平评价的数据尽可能选取了 2018 年的相关数据,但受限于数据的可获得性,部分数据采用了 2017 年的相关数据进行近似估计。本数据来源为国家统计年鉴、各地方的统计年鉴以及人力资源和社会保障部门的有关公报①。

4. 评价分析

上述指标体系包含了众多具体指标,根据每个单项指标对全国各地进行排名都能得到一个排序,而综合评价需要综合考虑所有这些指标对各省的人力资源服务业发展水平进行评价和排序,本书采取降维的思想把多个指标转换成较少的几个互不相关的综合指标,从而使得研究变得简单。本书将采用主成分分析法,选取特征值大于 1 的主成分,再根据主成分各自的权重通过加总得到一个综合的主成分,我们以综合的主成分表示各地区人力资源服务业发展水平,最后根据综合主成分的得分为不同地区的人力资源服务业发展水平排序。

（三）各地人力资源服务业发展状况的评价

本节将采用主成分分析法,针对上述指标体系基于搜集的 2018 年数据进行主成分分析,来综合评判各地的人力资源服务业发展水平。具体操作过程不再赘述,根据此方法,我们可以计算不同地区主成分得分,并依据得分情况进行排序,得分及排序情况如表 2-2-2。

---

①　需要说明的是,国家统计局现有的行业分类中是没有人力资源服务业的,人力资源服务业的统计散布于不同行业类别中,例如商业服务业中包含了人力资源服务业的企业管理、咨询与调查及职业中介服务等;教育中包含了人力资源服务业的培训服务等。除少部分省份对于人力资源服务业进行了专项统计外,本书所主要采用的关于人力资源服务业的数据是从相关行业数据中筛选提取出来的,是一种近似的代替。

表 2-2-2　各地区综合主成分得分情况及排序

地　区	综合得分	2018 年排名	分　类
上　海	4.015547	1	A
广　东	3.001260	2	A
江　苏	2.756553	3	A
浙　江	2.521131	4	A
北　京	1.823246	5	A
天　津	1.357213	6	A
湖　北	1.100501	7	A
山　东	1.074832	8	A
河　南	0.458362	9	B
重　庆	0.386362	10	B
福　建	0.029317	11	B
安　徽	-0.112358	12	C
四　川	-0.177362	13	C
辽　宁	-0.193516	14	C
河　北	-0.235214	15	C
湖　南	-0.263578	16	C
吉　林	-0.336420	17	C
山　西	-0.563290	18	C
陕　西	-0.603278	19	C
江　西	-0.615027	20	C
云　南	-0.648730	21	C
贵　州	-0.873662	22	C
内蒙古	-1.026539	23	D
黑龙江	-1.086270	24	D
青　海	-1.103497	25	D
海　南	-1.257340	26	D
广　西	-1.383450	27	D
新　疆	-1.416389	28	D
宁　夏	-1.534789	29	D
甘　肃	-1.557320	30	D
西　藏	-1.681374	31	D

表2-2-2直观地显示了各地区综合的主成分得分情况,上海、广东、江苏、浙江、北京、天津、湖北、山东这8个省市的得分均在1以上。上海仍然独占鳌头,且领先优势较为明显,广东、江苏、浙江、北京紧追其后且得分较为接近,天津、湖北、山东3省市在这8个地区中排名相对靠后。有20个省区的得分在0以下,分布呈现出了明显的层次性差异,尤其是西藏的得分依然落后于其他省区市位居末席,可以看出该地区的人力资源服务业发展水平虽有进步,但仍落后于全国其他地区。

本书按照综合的主成分得分大小进一步对各省区市进行分类,其中得分1.0及以上的为A类,0—1.0分为B类,-1.0—0为C类,-1.0分以下为D类,表2-2-2第四列显示了这一分类的结果。上海、广东、江苏、浙江、北京、天津、湖北、山东8个省市属于A类地区;河南、重庆、福建3个省市属于B类地区;安徽、四川、辽宁、河北、湖南、吉林、山西、陕西、江西、云南、贵州11个省属于C类地区;内蒙古、黑龙江、青海、海南、广西、新疆、宁夏、甘肃、西藏9个省、自治区属于D类地区。为便于进一步分析,本书按国家地区划分标准分别统计了不同区位的省区市分类情况,得到表2-2-3。

表2-2-3 不同地区省区市分类情况表

地 区	A	B	C	D
东 部	7	2	2	1
中 部	1	0	5	3
西 部	0	1	4	5

表2-2-3所显示的分布情况可以更为直观地展示排序结果。东部地区的绝大部分省市都属于A、B两类,中部地区的省、自治区基本集中于B、C两类,西部地区的绝大部分省区市都属于C、D两类。该表说明我国各地区的人力资源服务业发展水平也呈现出明显的东、中、西部水平差异,东部地区省市的人力资源服务业发展水平明显优于其他地区,这种水平优势不仅体现在人力资源服务业发展的现状上,而且体现在人力资源服务业发展的潜力上。相较之下,中部地区的省、自治区大多处于中等的水平,而西部

省区市的人力资源服务业发展状况就比较落后了,这种东中西部地区的人力资源服务业强弱格局与各地区在中国经济发展中的现实状况是相契合的。此外,同上一年的分类结果相比,C 类地区的总数有了明显增加,而 D 类地区的总数有了明显的减少(尤其是西部地区已有接近一半分布到 B 类、C 类),这也可以从一定程度上看出西部省区市人力资源服务业的发展水平在整体上有了提升。

主成分分析的结果显示了一个地区人力资源服务业发展的水平与该地区的经济地位和产业发达程度密切相关。经济发达、对外开放水平、产业层级较高的地区,人力资源服务业就越发达;反之,人力资源服务业发展就越落后。

表 2-2-4 显示了 2017—2018 年各地人力资源服务业发展水平排名的变化情况。

表 2-2-4　人力资源服务业发展水平排名变化情况

地区	综合得分	2018 年排名	分类	2017 年排名	与 2017 年相比排名变化
上　海	4.015547	1	A	1	0
广　东	3.001260	2	A	2	+1
江　苏	2.756553	3	A	4	+1
浙　江	2.521131	4	A	5	+1
北　京	1.823246	5	A	3	−2
天　津	1.357213	6	A	7	+1
湖　北	1.100501	7	A	8	+1
山　东	1.074832	8	A	6	−2
河　南	0.458362	9	B	10	+1
重　庆	0.386362	10	B	11	+1
福　建	0.029317	11	B	9	−2
安　徽	−0.112358	12	C	14	+2
四　川	−0.177362	13	C	16	+3
辽　宁	−0.193516	14	C	12	−2
河　北	−0.235214	15	C	15	0
湖　南	−0.263578	16	C	13	−3

续表

地区	综合得分	2018年排名	分类	2017年排名	与2017年相比排名变化
吉　林	-0.336420	17	C	18	+1
山　西	-0.563290	18	C	23	+5
陕　西	-0.603278	19	C	21	+2
江　西	-0.615027	20	C	17	-3
云　南	-0.648730	21	C	26	+5
贵　州	-0.873662	22	C	24	+2
内蒙古	-1.026539	23	D	20	-3
黑龙江	-1.086270	24	D	19	-5
青　海	-1.103497	25	D	22	-3
海　南	-1.257340	26	D	25	-1
广　西	-1.383450	27	D	29	+2
新　疆	-1.416389	28	D	26	-2
宁　夏	-1.534789	29	D	28	-1
甘　肃	-1.557320	30	D	30	0
西　藏	-1.681374	31	D	31	0

一般情况下,由于受到数据统计口径等因素的影响,4个位次以内的变化我们都可以认为是排名的正常波动,因此根据表2-2-4的结果,2017年到2018年,除了黑龙江、山西和云南有着较大的排名波动外,其余省区市的排名大都保持稳定。与2017年相比,人力资源服务业的"第一集团"依然相对稳定,上海、广东、江苏、浙江、北京、天津、山东虽然排名存在小幅波动,但仍稳居人力资源服务业发展水平的"第一集团",从侧面反映出评价指标的合理性和科学性,也在一定程度上凸显出人力资源服务业是依托于经济发展水平和市场发展环境的新兴产业,在某种程度上具有相对稳定性,短时期内难以实现跨越式发展。除上述七省市外,在2018年的评价结果之中,湖北省也跨入"第一梯队",这可能与湖北省政府近年来对于湖北省人力资源服务业发展的政策支持力度日趋加大密切相关。2018年,湖北省政府发布《关于进一步加快服务业发展的若干意见》,在清楚认识到自身发展短板的同时,描绘出了未来五年内服务业发展的宏伟蓝图——2022年全省服务

业增加值比 2015 年翻一番,致力于为现代服务业的发展提供坚实的财政支持、开放的发展环境、顺畅的体制机制。除政策支持之外,湖北省人力资源服务业发展规模指标和发展潜力指标也整体增长迅速,如人均人力资源服务业增加值、人均国内生产总值等指标均已经达到全国第十名左右的水准,市场环境日趋成熟,产业基础逐渐完善。

在 2018 年的评价结果之中,山西省和云南省都呈现了较好的发展态势,排名出现大幅上升。本章认为,山西省排名大幅跃升的主要原因在于山西省近年来经济发展情况有所改善,国民生产总值小幅提高,第三产业增加值也有所上涨,产业结构调整、经济转型升级的速度加快。与此同时,山西省政府为人力资源服务业发展提供了一系列的政策支持。2018 年,山西省委省政府发布《中共山西省委关于深化人才发展体制机制改革的实施意见》《山西省人力资源服务业发展行动计划》等政策文件,提出了"加快建设人力资源协同发展的产业体系,在人力资本服务领域培育新增长点、形成新动能……实现'示范区''排头兵''新高地'三大目标,提供优质高效的人力资源服务保障",并制定了一系列包括骨干企业培育计划、领军人才培养计划、产业园区建设计划等发展计划,并开展了"互联网+人力资源服务"行动、诚信主题创建行动等一系列行动,致力于培育市场主体、推进业态创新、加快开放合作,进一步改善了人力资源服务业的发展环境。与山西省类似,云南省人力资源服务业发展水平也在稳步提升。近三年来,云南省人力资源服务业实现了连续三年的高速增长,截至 2018 年底,全省人力资源服务机构达到 1021 家,从业人员 3.7 万人,营业收入 103.3 亿元,为 800 余万人提供了人力资源服务,并帮助 205 万人实现了就业和流动。与此同时,伴随着市场环境的日趋优化,2018 年,全球前十强人力资源服务机构——中国国际技术智力合作有限公司入驻云南,也为云南人力资源服务业带来了新的机遇。但不能否认,当前云南省人力资源服务业发展水平与"第一梯队"和"第二梯队"仍有较大的差距,现有发展水平与跨越式发展目标仍不协调,发展的质量有限,这不仅与云南省本省经济欠发达的客观实际有关,还受制于行业从业人员的素质偏低和高层次人才紧缺因素。

在排名下跌的省份之中,黑龙江的排名跌幅最大。一方面,与人力资源服务业相关的重要指标值如国民生产总值、第三产业增加值等增速放缓,而且排名相对落后；另一方面，近年来，受制于经济发展、地理位置等因素，黑龙江省的人口自然增长率一直呈现负增长，人口净流出较为严重，一定程度上限制了其人力资源服务业的产业发展。也就是说，一个产业的良性发展并不完全依靠产业本身，其需要与产业发展基础、经济发展环境、市场成熟条件等因素综合作用、协调互动，想要保持一个产业的良性健康发展，应注重产业发展的健康性、长期性和持续性积累，并且保持和推动多方联动。

三、评价结果的总结与政策建议

（一）评价结果的比较与讨论

人力资源服务业在中国属于朝阳产业，现代知识经济对人才的重视使得这一产业在国民经济中的地位迅速提升，并引起了人们的广泛关注和重视。国家、政府和社会都希望这一行业能健康、快速发展，为整个国民经济的持续健康发展作出应有的贡献，因此，了解人力资源服务业在不同地区的发展水平就成为实现这一期许的前提。

本节通过设计人力资源服务业发展水平评价指标体系，在搜集 2018 年全国 31 个省区市的相关数据基础上，依托这一指标体系对各地区人力资源服务业发展水平进行了排序、分类，并对相关的数据分析结果进行了阐释与说明。通过这一研究过程，并综合对比前些年的排名结果，我们可以总结出以下认识。

1. 我国人力资源服务业总体发展环境持续优化。从全国整体发展情况来看，伴随着经济结构转型升级，2018 年，我国各地区人力资源服务业机构数量进一步增长、行业规模进一步扩大、高端业态快速发展、人力资源市场配置能力进一步提高，人力资源服务业总体发展水平稳中求进，发展环境持续优化，日趋成为现代服务业和生产服务业的重要组成部分，成为实施创新驱动发展战略、就业优先战略和人才强国战略的重要抓手，成为构建人力资源协同发展产业体系的重要力量。

2. 我国人力资源服务业区域发展水平仍存在显著差异，但相对差距呈缩小趋势。根据 2018 年人力资源服务业区域发展水平评价结果来看，我国中西部地区与东部地区人力资源服务业发展水平仍然存在着较大的差距，发展水平较高的地区仍然集聚在我国东部地区,而发展水平相对落后的地区则主要集中于我国的中西部地区。尽管短时间内这种局面不会发生质的改变,但我们也应该看到,近年来,区域间发展差距正在逐步缩小,2016 年 C 类地区的总数有了明显增加,而 D 类地区的总数有了明显的减少(尤其是西部省、自治区已有接近一半分布到 B 类、C 类)。而从 2018 年的数据来看,部分中西部省份如湖北省已跻身人力资源服务业发展水平的"第一梯队",这在一定程度上说明中西部省区市人力资源服务业的发展水平有所提升。因此,在未来的发展进程中,如何推动中西部地区把握自身发展的"后发优势",如何调动东部地区的辐射带动作用将成为我们的研究重点。

3. 经济水平和产业基础是人力资源服务业发展的前提和关键。经济发展水平是人力资源服务业发展的基础,而产业成熟条件则是人力资源服务业发展的前提。经济发展水平为人力资源服务业的发展提供了诸如市场需求、资源供给等基础性条件,而产业基础则为人力资源服务业发展提供了平台和依托。因此,人力资源服务业的发展并非可以一蹴而就、短期速成,需要长期性的积累和持续性的积淀,它的完善和发展建立在其与经济水平和产业成熟条件的良性互动,这启发地方政府推动人力资源服务业发展需"标本兼治",溯本清源,不可急于求成。

4. 政策支持是人力资源服务业发展的重要条件。通过本年度评价结果,可以看到,部分省份排名上升与政府的政策支持息息相关,政府积极、及时的政策扶持与宏观调控是至关重要的。政府若大力完善相关产业政策、优化环境、增强监管、提升服务,如明确产业发展目标、具体扶持政策和监管措施,推动人才队伍建设和地方标准化的实施,搭建供需平台,推行引进人才等一些具体措施,对于一个地区人力资源服务业的发展(尤其是发展速度指标)起到极大的促进作用。

5. 人力资源服务业将成为区域经济增长的新引擎。根据《中国统计年鉴》的数据显示,我国适龄劳动力人口占总人口的比重逐年下降,已从 2011 年的 74.4% 跌落至 2017 年的 71.7%,与此同时,人口抚养比也从 2011 年的 34.4% 上升到 2017 年的 39.2%。在这一人口结构性变化的大背景下,企业的人力成本增加,人力资源的质量需求提升,招聘等人力资源问题更加突出,对人力资源服务业的需求更为迫切。因此,人力资源服务业的发展对地区产业结构的优化与调整意义重大,对于增加地区人口的就业数量、提升企业运行效率具有积极影响,将成为区域经济发展的新的增长点。

（二）政策建议

基于本书所构建的人力资源服务业发展水平评价指标体系以及以此为依托而计算出的近些年各地区人力资源服务业发展水平排名结果,吸取排名靠前地区人力资源服务业发展的先进经验与做法,在综合考虑产业发展与区域发展相结合的背景下,本书提出以下的政策建议。

1.各地人力资源服务业发展目标、发展速度应因地制宜、因时而异。在人力资源服务业发展过程中,一些地区急于求成,忽视发展的客观规律,盲目追求发展的高速度,反而对人力资源服务业的健康发展造成负面影响。自2014年《关于加快发展人力资源服务业的意见》首次从国家层面对发展人力资源服务业作出全面部署以来,各省也相继出台了关于加快人力资源服务业发展的实施意见,支持人力资源服务业的发展。从近两年各地区人力资源服务业发展水平的实际排名结果来看,一些省区市在科学的发展目标和政策支撑下产业发展取得了长足的进步。总结其经验,重要的一点在于地方政府在发展人力资源服务业时,不能孤立地只从产业出发制定发展目标与发展政策,还应综合考虑地方的经济社会发展水平以及相关的发展政策,将人力资源服务业的发展融于经济社会发展的大环境中,避免跨越式的产业推进带来的低效与资源浪费。这启示各地区在发展的过程中,应因地制宜地制定人力资源服务业发展规划,各地政府应通过系统调研,厘清人力资源服务业的现状,摸清机构、从业人员、服务内容等基本情况,全面了解经济社会发展对人力资源服务业的需求状况以及业务完成情况,拟定不同阶段的发展规划,确定整个区域的人力资源服务业的战略目标。

2.各地政府应加强顶层设计,优化服务环境。上述分析表明,政府的宏观调控和政策支持对于人力资源服务业的发展意义重大。但是,不容忽视,当前在人力资源服务业发展的过程之中,仍存在着诸如政府管理错位、政府监管不足等问题,这些问题制约着人力资源服务业的可持续发展。因此,各省、自治区、直辖市政府应创新管理模式,加强政策支持,不断实现政策的完善化、精准化,保持政策的延续性和平稳性,因地制宜地保证政策实施落地,避免各省间政策条文的相互模仿。首先,政府应积极转变职能,积极做好本地区人力资源服务业引导者与推进者的角色工作。充分发挥市场的主体作用,改善人力资源服务业发展的市场环境,鼓励和引导各类人力资源服务机构参与市场中的有序竞争,不断提升人力资源服务机构的竞争力以及相关从业者的素质水平。其次,政府应重视顶层设计。科学制定人力资源服务业的发展规划,构建和完善支持人力资源服务业发展的政策体系,在因地制宜的基础上明确人力资源服务业的发展目标、具体的扶持政策以及配套的监管措施。最后,政府应不断提升服务质量。根据"放管服"改革要求,提升和创新监管服务能力,如进一步深化行政审批改革、推进诚信体系建设、推进行业标准化实施、加强行业队伍建设等,不断提升公共服务的供给能力和供给效率。

3. 加强人力资源服务业信息统计系统建设。目前人力资源服务业相关实证研究中所面临的最大困难在于统计数据严重不足,仅有的一些统计数据还存在着各省间统计口径差异的问题。制定人力资源服务业发展政策应基于对行业发展状况的精准认识和把握,而目前人力资源服务业统计数据的缺乏使得决策者在制定相关政策时更多地依赖自己的主观经验和主观判断,这种对于行业发展认识的模糊性直接降低了决策的科学性和准确性。因此,未来将人力资源服务业作为一个独立的行业门类,纳入国民经济统计的范畴,定期公布相关统计数据就显得尤为重要。这一方面有利于相关研究者在深入处理相关数据信息的基础上构建更为科学合理的行业发展水平/竞争力评价体系和机制,深入了解行业发展状况;另一方面可以为人力资源服务机构制定自身的发展规划、人力资源服务业主管部门制定和优化政策提供依据。人力资源服务业信息统计系统的建立并不是一朝一夕的,需要投入大量的精力和时间,但这对于行业的长远健康发展具有十分重大的意义,应成为未来一个重要的政策着力点。

4. 加强区域间协同联动,推动产业发展互利共赢。上述分析表明,我国人力资源服务业区域发展水平地区间差异显著,东部地区发展环境明显优于中西部地区。这并不意味着各地区人力资源服务业的发展必然相互割裂,反而体现出协同联动、合作共赢的新机遇。我国东部地区具有经济、科技、人才等多重优势,是我国现代人力资源服务业的发源地,更是现代人力资源服务业的领头羊;而中西部地区虽然目前发展水平处于弱势,但具有较大的发展空间和后发优势。因此,各地区人力资源服务业在发展中优势互补,彼此学习借鉴,形成联动效应。充分调动东部地区对中西部地区人力资源产业发展的带动和拉动作用,形成对中西部地区的产业拉动和资源输入的影响效应,通过政策优惠等方式进一步推动其开拓中西部市场,以产业发展的先进经验带动中西部地区的产业结构转型升级。与此同时,也应进一步鼓励中西部地区充分把握自身的"后发优势",积极主动地学习东部地区的先进经验,尽可能地规避东部地区在产业发展过程中的"弯路""岔路",降低发展成本。除此之外,人力资源服务业发展水平较高地区应发挥好辐射带动作用,这样才能实现人力资源服务业的有效整合,实现行业的发展壮大。为实现这种联动效应,应从以下三个方面着手:一是充分发挥城市内部的产业集聚效应。如依托人力资源服务业产业园,推进人力资源服务业企业间的合作共赢。二是充分发挥区域间的沟通合作。人力资源服务业发展不能单纯依靠城市自身,要具有"1+1>2"的合作思维,在更高层面实现产业区域发展的总体布局,如京津冀、环渤海、长三角、珠港澳大湾区等,合理规划布局,形成集聚优势,提升溢出效应。三是完善东中西部各地区间人力资源服务业沟通与协调机制,加强相互间的资源要素共享,充分发挥行业协会在地区间合作交流中的作用。

第三章　各地人力资源服务业发展环境评价

【内容提要】

任何一个产业要想取得健康稳定的发展除了拥有自身发展潜力之外，还少不了外界环境的影响和促进。本书认为只有中国人力资源服务业的发展环境捋顺了，其对社会经济发展的效能才能充分涌流。建构一套科学的人力资源服务业发展环境评价指标体系，对引导与促进中国人力资源服务业的健康发展具有十分重要的意义。

首先，本章基于相关理论基础、文献文本研究建构一套新时代背景下的中国人力资源服务业发展环境评价指标体系，以引领与促进全国各地人力资源服务业发展环境的优化，推动中国人力资源服务业发展。然后基于2018年全国31个省区市的相关数据并依据所建构的指标体系进行评价，对相关的数据分析结果进行了分析与阐释。分析结果具体揭示各地人力资源服务业发展的环境差异，并且证明，东部各省人力资源服务业的发展环境要普遍优于西部。

其次，本章还对比了2017年与2012年的数据分析，除个别省份人力资源服务业发展环境状况有巨大改变之外，五年来，大部分省份的人力资源服务业发展环境都处于相对稳定的状态。

最后，本章对人力资源服务业发展环境评价与人力资源发展水平评价结果进行关系分析，发现大体上呈现出一定程度的对应性，体现了人力资源服务业发展环境与人力资源服务业发展水平的相关性，提供了通过优化发展环境促进中国人力资源服务业发展水平进一步提升、通过提升人力资源服务业发展水平促进改善发展环境的思路。

Chapter 3 Environmental Potential Assessment of Human Resources Services Development in Different Regions

【Abstract】

In order to achieve healthy and stable development of any industry, besideshaving its own development potential, there is no lack of the influence and intervention of the external environment. This book holds that only when the development environment of China's human resources service industry is smoothed, can its effectiveness on social and economic development be fully influxed. The research on the evaluation index system of the development environment of human resources service industry in China is of great significance to guide the healthy development of human resources service industry in China. How to formulate a scientific evaluation index system for the development environment of China's human resources service industry is an urgent problem to be solved in the new era.

Firstly, this chapter constructs a set of evaluation index system for the development environment of China's human resources service industry in the new era based on the relevant theoretical basis and literature research, so as to promote the optimization of the development environment of human resources service industry in all parts of the country and promote the development of China's human resources service industry. On the basis of collecting relevant data of 31 provinces, districts and municipalities in China in 2018, cluster analysis and principal component analysis are carried out on the development level of human resources service industry in various regions relying on this index system, and the results of relevant data analysis are explained and explained. The results of these two analyses prove that from the perspective of the eastern, central and western regions, the development environment of human resources service industry in the eastern region is better and the development potential is greater.The result of principal component analysis also shows that the development level of human resources service industry in western region is lagging behind.

In addition, this chapter also compares the data analysis of 2017 and 2012. Apart from the great changes in the development environment of human resources service industry in some provinces, the development of human resources service industry in most provinces is relatively stable.

Finally, this chapter compares and analyses the results of the evaluation of the development environment of human resources service industry with the evaluation of the development level of human resources, showing a certain degree of correspondence on the whole, reflecting the correlation between the development environment of human resources service industry and the development level of human resources service industry, which is consistent with people's understanding and also provides a promotion. The idea of optimizing the development environment will promote the development level of human resources service industry in China.

一、研究的背景和意义

（一）研究背景

人力资源服务业是促进人力资源合理配置的一个行业,同时也属于产业经济中的一个门类,属于服务业的范畴。统计数据表明,在目前我国经济下行压力持续加大的情况下,人力资源服务业持续走高,是当前与未来中国经济发展的新增长点。人力资源服务业在合理配置社会人力资源方面发挥着至关重要的作用。截至目前,中国人力资源服务业大致经历了五个阶段:第一,起步探索时期(1978 年至 1991 年);第二,全面展开时期(1992 年至2000 年);第三,改革创新时期(2001 年至 2006 年);第四,统筹发展时期(2007 年至 2012 年);第五,跨越式发展期(2013 年以来)。在五个发展阶段过程中,中央和地方政府出台了一系列政策文件引导和规范人力资源服务业的发展,使中国人才发展与管理事业有了制度性的保障。未来中国人力资源服务业将向着更加规范、更加科学的方向发展,并在社会生产经营管理中发挥举足轻重的作用。

经过五个阶段的发展,中国人力资源服务业的发展已经进入了深水区,改革牵一发而动全身,因此,学术界对中国人力资源服务业发展的研究迫在眉睫。我们通过阅读文献发现,虽然学术界对中国人力资源服务业的现状、发展趋势研究的文献已经很多,但是关于中国人力资源服务业发展环境的研究文献比较少,关于中国人力资源服务业发展环境评价指标体系的文章几乎没有。我们认为尽管目前缺少关于中国人力资源服务业发展环境评价指标的研究,但是人力资源服务业作为一个朝阳产业,必然存在影响其发展的各种环境因素。因此,本章致力于对中国人力资源服务业的发展环境进行研究,目的是通过对中国人力资源服务业发展环境影响因素的研究,发现影响其发展的内在机理和关键因素,设计一套科学的评价指标体系,更好地引导与促进中国人力资源服务业的发展。

(二) 研究意义

任何一个产业要想取得健康稳定的发展,除了拥有自身发展潜力之外,还少不了外界环境的影响和干预。本书认为只有中国人力资源服务业的发展环境捋顺了,其对社会经济发展的效能才能充分涌流。本章致力于对中国人力资源服务业发展环境问题进行研究,表现形式是建构一套科学的评价指标体系,其目的是为了促进中国人力资源服务业的发展。该评价指标体系的建构来源于中国人力资源服务业的发展实践,却高于这种实践活动,是对现实实践活动的归纳概括,因此不仅具有理论意义,还具有实践意义。

1. 理论意义。本书通过梳理文献时发现,目前国内专家对中国人力资源服务业的研究大多停留在微观人力资源服务机构的层面。大多侧重于中国人力资源服务业发展中存在的问题,以及针对问题提出的建议方面,忽视了中国人力资源服务业发展环境评价内容的标准和评价指标体系的专门研究。此外,微观层面的研究往往是定性的描述,对人力资源服务业发展环境评价内容缺少可以量化的指标体系。基于存在的这些问题,本章主要是通过系统梳理总结中国人力资源发展环境中存在的问题、影响因素和内外驱动力,构建出一套人力资源服务业发展环境的评价指标体系。因此,从理论层面上来讲,该指标体系是对现存中国人力资源服务产业发展理论的有效扩充。

2.实践意义。任何一个产业的发展必然受到其周围环境的影响,而环境必然受到周围不同主体的综合作用,并且该作用呈现出一个动态发展并且不断变化的过程。例如,城市的交通基础设置的完备性、运输工具数量的多少、冷链物流发展规模大小等要素直接影响到一个地区快递物流行业的发展速度;政策的宽松程度、人群受教育的水平、屏幕数量的密集度直接影响到电影文化娱乐产业发展速度的快慢;科研专利的数量、研发人员的规模直接影响到以手机为主的电子产业发展水平的高低。因此,本章节致力于寻求影响中国人力资源服务产业发展的多维结构系统模型,构建中国人力资源服务业发展环境评价指标体系。理论研究的根本目的在于指导现实世界中的实践活动,该评价指标体系的确立对引导中国人力资源服务业的健康发展具有十分重要的现实意义。

二、人力资源服务业发展环境评价指标体系

(一)发展环境影响因素相关研究成果的综述与分析

通过阅读中国知网 228 篇"人力资源服务业发展环境"这一主题关键词的相关文献并对其进行梳理总结后发现,专家学者主要对人力资源服务业发展环境影响因素和评价两个方面进行了研究。

1.发展环境中的自身发展水平因素

从国外与国内比较来看,人力资源服务业发展环境中的自身发展水平因素。在人力资源服务业发展环境中,服务业本身发展的水平状况,也是一个重要的影响因素。中国人力资源服务业从改革开放之后才开始,所以和国外先进的人力资源服务机构相比还存在明显的差距。针对差异性,国内一些学者做了相关的研究。其中,汪怿(2007)认为与国外人力资源服务业相比,国内人力资源服务业存在地域分布不均、服务体系不健全、市场化水平低等方面的问题。董小华(2013)认为与国外相比,中国人力资源服务行业尚处于初级发展阶段,存在总体实力不强、行业规模偏小、国际竞争力较

弱的问题①。

2. 发展环境中的政治政策因素

从政府职能角度来看中国人力资源服务业发展环境中的政治政策因素。人力资源服务业作为中国新兴服务产业的一个重要分支,需要政府的支持和引导。中国市场体制虽然经历了比较大的调整优化,但是对于人力资源服务业的发展引领方面仍存在许多不足。具体体现在以下三个方面。

在政府法制法规建设方面。萧鸣政、李冷(2009)提出在中国人力资源服务业的发展过程中,政府缺乏配套的法规制度给予支持。陈雷、郑美群(2012)认为吉林省人力资源服务业发展中存在相关法律缺失,政策、基础建设支持不够的问题。② 田永坡、李羿(2016)认为中国人力资源服务业受到法律政策环境等七个维度的影响③。法规是任何一个新兴产业健康发展的护身符,通过不同专家学者的研究,我们可以得出只有完善法规制度才能让中国人力资源服务业走上快速发展的轨道。

在相关机构职能定位方面。规范相关职能部门的职能权限对中国人力资源服务业的发展至关重要。王艳霞、王瑞兴(2009)认为河北省人力资源服务机构存在部门分割不合理、职能定位不明确、管理协调机制不健全等问题④。商华(2012)也提出中国政府职能部门存在职责定位不清、地域分布不均的现象⑤。通过专家的研究发现当前个别地方政府职能部门职能权限确实存在不清的问题,这造成政府相关职能部门之间互相推诿扯皮的事件时有发生,严重影响了人力资源服务业的发展。

在市场监管主体责任方面。相玉红等(2012)在分析了辽宁省人力资源服务业的发展现状之后,提出辽宁省存在政府对人力资源服务业的职能支持力度不够并且在人力资源服务业开展相关业务时应有的监督主体责任

---

① 董小华:《人力资源服务业发展问题初探》,《中国人力资源开发》2013 年第 5 期。
② 陈雷、郑美群:《促进欠发达地区人力资源服务业发展的个案研究》,《经济纵横》2012 年第 10 期。
③ 田永坡、李羿:《全球民间职介服务状况及其对中国人力资源服务业发展的启示》,《中国劳动》2016 年第 24 期。
④ 王艳霞、王瑞兴:《河北省人力资源服务业发展的路径选择》,《河北学刊》2009 年第 1 期。
⑤ 商华:《中国人力资源服务行业现状及分析》,《人力资源管理》2012 年第 2 期。

不到位的现象①。无独有偶,周艳丽(2015)认为海南省存在政府职能机构定位不明确、管理协调机制不健全的问题②。从上述例子中可以得出,无论是政府机构职能的确立还是市场监管责任方面,政府职能一定程度上的缺位都会造成人力资源服务业发展层次低、实力不强、竞争力弱等问题。

3. 发展环境中的经济因素

从地域角度来看中国人力资源服务业发展环境中的经济因素。萧鸣政(2016)提出虽然中国人力资源服务业整体发展速度比较快,但是各个省之间受到区位位置、行业发展规模、经济发展水平等因素的制约,省与省之间的人力资源服务业发展水平差距悬殊。总体来看,北京、上海、广东、深圳等一线城市以及东部经济发达的沿海地区人力资源服务业发展水平相对较高;中部诸如河南、湖北、安徽等省份基础虽然薄弱,但是发展速度很快;西部省份因为人才流失严重造成人力资源服务业发展动力没有实质的提高③。在研究二线城市人力资源服务业发展问题时,张芹芬(2013)提出与一线城市相比,二线城市在区位位置优势、人文软环境、发展空间等方面存在明显不足,在人力资源服务业产业集聚方面存在较大约束④。

4. 发展环境中的业态与人才等因素

中国人力资源服务业发展环境中的业态与人才等因素。来有为(2012)认为中国人力资源服务业当前存在服务业态同质化严重,专业化程度较低,人力资源服务机构规模尚小,国际竞争力偏弱,人才市场和劳动力市场的整合不到位,人力资源市场法制建设和监管体系建设滞后,"营改增"后人力资源服务机构的税负不降反升,高层次专业人才严重缺乏的问题⑤。除了上述问题之外,陈玉萍(2012)还提出中国人力资源服务业发展

① 相玉红等:《辽宁省人力资源服务业发展现状与存在问题分析及对策》,《辽宁科技学院学报》2012 年第 2 期。

② 周艳丽:《海南省人力资源服务业的路径选择》,《品牌》2015 年第 4 期。

③ 萧鸣政:《中国人力资源服务业蓝皮书 2015》,人民出版社 2016 年版,第 238—239 页。

④ 张芹芬:《探寻二线城市人力资源服务产业发展路径》,《人力资源管理》2013 年第 9 期。

⑤ 来有为:《加快人力资源服务业发展的政策选择》,《中国发展观察》2012 年第 3 期;来有为、袁东明:《中国人力资源服务业的发展状况、问题及政策建议》,《生产力研究》2014 年第 2 期。

过程中存在专业人才不足,缺乏统一的行业服务规范和标准的问题①。王林雪、熊静(2016)认为当前中国人力资源服务业集聚化水平与发达国家相比有较大的发展空间②。在业务开展方面,姚战琪(2012)认为近些年虽然中国人力资源服务业的在岸服务外包业务发展迅速,但是离岸服务外包业务业态发展却一直没有较大的进展③。

　　在省级研究层面,大量的专家学者进行了相关研究。其中,对于江苏省人力资源服务业的发展来说,丁进(2012)提出该省人力资源服务业的整体实力偏弱、竞争力不强、从业人员素质偏低等问题④。除了这些问题之外,王红俊(2013)还认为江苏省人力资源服务业存在着市场秩序不规范等问题⑤。对于江西省人力资源服务业发展状况来说,詹晓梅等(2014)认为该省人力资源服务业存在低水平竞争、产业链结构不合理、人力资源服务机构业务开展不规范、从业人员整体素质有待提高等问题⑥。对于河南省人力资源服务业发展来说,卢冬君(2014)认为虽然河南省人力资源服务业发展迅速,但是还存在规模小、服务单一、专业人才配备不足和品牌化程度低的问题⑦。除了这些问题之外,吕旭涛(2014)还提出河南省人力资源服务业存在业态发展不均衡、低级业态多、高级业态不足、服务形式创新力不足、技术应用率低、产品专业化不足、竞争力不足、市场监管规范与标准不统一、信息网络系统不健全等问题⑧。对于海南省人力资源服务业发展来说,蒋志

---

①　陈玉萍:《中国人力资源服务业的发展思路》,《当代世界社会主义问题》2012年第4期。

②　王林雪、熊静:《人力资源服务业空间集聚组织模式研究》,《科技进步与对策》2016年第14期。

③　姚战琪:《中国人力资源服务业发展现状、趋势与政策建议》,《经济研究参考》2012年第46期。

④　丁进:《江苏人力资源服务业发展和对策研究》,《第一资源》2012年第5期。

⑤　王红俊:《人力资源服务业发展中政府职能发挥的障碍及其消除》,硕士学位论文,苏州大学,2013年。

⑥　詹晓梅、贾梦、金蕾:《江西省人力资源服务业发展现状及趋势研究》,《科技广场》2014年第1期。

⑦　卢冬君:《河南省人力资源服务业发展的现状、趋势及对策建议》,《商丘师范学院学报》2014年第10期。

⑧　吕旭涛:《河南省人力资源服务业发展问题研究》,《搏击(武术科学)》2014年第12期。

芬、李坚(2016)认为该省人力资源服务业品牌建设进程缓慢,存在人力资源服务业规模较小、发展层次较低和从业人员素质不高等问题①。

　　总之,不同省份之间的人力资源服务业发展存在差异。这种差异是由于不同行政区划内的经济、政治、文化等方面的环境因素不同造成的。例如,佟林杰(2017)在研究京津冀一体化时发现,由于北京、天津和河北之间的经济基础、文化基础的不同导致上述三个地区间人力资源服务业的规范性上、规模上和服务业态上均存在较大的差异②。

(二) 指标构建原则

1. 客观性与引领性相结合

　　人力资源服务业发展环境评价指标体系的构建,其核心目标就是要客观反映不同地区人力资源服务业发展环境的现状,以便政府制定相关的产业发展政策时有一个全面清晰的了解。因此,在构建指标体系时,一方面要充分客观反映当地人力资源服务业发展的环境因素情况,另一方面要选取影响人力资源服务业发展最为密切的影响因素作为指标,引导政府着力改善发展环境。

2. 科学性和系统性相结合

　　指标体系的权威性、引导性,取决于指标选取和指标体系设计是否科学合理。人力资源服务业发展环境评价指标体系不仅要体现人力资源服务业发展的规律,还要体现人力资源服务业发展的未来方向和趋势。在评价指标体系中,既要重视单个指标内涵的准确性,也要注重指标体系的系统性和全面性。这就决定了评价指标体系并非若干单一指标的简单结构,而应保持系统性,从不同层次、不同角度对不同地区的人力资源服务业发展环境作出综合的评价。

3. 可比性和可操作性相结合

　　人力资源服务业发展环境评价指标体系必须考虑评价结果在不同地区

---

①　蒋志芬、李坚:《海南人力资源服务业品牌建设的现状及发展对策研究——在新常态经济背景下》,《中国商论》2016 年第 19 期。

②　佟林杰:《基于政府协同的京津冀人力资源服务业发展研究》,《中国集体经济》2017年第 4 期。

之间的横向可比性和动态可比性。指标体系还要充分考虑数据的可获得性和操作性。因此,我们在今年的评价指标体系建构中侧重于数据的可获得性指标。

（三）指标体系结构

人力资源服务业发展环境评价指标体系,主要涉及评价对象、评价内容与评价标准。评价对象是指人力资源服务业。评价内容是指影响人力资源服务业发展的环境因素。评价标准,是指基于能够对该人力资源服务业的发展造成显著影响关键因素外延的特征的规定,表现为可以测量的具体指标。

根据人力资源服务业所包含的业务范围,结合指标体系构建原则、影响人力资源服务业发展环境的关键要素以及指标数据的可获得性,本书主要从产业发展的角度建构了以下人力资源服务业发展环境评价指标体系。具体见表2-3-1。

表2-3-1　人力资源服务业发展环境评价指标体系

指标	说明
PGDP	人均国内生产总值,表示地区经济发展水平
INCOME	居民人均可支配收入,表示居民的生活水平
INVESTMENT	固定资产投资情况,表明当地的投资水平
FDI	利用外资情况,表示该地的对外开放程度
CONSUME	居民消费性支出,表示当地的消费规模
SAVE	城镇居民储蓄余额,表示当地的消费潜力
CITY	城镇化水平,城镇人口占总人口的比重
INDUSTRY	第二产业增加值与GDP的比值,表示当地第二产业的发展水平
UNEMPLOYMENT	城镇登记失业率,表示某地区城镇登记失业人数占期末城镇从业人员总数与期末实有城镇登记失业人数之和的比重
EDUCATION	居民受教育水平,指各地人口平均受教育年限

根据文献梳理与分析,我们认为,选择为人力资源服务业发展环境的评价指标,应该既是那些对人力资源服务业发展起着至关重要作用的环境因素,又是那些能够呈现出明显区域差异的数据。

首先,地区的经济发展水平对人力资源服务业发展具有显著影响的环境因素,总体经济实力的提升无疑会创造出良好的人力资源服务业发展环境,促进人力资源服务业进一步发展。其次,地区人均收入状况反映了一个地区的消费能力。当一个地区的人有较为充裕的资金的时候,这个地区的人平均会花费更多的金钱、更有欲望去购买人力资源服务;反之,人们会把钱更多地用于日常生活开支,地区人均收入是从需求角度反映了人力资源服务业发展环境。最后,城镇化水平也会影响人力资源服务业的发展,城镇化意味着更多的劳动力从土地上解放出来进入劳动力市场,劳动力市场作为人力资源服务业发展环境的重要影响因素,构成了对人力资源服务的需求;对外开放程度也是影响人力资源服务业发展环境的重要因素,尤其在中国这样的发展中国家,本土企业需要学习国外先进的管理经验和技术,因此,对外开放对优化地区人力资源服务业发展环境起着举足轻重的作用。除了固定资产投资、城镇居民储蓄余额、第二产业发展水平等经济指标,城镇登记失业率与居民受教育程度等指标也被纳入进来。城镇登记失业率是评价一个国家或地区就业状况的主要指标。在市场经济相对成熟的地区,如果 GDP 波动不大,那么失业率就更能反映出经济运行态势。而居民受教育程度会直接影响人力资源服务市场,也会通过影响居民消费观念间接影响人力资源服务业发展。

(四) 数据的说明与处理

受限于数据的可获得性,本书进行人力资源服务业发展环境评价的数据均为 2017 年数据,数据来源为《国家统计年鉴》和各地方的统计年鉴。

在上述指标体系中,每种指标的量纲是不同的,有总量指标,也有比例指标,还有增速指标。不同量纲的指标之间没有综合性,无法进行运算,因此要先对数据进行标准化处理,即无量纲化处理。

(五) 评价分析

上述指标体系包含了多种具体指标,根据每个单项指标对全国各地进行排名都能得到一个排序,而综合评价需要综合考虑所有这些指标对各省的人力资源服务业发展环境进行评价和排序,本章采取两种方式对上述指标进行综合评判。首先,通过数据对各地人力资源服务业发展环境进行分类;其次,用降维的思想把多个指标转换成较少的几个互不相关的综合指标进行排序。

三、各地人力资源服务业发展环境评价结果

(一) 各地人力资源服务业发展环境的分类结果

本书进行分类评价,数据年份为 2017 年,具体操作过程不再赘述,分类评价结果如图 2-3-1 所示。根据 2017 年的分类分析结果,本书将 31 个省区市人力资源服务业发展环境区分为三大类别,分类结果见表 2-3-2。

表 2-3-2　基于 2017 年数据分类评价结果

第一类	第二类	第三类
北京、上海	浙江、天津、江苏、广东、山东	辽宁、西藏、安徽、内蒙古、湖北、重庆、福建、河北、湖南、江西、广西、四川、河南、陕西、山西、吉林、黑龙江、青海、云南、新疆、宁夏、贵州、甘肃、海南

2012 年党的十八大是我们党在全面建设小康社会的关键时期和深化改革开放、加快转变经济发展方式的攻坚时期召开的一次十分重要的会议,对我们党团结带领全国各族人民继续全面建设小康社会、加快推进社会主义现代化、开创中国特色社会主义事业新局面具有重大而深远的意义。

人力资源社会保障部党组认真学习宣传贯彻党的十八大精神,提出要坚持贯彻劳动者自主就业、市场调节就业、政府促进就业和鼓励创业的方针,实施就业优先战略和更加积极的就业政策。鼓励多渠道多形式就业,促进创业带动就业。加强职业技能培训,提升劳动者就业创业能力,增强就业稳定性。健全人力资源市场,完善就业服务体系。要继续把促进高校毕业生就业摆在当前就业工作的首位,大力支持农村劳动力转移就业和创业,做好困难群体的就业工作。认真落实党的十八大提出的"统筹推进城乡社会保障体系建设"的要求。坚持全覆盖、保基本、多层次、可持续方针,以增强公平性、适应流动性、保证可持续性为重点,全面建成覆盖城乡居民的社会

保障体系。改革和完善企业和机关事业单位社会保险制度,整合城乡居民基本养老保险和基本医疗保险制度,建立兼顾各类人员的社会保障待遇确定机制和正常调整机制。健全全民医保体系,建立重特大疾病保障和救助机制。扩大社会保障基金筹资渠道,建立社会保险基金投资运营制度,确保基金安全和保值增值。健全残疾人社会保障和服务体系。健全社会保障经办管理体制,建立更加便民快捷的服务体系。一方面,这对中国的人力资源服务业的发展提出了更高的要求、更远的发展前景,另一方面也给中国的人力资源服务业的发展提供了强大的发展动力和良好的政治政策环境。

从 2012 年党的十八大到 2017 年党的十九大的五年,是中国砥砺奋进的五年。在这五年里,中国的人力资源服务业的发展环境发生较大变化,全国各地人力资源服务业的发展也呈现出喜人趋势。十九大报告提出,着力加快建设实体经济、科技创新、现代金融、人力资源协同发展的产业体系,把人力资源服务业提高到了前所未有的高度。于是,本书也对 2012 年的数据(见表 2-3-3)进行分析,希望从五年前后的数据分析结果的对比中去观察中国各地人力资源服务业发展环境变化带来的人力资源服务业发展变化。

表 2-3-3　基于 2012 年数据分类评价结果

第一类	第二类	第三类
北京、上海	辽宁、浙江、天津、江苏、广东	西藏、安徽、内蒙古、湖北、重庆、山东、福建、河北、湖南、江西、广西、四川、河南、陕西、山西、吉林、黑龙江、青海、云南、新疆、宁夏、贵州、甘肃、海南

通过对比表 2-3-2 和表 2-3-3 可以看到,五年来中国各地区人力资源服务业发展环境相对稳定,但也有一定变化。

上海和北京分别是中国的南北经济中心,其经济发展程度和产业先进程度是全国其他任何地方都难以比拟的,这两地的条件也在人力资源服务业的发展环境排名中当仁不让占据第一发展方阵的位置。五年前后,这两个地方仍然是中国人力资源服务业发展环境和潜力最优越的地方,有着其他地方无法撼动的优势地位。根据 2017 年的数据分类评价结果来看,浙江、天津、江苏、广东、山东五个省市属于中国人力资源服务业发展环境的第二方阵,位于中国东部沿海地区,经济基础雄厚,对外交通便利。浙江和江苏都处于长三角地区,紧邻上海这一经济中心、对外贸易中心,经济发展受到上海的辐射带动作用。江浙地带自古富庶,从事经贸产业和服务业是当地的传统,如今第三产业的发展也能借上海东风,其人力资源服务业发展环境以及发展潜力当然名列前茅。与江浙类似的是天津。天津背靠北京面朝渤海,是中国重要的港口城市,北京对天津经济发展的辐射带动作用是巨大的,北京向天津的产业转移也促进了当地经济的发展,这对其人力资源服务业的发展也是绝大的利好。广东是中国最早开放的地区,其所处的珠三角地区是与长三角地区并驾齐驱的中国经济发展最快的区域,广东也是市场化程度很高的地区,上述这些因素决定了这个地区的人力资源服务业在全国处于领先地位。

但是,基于 2012 年的数据分类评价结果有所不同,在人力资源服务业发展环境的第二方阵中,出现了"辽"退"鲁"进的大变化。辽宁是传统工业大省,近年来产业转型升级的阵痛一直在持续,经济相对不景气,落入第三梯队。反观山东,近几年经济增速比较稳定,且从 2013 年开始增速明显超过江苏,虽然与广东相比差距还比较大,但不可轻视其进步势头。

剩余的省份与辽宁省一起构成了 2017 年人力资源服务业发展环境的第三方阵。这些地区在经济发展水平和经济发展质量上都显著落后于第一、第二集团。经济和社会文化环境决定了这些地区的人力资源服务业发展水平的暂时落后,这种与先进地区的差距的改变,需要政府和行业的共同努力。

对比五年前后的分类分析结果可以看到,目前国内人力资源服务发展环境是稳中有变,这与其经济社会的发展变化密不可分。人力资源服务业发展与当地经济发展阶段有着紧密联系,北京和上海是中国经济最发达的地区,也是人力资源服务业发展最好、潜力最大的地区,其他的地区想要挑战这二者的地位还很困难。浙江、天津、江苏、广东四省市处于第二方阵,这与它们在中国经济中的地位也基本相对应。"辽"退"鲁"进局势的形成与近年来经济局势相应和。从这个角度看,要实现后进地区的人力资源服务业跨越式发展,除了针对性地出台发展政策以外,重中之重还是发展当地经

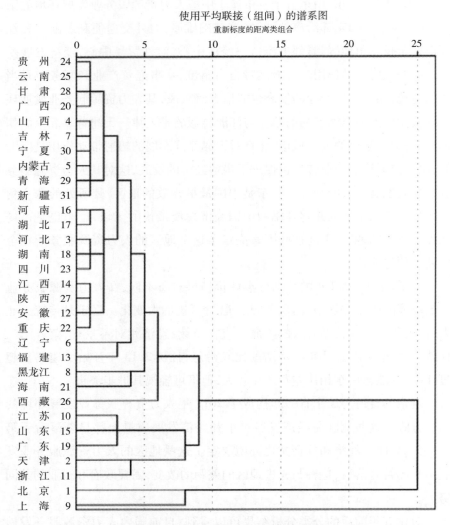

图 2-3-1　使用 2017 年数据的分类结果

济。当经济发展到一定程度以后,自然就有了对人力资源服务业的需求,人力资源服务业的发展环境就会改善,发展速度也就能大大提升。

(二) 各地人力资源服务业发展环境排序结果与分析

本章利用 2017 年的数据进行排序与分析,具体操作过程不再赘述。排序情况见表 2-3-4 以及图 2-3-2。

表 2-3-4　各省区市得分情况及排序

地　区	F 得分	排　名	分　类
上　海	1.637473	1	A
江　苏	1.117501	2	A
天　津	1.093093	3	A
北　京	0.950191	4	A
山　东	0.597112	5	A
福　建	0.559999	6	A
广　东	0.558664	7	A
浙　江	0.546638	8	A
辽　宁	0.455683	9	B
湖　南	0.164506	10	B
重　庆	0.059902	11	B
内蒙古	0.026894	12	B
河　北	0.025319	13	B
陕　西	-0.03342	14	C
吉　林	-0.07993	15	C
宁　夏	-0.09907	16	C
湖　北	-0.11201	17	C
黑龙江	-0.18978	18	C
江　西	-0.20059	19	C
四　川	-0.20963	20	C
河　南	-0.22106	21	C
新　疆	-0.23051	22	C
安　徽	-0.25705	23	C
山　西	-0.25887	24	C
青　海	-0.57421	25	D
贵　州	-0.65145	26	D
云　南	-0.73598	27	D
广　西	-0.7849	28	D
海　南	-0.80946	29	D
甘　肃	-0.92324	30	D
西　藏	-1.42181	31	D

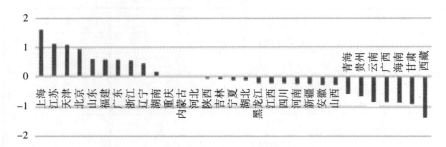

图 2-3-2　各省得分

　　表 2-3-4 直观地显示了各省区市得分情况,上海、江苏、天津、北京、山东、福建、广东、浙江得分均在 0.5 以上,其中沿海地区较为接近,北京、天津较为接近,可能与不同省份的地理位置有关。同时,图 2-3-2 显示,江西、四川、河南、新疆等地区得分较为接近,这些地区的人力资源服务业发展环境综合水平较为接近。此外,西藏地区的得分明显落后于其他省份,显示该地区的人力资源服务业发展环境较为落后。

　　本书按照得分大小对各省份进行分类,其中得分 0.5 分及以上的为 A 类,0—0.5 分的为 B 类,-0.5—0 分的为 C 类,-0.5 分及以下的为 D 类,表 2-3-4 显示了这一分类结果。与前面分类评价的结果类似,北京、上海、江苏、浙江、天津、山东、福建、广东排名较为靠前,均为 A 类地区,这两种分析结果的相互印证说明了本书结论的可靠性。为便于进一步分析,本书按照不同省份在国内所处的地理区分分别统计不同地区省份分类情况,得到表 2-3-5。

表 2-3-5　不同地区省份分类情况

地 区	A	B	C	D
东 部	8	2	0	1
中 部	0	1	7	0
西 部	0	2	4	6

　　表 2-3-5 所蕴含的信息符合一般人的直觉,显示东部地区的绝大部分

省份都属于 A 类人力资源服务业发展环境区域,西部地区的大部分省份属于 D 类人力资源服务业发展区域,而中部地区以 B、C 类为主,C 类居多。该表显示,东部地区省份的人力资源服务业发展环境优于其他地区,这种发展良好的环境状况,不仅仅体现在人力资源服务业的发展环境上,还体现在人力资源服务业发展潜力上。中部地区的很多省份处于中等偏下的发展环境之中,西部地区发展环境更是薄弱,这种东中西的强弱格局与该地区在中国经济地图中的地位是相契合的。

排序的结果显示了一个地区人力资源服务业发展的状况与该地区的经济地位和产业发达程度密切相关。经济发达、对外开放、产业层级较高的地区,属于人力资源服务业发展环境良好、发展潜力巨大区域;反之,就属于人力资源服务业发展环境落后的区域。

(三) 各地人力资源服务业发展环境的变化分析

表 2-3-6 显示了以 2017 年的数据进行评价得到的各省区市 F 得分、排序以及与 2012 年评价结果的对比情况。

表 2-3-6　各省区市相隔五年得分排序情况变化一览表

地　区	F	2017 年排名	分类	2012 年排名	排名变化
上　海	1.637473	1	A	4	+3
江　苏	1.117501	2	A	3	+1
天　津	1.093093	3	A	8	+5
北　京	0.950191	4	A	6	+2
山　东	0.597112	5	A	7	+2
福　建	0.559999	6	A	9	+3
广　东	0.558664	7	A	1	-6
浙　江	0.546638	8	A	5	-3
辽　宁	0.455683	9	B	2	-7
湖　南	0.164506	10	B	18	+8
重　庆	0.059902	11	B	15	+4
内蒙古	0.026894	12	B	16	+4
河　北	0.025319	13	B	10	-3

续表

地　区	F	2017 年排名	分类	2012 年排名	排名变化
陕　西	-0.03342	14	C	20	+6
吉　林	-0.07993	15	C	17	+2
宁　夏	-0.09907	16	C	24	+8
湖　北	-0.11201	17	C	13	-4
黑龙江	-0.18978	18	C	21	+3
江　西	-0.20059	19	C	19	0
四　川	-0.20963	20	C	14	-6
河　南	-0.22106	21	C	12	-9
新　疆	-0.23051	22	C	25	+3
安　徽	-0.25705	23	C	11	-12
山　西	-0.25887	24	C	23	-1
青　海	-0.57421	25	D	29	+4
贵　州	-0.65145	26	D	30	+4
云　南	-0.73598	27	D	26	-1
广　西	-0.7849	28	D	22	-6
海　南	-0.80946	29	D	27	-2
甘　肃	-0.92324	30	D	28	-2
西　藏	-1.42181	31	D	31	0

　　表 2-3-6 显示,从 2012 年到 2017 年,大部分的东部地区、湖南、重庆、内蒙古、陕西、宁夏、青海、贵州等地区排序上升幅度比较大,安徽、河南、广东、辽宁、四川、广西等地排序下降幅度较大,但排序评价结果与分类评价的结果基本上是吻合的,这说明本书的分析结果是具有一定的客观性与可靠性。这些排名变动幅度较大的地区其变化原因是复杂的,与当地经济发展、社会生活状况密切相关。

（四）发展环境评价结果与各地人力资源服务业发展水平的比较

　　本部分第二章中对中国各地人力资源服务业发展水平进行了分析与评价,我们以此为基础对各地发展环境的评价结果进行对比(见表 2-3-7),从其异同处分析人力资源服务业发展环境与人力资源服务业发展水平的关系。

表 2-3-7　发展环境与发展水平排序变化结果一览表

地 区	发展环境排序	发展水平排序	差 异
上 海	1	1	0
江 苏	2	3	-1
天 津	3	6	-3
北 京	4	5	-1
山 东	5	8	-3
福 建	6	11	-5
广 东	7	2	+5
浙 江	8	4	+4
辽 宁	9	14	-5
湖 南	10	16	-6
重 庆	11	10	+1
内蒙古	12	23	-11
河 北	13	15	-2
陕 西	14	19	-5
吉 林	15	17	-2
宁 夏	16	29	-13
湖 北	17	7	+10
黑龙江	18	24	-6
江 西	19	20	-1
四 川	20	13	+7
河 南	21	9	+12
新 疆	22	28	-6
安 徽	23	12	+11
山 西	24	18	+6
青 海	25	25	0
贵 州	26	22	+4
云 南	27	21	+6
广 西	28	27	+1
海 南	29	26	+3
甘 肃	30	30	0
西 藏	31	31	0

　　由于受到数据统计口径等因素的影响,6个位次以内的差异我们都视为正常,因此根据表2-3-7的结果,除了内蒙古、宁夏、湖北、四川、河南、安徽有着较大的排名差异以外,其余的省区市的2017年度①中国人力资源服务业发展环境与发展水平都能够体现出一种对应的态势。上海、广东、江苏、浙江、北京、天津、山东的发展环境与发展水平都稳居"第一集团",福建略有出入,但视为合理。这一结果说明了本书所用的评价指标的体系的合理性和相对稳定性,另一方面也较为符合现实情况。人力资源服务业发展环境的状况与发展水平的现实是紧密联系的,发展环境好的地区发展水平也倾向于更高;反之,发展环境处于落后的地区在时段内发展状态也不理想。

　　在六个排名差异较大的省份中,发展水平相对于发展环境最不理想的是宁夏回族自治区。这一差异与宁夏人力资源服务业发展起步较晚、基础较薄弱、高端业态少,地处西部开放程度不高、市场体系不完善有很大关系。发展水平比发展环境排名靠前很多的是湖北省。湖北省的发展可能与湖北省政府近年来对于湖北省人力资源服务业发展的政策支持力度日趋加大密切相关,而政策指标未从发展环境指标中体现出来,所以造成了排名上的差异。这也是本章指标体系呈现出的不足,仅从地区经济社会宏观发展的角度建构指标,而政策、法规等因素未纳入指标体系,一定程度上指出了本章指标体系的改进方向,我们应该把经济因素、社会因素之外的政治因素、文化因素等纳入,使得指标体系更综合、更科学。

---

　　①　发展状况评价中有部分2018年数据,在比较时近似代替2017年度数据。

第四章　人力资源服务业的十大事件

【内容提要】

《中国人力资源服务业蓝皮书2019》评选出的十大事件,较好地覆盖了人力资源服务业发展的各个方面,它们或完善了中国人力资源服务业的法律制度环境和政策平台,或推动了中国人力资源服务业的市场化发展,或描绘了未来中国人力资源服务业发展的蓝图与愿景。总而言之,它们都印证了在过去的一年里中国人力资源服务业发展的鲜明足迹,都对中国人力资源服务业的快速发展起到了推动和促进作用。

2018—2019年人力资源服务业十大事件是过去一年中国人力资源服务业发展的生动总结,记录了人力资源服务业的跨越式发展进程。大事件的评选旨在展现中国人力资源服务业发展历程的历史延续性,让世人更好地了解中国人力资源服务业在产、学、研三方面这一年来取得的突破性进展与成绩,进而在提高全社会对中国人力资源服务业关注和重视的同时,也为未来中国人力资源服务业的发展提供借鉴。为了全面、系统地展示此次评选的过程和结果,本章首先介绍了大事件评选的指导思想、评选目的与意义以及评选的原则与标准,接着介绍了评选的流程,最后则是本章的重点即年度十大事件评述,分为政策事件、学术事件和行业事件三部分。

Chapter 4　The Top Ten Events of HR Service Industry

【Abstract】

The Top Ten Events listed in the Blue Paper on HR Service Industry in

China 2019 covered all aspects of the development of China's HR service industry. They has either improved the legal environment and policy platforms of China's HR service industry, or has promoted the market-oriented development of China's HR service industry, or has depicted the blueprint and vision of China's HR service industry. All in all, the blueprint and vision of the development of HR service industry in China confirmed the striking footprint of the development of China's HR service industry in the past year, and played a role in advancing and promoting the rapid development of China's HR service industry.

The poll for the Top Ten Events of the Development of HR service industry from 2018 to 2019 is a vivid summary of the development of HR service industry in China in the past year, recording the leap-forward development process of HR service industry. The selection of Top Ten Events of the Development of HR service industry aims to show the historical continuity of the development process of China's HR service industry, so that the world can better understand the breakthroughs and achievements of China's HR service industry in three aspects: production, scholarship and research over the past year, so as to raise the attention and attention of the whole society to China's HR service industry. It also provides reference for the development of HR service industry in China in the future. With this in mind, we start with an introduction of the guiding ideology, purpose and significance of the poll along with its principles, standards and procedure. This is followed by our comments on the Top Ten Events, which is divided into three parts: policy events, academic events and industry events, which is the key point of this chapter.

2018—2019 的一年间,中国人力资源服务业继续快速发展,取得了不俗的成绩,并逐渐成为备受党和国家及社会各界重视、支撑社会经济持续健康发展的重要产业。本章延续以往蓝皮书相关章节的设置方式,继续记录中国人力资源服务业的发展历程,从政策、学术和行业三个方面对中国人力资源服务业过去一年来取得的重要进展进行圈点,旨在让社会各界更好地了解中国人力资源服务业的发展动态。

人力资源服务业十大事件的评选继续采取线上与线下评选相结合、从业人员评价与专家评价相结合的方式,历经事件征集、公开评选和专家评审三个主要环节,旨在评选出具有先进性、开拓性、推动性、典型性和影响性的事件。为了进一步拓宽备选事件库的来源渠道,提升事件征集的覆盖面,避免遗漏,事件评选打通事件征集和公开评选环节,采取边评选边推荐、边补充边更新的评选模式。此次评选出的大事件中,政策事件6件:国务院发布的《人力资源市场暂行条例》开始施行,国务院办公厅发布《降低社会保险费率综合方案》,国务院印发《职业技能提升行动方案(2019—2021年)》,人社部、市场监管总局在全国范围内开展清理整顿人力资源市场秩序专项执法行动,人社部发布《关于充分发挥市场作用促进人才顺畅有序流动的意见》,国务院就业工作领导小组成立;学术事件2件:《中国人力资源服务业蓝皮书2018》和《中国人力资源服务业发展报告2018》发布,2019年中国人力资源服务业发展高层论坛暨评价成果发布会和中国人力资源开发研究会主办的"2018年中国人才发展论坛"在北京成功召开;行业事件2件:人社部同意建立中国北京、天津、广州、深圳人力资源服务产业园,第二届西部人力资源服务博览会暨首届西部人力资源服务创新大赛总决赛在重庆隆重举行。

一、行业大事件评选概述

为记录中国人力资源服务业的发展进程,我们对发生在2018年8月至2019年7月期间的人力资源服务业发展中的代表性事件进行了筛选与评述。为了使对中国人力资源服务业发展进程的记载具有前后继承性,本次十大事件的评选延续以往《中国人力资源服务业蓝皮书》大事件评选的指导思想、评选的目的和意义、评选原则以及评选标准。同时继续采用较为成熟的线上和线下相结合、评选与推荐相结合、从业人员与专家相结合的大事件评选机制,最终确定了本年度的人力资源服务业十大事件。

(一)指导思想

全面贯彻落实党的十九大精神和习近平新时代中国特色社会主义思

想,按照党和国家决策部署,大力推动人力资源服务业发展。党的十九大报告提出,我国要坚定实施科教兴国战略、人才强国战略、创新驱动发展战略、乡村振兴战略、区域协调发展战略、可持续发展战略和军民融合发展战略,上述战略的实现离不开人才的支撑。通过大力发展人力资源服务业,提升我国人才队伍数量、质量水平,促进优质人才合理流动,为各类人才提供更全面的保障与服务,才能充分发挥人才支撑作用,推动各项发展战略稳步有效实现。同时要紧紧围绕"十三五"规划要求,围绕供给侧结构性改革、转变经济社会发展方式和实现产业结构优化升级对人力资源开发配置的需要,坚定秉持民生为本、人才优先的基本理念,以最大限度地发挥市场机制的作用为基础,坚持把人力资源服务业作为发展和提升我国人力资本的突破口,把提高人力资源服务供给能力和促进人力资源服务业规范发展作为主要任务,不断完善服务体系,激发市场活力,营造良好发展环境,进一步引导人力资源服务机构依法经营、诚实守信、健全管理、提高水平,为人力资源的充分开发利用创造条件、提供支持,优化全国范围内的人力资源配置,为更好实施人才强国战略、创新驱动发展战略和扩大就业的战略服务。

(二) 评选目的与意义

　　人力资源服务业是现代服务业的重要组成部分和新兴领域。当今世界,人力资源越来越成为一个关系国家生存发展的战略性、关键性资源,人力资源服务业是促进人力资源优化配置、充分发挥我国人力资源优势的重要支撑产业,因此有着十分广阔的发展前景。我国正处于经济结构转型升级、现代服务业快速发展的变革时期,促进我国人力资源的充分开发与利用并提升我国人力资本水平是我们当前面临的一个重要课题。以人力资源为核心的服务业态将在这一转型中发挥积极作用、扮演重要角色。"十三五"以来,党和国家将人力资源服务业的重要性提升到了前所未有的高度,在《国家中长期人才发展规划纲要(2010—2020)》和国务院《关于加快发展服务业的若干意见》等很多文件中都对发展人力资源服务业提出了明确要求。党的十九大则明确了要将人才工作作为党和国家新时期的一项重点工作来抓,这就为我国人力资源服务业的发展指出了一个鲜明的方向,即以习近平新时代中国特色社会主义思想武装头脑,认真贯彻落实党和国家的决策部署,按照服务业发展的整体战略布局,服务于供给侧结构性改革和经济结构转型升级的大局,大力推动人力资源服务业向专业化、信息化、产业化、国际化方向发展,更好地满足经济社会发展对人力资源服务的需要。

经过各方多年的努力,我国人力资源服务业取得了不俗的成绩,得到了较快的发展,但是也应当看到,与发达国家相比,我国人力资源服务业的发展水平与我国经济社会发展对人力资源服务的需求还不匹配,人力资源服务市场还不够健全,人力资源服务业在促进人力资源优化配置方面的作用发挥还不够突出,解决我国用人市场矛盾的能力还有待加强。

因此,《中国人力资源服务业蓝皮书 2019》编委会希望通过促进人力资源服务业发展的十大事件(以下简称"十大事件")评选活动的开展来描述和刻画中国人力资源服务业在过去一年的快速发展,让更多的人了解和跟踪中国人力资源服务业的发展动态,让更广泛的群体来关注中国人力资源服务业发展的状况和前景,进一步促进中国人力资源服务业水平的提升。希望以十大事件的评选为契机,助力中国人力资源服务业获得持续和快速的发展。

(三) 评选原则与标准

本次十大事件评选活动在《中国人力资源服务业蓝皮书 2019》编委会的指导下进行,遵循"严格筛选、科学公正、公平合理、公开透明"的评选原则,严格按照评选流程进行规范操作。考虑编写的时间以及与上一年的接续,本次事件推选及评选的范围为 2018 年 8 月至 2019 年 7 月期间所发生的对中国人力资源服务业发展有促进作用的重要事件。事件评选遵循的主要标准包括:

1. 先进性:事件能带动整个行业朝着国际先进水平迈进;

2. 开拓性:事件能弥补行业某种不足,在行业发展中具有里程碑式的意义;

3. 推动性:事件能对行业的发展产生变革性的推动力;

4. 典型性:事件与行业高度相关,在行业发展中起到表率作用;

5. 影响性:事件具有广泛的社会影响力,展现出积极的社会反响。

（四）评选方式与程序

本次十大事件的评选活动是在事件遴选的基础上,继续采用线上与线下相结合、评选与推荐相结合、从业人员与专家相结合的方式进行,经过事件采集、民主投票、科学评定三阶段的评选,最终评选出本年度中国人力资源服务业十大事件。评选活动首先进行的是事件的搜集与初选,主要通过学术搜索、新闻检索与请人推荐等方式进行促进中国人力资源服务业发展相关事件的初步整理。其次进行的是公开投票,根据前期事件搜集与初选的结果,通过网络公开投票与专家线下评选,对初选事件进行投票,并以得票率高低对候选事件进行了排序。最后是专家评定,由编委会组织的专家评定会议考虑事件类别与各项得票率的高低,本着覆盖全面、多方兼顾的原则,最终得出 2019 年度中国人力资源服务业十大事件,其中政策事件 6 件、学术事件 2 件、行业事件 2 件。

此次十大事件评选采用的"三阶段法"的过程和结果详细说明如下:

1. 事件搜集与初选阶段

本阶段的主要目标是尽可能全面地搜集到过去一年(2018 年 8 月—2019 年 7 月)中国所发生的能够促进人力资源服务业发展的有关大事件,力求得到一个数量不低于 40 的大事件初选目录,纳入大事件的候选事件池,确保最终上榜事件与备选事件比例不低于 1∶4。因此,首先我们进行了大范围的网络检索(包括主要网络搜索引擎、相关机构和部门门户网站、中国学术期刊网、主流渠道政策文件等),其次查阅了大量期刊、报纸,尽可能多地搜集整理 2018 年 8 月至 2019 年 7 月间发生的与人力资源服务业密切相关的活动和事件,并按照前述"四个原则"和"五条标准"对这些事件进行了初步的筛选。与此同时,编委会还邀请了一些与人力资源服务业相关的学术机构、政府部门、行业协会、企业组织和从业个人进行了广泛推荐,层次覆盖中央到地方,在充分吸纳他们意见的基础上,对初选事件池进行分析和筛选,最终得到 47 个大事件初选目录。

2. 公开投票阶段

本阶段的主要目标是通过公开公正的民主投票,对初选的大事件进行公开评选。首先,我们利用问卷星精心编制了十大事件评选问卷,有意识地邀请有关部门、行业协会、人力资源服务企业、各高校人力资源相关专业教师及各类人力资源从业人员进行问卷的填写,主要方式是通过微信公众号、微信群进行问卷发布,同时也向有关单位进行了集中投放,如北京大学人力资源开发与管理研究中心、中国人力资源开发研究会、中国对外服务工作行业协会、中国人才交流协会以及北京人力资源服务行业协会等。为了保证事件评选的全面性,避免遗漏,我们继续打通事件评选与事件征集环节,采取边评选边推荐的方式。在网络电子问卷以及专家填写的纸质问卷中都设计有事件补充选项,欢迎各位评选者在初选目录的基础之上随时补充他认为的能促进中国人力资源服务业发展的重要事件,我们则根据补充结果及时进行备选事件目录的修正,以尽可能杜绝重大事件的遗漏。经过补充与完善,最终备选事件增加到 51 个。

其次,为了评选的科学性及评选结果的权威性,本次大事件评选还进行了专家线下投票活动。线下纸质问卷的发放主要是借助于北京大学人力资源开发与管理研究中心主办、承办、协办的各学术会议,向与会嘉宾(包括学界、政界以及企业代表)进行发放与选票回收。专家投票结果反映了人力资源开发与管理领域专家学者对中国人力资源服务业一年来发展动态的捕捉、思考与观察。综合两轮投票结果,最终得到候选事件的总得票比例,按照得票率高低进行排序,汇总在表 2-4-1 中。

表 2-4-1　51 个候选事件得票比例汇总表

排序	事件名称	总得票率
1	国务院发布的《人力资源市场暂行条例》开始施行	81.38%
2	国务院办公厅发布《降低社会保险费率综合方案》	55.32%
3	《中国人力资源服务业蓝皮书 2018》和《中国人力资源服务业发展报告 2018》发布	55.32%
4	国务院印发《职业技能提升行动方案(2019—2021 年)》	46.81%
5	人社部、市场监管总局在全国范围内开展清理整顿人力资源市场秩序专项执法行动	43.09%
6	人社部发布《关于充分发挥市场作用促进人才顺畅有序流动的意见》	39.36%
7	国务院就业工作领导小组成立	31.91%
8	人社部同意建立中国北京、天津、广州、深圳人力资源服务产业园	30.85%
9	国务院办公厅发布《关于全面推进生育保险和职工基本医疗保险合并实施的意见》	29.79%

续表

排序	事件名称	总得票率
10	深圳发布《关于加快发展人力资源服务业的若干措施》，重奖鼓励人力资源服务业发展	28.19%
11	中共中央办公厅印发《关于鼓励引导人才向艰苦边远地区和基层一线流动的意见》	26.60%
12	人社部、教育部等九部门联合发布《关于进一步规范招聘行为促进妇女就业的通知》	25.53%
13	人社部办公厅发布《社会保险领域严重失信"黑名单"管理暂行办法（征求意见稿）》，公开征求意见	25.00%
14	人社部、财政部联合发布《关于进一步加大就业扶贫政策支持力度着力提高劳务组织化程度的通知》	23.40%
15	国务院印发《乡村振兴战略规划（2018—2022）》并发布《关于促进乡村产业振兴的指导意见》	22.87%
16	人社部印发《打赢人力资源社会保障扶贫攻坚战三年行动方案》	22.87%
17	人社部发布《关于深入开展人力资源服务机构助力脱贫攻坚行动的通知》与《关于进一步开展人力资源服务机构助力脱贫攻坚行动的通知》	22.34%
18	人社部办公厅发布《关于全面开展电子社会保障卡应用工作的通知》	21.28%
19	人社部印发《关于深化经济专业人员职称制度改革的指导意见》	20.21%
20	国务院发布《关于做好当前和今后一个时期促进就业工作的若干意见》	19.68%
21	人社部、发改委、财政部发布《关于推进全方位公共就业服务的指导意见》	18.62%
22	国务院办公厅发布《关于聚焦企业关切进一步推动优化营商环境政策落实的通知》	17.55%
23	《2018年度人力资源和社会保障事业发展统计公报》发布	17.02%
24	HRoot发布《2018全球人力资源服务机构50强榜单与白皮书》	17.02%
25	人社部启动2018年"西部和东北地区人力资源市场建设援助计划"项目	16.49%
26	人社部印发《新生代农民工职业技能提升计划（2019—2022年）》	16.49%
27	中办、国办印发《关于促进中小企业健康发展的指导意见》	16.49%
28	国务院在全国推开"证照分离"改革	14.36%
29	国务院办公厅发布《关于在制定行政法规规章行政规范性文件过程中充分听取企业和行业协会商会意见的通知》	12.77%
30	2019亚太人力资源开发与服务博览会及第十五届中国人力资源服务业高峰论坛在深圳会展中心成功举办	12.77%

续表

排序	事件名称	总得票率
31	国务院发布《关于推动创新创业高质量发展打造"双创"升级版的意见》	11.70%
32	人社部、共青团中央发布《关于实施青年就业启航计划的通知》	11.70%
33	中共中央、国务院提出《关于建立健全城乡融合发展体制机制和政策体系的意见》	11.17%
34	国务院办公厅转发国家发展改革委《关于深化公共资源交易平台整合共享的指导意见》	11.17%
35	2018中国人力资源服务战略发展大会在北京成功举办	11.17%
36	人社部、财政部、商务部等联合发布《关于实施三年百万青年见习计划的通知》	10.11%
37	2019年中国人力资源服务业发展高层论坛暨评价成果发布会在北京举行	9.57%
38	中国人力资源开发研究会主办的"2018年中国人才发展论坛"在北京成功召开	9.57%
39	中国人力资源服务产业园峰会在上海召开	9.57%
40	北京市发布《关于进一步发挥猎头机构引才融智作用建设专业化和国际化人力资源市场的若干措施（试行）》	9.57%
41	第五届中国人力资源服务业创新大会在苏州隆重举行	9.04%
42	在中国国际服务贸易交易会上举办北京人力资源服务高峰论坛并发布2019北京地区人力资源服务品牌榜单	9.04%
43	人社部、发改委、财政部、国务院扶贫办联合发布《关于做好易地扶贫搬迁就业帮扶工作的通知》	8.51%
44	第二届西部人力资源服务博览会暨首届西部人力资源服务创新大赛总决赛在重庆隆重举行	7.98%
45	国务院发布《关于在市场监管领域全面推行部门联合"双随机、一公开"监管的意见》	6.38%
46	2018中国（宁波）人力资源服务创新创业大赛总决赛暨人才与区域经济发展研讨峰会在宁波举办	5.85%
47	财政部、工信部、科技部联合发布《关于支持打造特色载体推动中小企业创新创业升级工作的通知》	4.26%
48	第二届全国创业就业服务展示交流活动在湖北省武汉市举办	3.72%
49	在2018全球小微企业创新大会上，瑞方人力荣获"2018中国人力资源服务杰出企业"大奖	3.72%
50	人社部印发《支持海南人力资源和社会保障事业全面深化改革开放的实施意见》	3.19%
51	伯乐智库年会暨"中国好伯乐"颁奖典礼在上海圆满落幕	2.66%

3. 研究评定阶段

本阶段的主要目标是对事件类型进行合理划分,对公开投票结果进行审议评定,从而确保最终上榜事件的全面性、代表性和权威性。据此,编委会组织召开了专家评定会议,先按照既定标准把备选事件明确划分为政策事件、行业事件和学术事件三种类型,然后综合考虑事件类别、专家投票结果、总得票率以及前期设定的事件评选标准,按照 6∶2∶2 的比例进行十大事件的名额配置,最终推选出 6 件政策事件、2 件学术事件与 2 件行业事件作为 2018—2019 年度的中国人力资源服务业十大事件。表 2-4-2 展示了十大事件的名称和入选理由。

表 2-4-2　中国人力资源服务业 2018—2019 年度十大事件

事件类型	事件名称	入选理由	影响力指数
政策事件	国务院发布的《人力资源市场暂行条例》开始施行	我国人力资源市场领域第一部行政法规	★★★★★
	国务院办公厅发布《降低社会保险费率综合方案》	国家社会保险政策的重大改革	★★★★☆
	国务院印发《职业技能提升行动方案(2019—2021 年)》	首次规模宏大地开展全民性职业技能提升培训行动	★★★★☆
	人社部、市场监管总局在全国范围内开展清理整顿人力资源市场秩序专项执法行动	增强用人单位和人力资源服务机构的诚信守法意识,促进行业健康发展	★★★★☆
	人社部发布《关于充分发挥市场作用促进人才顺畅有序流动的意见》	健全人才流动配置机制,充分发挥市场决定性作用	★★★★☆
	国务院就业工作领导小组成立	凝聚就业工作合力,更好实施就业优先政策	★★★★☆
学术事件	《中国人力资源服务业蓝皮书 2018》和《中国人力资源服务业发展报告 2018》发布	总结并评价我国人力资源服务业发展状况和动态的重要学术性研究成果	★★★★★
	2019 年中国人力资源服务业发展高层论坛暨评价成果发布会和中国人力资源开发研究会主办的"2018 年中国人才发展论坛"在北京成功召开	把握时代发展脉搏,凝聚学界理念共识,引领政府与社会加大对于人力资源服务业的关注、支持与发展	★★★★☆
行业事件	人社部同意建立中国北京、天津、广州、深圳人力资源服务产业园	完善国家级产业园全国布局,推进人力资源服务业集聚发展	★★★★☆
	第二届西部人力资源服务博览会暨首届西部人力资源服务创新大赛总决赛在重庆隆重举行	提升人力资源服务创新发展驱动力,积极搭建创新服务平台	★★★★☆

二、十大事件述评

（一）政策事件

1.国务院发布的《人力资源市场暂行条例》开始施行

事件提要：

《人力资源市场暂行条例》（以下简称《条例》）于 2018 年 6 月 29 日以国务院令第 700 号公布，于 2018 年 10 月 1 日起施行。这是我国人力资源市场领域第一部行政法规，贯彻中央关于建设统一开放、竞争有序的人力资源市场的新精神新要求，对人力资源市场培育发展、活动规范、服务提供、监督管理等方面作了规定，是做好新时代人力资源市场建设工作的基本依据和准则。《条例》的颁布施行，标志着我国人力资源市场进入法制化建设新阶段，对于进一步规范人力资源市场，促进人力资源自由有序流动，推动人力资源服务业发展，更好服务就业创业和高质量发展，具有重要意义。为了保证《条例》的实施，人社部于 2018 年 9 月还专门出台了关于学习贯彻条例的通知，要求各省、自治区、直辖市及新疆生产建设兵团人力资源和社会保障厅（局），各副省级市人力资源和社会保障局认真抓好《条例》的学习、宣传和培训工作，进一步推进人力资源市场建设，加强人力资源市场的监管。

事件述评：

人力资源是经济社会发展的第一资源，人力资源市场是生产要素市场的重要组成部分。改革开放 40 年来，我国人力资源市场蓬勃发展，人力资源服务领域不断拓宽，基本建成统一的人力资源市场，对促进创业就业和高质量发展起了重大作用。《条例》既总结了改革开放 40 年来我国人力资源市场发展的经验，也为我国人力资源市场的未来发展提供了有力的法治保障。

首先，《条例》是贯彻落实党中央、国务院关于人力资源市场建设重大决策部署的必然要求。党的十九大报告指出，就业是最大的民生，要坚持就业优先战略和积极就业政策，实现更高质量和更充分就业；破除妨碍劳动力、人才社会性流动的体制机制弊端；加快建设人才强国，让各类人才的创造活力竞相迸发、聪明才智充分涌流。人力资源市场是实施人才强国战略和就业优先战略的重要载体直接关系到劳动者合法权益，关系到人力资源的流动与配置，关系到党管人才相关政策部署的贯彻落实。《国家中长期人才发展规划纲要（2010—2020 年）》《中共中央关于深化人才发展体制机制改革的意见》《"十三五"促进就业规划》等都要求研究制定人力资源市场方面的法律法规。《条例》的出台，将极大地推动人力资源市场发展，促进人力资源自由有序流动，激发社会创新创造创业活力，为我国经济高质量发展提供重要的人力资源支撑。

其次，《条例》是运用法治方式巩固和保障我国人力资源市场整合改革成果的现实需要。2008 年人力资源和社会保障部组建以来，持续推进将人才市场和劳动力市场整合为统一规范的人力资源市场。近年来按照"放管服"改革要求，人力资源市场管理体制改革深入推进，工商登记、行政审批、行业诚信、事中事后监管等方面推出了一系列改革措施，亟须通过制定《条例》巩固改革成果，并为继续深化改革提供法治保障。

最后，《条例》是解决人力资源市场突出问题、维护各类市场主体特别是劳动者合法权益的迫切需要。改革开放 40 年来，我国人力资源市场发展取得长足进步，但是与国际先进水平相比，与人民群众的期待和市场的需求相比，仍然存在市场发育水平低、准入门槛高、市场活力不够、政府事中事后监管跟不上等问题，"黑中介"、虚假招聘等侵害劳动者合法权益的现象时有发生。针对这些突出问题，《条例》从人力资源市场培育、人力资源服务机构、人力资源市场活动规范和人力资源市场监督管理等方面作出相应制度设计，以促进市场主体诚信守法、公平竞争为宗旨，着眼于提供高质量的人力资源服务，维护人力资源市场主体的合法权益。

《条例》在制定思路上主要把握了以下几点：一是充分发挥市场在人力资源配置中的决定性作用，按照建立统一、开放、竞争有序的人力资源市场要求，巩固人才市场与劳动力市场整合的改革成果，对公共人力资源服务机构和经营性人力资源服务机构进行统一规范；二是更好发挥政府作用，强化政府的人力资源市场培育职责，明确市场活动规范，综合运用信息公示、随机抽查、国家标准、行业自律等监管手段，确保市场活力与秩序；三是落实"放管服"改革要求，按照《中华人民共和国就业促进法》的规定，将职业中介活动明确界定为行政许可事项,对其他人力资源服务项目实行备案管理;四是细化《中华人民共和国就业促进法》及有关法律的规定,进一步增强制度的可操作性,对上位法已有规定的内容,《条例》不再规定①。

《条例》牢牢坚持目标导向和问题导向,进一步促进人力资源市场体系当中突出问题的解决,促进人力资源市场健康发展。《条例》着眼于我国人力资源市场发展不平衡、不充分的实际,着眼于促进就业创业和人力资源的流动配置,就培育和规范人力资源市场作出了一系列的明确规定。主要是解决以下五个方面的问题:

第一,解决市场体系的统一性问题。党的十七大提出建立统一规范的人力资源市场,十八大要求健全人力资源市场,十九大提出要清理废除妨碍统一市场和公平竞争的各种规定和做法。《条例》通过立法的手段,确认原来的人才市场和劳动力市场整合改革的成果,推动建立统一的管理制度和管理规范,推动形成统一的人力资源市场体系。

第二,解决市场要素的流动性问题。党的十九大提出要破除妨碍劳动力、人才社会性流动的体制机制弊端。《条例》明确建立政府宏观调控、市场公平竞争、单位自主用人、个人自主择业、人力资源服务机构诚信服务的人力资源流动配置的机制,提出要破除户籍、地域、身份等体制机制的弊端,促进人力资源的自由有序流动。

第三,解决市场运行的规范性问题。《条例》规定了劳动者和用人单位在求职招聘过程中的基本权利与义务,确定了人力资源服务机构的基本行为规范,明确了政府部门宏观调控和监督管理制度的基本遵循,切实维护了劳动者和用人单位的合法权益。

第四,解决市场主体的公平性问题。《条例》赋予劳动者和用人单位平等的法律地位,规定用人单位和人力资源服务机构应当向求职者提供平等的就业机会和公平的就业条件,对公共服务机构和经营性服务机构统一规范和监督管理,营造更加公平的市场环境。

第五,解决市场监管的强制性问题。对人力资源市场主体违反《条例》

① 甘藏春、张义珍:《人力资源市场暂行条例释义》,中国法制出版社2018年版,第17页。

行为应当承担的法律责任进行了规定,明确对黑中介、人力资源市场的违法犯罪行为要进行查处,为监管执法提供了法律依据①。

总的说来,《条例》的制定顺应新形势、新变化,能够为新时代人力资源市场进一步建设和发展提供明确的目标任务、建设重点和监管措施,能够对人力资源市场的平稳有序运行起到有效的规范作用,能够为人力资源市场机制作用最大限度的发挥提供有力的制度保障。对于人力资源服务业而言,《条例》除了提出要进一步提升公共人力资源服务业水平之外,明确提出要大力发展经营性人力资源服务。《条例》规定,县级以上人民政府要提高人力资源服务业发展水平,鼓励发展高级人才寻访等高端人力资源服务业务。要结合国家关于发展现代服务业的部署和要求,认真落实"人力资源服务业发展行动计划",积极实施骨干企业培育计划、领军人才培养计划、产业园区建设计划和"互联网+"人力资源服务行动、诚信主题创建行动、"一带一路"人力资源服务行动,推动人力资源服务产业做强做大。这些必将对未来人力资源服务业发展产生重大而深远的影响。

2. 国务院办公厅发布《降低社会保险费率综合方案》

事件提要:

为贯彻落实党中央、国务院决策部署,降低社会保险(以下简称社保)费率,2019 年 4 月 4 日国务院办公厅发布《关于印发降低社会保险费率综合方案的通知》,要求各省、自治区、直辖市人民政府,国务院各部委、各直属机构认真贯彻执行《降低社会保险费率综合方案》(以下简称《方案》),以习近平新时代中国特色社会主义思想为指导,全面贯彻党的十九大和十九届二中、三中全会精神,坚持稳中求进工作总基调,坚持新发展理念,统筹考虑降低社保费率、完善社保制度、稳步推进社保费征收体制改革,密切协调配合,抓好工作落实,确保企业特别是小微企业社保缴费负担有实质性下降,确保职工各项社保待遇不受影响、按时足额支付。《方案》共分八个部分,具体包括:一是降低城镇职工基本养老保险单位缴费比例,高于 16% 的省份,可降至 16%。二是继续阶段性降低失业保险和工伤保险费率,现行的阶段性降费率政策到期后再延长一年至 2020 年 4 月 30 日。三是调整社

---

① 《让人力资源自由有序流动》,《人才就业社保信息报》2018 年 7 月 20 日。

保缴费基数政策。将城镇非私营单位和城镇私营单位就业人员平均工资加权计算的全口径城镇单位就业人员平均工资作为核定职工缴费基数上下限的指标,个体工商户和灵活就业人员可在一定范围内自愿选择适当的缴费基数。四是加快推进养老保险省级统筹,逐步统一养老保险政策,2020年底前实现基金省级统收统支。五是提高养老保险基金中央调剂比例,2019年调剂比例提高至 3.5%。六是稳步推进社保费征收体制改革。企业职工各险种原则上暂按现行征收体制继续征收,"成熟一省、移交一省"。在征收体制改革过程中不得自行对企业历史欠费进行集中清缴,不得采取任何增加小微企业实际缴费负担的做法。七是建立工作协调机制。在国务院层面和县级以上各级政府建立由政府有关负责同志牵头,相关部门参加的工作协调机制。八是认真做好组织落实工作。

事件述评:

党中央、国务院高度重视降低社保费率、减轻企业缴费负担工作。2015年以来先后 5 次降低或阶段性降低社保费率,涉及企业职工基本养老保险、失业保险、工伤保险和生育保险。据计算,2015 年到 2019 年 4 月 30 日现行阶段性降费率政策执行期满,共减轻企业社保缴费负担近 5000 亿元。随着我国经济发展出现一系列新形势新情况,企业对进一步降低社保费率的呼声较强,党中央、国务院提出新的要求。习近平总书记 2018 年 11 月在民营企业座谈会上强调,要根据实际情况,降低社保缴费名义费率,稳定缴费方式,确保企业社保缴费实际负担有实质性下降。李克强总理多次研究部署降低社保费率问题,在 2019 年《政府工作报告》中明确提出各地可将养老保险单位缴费比例降至 16%。按照党中央、国务院决策部署,四部门在深入研究论证、广泛听取各方面意见的基础上,起草了《方案》,经 3 月 26 日国务院常务会议审议通过,由国务院办公厅正式印发。4 月 3 日,韩正副总理、胡春华副总理出席降低社保费率工作会议,对实施工作进行了部署,要求把降低社保费率的好事办实、把实事办好①。

《方案》的总体考虑是,统筹考虑降低社保费率、完善社保制度、稳步推进社会保险费征收体制改革,综合施策,确保企业社保缴费实际负担有实质

---

① 中国新闻网,http://m.chinanews.com/wap/detail/zw/gn/2019/4-09/8804301.shtml。

性下降,确保各项社保待遇按时足额支付。《方案》实施到位后,预计 2019 年全年可减轻社保缴费负担 3000 多亿元。

目前,各省份(含新疆生产建设兵团)企业缴费比例不统一,高的省份 20%,多数省份阶段性降至 19%,还有个别省份 14% 左右。单位缴费比例总体较高,有一定下调空间;且地区之间差异大,不同地区企业缴费负担不同,竞争不公平,也不利于养老保险制度的长远发展。根据《方案》,各省单位缴费比例可降至 16%,一是单位缴费比例最多可降低 4 个百分点,不设条件,也不是阶段性政策,而是长期性制度安排,政策力度大,普惠性强,减负效果明显,彰显了中央减轻企业社保缴费负担的鲜明态度和坚定决心。二是各地降费率后,全国费率差异缩小,有利于均衡企业缴费负担,促进形成公平的市场竞争环境,也有利于全国费率逐步统一,促进实现养老保险全国统筹。三是降低费率后,参保缴费门槛下降,有利于提高企业和职工的参保积极性,将更多的职工纳入职工养老保险制度中来,形成企业发展与养老保险制度发展的良性循环。

根据《方案》,城镇职工基本养老保险单位缴费比例高于 16% 的省份,都可将养老保险单位缴费比例降到 16%。具体降低比例由各省提出,与目前省级政府承担确保养老金发放的主体责任是一致的。目前,我国养老保险基金结余分布存在着一定的结构性问题。受制度抚养比不同等因素影响,养老保险基金结余存在地区差异,各省份降费率面临的压力不同。一般来说,抚养比高的地区,基金结余情况较为乐观,降费率面临的困难较小;而抚养比低的地区,基金收支平衡压力较大,降费率面临着一定的现实困难。对此,中央将通过继续加大财政补助力度、提高企业职工基本养老保险基金中央调剂比例等措施给予支持,帮助这些地区降费率后能够确保养老金按时足额发放,为形成公平的市场竞争环境创造条件,促进企业发展与养老保险制度建设的良性循环。

社保费率的降低不仅是国家社保政策的重大改革,还会对人力资源服务市场产生深远影响。社保费率的降低会部分降低用人单位的运营成本,用人单位也将调整招聘环节的社保提供策略,这对于招聘、劳务派遣和社保代收代缴等传统人力资源服务业态的服务内容也提出了新的要求。人力资源服务企业需要把握这一政策变化带来的发展机遇,尤其是与养老保险、失业保险密切相关的招聘、劳务派遣和社保代收代缴等业态,需要密切关注潜在客户企业相应的需求变动,为客户提供应对新社保体系与政策下最优的薪酬保险提供策略和变革方案,通过精准的市场脉搏把握和专业化服务的提供来提升自身的竞争力,进而推动行业的整体快速发展。

3. 国务院印发《职业技能提升行动方案(2019—2021年)》

事件提要:

2019年5月18日,国务院办公厅印发《职业技能提升行动方案(2019—2021年)》(以下简称《行动方案》),要求各部门贯彻执行。《行动方案》明确要求以习近平新时代中国特色社会主义思想为指导,全面贯彻党的十九大和十九届二中、三中全会精神,把职业技能培训作为保持就业稳定、缓解结构性就业矛盾的关键举措,作为经济转型升级和高质量发展的重要支撑。坚持需求导向,服务经济社会发展,适应人民群众就业创业需要,大力推行终身职业技能培训制度,面向职工、就业重点群体、建档立卡贫困劳动力等城乡各类劳动者,大规模开展职业技能培训,加快建设知识型、技能型、创新型劳动者大军。目标任务是2019年至2021年,持续开展职业技能提升行动,提高培训针对性实效性,全面提升劳动者职业技能水平和就业创业能力①。

《行动方案》提出了实施职业技能提升行动的政策措施:一是对职工等重点群体开展有针对性的职业技能培训。大力开展企业职工技能提升和转岗转业培训,对就业重点群体开展职业技能提升培训和创业培训,加大贫困劳动力和贫困家庭子女技能扶贫工作力度。二是激发培训主体积极性,有效增加培训供给。支持企业兴办职业技能培训,推动职业院校扩大面向职工、就业重点群体和贫困劳动力的培训规模,鼓励支持社会培训和评价机构开展职业技能培训和评价,创新培训内容,加强职业技能培训基础能力建设。三是完善职业培训补贴政策,加强政府引导激励。支持地方调整完善职业培训补贴政策,加大资金支持力度,依法加强资金监管并定期向社会公开资金使用情况,将职业培训补贴政策落到实处。

《行动方案》强调,地方各级政府要把职业技能提升行动作为重要民生工

---

① 中国政府网,http://www.gov.cn/zhengce/content/2019-05/24/content_5394415.htm。

程,切实承担主体责任。各相关部门要健全工作机制,形成工作合力。深化职业技能培训工作"放管服"改革,提高培训管理服务水平,推进职业技能培训与评价有机衔接。大力弘扬和培育工匠精神,营造技能成才良好环境。

事件述评:

党中央、国务院一直高度重视职业技能培训工作。习近平总书记多次强调要提高职业培训质量,增强就业人员技能。党的十九大报告明确指出,大规模开展职业技能培训,注重解决结构性就业矛盾;建设知识型、技能型、创新型劳动者大军。李克强总理提出要有针对性地开展职业技能培训,2019 年《政府工作报告》明确提出实施职业技能提升行动,从失业保险基金结余中拿出 1000 亿元,用于 1500 万人次以上的职工技能提升和转岗转业培训。按照党中央、国务院的决策部署,人社部在广泛调研、认真研究、深入论证基础上,研究提出实施职业技能提升行动有关工作建议,并对全国开展有关工作进行准备和安排。2019 年 4 月 30 日国务院常务会议确定使用1000 亿元失业保险基金结余实施职业技能提升行动的措施,审议并原则通过职业技能提升行动方案的送审稿,并最终于 5 月 18 日由国务院办公厅正式印发《行动方案》。

《行动方案》有一个十分鲜明的特点,就是立足职业技能培训、促进就业、人才队伍建设三个维度,兼顾当前和长远,政策明确、措施具体,具有较强的针对性和可操作性。《行动方案》提出把职业技能培训作为保持就业稳定、缓解结构性就业矛盾的关键举措,作为经济转型升级和高质量发展的重要支撑。大力推行终身职业技能培训制度,大规模开展职业技能培训,加快建设知识型、技能型、创新型劳动者大军。《行动方案》提出职业技能培训要坚持需求导向,服务经济社会发展,适应人民群众就业创业需要。结合当前就业和经济发展形势,确定培训重点人群是企业职工,特别是困难企业职工以及作为劳动力市场主体的农民工、新生代农民工、城乡未继续升学初高中毕业生等青年、下岗失业人员、退役军人、就业困难人员(含残疾人)并且兼顾其他各类劳动者。

具体说来,《行动方案》发布的意义在于:

一是解决就业结构性矛盾,实现比较充分就业的迫切要求。随着改革开放不断深入,我国产业经济发生了"更新换代"的革命性转变,伴随新经济增长方式而产生的新产业、新职业、新工种和新技术、新材料、新设备、新工艺层出不穷,催生了许多新的就业岗位,也提出了许多新的能力要求。随着当前中国向价值链上游转移,提供或制造的产品也逐渐向高附加值产品过渡,新的就业岗位对高技能劳动力的需求还将不断上升。在此情况下,劳动力供给与市场需求不匹配已成为中国劳动力市场的突出问题,出现了人力资源开发结构与就业结构不相匹配、劳动者职业能力与就业技能要求不适应的问题,主要表现在劳动者的职业技能类型、职业技能水平与产业、企业就业岗位要求不适应的矛盾,具体表现为"普工剩、技工荒"和高技能人才匮乏问题。国家统计局有关负责人指出,企业急需的技术人才短缺现象严重,无论是沿海还是中西部地区,部分企业都发生了技工、熟练工和新型人才短缺的现象,近年来技能劳动者求人倍率一直在 1.5 以上,高级技工求人倍率甚至在 2.0 以上①。据相关行业人才机构调查预测,到 2020 年是全面建成小康社会决胜期,根据目前人才基数测算,按照高质量发展和产业转型升级对高技能人才就业的总量需求,全国高技能人才缺口将达到 2200 万人。因此,调整人力资源开发结构,增加高技能就业,就成为国家稳定就业、实现充分就业的重中之重。这就需要完善职业教育和培训体系,实施国家职业教育改革,特别是实施职业技能提升行动,通过大规模开展职业技能培训,促使技能人才增量迅速增加和存量技能人才职业技能提升,建设新时代技能型产业工人队伍,从而缓解就业结构性矛盾,促进实现比较充分就业,进一步推进产业转型升级和社会经济高质量发展。

二是提高社会生产力水平的有效途径。纵观全球发展趋势,当今社会已经进入智能化引领的时代。一个国家生产力水平主要取决于产业工人整体素质和技能水平的高低,产业工人队伍整体素质和技能水平决定着劳动生产率水平。改革开放最大限度地解放了社会生产力,极大地提高了社会生产力水平,实现了我国社会经济连续四十多年的快速、健康、稳定增长。改革开放40 多年来中国取得的巨大成就,社会生产力的提高很大程度依靠的是劳动人口众多带来的人口红利。2010 年至 2035 年左右,属于人口红利后半期,人口总量进入负增长,劳动力成本升高,经济增长速度就要放缓。因此,将我国人

①　中国政府网,http://www.gov.cn/guowuyuan/2019-05/01/content_5388028.htm。

口红利转变为人才红利是持续提高社会生产力的战略思维。由于我国产业工人队伍整体素质和技能水平不高,劳动生产率水平仅为世界平均水平的40%,相当于美国的7.4%。且长期以来,我国的高级技工缺口很大,日本整个产业工人队伍中高级技工占比40%,德国则达50%,而中国这一比例仅为6%左右。因此,建立劳动者终身职业技能培训制度,大规模开展职业技能培训,加快高技能人才培养,大幅度提高我国高技能人才在产业工人队伍中的比例,是提高社会生产力水平的有效途径,也是我国人力资源开发的源泉。当前和今后一个时期,我国人力资源开发应以构建劳动者终身职业技能培训体系为基础,大规模开展职业技能培训,提高产业工人队伍的整体素质和技能水平,加快建设知识型、技能型、创新型劳动者大军,将人口红利转变为取而不竭的技能人才红利,努力提高生产力水平,增强国家核心竞争力。

三是助力打赢扶贫攻坚战的"攻坚利器"。《行动方案》要求对职工等重点群体开展有针对性的职业技能培训,加大贫困劳动力和贫困家庭子女技能扶贫工作力度,聚焦贫困地区特别是"三区三州"等深度贫困地区技能扶贫。鼓励通过项目制购买服务等方式为贫困劳动力提供免费职业技能培训,并在培训期间按规定通过就业补助资金给予生活费(含交通费)补贴,不断提高参训贫困人员占贫困劳动力比重。持续推进东西部扶贫协作框架下职业教育、职业技能培训帮扶和贫困村创业致富带头人培训。深入推进技能脱贫千校行动和深度贫困地区技能扶贫行动,对接受技工教育的贫困家庭学生,按规定落实中等职业教育国家助学金和免学费等政策;对子女接受技工教育的贫困家庭,按政策给予补助。实施职业技能提升行动,大规模开展职业技能培训,教会贫困群众脱贫技能,从"授人以鱼"变为"授人以渔",充分发挥技工教育和职业培训机构的扶贫平台作用,改"输血式"扶贫为"造血式"扶贫,是实现稳定脱贫和防止返贫的有效办法,是落实习近平总书记提出的"精准扶贫"重要指示的有效途径。培训一人、就业一人、脱贫一户,技能精准扶贫受用终生。因此,开展职业技能培训,扩大技能扶贫群体是贫困地区人民群众走上脱贫致富道路的有效途径,也是打赢脱贫攻坚战的主阵地①。

---

① 中国青年网,http://news.youth.cn/gn/201905/t20190525_11964024.htm。

　　总之,职业技能提升行动作为保持就业稳定、缓解结构性就业矛盾的关键举措,契合了终身职业技能培训理念,对适应经济高质量发展、培育经济发展新动能、推进供给侧结构性改革内在要求,推动大众创业万众创新、推进制造强国建设、提高全要素生产率、推动经济迈上中高端具有重要意义。《行动方案》要求 2019—2021 年持续开展职业技能提升行动,全面提升劳动者职业技能水平和就业创业能力。三年共开展各类补贴性职业技能培训5000 万人次以上,其中 2019 年培训 1500 万人次以上;经过努力,到 2021 年底技能劳动者占就业人员总量的比例达到 25% 以上,高技能人才占技能劳动者的比例达到 30% 以上。如此规模宏大地开展全民性职业技能提升培训行动前所未有,《行动方案》的实施必将对我国社会知识形态和劳动者就业制度带来一场新变革,必将为加快建设知识型、技能型、创新型劳动者大军,促进形成尊重技能、重视技能的社会风尚和技能就业的新常态产生重大而深远的影响。对于中国人力资源服务业而言,这种大规模的职业技能提升行动也为中国的人力资源服务业提供了更多的发展机遇。业内与培训相关的人力资源服务机构可以紧紧把握机会,通过在职业技能培训以及创业培训等方面提供更多更优质的服务,在为实现全民性职业技能的提升作出贡献的同时也能更好地实现自身的产业价值。

　　4.人社部、市场监管总局在全国范围内开展清理整顿人力资源市场秩序专项执法行动

　　事件提要:

　　针对人力资源市场存在的一些突出问题,根据就业促进法、劳动合同法、《人力资源市场暂行条例》《关于"先照后证"改革后加强事中事后监管的意见》(国发〔2015〕62 号)以及《关于在市场监管领域全面推行部门联合"双随机、一公开"监管的意见》(国发〔2019〕5 号)等法律法规及政策文件要求,人力资源社会保障部、市场监管总局自 2019 年 3 月 28 日至 4 月 26日,在全国范围内开展清理整顿人力资源市场秩序专项执法行动(以下简称"专项执法行动")。要求各地区人力资源社会保障、市场监管等部门一定要进一步统一思想,提高认识,将此次专项执法行动作为学习贯彻党的十九大精神,落实党中央关于把稳就业摆在更加突出位置有关决策部署的重要举措,切实加强组织领导和统筹协调,制定专项行动实施方案,抽调精干

执法力量,按照分工和时间节点推进落实①。

事件述评:

人力资源在总的社会经济发展中承担着主体性要素的职责,发挥着关键的能动作用。人力资源作为一种资源形态,有着一切资源所共有的根本特征,即有限性特征。人力资源的有限性特征要求人们在将其应用于社会生产过程时应尽量实现合理化配置,使之在特定情境中能够发挥最大效用。人力资源市场的作用就在于为需求对象提供人才优化配置的载体、人才对接的场所及信息对接的渠道,最大限度地发挥每一个人才的实用价值。随着人力资源的基础性地位在我国经济社会发展中的逐步显露,我国已经初步实现从人口大国向人力资源强国的转变。近年来党中央和国务院高度重视人力资源市场的建设,习近平总书记在十九大报告中提出"就业是最大的民生",指明人力资源市场对社会各群体的就业情况负有不可推卸的责任,认为人力资源市场应该朝着"提供全方位公共就业服务,促进高校毕业生等青年群体、农民工多渠道就业创业"的方向稳固发展。良好的市场秩序依赖市场规则。没有市场规则,就会导致市场无秩序,不仅会妨碍市场调节作用的有效发挥,而且还会阻碍、破坏整个国民经济的正常运行。因此,李克强总理强调,作为世界上拥有最大规模人力资源财富的国家,我们更应注重人力资源市场的监管,要"用市场的力量创造更多就业机会,推动经济持续健康发展"。

目前,我国人力资源市场体系已较完善。在立法方面成绩斐然,各项法律法规及其配套规章比较健全,《劳动法》《劳动合同法》《劳动争议调解仲裁法》《就业促进法》等法律的制定和出台已基本能够保障人力资源市场和谐有序运作;实施和进一步规范人力资源服务许可认证,并制定了一套与之相适应的比较完整的监管体系,实现了从源头到末端的全方位管理。人才市场和劳动力市场已实现有效整合,到目前为止,全国 90%以上省份、88%以上地市和 85%的县区实现了管理职能的统一,省市两级和 85%以上的区县设立了公共就业和人才服务机构,基本形成了一套上下对接连贯的人力

---

① 人社部, http://www. mohrss. gov. cn/SYrlzyhshbzb/laodongguanxi/gzdt/201903/t20190326_313157.html。

资源市场体系。截至 2017 年底，全国共设立固定招聘场所 2.1 万个，建立网站 1.2 万个，实现为用人单位和求职人员打造良好的信息互通平台和交流渠道①。可以说，改革开放至今，我国人力资源市场实现了由最初的冷清、无序、不完善，到如今的蓬勃、有序、较完善发展的历程，在这个过程中人力资源服务的领域不断开拓，结构不断完善，但与新时代的要求相比，人力资源市场还存在许多不足，如不时出现违法违规案件，少数不法人力资源服务机构提供虚假就业信息，参与签订不实高校毕业生就业协议并谋取不正当利益，个别地区还出现了以职业介绍为名组织传销和强迫劳动等违法犯罪案件，严重侵害劳动者人身财产权益，社会影响恶劣。

只有具备公平、公正的市场秩序，形成统一开放竞争有序的现代市场体系，市场才能合理配置资源。只有建立起良好的市场秩序，才能形成公平竞争的市场环境，才能使各个利益主体的利益得到公平的维护，才能理顺和协调好市场中各种利益关系。反之，则是秩序混乱，市场主体的利益得不到正当的维护，经济发展和社会稳定都会受到影响。大力整顿和规范人力资源市场的秩序已经成为一项重大而紧迫的任务。此外，在我国完善社会主义市场经济体制和扩大对外开放的重要时期，整顿和规范人力资源市场秩序不仅有着重大的经济意义，而且有着重大的政治意义，它是巩固和发展国民经济良好势头的迫切需要，是提高国民经济整体素质和竞争力的必然选择，是进一步扩大对外开放的必要条件，是建立和完善社会主义市场经济体制的重大举措，也是全面推进社会文明进步的内在要求。因此，为进一步加强人力资源市场监管，依法严厉打击扰乱人力资源市场秩序违法犯罪行为，清理非法人力资源服务机构，整顿违规经营的人力资源服务机构，规范人力资源服务机构的职业介绍和用人单位的招工行为，遏制各类侵害劳动者就业和劳动权益的违法犯罪行为，维护公平、规范、竞争有序的就业环境，在全国范围内开展清理整顿人力资源市场秩序专项执法行动就势在必行。

专项执法行动的目标任务是以习近平新时代中国特色社会主义思想为指导，坚持以人民为中心的发展思想，依法履行市场监管职责，转变市场监管理念，创新监管方式，对人力资源服务活动中的违法违规行为实施集中整

---

① 人民网，http://society.people.com.cn/GB/n1/2018/0524/c1008-30009531.html。

治,进一步规范市场秩序,为促进劳动者就业营造良好的社会环境,依法维护劳动者平等就业权益。执法行动的对象是依法成立的人力资源服务机构;未经许可或登记但实际从事职业中介和劳务派遣等经营性人力资源服务业务的组织或个人;各类招工用人单位。行动的主要内容包括:一是人力资源服务机构依法取得营业执照和行政许可(含劳务派遣)情况。其中对互联网招聘平台和家政服务中介要进行重点清查,检查其从业资质、内部制度、收费标准、服务台账建立情况和按期提交年度经营报告情况。二是人力资源服务机构开展经营活动情况。集中治理参与签订不实高校毕业生就业协议、不履行审查信息义务、发布歧视性招聘信息、哄抬或操纵人力资源市场价格、扣押劳动者居民身份证和其他证件、非法向劳动者收取财物、介绍不满 16 周岁未成年人就业、未经授权管理流动人员人事档案以及收取流动人员人事档案管理费用和拒收流动人员人事档案等问题。对人力资源服务机构通过组织劳动者非正常频繁更换用人单位,以牟取不正当利益的行为,记入其诚信档案,依法向社会公布。对以暴力、胁迫、欺诈等方式从事人力资源服务涉嫌犯罪的,由人力资源社会保障部门依法移送公安机关立案查处。三是用人单位直接招用劳动者情况。对提供或发布虚假招工信息、诱骗劳动者从事传销活动、强迫劳动、违反规定将"乙肝五项"作为体检项目,以及其他以招工为名牟取不正当利益或者进行其他违法活动的,由人力资源社会保障部门依法查处;涉嫌构成犯罪的,移送公安机关追究刑事责任。

专项执法行动要求各地区按照《关于在市场监管领域全面推行部门联合"双随机、一公开"监管的意见》(国发〔2019〕5 号)要求,通过公开、公正的方式从名录库中随机抽取检查对象,根据本地客观实际随机匹配执法检查人员,实施部门联合"双随机"抽查执法行动。对有违法记录的单位要实施重点抽查,做到对违法者"利剑高悬",对守法者"无事不扰"。对检查中发现的违法违规行为,要依法进行处理,并将有关结果统一归集于市场主体名下,通过国家企业信用信息公示系统依法依规予以公示并实施联合惩戒,形成对人力资源服务违法失信行为的长效制约。此外,专项执法行动还要求各地区要发挥劳动保障监察举报投诉案件省级联动处理机制作用,进一步畅通举报投诉渠道,保障广大劳动者便捷及时维权。

对于中国的人力资源服务业,此次专项执法行动集中整治了人力资源服务活动中出现的违法违规行为,促进了人力资源服务业的健康发展。而且以此为契机,有关部门积极开展了形式多样的普法宣传活动,在提高劳动者和求职者依法维权意识的同时,也为中国的人力资源服务机构敲响了警钟,增强了人力资源服务机构的诚信守法意识,使得更多的人力资源服务机构未来能够严格按照法律法规行事,从而推动行业获得可持续的发展。

5. 人社部发布《关于充分发挥市场作用促进人才顺畅有序流动的意见》

事件提要:

为全面贯彻党的十九大和习近平总书记在全国组织工作会议上的重要讲话精神,深入落实中央《关于深化人才发展体制机制改革的意见》决策部署,充分发挥市场在人才资源配置中的决定性作用,更好发挥政府作用,促进人才顺畅有序流动,最大限度保护和激发人才活力,提高人才资源配置效率,为推进新时代中国特色社会主义建设提供坚强的人才保证,2019 年 1 月 11 日,人社部发布《关于充分发挥市场作用促进人才顺畅有序流动的意见》(人社部发〔2019〕7 号,以下简称《意见》)。《意见》提出,要全面贯彻党的十九大和十九届二中、三中全会精神,以习近平新时代中国特色社会主义思想为指导,落实党中央、国务院关于深化人才发展体制机制改革加强人才工作的总体要求,围绕实施人才强国战略和创新驱动发展战略,以促进人才顺畅有序流动、激发人才创新创业创造活力为目标,以健全人才流动配置机制为重点,以充分发挥市场决定性作用和更好发挥政府作用为保障,加快建立政府宏观调控、市场公平竞争、单位自主用人、个人自主择业、人力资源服务机构诚信服务的人才流动配置新格局,努力形成人尽其才、才尽其用的良好局面,让各类人才的创造活力竞相迸发,聪明才智充分涌流①。

事件述评:

人才是第一资源,人才流动是人才充分发挥作用的前提条件,所以,促进人才顺畅有序流动是激发人才创新创业创造活力的重要保障,是深化人才发展体制机制改革的重要任务,是实施人才强国战略的重要内容。近年来,从中央到地方,一些制约人才流动的不利因素正在逐步改善或消除。但现实中还存在有各种各样的阻碍人才流动的因素,如户籍、身份、学历、人事

---

① 人社部,http://www.mohrss.gov.cn/gkml/zcfg/gfxwj/201901/t20190128_309872.html。

关系等一些条件的限制仍在客观上制约着人才的流动。在部分城市,户籍限制仍然是制约高层次人才、急需紧缺人才流动的因素之一。在机关事业单位内部流动方面,则受到身份性质、福利待遇等制约。体制内人才向体制外流动,一些后顾之忧还未得到很好解决,不利于鼓励体制内人才特别是高校、科研院所人员到企业创新创业。党的十九大报告指出,要"破除妨碍劳动力、人才社会性流动的体制机制弊端,使人人都有通过辛勤劳动实现自身发展的机会","实行更加积极、更加开放、更加有效的人才政策","让各类人才的创造活力竞相迸发、聪明才智充分涌流。"习近平总书记在全国组织工作会议上指出:"要创新人才流动机制,打破户籍、身份、学历、人事关系等制约,促进城乡、区域、行业和不同所有制之间人才协调发展,鼓励引导人才向艰苦边远地区和基层一线流动。"中共中央《关于深化人才发展体制机制改革的意见》、政府工作报告等一系列政策文件都对充分发挥市场作用促进人才顺畅有序流动问题作出明确部署和要求。

市场是人才流动的主渠道,完善市场机制是人才顺畅有序流动的重要基础。改革开放以来,社会主义市场经济快速发展,人力资源市场体系不断完善,人才流动日益活跃,已经实现从统包统配的计划分配向市场化配置人才资源的根本性转变,取得了显著成效。2017年,人力资源市场共帮助2.03亿人次实现就业和流动,为3190万家次用人单位提供了人力资源服务。但同时,人才流动配置机制尚不健全,妨碍人才顺畅流动的体制机制性弊端尚未根除,人才无序流动的问题仍然存在,不利于激发人才创新创业活力。对此,党的十九大报告指出,破除妨碍劳动力、人才社会性流动的体制机制弊端,使人人都有通过辛勤劳动实现自身发展的机会。为全面贯彻党的十九大和习近平总书记在全国组织工作会议上的重要讲话精神,深入落实中央《关于深化人才发展体制机制改革的意见》决策部署,切实发挥市场作用,破除妨碍人才流动的各类障碍和制度藩篱,不断解放和增强人才活力,人力资源社会保障部在深入调研、广泛征求意见和反复研究论证的基础上,研究制定了《意见》。

《意见》强调,发挥市场作用促进人才顺畅有序流动要坚持五条原则:一是坚持党管人才,进一步加强和改进党对人才流动配置工作的领导,把各方面优秀人才集聚到党和人民的伟大奋斗中来。二是坚持服务发展,始终把服从服务党和国家事业发展作为人才流动配置工作的首要任务,牢固树立人才引领发展的战略意识。三是坚持市场主导,尊重市场经济规律和人才成长规律,充分发挥市场在人才资源配置中的决定性作用。四是坚持政府促进,进一步转变政府人才管理职能,加快建立完善人才流动配置宏观调控机制,更好发挥政府作用。五是坚持规范有序,强化人才诚信意识、自律意识,引导人才依法依规良性有序流动。

《意见》针对人才流动领域存在的流动配置机制不健全、市场决定性作用发挥不充分、体制机制性弊端有待破除、服务体系不完善、流动秩序不规范方面存在的主要问题,有针对性地从四个方面提出十六条政策措施。在健全人才流动市场机制方面,为解决城乡和区域市场分割、市场供求主体不到位等问题,提出三条措施,充分发挥市场在实现人才流动中的主渠道作用。一是健全统一规范的人力资源市场体系,二是完善人才市场供求、价格和竞争机制,三是全面落实用人主体自主权。在畅通人才流动渠道方面,为解决人才跨所有制、跨行业、跨部门流动不畅,人才资源分布不合理等问题,提出四条措施,促进人才合理流动和优化配置。一是健全党政机关和企事业单位人才流动机制,二是畅通人才跨所有制流动渠道,三是完善人才柔性流动政策,四是构建更加开放的国际人才交流合作机制。在规范人才流动秩序方面,为解决基层流动导向力度不足、人才流动不规范等问题,提出五条措施,促进人才良性有序流动。一是强化人才流动的法制保障,二是引导鼓励人才向艰苦边远地区和基层一线流动,三是深化区域人才交流开发合作,四是维护国家重点领域人才流动秩序,五是建立完善政府人才流动宏观调控机制。在完善人才流动服务体系方面,为解决人才流动服务体系不健全、服务供给不足、信息不畅通等问题,提出四条措施,为人才流动提供优质高效的服务保障。一是推进人才流动公共服务便民化,二是加快发展人力资源服务业,三是创新急需紧缺人才目录编制发布制度,四是优化人才流动政策环境。

《意见》提出了多项创新性政策措施,有很强的针对性、实效性和可操作性,具体包括:一是深化人才资源供给侧结构性改革,建立产业发展、转型升级与人才的供求匹配机制。二是畅通人才跨所有制流动渠道,完善吸收非公有制经济组织和社会组织中的优秀人才进入党政机关、国有企事业单位的途径。三是建设全国统一的人才资源大数据平台,建立人才需求预测预警机制,创新编制急需紧缺人才目录。四是明确"坚决防止人才无序流动"的政策导向,强化人才流动的合法性和合规性。五是明确国家重点领域人才和在艰苦边远地区工作的人才流动须经单位或主管部门同意。六是制定新时代促进人力资源服务业高质量发展的政策措施。七是企业吸引优秀人才开展重大产业关键共性技术、装备和标准研发,引才所需费用可全额列入经营成本。

为进一步做好《意见》的贯彻落实,人社部提出需要重点做好四项工作:一是加强组织领导,统筹推进人才流动配置各项工作,确保各项任务落实。二是完善政策措施,指导各地结合实际制定符合当地经济社会发展要求的落实意见,坚决清理妨碍人才顺畅有序流动的体制机制障碍。三是狠抓督查落实,针对重点任务、重点举措,明确督查重点,及时跟踪问效。四是强化宣传引导,树立正确人才流动导向,形成全社会关心人才、支持人才的良好氛围,引导广大人才主动投身到党和国家的伟大奋斗中来①。

《意见》里明确提出了要想充分发挥市场作用促进人才顺畅有序流动,必须要加快发展人力资源服务业来解决人才流动服务体系不健全、服务供给不足以及信息不畅通等问题,这就为中国人力资源服务业的进一步发展提供了更大的空间、更多的机遇,未来必将推动各地政府制定出更多促进人力资源服务业高质量发展的政策措施。人力资源服务业一定要紧紧抓住此次契机,积极提升自身的服务质量,有序承接政府转移的人才培养、评价、流动、激励等职能,大力发展高端人才猎头等专业化服务机构,为人才流动配置提供精准化的、专业化的服务,从而不断完善自身产业布局,推动行业迈入新的制高点。

6. 国务院就业工作领导小组成立

事件提要:

2019 年 5 月 22 日,中国政府网正式发布《国务院办公厅关于成立国务院就业工作领导小组的通知》(国办函〔2019〕38 号,以下简称《通知》)。根据《通知》,为进一步加强对就业工作的组织领导和统筹协调,凝聚就业工

---

① 人民网,http://dangjian.people.com.cn/n1/2019/0130/c117092-30599585.html。

作合力,更好实施就业优先政策,国务院决定成立国务院就业工作领导小组(以下简称"领导小组"),作为国务院议事协调机构,国务院就业工作部际联席会议同时撤销。《通知》明确,由国务院副总理胡春华担任领导小组组长,人社部部长张纪南、国务院副秘书长丁向阳、发改委副主任胡祖才、教育部副部长翁铁慧、财政部副部长余蔚平、退役军人部副部长方永祥担任副组长。另外,科技部、工信部、公安部、民政部等 19 个部门相关负责人担任领导小组成员。

领导小组的主要职责是:贯彻落实党中央、国务院关于就业工作的重大决策部署;统筹协调全国就业工作,研究解决就业工作重大问题;研究审议拟出台的就业工作法律法规、宏观规划和重大政策,部署实施就业工作改革创新重大事项;督促检查就业工作有关法律法规和政策措施的落实情况、各地区和各部门任务完成情况,交流推广经验;完成党中央、国务院交办的其他事项。

《通知》规定,领导小组办公室设在人力资源社会保障部,承担领导小组日常工作。办公室主任由人力资源和社会保障部副部长游钧兼任,办公室成员由领导小组成员单位有关司局负责同志担任。领导小组成员因工作变动需要调整的,由所在单位向领导小组办公室提出,按程序报领导小组组长批准。领导小组实行工作会议制度,工作会议由组长或其委托的副组长召集,根据工作需要定期或不定期召开,必要时邀请其他有关部门人员参加。

事件述评:

从 2018 年底以来,"就业"无疑成为国务院常务会议上出现最为频繁的词汇之一,中国高层的多项决策部署均体现出就业优先的思路。在 2018 年底召开的中央经济工作会议上,稳就业被放在"六稳"的首位。2018 年 12 月,《国务院关于做好当前和今后一个时期促进就业工作的若干意见》印发,文件中明确,对不裁员或少裁员的参保企业,可返还其上年度实际缴纳失业保险费的 50%。2019 年 1 月 1 日至 12 月 31 日,对面临暂时性生产经营困难且恢复有望、坚持不裁员或少裁员的参保企业,返还标准可按 6 个月的当地月人均失业保险金和参保职工人数确定,或按 6 个月的企业及其职工应缴纳社会保险费 50% 的标准确定。在 2019 年的政府工作报告中,"就业优先"首次被置于宏观政策层面,报告同时强调"必须把就业摆在更加突出位置"。在 2019 年 4 月 30 日召开的国务院常务会议上,确定使用 1000 亿元失业保险基金结余,实施职业技能提升行动的措施,提高劳动者素质和就业创业能力;并讨论通过高职院校扩招 100 万人实施方案,加快培养各类技术技能人才促进扩大就业。紧接着 5 月 14 日召开的国务院常务会议又部署进一步推动网络提速降费,发挥扩内需稳就业惠民生多重效应。5 月 22 日,小组成员来自 20 多个部门的国务院就业工作领导小组成立,明确将凝聚就业工作合力,更好实施就业优先政策。此外,国家发改委等多部门召开稳就业座谈会。

　　从数据来看,我国就业总体形势较为平稳。国家统计局数据显示,2018 年全年城镇新增就业 1361 万人,比上年多增 10 万人,连续 6 年保持在 1300 万人以上,完成全年目标的 123.7%。同时,城镇调查失业率全年都保持在 5% 左右,实现了 2018 年初提出的低于 5.5% 的预期目标[1]。虽然我国的就业指标中,5% 的调查失业率、4% 左右的登记失业率,这在国际社会的横向比较中是比较好的,我们有底气保持 2019 年的就业基本稳定,但 2019 年中国经济面临的不确定因素有所增加,相较于往年,就业压力会更大。通过成立国务院就业工作领导小组加强对就业工作的组织领导,可以把可能出现的涉及就业的干扰因素做到最快的应对。

　　在二元经济发展过程中,劳动年龄人口和经济活动人口增长较快,劳动力市场上供大于求是常态。把实现充分就业的目标以及劳动力市场各类信号纳入一个工作组中予以考量、决策和执行,就业政策的目标和底线将更加清晰、可操作,民生也可以得到更好保障。国务院就业工作领导小组成立的目的是进一步加强对就业工作的组织领导和统筹协调,凝聚就业工作合力,更好实施就业优先政策。小组组长由国务院副总理胡春华担任,国务院就业工作领导小组释放出来的信号是国家更加重视就业工作,规格升级,旨在强化国务院各部门工作合力,更及时地研究应对措施,进一步健全并贯彻落实就业政策,可以更好应对国际因素对我国就业的冲击,维护就业大局的稳定。过去,"稳就业"的职责分散在各个部门当中,有时会通过部际联席会议的方式组织进行。如今在建立领导小组之后,更加便于把就业问题"放

① 新华网,http://www.xinhuanet.com/politics/2019-01/21/c_1210043465.htm。

到一起进行协调"。国务院就业工作领导小组的成员安排,囊括了科技部、工信部、公安部、民政部、人社部、住建部、农业农村部、商务部、央行、国资委等多个有关部门的重要领导,不仅全面而且极具力度,将多部门握成一个拳头,方便统筹协调以及政策统一。

就业是最大的民生。国务院成立就业工作领导小组凸显在复杂的国内外经济形势下,中国政府始终把民生放在第一位。就业问题的解决不仅局限于单一领域,而是涉及宏观经济的各个方面,因此需要在更高层面上,以战略性的眼光进行规划和协调,需要有各个相关组别的成员参与,国务院就业工作领导小组就很好地体现了这些要求。在"稳就业"的政策导向下,2019年以来中国就业形势总体稳定。官方数据显示,2019年前4月,中国城镇新增就业459万人,完成全年计划的42%。4月份,全国城镇调查失业率为5%,31个大城市城镇调查失业率为5%,均比上月下降①。如今,国务院就业工作领导小组成立,充分显示出中国政府对就业等民生问题的高度重视,下一阶段中国"稳就业"政策或全面发力。

人力资源服务业是生产性的服务业,也是现代服务业的重要组成部分。人力资源服务为用人单位和求职者提供了更多的选择和交流的机会,提高了劳动者和岗位的匹配效率,在很大程度上缓解了劳动者与用人单位之间的信息不对称问题,也有助于解决劳动者求职难和企业招工难的问题。可以说,人力资源服务业在促进就业创业和推动人力资源市场化配置中发挥了积极的作用。此次高级别就业工作领导小组的成立凝聚了就业工作的合力,也意味着国家对就业问题的高度重视,人力资源服务业作为促进就业创业和优化人才流动配置的重要抓手必将迎来更大的发展机遇。

（二）学术事件

7.《中国人力资源服务业蓝皮书2018》和《中国人力资源服务业发展报告2018》发布

事件提要：

为了全面贯彻党和国家关于大力发展服务业的精神,进一步助力人力

---

① 中国网,http://finance.china.com.cn/news/20190515/4979524.shtml。

资源服务业的健康发展,提高人力资源服务业对实施人才强国战略的助推作用,在国家人力资源和社会保障部人力资源市场司的大力支持与指导下,北京大学继续推出《中国人力资源服务业蓝皮书 2018》(以下简称"蓝皮书");与此同时,2018 年 8 月 20 日,人力资源市场司委托中国人才交流协会牵头组织编写的《中国人力资源服务业发展报告 2018》(以下简称"发展报告")也由中国人事出版社正式出版。蓝皮书和发展报告均秉承推动人力资源服务业更好更快发展的宗旨,对过去一年中国人力资源服务业的发展状况进行了深入调查与系统梳理,并结合专业前沿理论对年度内行业实践的状况进行了包括理论概述、事实描述、量化实证、案例分析在内的具有科学性和前瞻性的评价、分析与预测,力图更加全面地展现当前中国及其各省市人力资源服务业的发展现状、重点、亮点、问题和最新进展。

事件述评:

《中国人力资源服务业蓝皮书 2018》共分为三个部分。

第一部分为年度报告篇,共分为三章。第一章主要摘录和分析了 2017 年 8 月至 2018 年 7 月对我国人力资源服务业有重大影响的法律法规政策及其新变化。通过这些法律法规政策进行深入解读,使读者能够及时掌握人力资源服务业所处的政策环境新变化和新动向。第二章的内容共分为五个方面。第一,根据《中国人力资源服务业发展报告》的数据,分析了我国人力资源服务机构及其从业人员、业务开展的现状;第二,通过对比 2016 年和 2017 年两年的数据,分析了人力资源服务业业态发展及其变化;第三,基于人力资源服务业的发展现状,合理预测人力资源服务机构未来发展趋势以及前景;第四,重点介绍了人力资源服务技术创新与发展趋势,其中技术创新部分重点就大数据和移动管理平台在人力资源服务业的应用进行了介绍,发展趋势则结合了当前最为先进的技术趋势包括互联网、大数据、人工智能、云技术等,对于先进技术在人力资源服务业的应用进行了分析和展望;第五,对于年度人力资源服务业发展新亮点进行了概括。第三章以广西锦绣前程人力资源有限公司和深圳市人力资源保障局为案例,重点对其在行业发展和行政管理过程中的先进经验和突出贡献进行介绍,以期与其他地区和机构进行交流,并给国内的人力资源服务机构及相关政府部门提供参考和借鉴。

第二部分为专题报告篇,共分为四章。第一章进行了人力资源服务业各省市重视度与发展度评价。从公众、政府、媒体和社会组织三大群体的视角出发,通过大数据方法和文本分析方法来阐述人力资源服务业在我国各省市受到的重视程度及发展情况。第二章通过设计人力资源服务业发展状况评价指标体系,在搜集相关数据资料基础上,利用主成分分析法等对各地区人力资源服务业发展水平进行了排序、分类、阐释与说明,最后提出了相应的政策建议。第三章在回顾相关研究的基础之上,构建出人力资源服务企业竞争力评价指标体系,并运用人力资源和社会保障部评选的全国人力资源诚信服务示范机构的相关数据,采取主成分分析的方法对企业竞争力进行了综合排名并提出相关建议。第四章评选了人力资源服务业十大事件,继续记载中国人力资源服务业的发展历程,旨在让世人了解中国人力资源服务业一年来在政策、学术和行业三方面取得的突破性进展。本章首先介绍了大事件评选的指导思想、评选目的与意义、评选的原则与标准以及评选的方式与程序,接下来则是对评选出的年度十大事件进行具体的介绍,包括事件提要与事件述评两部分。

第三部分选编了我国部分人力资源服务网站、人才市场、服务企业名录,以及过去一年度的部分研究成果名录,供读者查阅了解更多更深入的信息。

《中国人力资源服务业蓝皮书2018》与往年相比,对于全书结构进行了一些创新性的调整,并对内容进行了大量的更新、补充和丰富,主要体现在以下几个方面:第一,继续"政策背景"部分的创新,深入探索每项政策实施的原因和发展路径。除了对政策进行解读外,在分类方法上采用了层级分类,有国家层面的如国务院颁布的政策法规,有人社部制定的行业政策规定,也有地方政府、其他部委发布的相关政策规定。该书进一步扩大了信息收集的来源,把一些基本有结论、正在进行发布程序的政策也纳入范围。除了详细解读政策本身外,还重点解读了政策给人力资源服务业带来的影响,包括对人力资源服务市场中供需变化、交易成本、监管措施等各个方面的短期和长期的影响,力求使读者能够快速掌握每条政策到人力资源服务业的影响传导路径。第二,持续关注我国人力资源服务业的业态发展状况和新机遇,主要聚焦在政府人才服务机构的改革以及军民融合人力资源服务新需求两方面。其中,军民融合人力资源服务是顺应国家战略的新需求,相关的理论研究非常欠缺,因此该书主要就军民融合人力资源服务的研究背景、整体策略和路径以及重点和难点问题进行了理论分析,同时以四川省和陕西省为例,对于我国军民融合人力资源服务的实践与经验进行了介绍。第三,继续关注人力资源服务业发展的量化评价模型。各省市的发展状况方面,继续从公众、政府、非政府组织三大群体的视角出发,通过大数据方法和文本分析方法对主流社交媒介、纸质媒介、网站、各省政府工作报告以及相关政策法规、规划文件进行数量统计和内容分析,来阐述人力资源服务业在我国各省市受到的重视程度及发展情况。发展水平评价方面,通过设计人力资源服务业发展状况评价指标体系,在搜集相关数据资料基础上,依托这一指标体系利用主成分分析法等对各地区人力资源服务业发展水平进行了排序、分类,并对相关的数据分析结果进行了阐释与说明,最后概括总结了评价结果,提出了相应的政策建议。同往年相比,评价模型更为准确,对人力资源服务业的评价结果分析更为科学和详细,提出的配套政策建议更加充实可靠。第四,对人力资源服务业的竞争力进行了量化分析。该书在回顾相关研究的基础之上,构建出人力资源服务企业竞争力评价指标体系,并运用人社部评选的全国人力资源诚信服务示范机构的相关数据,选取 95 家具有代表性的样本企业,采取主成分分析的方法,对企业竞争力进行了综合排名,最后,在对我国人力资源服务企业发展现状作出总体性把握的基础上,对企业间竞争力差异的原因进行进一步分析,并提出了相关建议。第五,继续关注人力资源服务业十大事件评选并对评选方法进行了创新。人力资源服务业十大事件的评选旨在展现中国人力资源服务业发展的线性,让世人了解中国人力资源服务业在产、学、研三方面这一年来取得的突破性进展与重要成绩,大事件评选过程本身也能够提高全社会对人力资源服务业的关注和重视。

《中国人力资源服务业发展报告 2018》以贯彻落实党的十九大关于人力资源和人力资源服务的新精神、新要求为主线,立足于 2017 年我国人力资源服务业的新数据、新变化,重点展现 2017 年我国人力资源服务业发展的重要成果、重大举措和亮点特色。该书分为综述篇、业态篇、管理篇、协会篇、专题篇、地方篇、机构篇和活动篇共 8 篇 18 章,内容涵盖行业总体情况、服务业态、管理规则、专家观点、专题探讨、地方做法、机构代表经验分享以及部分有影响力的人力资源服务活动等。该书得到了各地人社部门、人力资源服务机构的大力支持,内容丰富、数据权威、观点鲜明,也是一本实效性较高的人力资源服务行业工具书,对全面了解行业发展情况,掌握行业发展趋势,不断提升人力资源服务工作的能力和水平,推动人力资源服务业创新发展大有裨益。

总之,蓝皮书与发展报告都非常注重内容的权威性、覆盖的全面性、信息的时效性以及方法的科学性,不仅展示了我国人力资源服务业发展的基本面貌,而且全面概括了该年度我国人力资源服务业取得的新成果、新增长、新亮点;不仅全面真实地反映了我国人力资源服务业的发展情况,而且深入分析了行业发展面临的形势,还科学预测了未来可能的发展趋势,为我国未来的人力资源服务业发展提供了政策建议和道路指引。这些对于促进行业的交流与学习,带动整个人力资源服务行业发展的研究与探索,对于激发行业管理和服务的创新与实践,引起社会各界对人力资源服务业的了解、关注与支持都具有重要价值。

8. 2019年中国人力资源服务业发展高层论坛暨评价成果发布会和中国人力资源开发研究会主办的"2018年中国人才发展论坛"在北京成功召开

事件提要:

为了全面贯彻党和国家关于大力发展服务业的精神,进一步助力人力资源服务业的健康发展,提高人力资源服务业对实施人才强国战略的助推作用,2019年3月19日,北京大学人力资源开发与管理中心,联合北京大学政府管理学院行政管理学系、中国人力资源开发研究会测评分会共同主办2019年中国人力资源服务业发展高层论坛暨评价成果发布会。北京大学人力资源开发与研究中心主任萧鸣政教授等来自学界、政界、企业界、媒体界的领导、学者与同仁等近50名嘉宾出席发布会。发布会由北京大学政府管理学院教授、行政管理系主任句华和北京大学政府管理学院副教授白智立共同主持。

2018年12月15日,中国人力资源开发研究会主办的2018年中国人才发展论坛在北京召开。论坛旨在推动中国人才事业的进步和发展,促进企事业单位人才发展及管理水平的提升。本次论坛的主题是新时代、新未来、新跨越,来自国内人力资源开发与管理领域的 800 余名专家学者与企业界高管们聚集一堂,围绕新时代企业人才发展战略、如何定义企业新未来、实现企业新跨越展开讨论与交流。

事件述评:

2019 年中国人力资源服务业发展高层论坛揭示,自 2006 年开始,北京大学人力资源开发与管理研究中心研究团队与上海市对外服务有限公司合作,共同进行中国人力资源服务业发展问题研究,于 2007 年 11 月发布了我国第一部《中国人力资源服务业白皮书》,至今已经连续在人民出版社出版发布了 11 部《中国人力资源服务业白(蓝)皮书》;从 1994 年开始萧鸣政教授就关注人才市场问题,在《中国人民大学学报》1995 年第 2 期发表了论文"关于当前人才市场的剖析与思考";从 2003 年开始,萧鸣政教授就关注并指导研究生选择人力资源服务业发展问题作为研究方向,一直坚持不断,目前培养了 11 位人力资源服务业发展方向的博士与硕士,其中 3 位博士与 7 位硕士已经毕业,为推动中国人力资源服务业的发展作出了重大贡献。因此,北京大学社会科学部部长龚六堂首先代表北京大学对前来参加发布会的各位专家学者、企业界代表表示了热烈欢迎,并对北京大学人力资源开发与管理中心持续研究 10 多年所取得的研究与评价成果给予了充分肯定。随后,北京大学政府管理学院常务副院长燕继荣致辞,再次肯定了北京大学人力资源开发与管理中心对于中国人力资源服务业发展评价问题所进行的深入系统研究,特别感谢中心依托人力资源问题研究为国家培养了 1500 名人力资源方向的博士、硕士与自考本科生。之后,国家人力资源和社会保障部张文森副司长针对当前中国人力资源服务业的发展形势进行了发言;萧鸣政教授就北京大学人力资源开发与管理中心针对中国各省市人力资源服务业发展评价成果与 2019 年研究计划进行了系统报告。再后,中国著名人才学专家、原中国人事科学研究院院长王通讯先生,中国人力资源开发研究会副会长兼秘书长李震,北京市人力资源协会创会会长张宇泉及其他代表针对人力资源服务业发展的相关情况分别进行了高质量的发言与报告,深入讨论了新时代人力资源服务业发展路径与发展前景。

人力资源服务业发展评价成果的系统报告显示,从 2014 年开始,萧鸣政教授带领北大的研究团队持续 5 年基于大数据对于中国各地人力资源服务业发展水平与竞争力进行了评价研究。通过对微信、微博等网络社交媒体及行业企业类的人力资源相关网站的分析,通过对各地政府工作报告、年度工作计划、颁发的政策法律法规文件的分析以及通过对国内主流媒体、各省市主要报刊的报道的分析还有对在地方民政部登记的地方社会组织进行统计查询,进而分析比较了各地对于人力资源服务业的关注度与重视度;基于搜集到的各省区市各年数据,通过数学模型综合评判了各省区市的人力资源服务业发展水平,并进行了排名;基于人力资源和社会保障部评选的"全国人力资源诚信服务示范机构"的相关数据,运用所构建的人力资源服务企业竞争力评价指标体系综合评判了近百家人力资源服务业企业发展水平而最终得到年度百家诚信人力资源服务机构竞争力的综合排序①。

2019 年中国人力资源服务业发展高层论坛暨评价成果发布会在全国两会刚刚闭幕之际举办,在新时代的背景下,发挥了智力密集优势,把握了时代发展脉搏,凝聚了学界理念共识,对于进一步引领我国各地政府与社会努力改善环境,加大对于人力资源服务业的关注、支持与发展,促进我国经济社会创新发展潜能的释放与实现国家创新发展战略与人才强国战略,均具有重要与深远的意义。

中国人才发展论坛是由国家发改委主管的中国人力资源开发研究会主办的最权威、最高端的人才发展论坛,是人力资源领域规格高、规模大、具有影响力的专业论坛,已成功举办 3 届。党的十九大提出,"坚持党管人才原则,聚天下英才而用之,加快建设人才强国","实行更加积极、更加开放、更加有效的人才政策",指出了人才工作坚持的原则、目标和路径。在 2018 年中国人才发展论坛上,中国人力资源开发研究会会长、国家发改委原秘书长李朴民重点阐述了改革开放 40 年来中国人力资源开发和管理事业取得的重要进展、明显成效,并提出了未来人才队伍建设和发展的更高要求和方法。李朴民强调,改革开放 40 年来,我国人才队伍建设发生了重大变化和

① 孟晓蕊:《"2019 年中国人力资源服务业发展高层论坛"在北大举行》,《中国劳动保障报》2019 年 3 月 23 日。

取得了显著成绩。再一次用实践证明,发现人才、培养人才、造就人才,是中国经济社会发展的一项重大任务。同时,经济社会的持续健康发展,需要坚实的人才支撑和智力支持,可以说,人才是第一资本,怎么重视和强调都不为过。

中国人民大学劳动人事学院院长、中国人力资源开发研究会人力资本服务分会会长杨伟国重点解析了中国目前在改革开放 40 周年遇到的两大瓶颈,希望研究会未来在人力资源领域中开展研究和人才培养两项工作。杨伟国指出,未来中国发展的关键其实是研究,没有研究,就没有创新,没有创新就没有未来。无论是孟晚舟事件也好,还是最近中美之间关于"千人计划"等一系列事件,都表明我们国家的人才工作在过去 40 年中间取得巨大成就,但是仍然做得不够好,所以才会有这样的事件出现。中国人才发展论坛,在这样一个时间节点上召开具有重大的意义。此外,杨伟国院长还进行了"打造组织人才交往新环境"的主题演讲。

中国人力资源开发研究会企业人才分会会长、中国著名企业管理专家彭剑锋演讲的主题是"新时代:中国企业人才发展的新挑战",他重点阐述了中国企业人才发展在新时代遇到的六个新挑战,其一是企业家的思维与领导力的挑战(企业家领导力的发展与传承),其二是人才发展标准与绩效价值导向的挑战,其三是生态战略思维与人才跨界融合发展的挑战,其四是平台化分布式组织模式下的人才发展的挑战,其五是人才事业合伙与人才发展的挑战,其六是数字化、智能化与数字化人才发展的挑战。

本次论坛上人瑞集团 CEO 张建国、京东大学执行校长李庆欣、浪潮集团副总裁刘伟华、海尔集团人力资源平台总经理纪婷琪、京东方高级副总裁李学政、格略集团董事长郭金山、方正证券副总裁吴珂等重量级嘉宾围绕人力资源管理变革与创新、人才发展战略、人力资源战略转型等热点话题都做了精彩的主题演讲。此外,本次论坛还颁发了 2018 年中国人力资源开发研究会企业人才发展奖。万达集团、双星集团、青岛啤酒股份、泰然控股、金科地产集团等企业获得了优秀企业奖,万达学院、京东大学、福田大学、大唐大学等获得了优秀企业大学奖,中智上海经济技术合作有限公司、上海猎你网科技有限公司、中智人力资源管理咨询有限公司、人瑞集团、北京外企、格略集团、用友薪福社等企业获得了杰出供应商奖,交通银行、东方航空集团、太平人寿、中国民生银行获得幸福企业最佳实践百强企业奖①。

国以才立,政以才治,业以才兴。人才始终是决定事业成功的关键因素,2018年5月,习近平总书记在两院院士大会上强调指出:"创新之道,唯在得人。得人之要,必广其途以储之。要营造良好的创新环境,加快形成有利于人才成长的培养机制、有利于人尽其才的使用机制、有利于竞相成长各展其能的激励机制、有利于各类人才脱颖而出的竞争机制","培养造就一大批具有国际水平的战略科技人才、科技领军人才、青年科技人才和创新团队"。本次论坛也提出了在中国经济转型升级的关键时期,对于中国人才队伍建设的更高要求,这就为人才以及用人单位提供相关服务从而促进人力资源有效开发与优化配置的人力资源服务业指明了未来努力的方向,人力资源服务业应该深入地学习领会这些新时代的人才队伍建设要求,不断地完善自身的服务体系,在人才开发培养与管理上提供更高质量的服务,从而才能在助推我国人才强国战略实现的同时,也实现人力资源服务业自身的快速发展。

(三)行业事件

9.人社部同意建立中国北京、天津、广州、深圳人力资源服务产业园

事件提要:

2018年10月10日,人社部复函北京市政府,同意在北京建立国家级人力资源产业园,名称定为"中国北京人力资源服务产业园"。"中国北京人力资源服务产业园"规划为"一园两区",即在中国北京人力资源服务产业园的总体布局下,分别建设通州园区和海淀园区②。

人社部还复函天津市政府,同意在天津建立国家级人力资源服务产业园,名称定为"中国天津人力资源服务产业园",规划为"一园两核多点位",以天津市和平区产业园为中心园区,天津市人力资源发展促进中心和天津经济技术开发区慧谷园为两翼核心园区,武清、红桥、津南等园区为多点位

---

① 2018年中国人才发展论坛在京胜利召开,http://finance.ifeng.com/a/20181219/16629203_0.shtml。

② 人社部,http://www.mohrss.gov.cn/SYrlzyhshbzb/jiuye/zcwj/201811/t20181101_304037.html。

支撑园区①。

　　10 月 17 日,人社部复函广东省政府,同意在广东省广州市、深圳市建立国家级人力资源服务产业园。广州市的名称定为"中国广州人力资源服务产业园",规划为"一江两岸、双核驱动、多点支撑",围绕广州珠江两岸打造人力资源服务业商圈,以天河人才港和琶洲互联网创新人才集聚区为双核,番禺青年人才创新创业服务园区、广州开发区海外高层次人才服务园区、南沙粤港澳人才合作示范园区、越秀现代服务业人才服务园区、花都临空产业人才服务园区为多点支撑。深圳市的名称定为"中国深圳人力资源服务产业园",规划为"一园四区、多点支撑",以深圳人才园、龙岗区天安云谷智慧广场、南山区深圳湾科技生态园、宝安区人才园为核心园区,前海国际人力资源服务产业园、罗湖区粤港澳大湾区人才创新园为支撑园区②。

　　事件述评:

　　建设国家级人力资源服务产业园,是促进人力资源服务业集聚发展的创新举措。人力资源服务产业园是人力资源服务业集聚发展的重要载体和平台,作为中国特色的以空间集聚、资源共享为特色的人力资源配置市场化的重要形式,具有"集聚产业、拓展业态、孵化企业、培育市场"等功能,对人力资源服务产业发展具有巨大推动作用,是新常态下助推经济社会发展的一个新引擎。作为实现人才强国战略、推动人力资源服务业发展的重要抓手,建设人力资源服务产业园区的任务势在必行,责任重大。2014 年 12 月,人力资源社会保障部、发展改革委、财政部印发《关于加快发展人力资源服务业的意见》(人社部发〔2014〕104 号),将推进人力资源服务业集聚发展列为促进人力资源服务业发展的重点任务,提出加强产业园统筹规划和建设。2017 年 9 月,人力资源社会保障部印发《人力资源服务业发展行动计划》(人社部发〔2017〕74 号),指出要开展"产业园区建设计划",培育建设一批有规模、有辐射力、有影响力的国家级人力资源服务产业园,建设一批有特色、有活力、有效益的地方产业园。自从 2010 年 11 月我国第一个国家级的人力资源服务产业园区——上海人力资源服务产业园正式成立以

---

　　①　人社部,http://www.mohrss.gov.cn/gkml/zcfg/gfxwj/201811/t20181101_304039.html。
　　②　人社部,http://www.mohrss.gov.cn/gkml/zcfg/gfxwj/201811/t20181101_304040.html。

来,至今已经建成中国上海、重庆、中原、苏州、杭州、海峡、成都、烟台、长春、南昌、西安等11家国家级人力资源服务产业园,加上此次获批的4个,我国国家级人力资源服务产业园达到15个。此外,安徽、山西、天津、广州等地也纷纷筹建并成立省级或县市级人力资源服务产业园区。可以说,人力资源服务产业园建设如雨后春笋般在全国各地迅猛发展。

纵观各地已筹建的产业园区,我国人力资源服务产业园的发展主要呈现以下几个特点:第一,公共服务配套较完善。现有园区均配有综合性的公共服务平台,为园区内企业提供社会保险、劳动维权、就业管理、档案托管、户口挂靠以及行政审批、公共资源交易等一站式服务。第二,充分发挥政府和市场两者合力。园区在建成初期通常采用"政府搭台、市场化运作"的运营模式,通过政府引导、不断引入社会资源的方式,实现园区运营管理效能的提升。第三,基本形成人力资源服务全产业链。园区内人力资源服务机构的业务范围通常涵盖招聘、培训、薪酬、绩效、咨询等人力资源服务的各个环节,着力打造完整的人力资源产业链条。

产业园的建立为人力资源服务业搭建了一个行业集聚发展的实体平台,对于扶持和推动人力资源服务业的发展起到了非常好的作用。具体说来,人力资源产业园区作为推动人力资源服务业发展的重要抓手,对行业发展具有以下几点重要意义。

第一,人力资源服务产业园有利于促进产业链的形成乃至拉伸。人力资源服务领域有多种业务形态,包括招聘、派遣、猎头、培训、咨询、外包、代理等。产业园将众多不同业态的企业集聚在一起,这样,在业务开展过程中就会产生商机的嫁接,就会产生不同的链条结合,产业链可能会由此而形成。另外,行业广度还可以进一步拓展,比如与人力资源服务产业相关或以人力资源服务产业为核心的领域,也可以集聚到人力资源服务产业园中来,如财务、法务、心理咨询、科技中介、健康服务、专利服务、保险服务、技能鉴定等。

第二,人力资源服务产业园区建设有利于提高行业的社会认知度,是树立行业良好形象的平台。目前,人力资源服务业的社会认识度还有待提高。做好了人力资源服务产业园,人力资源服务业的形象也就出来了。各地的人力资源服务产业园的建设也印证了我们这样一个认识。

第三，人力资源服务产业园具有孵化器功能，可以培养行业发展的新生力量。园内优惠的政策、良好的环境有利于企业尤其是初创期企业的健康成长。

第四，人力资源服务产业园有利于塑造优质品牌，助力品牌企业的发展壮大。中国是人力资源管理、人事管理文化资源最丰富的国家，当前，我国已经成为人力资源服务大国，应该在人力资源服务理念、服务质量、服务能力上居于世界领先之位，应该有一批国际、国内知名的人力资源服务品牌。

第五，人力资源服务产业园给了人力资源服务业同行们一个快速学习、共同成长的机会。"人力资源服务业"是我国原创的概念，符合我国国民经济、市场经济的现状，并与行业定位相吻合。在过去的几年中，伴随经济的快速增长、市场化进程的全速推进、我国人口的增长与劳动力大流动，人力资源服务行业大踏步地发展起来了。当前，国际人才竞争加剧，人力资源服务工作肩负重任，要尽快推动人力资源服务产业成型和快速健康发展。在此过程中，业内要更多地相互学习、切磋。人力资源服务产业园就给了各个机构一个学习、切磋的场所和氛围。

第六，人力资源服务业自身也在产生良好的效益。没有良好效益的行业，很难有良好的前景。在经济领域就要有经济性的驱动力。宁波八骏湾人力资源产业园每年产值达 3500 多万，苏州人力资源服务产业园已经过亿，园区内的一些人力资源服务机构的经济效益也很好，好多已开始跨国收购业务①。从实践来看，产业园所发挥的产业集聚效应和规模效应是非常明显的。以上海为例，上海产业园区建设运营至今，仅仅 5 年多的时间，已集聚了人力资源企业 84 家，形成了人力资源服务全产业链。同时，在园区周边打造的上海人才培训广场，已成为上海人才培训、上海青年创业的集聚地。上海产业园区目前一年的营业收入约 200 亿元，税收近 7 亿元，而园区在建成初期的营业收入仅几十个亿②。

人力资源服务产业园作为促进人才集聚和人才战略的重要载体，对提升国际化城市的竞争力也具有重要意义。北京、天津、广州、深圳产业发展

---

① 中国共产党新闻网，http://dangjian.people.com.cn/n/2015/0803/c397259-27401193.html。

② 陕西人才公共服务网，http://www.snhr.gov.cn/zxdt/113096.jhtml。

齐全,人力资源需求旺盛,人力资源服务业蓬勃发展。通过市场化运作、一站式服务,人力资源服务可以提升地区经济发展效能,并逐步突破本地范围辐射到更多的地区。在人社部对广州市政府的复函中第一次提出"人力资源服务业商圈"概念,不仅是目前已设立的15个国家级产业园中唯一的也是我国人力资源服务业的文件表述中第一次使用的概念。"人力资源服务业商圈"概念的提出,既是对广州人力资源服务产业园特色的肯定,也是对我国人力资源服务业发展方向的新探索。广州提出要以获批国家级产业园为契机,紧紧围绕国家对中国广州人力资源服务产业园的功能定位,突出"人力资源服务业商圈"特色、突出分园区产业结构特征、突出产业链完善和创新创业生态圈打造,加快推进园区建设,努力把中国广州人力资源服务产业园建设成为华南地区和东南亚人力资源服务与配置中心、"一带一路"国家(地区)人力资源服务配置枢纽、粤港澳大湾区国际人才高地建设和连通世界人力资本集聚地。

发展起来要靠创新,创新需要人才。借由产业园这一支点,可以撬开人才"富矿"。因此,充分利用好人才这个"第一资源",人力资源服务产业园肩负重任。一方面,为区域招才引智、优化人才资源配置,为企业发展输送更多更好的优质人才;另一方面,通过集聚众多不同业态的企业,产生商机的嫁接,让人力资源服务行业本身迸发出经济活力。众志成城下,就一定能跑出创新发展的"加速度"。

10. 第二届西部人力资源服务博览会暨首届西部人力资源服务创新大赛总决赛在重庆隆重举行

事件提要:

2018年12月13—14日,2018西部人力资源服务博览会(以下简称"西部人博会")开幕式在重庆悦来国际会议中心隆重召开。此次博览会由重庆市人力资源和社会保障局、重庆市渝北区人民政府、中国重庆人力资源服务产业园管委会主办,以"开发人资蓝海、引领西部未来"为主题,打造了一场人力资源服务业的盛宴。此次博览会共吸引了近100家人力资源服务机构进场展示,近1500名企业人力资源人员、1100家用人企业、700家人力资源服务及行业专业人士观展。同时,还有一大批行业顶级专家、世界500强企业的人力资源高管等专业人士齐聚山城,共同探讨人力资源服务领域的前沿热点话题。

　　首届西部人力资源服务创新大赛作为第二届西部人博会的重要组成部分,以"为创新喝彩,为产业赋能"为主题,自 10 月启动项目征集工作以来,共收到来自海内外的 220 个创新项目参赛,经过前期层层选拔,20 个顶尖人力资源服务行业创新项目脱颖而出,进入总决赛。2018 年 12 月 13 日上午,2018 西部人力资源服务创新大赛总决赛在重庆悦来国际会议中心盛大举行。中国劳动和社会保障科学研究院副院长莫荣、重庆市人力资源和社会保障局副局长何振国、重庆市人才研究和人力资源服务协会会长冉隆江、中国人事科学研究院人力资源市场研究室主任田永坡等出席了大赛总决赛。张宇泉、朱庆阳等人力资源业内专家、重庆市人力资源和社会保障局相关处室负责人及部分金融专家共 12 人担任了大赛评委。经历了激烈的角逐后,大赛最终决出一等奖 1 名、二等奖 2 名、三等奖 3 名、优胜奖 14 名。①

　　事件述评:

　　人力资源服务业是生产性服务业和现代服务业的重要组成部分,对推动经济发展、促进就业创业和优化人才配置具有重要作用。在各方努力下,中国人力资源服务业近些年取得长足发展。人力资源服务业已成为被纳入国家长远战略规划如"十三五"规划、促进就业规划等,在国家层面上进行重大战略部署的行业之一,出台《关于加快发展人力资源服务业的意见》,现已有 20 多个省份拟定了相应的扶持政策。与此同时,人力资源服务业本身也在不断优化自己的行业结构、提升服务能力和服务水平,新业态、新模式不断涌现,中高端服务也进入了迅猛发展阶段,整体产业规模已然非常庞大。截至 2017 年,全国各类人力资源服务机构已达 3.02 万家,从业人员58.37 万人,全年营业收入 1.44 亿万元,已成为生产性服务业的重要增长点②。人社部《人力资源服务业发展行动计划》提出,到 2020 年,要基本建立专业化、信息化、产业化、国际化的人力资源服务体系,进一步提升人力资源服务业对经济增长贡献率。

　　重庆是中国内陆唯一的直辖市和国家中心城市,在国家发展战略中具

---

　　①　人民网,http://cq.people.com.cn/GB/365412/news/20181217/20181217121438351469.htm。

　　②　中国政府网,http://www.gov.cn/xinwen/2018-07/17/content_5307145.htm。

有重要地位。2016 年习近平总书记视察重庆时强调,重庆是西部大开发的重要战略支点,处在"一带一路"和长江经济带的联结点上,要求重庆加快建设内陆开放高地、山清水秀美丽之地。2018 年全国两会期间,习近平总书记在参加重庆代表团审议时又要求重庆在加快建设"两地"的基础上,努力推动高质量发展、创造高品质生活。人力资源是推动经济社会发展的第一资源。重庆要立足"两点"、建设"两地"、实现"两高",必须进一步大力发展人力资源服务产业,为经济社会发展提供有力的人才支撑和人力资源服务保障。近年来,重庆人力资源服务业获得了长足发展,全市有人力资源服务机构 1400 余家,产值 250 亿元,人力资源市场供需两旺,产业发展潜力巨大。由人社部与重庆市政府共建的中国重庆人力资源服务产业园是全国第二个、西部地区第一个国家级产业园,承载着探索完善人力资源服务产业园全国战略布局、带动中西部人力资源服务业加快发展的重大历史使命,正致力于打造"立足重庆、引领西部、辐射全国"的人力资源服务产业基地,已成为西部地区人力资源服务产业创新集聚、示范引领的重要平台。

2017 年 8 月,中国重庆人力资源服务产业园携手中国领先的人力资源媒体公司 HRoot 举办了首届中国重庆西部人力资源服务博览会,为人力资源服务机构提供了宣传展示、学习交流和对接合作平台,推动了重庆和西部地区人力资源服务产业的创新发展。为深入贯彻实施《人力资源服务业发展行动计划》,促进西部地区人力资源服务产业加快发展,搭建人力资源服务国际交流合作平台,服务"一带一路"和长江经济带建设战略,2018 年 12 月 14 日,中国重庆人力资源服务产业园与 HRoot 再度携手在重庆举办了第二届中国重庆西部人博会。本届西部人博会采取了"1+6+1"的会议模式,在现场设置了 1 个主会场、6 个分会场以及 1 个"博士后论坛"。为了达到更好的会议效果,组委会专门邀请了多位行业专家及知名人士,围绕人力资源服务业的前沿热点话题,进行了 30 余场主题演讲。开幕式后,中国人事科学研究院院长余兴安带来了以"人力资源服务发展趋势和前景展望"为主题的演讲,科锐国际董事长高勇带来了以"人力资源服务业助推西部产业经济发展"为主题的演讲……此外,众多专家学者还围绕"西部地区猎头行业的现状和发展趋势""人力资源管理创新:方向与路径的抉择"等话题,进行了多场圆桌讨论①。

作为第二届西部人博会重要组成部分的首届西部人力资源服务创新大赛总决赛,以"为创新喝彩,为产业赋能"为主题,经过前期层层选拔,2018年 12 月 13 日,脱颖而出进入总决赛的 20 个顶尖人力资源服务行业创新项目在重庆进行了一场精彩纷呈的巅峰对决。参赛项目八仙过海,各显其能,给专家评委、与会嘉宾和来自全国各地的人力资源服务机构和专业人士呈现了许多新创意、新技术和新项目。本次大赛呈现出了四大显著特点:(1)参赛项目量多质高。大赛共收集到来自全国及海外的 220 个创新项目参赛,其中海外项目 5 个,市外项目 157 个,占 70%以上,且一大批项目运用了人工智能、区块链和大数据等新技术。(2)参赛项目注重转化与落地。通过前期推广与洽谈,已有 50 余个项目与相关投融资机构、园区及有关企业达成合作意向,落户重庆孵化发展。(3)大赛组织严密公正。大赛组委会在 220 个报名项目中评审出 50 个项目进入复审环节。由来自中国人事科学研究院、北京、上海、杭州等行业协会的 12 名业内专家组成的大赛评审委员会,评审出 20 个项目进入总决赛。为保证总决赛路演质量,大赛组委会还组织了"创客训练营",对进入总决赛的 20 个项目团队进行了集中培训。(4)比赛互动性强。总决赛将采用 12 位专家评委打分与 100 位大众评委评价相结合的方式进行评审,最终产生总决赛一、二、三等奖。

相关负责人表示,希望能够通过这一活动,构建人力资源服务技术与产业融合、产品与服务升级、项目与资本对接的平台,孵化、培育、转型一批创新型人力资源服务企业,从而让创新引领重庆及西部人力资源服务产业发展。因此,大赛以营造人力资源创新发展生态环境、创造价值为本质内涵,以提升人力资源服务创新发展驱动力、积极搭建创新服务平台为目标,以比赛为契机打造西部人力资源服务创新的品牌赛事,为今后能常态化开展西部人力资源服务创新大赛奠定基础,为创新喝彩,为人才点赞。

总之,本届博览会秉承国际化、高端化、专业化、市场化、实效性的办会理念,汇集政府决策者、行业顶级专家及《财富》世界 500 强企业的人力资

①　人民网,http://cq.people.com.cn/GB/365412/news/20181217/20181217121438351469.htm。

源管理高管等,深入研讨了新经济、新政策、新技术下中国西部地区人力资源服务行业面临的机遇与挑战、创新与突破以及全球人力资源管理服务领域的热点与趋势,探索了人力资源服务产业"聚集、变革、共生、融合"的未来发展之路。

发展是第一要务,人才是第一资源,创新是第一动力。人力资源服务业是国家确定的生产性服务业重点领域,对于推进人才流动、深化人才服务、推动人才作用发挥等发挥着重要作用。党的十九大提出,要建设人力资源协同发展的产业体系,在人力资本服务等领域培育新增长点,形成新动能,对推动我国人力资源服务业发展提出了新的更高的要求。此次博览会以及创新大赛的成功举办印证了进入新时代,人力资源服务业要想更好地服务于经济社会快速转型与发展,创新是必由之路。综观近年来的人力资源服务业高速发展历程,可以看到创新是贯穿始终的主旋律:一是创新扩容,市场细分正在培育人力资源服务行业新的增长点;二是科技赋能,新技术与传统服务的结合给人力资源服务业带来新动能;三是思维变革,公益与商业的结合正在培育人力资源服务新的服务模式。人才发展离不开人才服务,人力资源服务业的发展与创新也将"反哺"我国人才事业的发展。进入新时代,我国人才工作面临新的机遇和挑战,人力资源服务业也正迎来大有可为的历史机遇期,因此,我们应不断推进人力资源服务的产品创新、技术创新、业态创新以及服务模式创新,以更完善的人力资源政府保障、更高质量的人力资源市场服务赋能新时代的人才工作[1]。

---

① 吴帅:《创新是人力资源服务业的必由之路》,《光明日报》2018年4月22日。

第五章　中国人力资源服务业
十一年中的发展与变化

【内容提要】

本章试图根据《中国人力资源服务业白皮书》(2008—2013 年)与《中国人力资源服务业蓝皮书》(2014—2018 年)11 本书,把中国人力资源服务业十一年中在政策、发展水平、机构、大事件、成果五个方面的变化进行归纳总结,找出人力资源服务业发展的规律和特点以及探析未来的趋势。

本章内容共分为 5 部分。第一部分是归纳和分析了 2008—2018 年人力资源服务业相关政策法规的变化分析,总结了人力资源服务业政策法规变化的三个趋势与规律:政策法规的内容与社会经济发展需求相一致,人力资源服务业的政策法规体系已初步建立,地方越来越重视人力资源服务业政策法规体系建设。第二部分通过排名和类别两个部分的变化,归纳和总结了各地人力资源服务业发展水平变化。从政策、经济、人力三方面分析了变化的原因,并给出了一定的建议。第三部分归纳了人力资源服务机构变化的总体情况,分析了人力资源服务机构业态变化,总结了人力资源服务业的发展特点和趋势。第四部分从 8 次评选出的行业大事的变化归纳了人力资源服务业发展十一年的情况。第五部分从专著类、期刊硕博论文类、举办会议三个方面总结了十一年来关于人力资源服务业的研究成果,每一部专著、每一篇文章、每一次大会都是人力资源服务业的一次成长。

在 2008—2018 的十一年中,人力资源服务业从首次写入国务院文件到逐渐成为重点产业,成为国家战略中非常重要的一部分。从此,人力资源服务业承担起历史使命,在中国这个土壤,生根、发芽、成长、壮大。这一路走来,离不开政府的支持、企业的实践、行业协会的努力、专家的研究。不忘初心,方得始终,人力资源服务业在新的时代会越来越好!

Chapter 5　Development and Changes of Human Resources Service Industry for 11 Years in China

【Abstract】

According to White Paper for Human Resources Service Industry in China (2008-2013) and Blue Paper for Human Resources Service Industry in China (2014-2018),This chapter attempts to summarize the changes of the human resources service in China for 11 years in five aspects,includes the polices,development level,institutions,big events and results paper,find out the rules and features of the development of policies and regulations of human resources service,and analyzes the trend of the future.

The contents of this chapter are divided into five parts.Firstly,it summarizes and analyzes the changes of policies, laws and regulations on China's human resources service from 2008 to 2018,there are three trends:the content of the polices,laws and regulations is consistent with the social and economic development's needs;the system of polices,laws and regulations on human resource service industry has been preliminarily established; local government pays more and more attention to construct human resource service industry policies laws and regulations system. Secondly, according to the changes of ranking and category,it summarizes the changes of the development level of human resource service industry in different regions,analyzes the reasons for the changes:policy,economy and human resource,and gives some suggestions. Thirdly,it summarizes the overall situation of the change of human resource service organizations,analyzes the change of the format of human resource service organizations, and summarizes the development characteristics and trends of human resource service industry.Fourthly,according to the changes of the industry events selected for 8 times, it summarizes the development of human resource service industry for 11 years. Fifthly, it summarizes the research results on human resource service industry in the past 11 years, it includes three aspects: monograph, postgraduate and doctoral papers and conference. Every monograph, article and conference is a growth of human resource service industry.

During the 11 years from 2008 to 2018, human resources service industry was first written into the document of the State Council, and gradually became a key industry, and it becomes a very important part of the national strategy now. Since then, human resource service industry has assumed the historical mission, taking root, sprouting, growing andexpanding in China. Along the way, it cannot be separated from the support of the government, the practice of enterprises, the efforts of industry associations and the research of experts. Never forget why you started, and your mission can be accomplished. Human resource service industry will be better and better in the new era!

一、人力资源服务业政策法规变化分析

（一）2008—2018 年人力资源服务业政策法规概况

根据《中国人力资源服务业白皮书》（2008—2013 年）与《中国人力资源服务业蓝皮书》（2014—2018 年）11 本书中关于人力资源服务业主要政策法规的相关内容，以及在梳理过程中发现需要添加的政策法规，本次共整理出 142 项政策法规。下面分别从这些政策法规的类别、发布部门、效力级别三个方面对其整体情况进行简要说明。

1. 政策法规的类别

从法规类别看，共有招工与就业、社会福利与社会保障等 46 类政策法规。其中数量最多的五大类政策法规是招工与就业、社会福利与社会保障、工资福利与劳动保险、人事综合规定、劳动争议，总共 58 项，占政策法规总数的 44.37%（见图 2-5-1）。

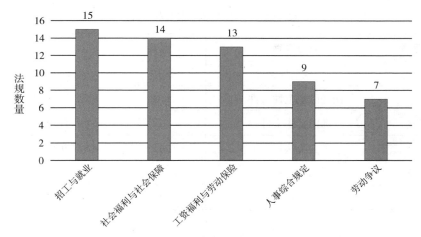

图 2-5-1　数量前五位的法规类别

2.政策法规的发布部门

从政策法规的发布部门看,共有国务院、人力资源和社会保障部等 43 个发布部门。其中国务院发布了 33 项政策,国务院下属部门、国务院和其他部门联合发布了 21 项政策,总计 54 项政策,占总数的 38.03%。人力资源和社会保障部发布了 34 项政策,和其他部门联合发布了 27 项政策,总计 61 项政策,占总数的 42.96%(见表 2-5-1)。

表 2-5-1　发布部门数量及占比

序号	发布部门	数量	占比
1	国务院	33	23.24%
2	人力资源和社会保障部	34	23.94%
3	国务院办公厅	10	7.04%
4	人力资源和社会保障部、财政部	7	4.93%
5	全国人大常委会	6	4.23%

3.政策法规的效力级别

从效力级别看,共有部门规范性文件、国务院规范性文件等 15 个效力级别。其中主要以部门规范性文件、国务院规范性文件、部门工作文件、党内法规、部门规章、行政法规为主,这六个效力级别的政策法规总计 119 项,占总数的 83.80%(见表 2-5-2)。

表 2-5-2　效力级别数量及占比

序号	效力级别	数量	占比
1	部门规范性文件	35	24.65%
2	国务院规范性文件	31	21.83%
3	部门工作文件	17	11.97%
4	党内法规	13	9.15%
5	部门规章	12	8.45%
6	行政法规	11	7.75%

（二）2008—2018 年人力资源服务业相关政策法规分类

2008—2018 年发布实施的人力资源服务业相关政策法规，按照内容大致可分为四个大类：一是促进就业与调整劳动关系的相关政策法规，二是促进工资福利与社会保障的相关政策法规，三是促进人力资源开发与管理的相关政策法规，四是促进简政放权、减税降费等优化营商环境的相关政策法规。

1. 促进就业与调整劳动关系的相关政策法规

（1）促进就业的相关政策法规

党中央、国务院一直高度重视就业问题，党的十九大报告指出："就业是最大的民生"。改革开放 40 年来特别是党的十八大以来，我国就业工作取得历史性成就、发生历史性变革，实现了劳动就业制度由"统包统配"向市场化导向转变，就业总量持续增长，就业结构不断优化，就业政策与就业服务体系日趋丰富完善，走出了一条中国特色就业发展道路，积累了宝贵经验。2008—2018 年，各部门先后发布实施了 21 项与就业相关的政策法规（见表 2-5-3），就业政策法规日益丰富发展。2008 年应对国际金融危机形成更加积极的就业政策，党的十八大以来更加突出创业和就业紧密结合、支持发展新就业形态、拓展就业新空间，积极就业政策迭代升级。[①]

①　人力资源和社会保障部党组理论学习中心组：《把就业这个最大的民生抓紧抓好》，《人民日报》2018 年 8 月 7 日。

表 2-5-3 就业相关政策法规(2008—2018)

序号	政策法规名称	实施年度	发布部门
1	《中华人民共和国就业促进法》	2008	全国人大常委会
2	《关于切实做好 2008 年度农村劳动力技能就业计划实施工作的通知》	2009	人力资源和社会保障部
3	《关于开展高校毕业生就业推进行动的通知》	2009	人力资源和社会保障部 教育部 财政部
4	《关于开展 2009 年就业服务系列活动的通知》	2009	人力资源和社会保障部 教育部 中华全国总工会
5	《关于采取积极措施减轻企业负担稳定就业局势的通知》	2009	人力资源和社会保障部 财政部 国家税务总局
6	《关于做好当前经济形势下就业工作的通知》	2009	国务院
7	《关于促进以创业带动就业工作的指导意见的通知》	2009	国务院办公厅
8	《关于加强普通高等学校毕业生就业工作的通知》	2009	国务院办公厅
9	《关于做好促进就业工作的通知》	2009	国务院
10	《就业失业登记证管理暂行办法》	2011	人力资源和社会保障部
11	《促进就业规划(2011—2015 年)》	2012	国务院
12	《关于进一步完善公共就业服务体系有关问题的通知》	2013	人力资源和社会保障部 财政部
13	《人力资源社会保障部等九部门关于实施大学生创业引领计划的通知》	2014	人力资源和社会保障部
14	《中华人民共和国就业促进法》(2015 年修正)	2015	全国人大常委会
15	国务院决定设立国家新兴产业创业投资引导基金	2015	国务院
16	《关于进一步推进创业培训工作的指导意见》	2016	人力资源和社会保障部
17	《关于支持农民工等人员返乡创业的意见》	2016	国务院办公厅

续表

序号	政策法规名称	实施年度	发布部门
18	《关于支持和鼓励事业单位专业技术人员创新创业的指导意见》	2017	人力资源和社会保障部
19	《关于印发"十三五"促进就业规划的通知》	2017	国务院
20	《关于做好当前和今后一段时间就业创业工作的意见》	2017	国务院
21	《关于扶持残疾人自主就业创业的意见》	2018	中国残疾人联合会 国家发展和改革委员会 民政部

（2）调整劳动关系的相关政策法规

在当今的社会中，劳动关系是最重要的社会关系之一，因为就业不仅仅是谋生的手段，也是个人和社会发生关系、实现自身价值的重要方式。任何国家都把公民就业放在公共政策的重要位置，劳动关系是个社会最基本的社会关系，劳动关系和谐为社会和谐提供基础。随着经济社会的发展，与劳动关系相关的一些问题逐渐增多，亟须制定出台调整劳动关系的政策法规。2008—2018年，调整劳动关系的13项政策法规颁布实施。这些政策法规共8条（见表2-5-4），大致可以分为以下三大类。

第一类：与劳动合同相关的政策法规。

以2008年元旦实施的《中华人民共和国劳动合同法》，对劳动者就业稳定性的保护，对劳动者劳动报酬支付的保护，对用人单位违法行为的处罚，对用人单位合法权益的保护，对劳动合同的全面规范，以及增强职工工会在劳动关系中的民主决策和民主监督作用都做了详细的规定。以该法为基础，相关部门相继出台了《职工带薪年休假条例》《中华人民共和国劳动合同法实施条例》《劳动合同法（修订）》《关于推进实施集体合同制度攻坚计划的通知》等政策法规，以配合劳动合同法的贯彻实施。针对劳动派遣用工中存在的突出问题，上海市、人力资源和社会保障部发布实施了几项关于规范劳务派遣用工的政策法规。上述政策法规的发布实施，不断健全完善我国劳动合同的政策法规体系。

表 2-5-4　劳动合同相关政策法规（2008—2018）

序号	政策法规名称	实施年度	发布部门
1	《中华人民共和国劳动合同法》	2008	全国人大常委会
2	《中华人民共和国劳动合同法实施条例》	2009	国务院
3	《关于规范本市劳务派遣用工的指导意见》	2011	上海市人力资源和社会保障局 上海市总工会等
4	《关于深入推进集体合同制度实施彩虹计划的通知》	2011	人力资源和社会保障部 中华全国总工会等
5	《关于规范本市劳务派遣用工管理的若干意见（试行）》	2012	上海市政府
6	《劳动合同法（修订）》	2012	全国人大常委会
7	《劳务派遣暂行规定》	2014	人力资源和社会保障部
8	《关于推进实施集体合同制度攻坚计划的通知》	2014	人力资源和社会保障部 中华全国总工会等

第二类：与劳动争议相关的政策法规。

劳动争议调解仲裁是解决劳动争议的程序制度。我国于 1987 年恢复了劳动争议仲裁制度,1993 年企业劳动争议处理条例和 1994 年劳动法的相继颁布实施,形成了以协商、调解、仲裁、诉讼为主要环节的劳动争议处理制度。随着市场经济的发展和企业形式的变化,劳动关系也发生了深刻的变化,劳动争议处理制度面临着一些新的挑战。2008 年制定和颁布的《中华人民共和国劳动争议调解仲裁法》以及时公正处理劳动争议为宗旨,进一步完善了劳动争议解决机制。以该法为基础,各相关部门相继发布实施了劳动人事争议仲裁办案规则,仲裁组织规则,企业劳动争议协商调解规定,加强劳动人事争议处理效能建设的意见、加强非公有制经济企业劳动争议预防调解工作的意见等政策法规。最高人民法院也发布了 5 个关于劳动争议的司法解释。这一系列政策法规的颁布实施形成了我国劳动争议协商调解仲裁的政策法规体系（见表 2-5-5）。

表 2-5-5　劳动人事争议相关政策法规（2008—2018）

序号	政策法规名称	实施年度	发布部门
1	《中华人民共和国劳动争议调解仲裁法》	2008	全国人大常委会
2	《最高人民法院关于审理劳动争议案件适用法律若干问题的解释（2008 年调整）》	2008	最高人民法院
3	《劳动人事争议仲裁办案规则》	2009	人力资源和社会保障部
4	《最高人民法院印发〈关于当前形势下做好劳动争议纠纷案件审判工作的指导意见〉的通知》	2009	最高人民法院
5	《劳动人事争议仲裁组织规则》	2010	人力资源和社会保障部
6	《最高人民法院关于审理劳动争议案件适用法律若干问题的解释（三）》	2010	最高人民法院
7	《最高人民法院研究室关于王某与某公司劳动争议纠纷申请再审一案适用法律问题的答复》	2011	最高人民法院
8	《企业劳动争议协商调解规定》	2012	人力资源和社会保障部
9	《关于加强劳动人事争议处理效能建设的意见》	2012	人力资源和社会保障部财政部
10	《关于加强非公有制经济企业劳动争议预防调解工作的意见》	2013	人力资源和社会保障部中华全国工商业联合会
11	《最高人民法院关于审理劳动争议案件适用法律若干问题的解释（四）》	2013	最高人民法院
12	《劳动人事争议仲裁办案规则》修订	2017	人力资源和社会保障部
13	《劳动人事争议仲裁组织规则》修订	2017	人力资源和社会保障部

第三类：与劳动安全和劳动保护相关的政策法规。

2008—2018 年为了加强劳动者的劳动安全，增强劳动保护，保障职工的合法权益，全国人大常委会、国务院、人力资源和社会保障部等部门发布实施了 14 条与此相关的政策法规（见表 2-5-6）。2009 年 8 月，全国人大常委会发布实施《中华人民共和国工会法（2009 年修正）》；人力资源和社会保障部发布实施《企业职工带薪年休假实施办法》；深圳市发布实施《深圳经济特区和谐劳动关系促进条例》。2010 年，中华全国总工会发布实施了女职工、劳务派遣工加入工会的政策法规。2011 年上海市、重庆市人大也发布实施职工代表条例。2012 年，国务院为加强对外劳务合作管理及加强女职工劳动保护，发布实施了两项政策法规；其他相关部门发布实施了有

关企业民主管理及特殊工时的政策法规。针对劳动中的工伤问题,2011年
国务院对《工伤保险条例》进行修订,人力资源和社会保障部分别于2014
年、2018年出台了贯彻落实工伤保险条例的意见,对其进一步完善补充。
上述政策法规形成了我国劳动安全和劳动保护的政策法规体系。

表2-5-6 劳动安全和劳动保护相关政策法规(2008—2018)

序号	政策法规名称	实施年度	发布部门
1	《中华人民共和国工会法(2009年修正)》	2009	全国人大常委会
2	《企业职工带薪年休假实施办法》	2009	人力资源和社会保障部
3	《深圳经济特区和谐劳动关系促进条例》	2009	深圳市人大(含常委会)
4	《关于加强企业工会女职工工作的意见》	2010	中华全国总工会
5	《关于组织劳务派遣工加入工会的规定》	2010	中华全国总工会
6	《工伤保险条例》(修订)	2011	国务院
7	《重庆市职工权益保障条例》	2011	重庆市人大(含常委会)
8	《上海市职工代表条例》	2011	上海市人大(含常委会)
9	《对外劳务合作管理条例》	2012	国务院
10	《女职工劳动保护特别规定》	2012	国务院
11	《企业民主管理规定》	2012	中共中央纪律检查委员会中共中央组织部等
12	《特殊工时管理规定(征求意见稿)》	2012	人力资源和社会保障部
13	《关于执行〈工伤保险条例〉若干问题的意见》	2014	人力资源和社会保障部
14	《关于工伤保险待遇调整和确定机制的指导意见》	2018	人力资源和社会保障部

2.促进工资福利与社会保障的相关政策法规

2008—2018年,促进工资福利和社会保障的相关政策法规不断发布实
施,劳动者工资水平得到不断提升,劳动福利也不断增加,社会保障体系也
越来越完善。

(1)促进工资福利的相关政策法规

工资是劳动者的主要收入来源,工资政策关系到千家万户的切身利益,
必须稳妥推进。促进工资福利的相关政策法规有11项(见表2-5-7),主

要包括以下几个方面。

一是与绩效工资相关的政策法规。2008 年,国务院办公厅转发人力资源社会保障部、财政部、教育部关于义务教育学校实施绩效工资指导意见的通知。通知指出,"义务教育学校实施绩效工资,是贯彻落实义务教育法的具体措施,也是深化事业单位收入分配制度改革的重要内容"。"义务教育学校实施绩效工资,涉及广大义务教育学校教职工的切身利益,社会关注,政策性强。""通过实施绩效工资,推动教育改革,促进义务教育事业发展。要注意研究解决实施中出现的问题,妥善处理各方面关系,确保教师队伍稳定。"

二是与行业工资相关的政策法规。2009 年,为适应我国非公有制中小企业快速发展和劳动关系深刻变化的需要,加快建立行业内劳动关系协调机制、实现工会主动依法科学维权、扩大工资集体协商覆盖面、增强工资集体合同实效性,中华全国总工会发布实施《关于积极开展行业性工资集体协商工作的指导意见》。2014 年,我国第一个行业性工资福利政策文件——《2014 年餐饮行业工资福利工作指导意见》发布实施。

三是与农民工工资相关的政策法规。2010 年,一些地区接连发生因企业特别是建设领域企业拖欠农民工工资引发的群体性事件,严重影响社会稳定。为解决企业拖欠农民工工资问题,国务院办公厅发布《关于切实解决企业拖欠农民工工资问题的紧急通知》。国务院办公厅于 2016 年、2017年连续两年发布两份关于农民工工资的文件,要求全面治理企业拖欠农民工工资问题,把保障农民工工资支付工作作为属地监管责任,以有效预防和解决拖欠农民工工资问题,切实保障农民工劳动报酬权益,维护社会公平正义,促进社会和谐稳定。

四是与收入分配制度改革相关的政策法规。收入分配制度是经济社会发展中一项带有根本性、基础性的制度安排,是社会主义市场经济体制的重要基石。2013 年,国务院批转发展改革委等部门《关于深化收入分配制度改革的若干意见》的通知,以解决收入分配领域存在一些亟待解决的突出问题,如城乡区域发展差距和居民收入分配差距依然较大,收入分配秩序不规范,隐性收入、非法收入问题比较突出,部分群众生活比较困难等。2018年,《关于改革国有企业工资决定机制的意见》和《关于提高技术工人待遇的意见》两项政策出台,对国有企业工资决定机制、提高技术工人待遇提供政策法规依据。

五是与带薪年休假相关的政策法规。年休假制度不仅是政府机关公务员和参照公务员管理的事业单位的法定权利,同时也是各种所有制企业员工的法定权利。这种权利是国家法律赋予的,企业不能随意地予以取消此权利或缩减此权利所含的内容。为落实《劳动合同法》中关于职工休假等福利制度,《职工带薪年休假条例》于2008年1月1日起实施,它为职工带薪年休假提供了制度保障,是劳动保障和劳动福利方面的一个重要举措。2009年国务院办公厅发布《关于严格执行国家法定节假日有关规定的通知》,确保广大人民群众的法定休假权利。

表2-5-7 工资福利相关政策法规(2008—2018)

序号	政策法规名称	实施年度	发布部门
1	《关于义务教育学校实施绩效工资指导意见的通知》	2008	国务院办公厅
2	《职工带薪年休假条例》	2008	国务院
3	《关于严格执行国家法定节假日有关规定的通知》	2009	国务院办公厅
4	《关于积极开展行业性工资集体协商工作的指导意见》	2009	中华全国总工会
5	《关于切实解决企业拖欠农民工工资问题的紧急通知》	2010	国务院办公厅
6	《关于深化收入分配制度改革的若干意见》	2013	国务院
7	《2014年餐饮行业工资福利工作指导意见》	2014	中国财贸轻纺烟草工会 中国烹饪协会 中国饭店协会
8	《关于全面治理拖欠农民工工资问题的意见》	2016	国务院办公厅
9	《关于印发保障农民工工资支付工作考核办法的通知》	2017	国务院办公厅
10	《关于改革国有企业工资决定机制的意见》	2018	国务院
11	《关于提高技术工人待遇的意见》	2018	中共中央办公厅 国务院办公厅

（2）促进社会保障的相关政策法规

社会保障体系是指国家通过立法而制定的社会保险、救助、补贴等一系列制度的总称，是现代国家最重要的社会经济制度之一，作用在于保障全社会成员基本生存与生活需要，特别是保障公民在年老、疾病、伤残、失业、生育、死亡、遭遇灾害、面临生活困难时的特殊需要。2008—2018 年期间，我国各部门发布实施的促进社会保障体系建设的政策法规文件非常多，仅中央各部门发布的促进人力资源服务业发展的社会保障政策法规多达 37 项。这些政策法规主要包括社会保障综合规定、养老保险、医疗保险、工伤保险、生育保险、失业保险和住房公积金 7 类（见图 2-5-2）。

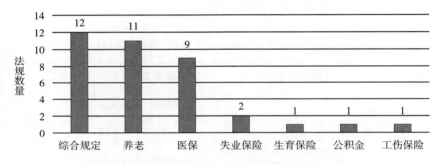

图 2-5-2　社会保障政策法规数量比较（2008—2018）

一是与社会保障综合规定相关政策法规。2008—2018 年，中央各部门共发布实施了 10 项关于社会保障综合规定的法规政策，形成了以《中华人民共和国社会保险法》为基础的社会保障综合规定的政策法规体系（见表2-5-8）。

表 2-5-8　社会保障综合规定相关政策法规表（2008—2018）

序号	政策法规名称	实施年度	发布部门
1	《中华人民共和国社会保险法》	2011	全国人大常委会
2	《在中国境内就业的外国人参加社会保险暂行办法》	2012	人力资源和社会保障部
3	《关于加强和改进人力资源社会保障领域公共服务的意见》	2016	人力资源和社会保障部
4	《关于阶段性降低社会保险费率的通知》	2016	人力资源和社会保障部 财政部

序号	政策法规名称	实施年度	发布部门
5	《关于做好企业"五证合一"社会保险登记工作的通知》	2016	人力资源和社会保障部
6	《全国社会保障基金条例》	2016	国务院
7	《关于切实做好社会保险扶贫工作的意见》	2017	人力资源和社会保障部 财政部 国务院扶贫办
8	《关于全面实施全民参保登记工作的通知》	2017	人力资源和社会保障部
9	《划转部分国有资本充实社保基金实施方案》	2017	国务院
10	《残疾预防和残疾人康复条例》	2017	国务院

二是与养老保险相关的政策法规。2008—2018 年,中央各部门发布实施的 11 项关于养老保险的法规政策,形成了以基本养老保险制度为基础,企业年金、事业单位职业年金为辅助的多元立体的社会养老保险政策法规体系(见表 2-5-9)。

表 2-5-9　养老保险相关政策法规(2008—2018)

序号	政策法规名称	实施年度	发布部门
1	《城镇企业职工基本养老保险关系转移接续暂行办法》	2010	人力资源和社会保障部
2	《企业年金基金管理办法》	2011	人力资源和社会保障部
3	《关于鼓励社会团体、基金会和民办非企业单位建立企业年金有关问题的通知》	2013	人力资源和社会保障部 民政部
4	《关于加快推进健康与养老服务工程建设的通知》	2014	国家发展和改革委员会 民政部 财政部
5	《在京中央国家机关事业单位工作人员养老保险制度改革实施办法》	2014	人力资源和社会保障部 财政部
6	《机关事业单位职业年金办法》	2015	国务院办公厅
7	《关于 2017 年调整退休人员基本养老金的通知》	2017	人力资源和社会保障部 财政部

序号	政策法规名称	实施年度	发布部门
8	《关于印发机关事业单位基本养老保险关系和职业年金转移接续经办规程(暂行)的通知》	2017	人力资源和社会保障部
9	《统一和规范职工养老保险个人账户记账利率办法的通知》	2017	人力资源和社会保障部 财政部
10	《关于建立城乡居民基本养老保险待遇确定和基础养老金正常调整机制的指导意见》	2018	人力资源和社会保障部 财政部
11	《企业年金办法》	2018	人力资源和社会保障部 财政部

　　三是与医疗保险相关的政策法规。2008—2018 年,各部门发布实施的 7 项政策法规,不断丰富完善我国的医疗保险制度(见表 2-5-10)。如城乡居民大病保险是在基本医疗保障的基础上,对大病患者发生的高额医疗费用给予进一步保障制度性,是基本医疗保障制度的拓展和延伸,是对基本医疗保障的有益补充。做好基本医疗保险异地就医医疗费用结算,整合城乡居民基本医疗保险制度,新增部分医疗康复项目纳入基本医疗保障支出,这些政策法规的发布实施,都是对我国基本医疗保险制度的不断完善和补充,从基本医疗保险到商业保险、从城镇到乡村,构建起了覆盖城乡、覆盖全体人民的医疗保险政策法规系统。

表 2-5-10　医疗保险相关政策法规(2008—2018)

序号	政策法规名称	实施年度	发布部门
1	《关于开展城乡居民大病保险工作的指导意见》	2012	国家发展和改革委员会 卫生部 财政部
2	《关于进一步做好基本医疗保险异地就医医疗费用结算工作的指导意见》	2014	人力资源和社会保障部 财政部 国家卫生和计划生育委员会
3	《关于全面实施城乡居民大病保险的意见》	2015	国务院办公厅
4	《关于开展商业健康保险个人所得税政策试点工作的通知》	2015	财政部 国家税务总局

序号	政策法规名称	实施年度	发布部门
5	《关于整合城乡居民基本医疗保险制度的意见》	2016	国务院
6	《新增部分医疗康复项目纳入基本医疗保障支付范围》	2016	人力资源和社会保障部 国家卫生和计划生育委员会 民政部
7	《关于做好2017年城镇居民基本医疗保险工作的通知》	2017	人力资源和社会保障部 财政部

四是与工伤保险、生育保险、失业保险和住房公积金相关的政策法规。2008—2018年,各部门发布实施的4项工伤保险政策法规、2项生育保险政策法规、2项失业保险政策法规和1项住房公积金政策法规(见表2-5-11)。

表 2-5-11 工伤保险、生育保险、失业保险和住房公积金
相关政策法规(2008—2018)

序号	政策法规名称	分类	实施年度	发布部门
1	《工伤保险条例》(修订)	工伤保险	2011	国务院
2	《关于执行〈工伤保险条例〉若干问题的意见》	工伤保险	2014	人力资源和社会保障部
3	《关于调整工伤保险费率的通知》	工伤保险	2015	人力资源和社会保障部 财政部
4	《关于调整失业保险费率有关问题的通知》	失业保险	2015	人力资源和社会保障部 财政部
5	《关于做好生育保险和职工基本医疗保险合并实施试点有关工作的通知》	生育保险	2017	人力资源和社会保障部 财政部 国家卫生和计划生育委员会
6	《关于工伤保险待遇调整和确定机制的指导意见》	工伤保险	2018	人力资源和社会保障部
7	《关于实施失业保险援企稳岗"护航行动"的通知》	失业保险	2018	人力资源和社会保障部

3.促进人力资源开发与管理的相关政策法规

2008—2018年,各相关部门发布实施了27项促进人力资源规划、开

发、管理、服务的相关政策法规。其中人力资源规划 4 项,人力资源开发 10 项,人力资源管理 8 项,人力资源服务 5 项(见图 2-5-3)。这些政策法规共同构成了促进人力资源发展的政策法规体系,为我国人力资源的发展提供了政策依据和制度保障。

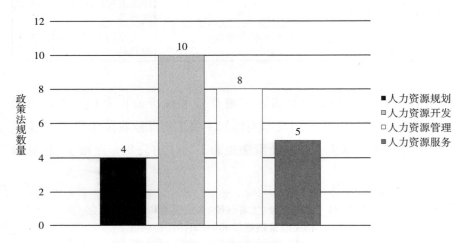

图 2-5-3 与人力资源相关的政策法规数量比较(2008—2018)

(1)与人力资源规划相关的政策法规

2010 年,党中央、国务院联合发布实施《国家中长期人才发展规划(2010—2020 年)》。这是新中国成立以来第一个中长期人才发展规划,是在国家国民经济和社会发展总体规划框架下,与科技、教育等国家若干领域发展规划相并列的专项规划,是实施人才强国战略的总体规划,是我国今后一个时期人才发展的纲领性文件。[①]它影响了包括人力资源服务业在内的所有人力资源领域的工作。2011 年和 2016 年人力资源和社会保障部发布实施了《人力资源和社会保障事业发展"十二五"规划纲要》和《人力资源和社会保障事业发展"十三五"规划纲要》。"十二五"规划纲要专设一节"发展人力资源服务业"。"十三五"规划纲要中提出"大力发展人力资源服务业,推进人力资源服务产业园建设。加强人力资源服务业从业

---

① 《中共中央、国务院关于印发〈国家中长期人才发展规划纲要(2010—2020 年)〉的通知》,中发〔2010〕6 号。

人员职业培训,实施人力资源服务业领军人才培养计划",并专门设置"人力资源服务业发展推进计划"。2016 年,国务院发布实施《国家人口发展规划(2016—2030 年)》,明确了今后一段时期我国人口发展的总体要求、主要目标、战略导向和工作任务,是指导全国人口发展的纲领性文件,是全面做好人口和计划生育工作的重要依据,并为经济社会发展宏观决策提供支撑。

表 2-5-12　人力资源规划相关政策法规(2008—2018)

序号	政策法规名称	实施年度	发布部门
1	《国家中长期人才发展规划纲要(2010—2020 年)》	2010	中国共产党中央委员会 国务院
2	《人力资源和社会保障事业发展"十二五"规划纲要》	2011	人力资源和社会保障部
3	《人力资源和社会保障事业发展"十三五"规划纲要》	2016	人力资源和社会保障部
4	《国家人口发展规划(2016—2030 年)》	2016	国务院

(2)与人力资源开发相关的政策法规

2008—2018 年,发布实施的与人力资源开发相关的政策法规有 10 项。一是与户籍相关的政策法规。2009 年上海市发布实施《持有上海〈上海市居住证〉人员申办本市常住户口试行办法》,2016 年国务院发布实施的《关于实施支持农业转移人口市民化若干财政政策的通知》和国务院办公厅发布实施的《推动 1 亿非户籍人口在城市落户方案》,这 3 项户籍政策法规的出台为人力资源开发提供了人口基础。二是与职业培训和继续教育相关的政策法规。《关于实施特别职业培训计划的通知》《专业技术人员继续教育规定》《关于推行终身职业技能培训制度的意见》和《中共中央、国务院关于实施乡村振兴战略的意见》4 项政策法规都对人力资源的职业培训和继续教育提出了明确要求、具体目标以及落实措施。三是与人力资源队伍建设相关的政策法规。这些政策法规涉及改革完善博士后制度、高校毕业生基层成长计划和全面深化新时代教师队伍建设改革。

表 2-5-13　人力资源开发相关政策法规（2008—2018）

序号	政策法规名称	实施年度	发布部门
1	《持有上海〈上海市居住证〉人员申办本市常住户口试行办法》	2009	上海市政府
2	《关于实施特别职业培训计划的通知》	2009	人力资源和社会保障部 国家发展和改革委员会 财政部
3	《推动 1 亿非户籍人口在城市落户方案》	2016	国务院办公厅
4	《关于实施支持农业转移人口市民化若干财政政策的通知》	2016	国务院
5	《专业技术人员继续教育规定》	2016	人力资源和社会保障部
6	《关于改革完善博士后制度的意见》	2017	国务院办公厅
7	《高校毕业生基层成长计划》	2017	中共中央组织部 人力资源和社会保障部
8	《关于全面深化新时代教师队伍建设改革的意见》	2018	中国共产党中央委员会 国务院
9	《关于推行终身职业技能培训制度的意见》	2018	国务院
10	《中共中央、国务院关于实施乡村振兴战略的意见》	2018	中国共产党中央委员会 国务院

（3）与人力资源管理相关的政策法规

2008—2018 年,各部门发布实施的与人力资源管理相关的政策法规有以下 8 项（见表 2-5-14）。这 8 项政策法规涉及公务卡的使用、个人征信管理、流动人员人事档案管理、人才发展体制机制改革、聘任制公务员管理以及分类推进人才评价机制改革等方面内容。

表 2-5-14　人力资源管理相关政策法规（2008—2018）

序号	政策法规名称	实施年度	发布部门
1	《关于加快推进公务卡制度改革的通知》	2012	财政部 中国人民银行
2	《征信业管理条例》	2013	国务院
3	《事业单位人事管理条例》	2014	国务院
4	《关于进一步加强流动人员人事档案管理服务工作的通知》	2015	中共中央组织部 人力资源和社会保障部
5	《关于简化优化流动人员人事档案管理服务的通知》	2016	人力资源和社会保障部

序号	政策法规名称	实施年度	发布部门
6	《中共中央关于深化人才发展体制机制改革的意见》	2016	中国共产党中央委员会
7	《聘任制公务员管理规定(试行)》	2017	中共中央办公厅 国务院办公厅
8	《关于分类推进人才评价机制改革的指导意见》	2018	中共中央办公厅 国务院办公厅

(4)与人力资源服务相关的政策法规

2008—2018 年,各部门发布实施的与人力资源服务相关的政策法规有以下 5 项(见表 2-5-15)。2012 年 10 月 31 日,人力资源和社会保障部发布《关于加强人力资源服务机构诚信体系建设的通知》,要求在经营性人力资源服务机构中开展诚信教育培训、诚信服务制度建设、诚信状况诊断评估和诚信典型宣传示范等诚信创建活动,推动建立和完善人力资源市场诚信体系,推动了人力资源服务业健康发展。2013 年,《国务院关于印发中国(上海)自由贸易试验区总体方案的通知》,对人力资源服务业深化行政管理体制改革、扩大服务业对外开放、构筑对外投资服务都起到了积极的作用。2014 年《关于加快发展人力资源服务业的意见》首次对发展我国人力资源服务业作出全面部署,建立健全专业化、信息化、产业化、国际化的人力资源服务体系,提出了发展各类人力资源服务机构、增强人力资源服务创新能力等 8 项重点任务。此后以重庆人力资源服务产业园为代表的各省市人力资源服务产业园如雨后春笋,蓬勃发展。2018 年国务院发布《人力资源市场暂行条例》,系统规范在我国境内通过人力资源市场求职、招聘和开展人力资源服务活动。

表 2-5-15 人力资源服务相关政策法规(2008—2018)

序号	政策法规名称	实施年度	发布部门
1	《关于加强人力资源服务机构诚信体系建设的通知》	2012	人力资源和社会保障部
2	《国务院关于印发中国(上海)自由贸易试验区总体方案的通知》	2013	国务院

续表

序号	政策法规名称	实施年度	发布部门
3	《关于加快发展人力资源服务业的意见》	2014	人力资源和社会保障部 国家发展和改革委员会 财政部
4	《关于同意中国重庆人力资源服务产业园正式挂牌的批复》	2016	人力资源和社会保障部
5	《人力资源市场暂行条例》	2018	国务院

4. 促进简政放权、减税降费等优化营商环境的相关政策法规

2008—2018 年,各部门发布实施了多项政策法规,促进简政放权、减税降费,不断优化人力资源服务业的营商环境。

(1)与"互联网+"相关的政策法规

2015 年,国务院发布《关于积极推进"互联网+"行动的指导意见》,其中"益民服务"行动鼓励政府和互联网企业合作建立信用信息共享平台,打通政府部门、企事业单位之间的数据壁垒。积极推广基于移动互联网人口的城市服务,开展网上社保办理、个人社保权益查询、跨地区医保结算等互联网应用。2016 年,《关于印发"互联网+人社"2020 行动计划的通知》发布实施,对加快人力资源和社会保障领域简政放权、放管结合、优化服务改革的重要举措,对增强人力资源和社会保障工作效能,提升公共服务水平和能力,优化营商环境等都产生了积极的作用。

(2)与简政放权相关的政策法规

2015 年国务院发布《关于取消和调整一批行政审批项目等事项的决定》,取消和调整了一批行政审批事项。2016 年国务院发布《关于取消一批职业资格许可和认定事项的决定》,取消了一批职业资格许可和认定事项。另外还有《关于"先照后证"改革后加强人力资源市场事中事后监管的意见》《关于加快推进"五证合一、一照一码"登记制度改革的通知》《关于做好人力资源和社会保障领域简政放权放管结合优化服务改革工作有关问题的通知》等政策法规的相继出台,不断优化营商环境,对人力资源市场、人力资源服务业的发展都起到了积极的促进作用。

（3）与减税降费相关的政策措施

2016 年，国务院发布《关于做好全面推开营改增试点工作的通知》、财政部和国家税务总局联合发布实施《关于进一步明确全面推开营改增试点有关劳务派遣、收费公路通行费抵扣等政策的通知》，对降低企业税负、促进服务业发展产生了重要推动作用。2018 年，中共中央办公厅和国务院办公厅联合发布《国税地税征管体制改革方案》，该方案除了强调坚持党的全面领导以外，还推进了办税和缴费便利化改革，以纳税人和缴费人为中心，从根本上解决"两头跑""两头查"等问题，切实维护纳税人和缴费人合法权益，降低纳税和缴费成本，优化营商环境，促进人力资源服务业发展。

表 2-5-16　简政放权、减税降费等优化营商环境的
相关政策法规（2008—2018）

序号	政策法规名称	分类	实施年度	发布部门
1	《关于积极推进"互联网+"行动的指导意见》	互联网+	2015	国务院
2	《关于取消和调整一批行政审批项目等事项的决定》	简政放权	2015	国务院
3	《关于"先照后证"改革后加强人力资源市场事中事后监管的意见》	简政放权	2016	人力资源和社会保障部
4	《关于加快推进"五证合一、一照一码"登记制度改革的通知》	简政放权	2016	国务院办公厅
5	《关于做好人力资源和社会保障领域简政放权放管结合优化服务改革工作有关问题的通知》	简政放权	2016	人力资源和社会保障部
6	《关于进一步明确全面推开营改增试点有关劳务派遣、收费公路通行费抵扣等政策的通知》	减税降费	2016	财政部 国家税务总局
7	《关于取消一批职业资格许可和认定事项的决定》	简政放权	2016	国务院
8	《关于做好全面推开营改增试点工作的通知》	减税降费	2016	国务院
9	《关于印发"互联网+人社"2020行动计划的通知》	互联网+	2016	人力资源和社会保障部
10	《国税地税征管体制改革方案》	减税降费	2018	中共中央办公厅 国务院办公厅

（三）人力资源服务业政策法规变化的趋势与规律

1. 政策法规的内容与社会经济发展需求相一致

2008—2018 年与人力资源服务业相关的政策法规的内容非常丰富,涉及就业、社会保障、工资福利、劳动保险等多层面。从总体情况来看,政策法规发布的内容与我国当时的社会经济发展需求紧密联系,具有高度的一致性。例如 2008 年,为了解决我国就业问题,满足人民群众的就业需求,《中华人民共和国就业促进法》颁布实施,关于促进就业的各项细化政策也在该法颁布实施之后陆续出台。随着国际金融危机对国内影响的进一步加深,到 2008 年底 2009 年初,就业的压力也进一步加大,国内各行各业受到影响,就业成为我国社会经济发展面临的一个更加严峻急迫的问题。国务院、人力资源和社会保障部等各部门积极行动,密集出台了一系列促进就业的政策法规。这一系列就业政策法规的出台,对于缓解国内当时面临的就业压力、提升劳动人口的就业率、促进经济发展、维护社会稳定都起到了积极的作用。

表 2-5-17 促进就业的相关政策法规(2008—2018)

序号	政策法规名称	法规类别	发布部门
1	《关于做好促进就业工作的通知》	招工与就业	国务院
2	《关于做好当前经济形势下就业工作的通知》	人事综合规定	国务院
3	《关于促进以创业带动就业工作的指导意见的通知》	人事综合规定	国务院办公厅
4	《关于加强普通高等学校毕业生就业工作的通知》	毕业分配	国务院办公厅
5	《关于切实做好 2008 年度农村劳动力技能就业计划实施工作的通知》	人事综合规定	人力资源和社会保障部
6	《关于采取积极措施减轻企业负担稳定就业局势的通知》	招工与就业	人力资源和社会保障部 财政部 国家税务总局
7	《关于开展高校毕业生就业推进行动的通知》	招工与就业	人力资源和社会保障部 教育部 财政部
8	《关于开展 2009 年就业服务系列活动的通知》	人事综合规定	人力资源和社会保障部 教育部 中华全国总工会

2.人力资源服务业的政策法规体系已初步建立

2008—2018 年期间,各相关职能部门相继发布实施的人力资源服务业相关政策法规,人力资源服务业的政策法规体系已经初步建立。

以法律为例,11 年中,先后有 4 部人力资源服务相关法律颁布实施,其中两部法律根据社会经济发展需要已经进行修正。在劳动关系领域,《中华人民共和国劳动合同法》《中华人民共和国劳动争议调解仲裁法》在 2008年相继颁布实施;在招工与就业领域,《中华人民共和国就业促进法》在2008 年颁布实施;在社会福利与社会保障领域,《中华人民共和国社会保险法》在 2011 年颁布实施。《中华人民共和国劳动合同法》和《中华人民共和国就业促进法》分别于 2012 年、2015 年进行修正,以满足经济社会发展需要。继这四部法律颁布实施后,其相关细化法规政策也相继出台。

以劳动争议的调解处理仲裁为例,《中华人民共和国劳动争议调解仲裁法》2008 年颁布实施后,各部门纷纷制定出台相应的法规政策,以配合其贯彻实施。这些法规政策的出台,形成了我国劳动争议协商调解仲裁较为完善的政策法规体系。

在人力资源服务业领域,浙江省人民政府于 2012 年 10 月 15 日发布实施《浙江省人民政府办公厅关于加快发展人力资源服务业的意见》,北京市政府于 2014 年 9 月 29 日发布实施《北京市人民政府关于加快发展人力资源服务业的意见》。2014 年 12 月 25 日,人力资源和社会保障部、国家发展和改革委员会与财政部联合颁布实施《关于加快发展人力资源服务业的意见》,加快推进人力资源服务业的国家级政策的出台。

随着人力资源服务业快速发展,新模式、新业态不断涌现,服务产品日益丰富,服务能力进一步提升,为满足我国经济社会发展对人力资源服务业的要求,缩小与世界先进水平的差距,为贯彻落实国务院《“十三五”促进就业规划》《关于做好当前和今后一段时期就业创业工作的意见》中关于实施人力资源服务业发展行动计划的有关要求,2017 年 9 月,《人力资源社会保障部关于印发人力资源服务业发展行动计划的通知》发布实施。

3.地方越来越重视人力资源服务业政策法规体系建设

各省、自治区、直辖市在国家层面的人力资源服务业政策法规发布实施后,因地制宜,立足本地实际,纷纷制定出台发展本地人力资源服务业的地方性政策法规。2010—2019 年,各省区市先后发布实施了 75 项人力资源服务业相关的地方性政策法规,其中地方性规范性文件 42 项,地方工作文件 33 项。从这些政策法规发布的数量趋势来看,受到国家发布实施的政策法规的影响非常大。2014 年国家颁布实施《关于加快发展人力资源服务业的意见》后,各省区市相继行动起来,2014—2016 年密集出台了加快发展本地人力资源服务业的政策法规 41 项,其中 2014 年发布实施的地方性政策法规就达到了 15 项。2017 年《人力资源社会保障部关于印发人力资源服务业发展行动计划的通知》发布实施后,2018 年再次出现了地方性人力资源服务业政策法规发布实施的小高潮,发布实施的地方性政策法规达到了 14 项(见图 2-5-4)。

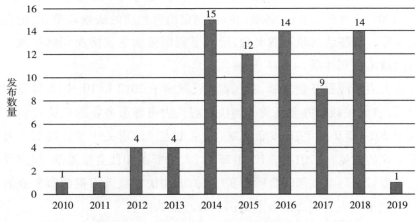

图 2-5-4　地方性人力资源服务业相关政策法规发布数量统计图

从各省、自治区、直辖市发布实施的人力资源服务业相关政策法规数量来看,主要集中在东部地区,如河北、江苏、浙江、山东等省市,其中江苏省和浙江省并列第一,都发布实施了 11 项人力资源服务业政策法规(见图 2-5-5)。这些地方性人力资源服务业政策法规的发布实施,对加快本地人力资源服务业的发展提供了政策法规依据,客观上促进了当地人力资源服务业的发展,不断细化丰富完善我国人力资源服务业的政策法规体系。

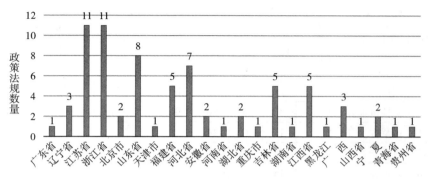

图 2-5-5　各省区市人力资源服务业相关政策法规发布数量统计图

二、各地人力资源服务业发展水平变化分析

（一）变化总体情况：整体平稳，变化不大

2012—2016 年，中国各地人力资源服务业发展水平整体平稳，变化不大。

表 2-5-18　2012—2016 年各地区人力资源服务业发展水平变化一览表

序号	地区	2012 年		2013 年		2014 年		2015 年		2016 年		排名变化
		排名	分类	排名	分类	排名	分类	排名	分类	排名	分类	
1	广东省	1	A	2	A	3	A	3	A	2	A	1
2	辽宁省	2	A	7	A	7	A	12	C	12	C	−10
3	江苏省	3	A	1	A	2	A	2	A	4	A	−1
4	上海市	4	A	3	A	1	A	1	A	1	A	3
5	浙江省	5	A	5	A	6	A	7	A	5	A	0
6	北京市	6	A	6	A	5	A	4	A	3	A	3
7	山东省	7	A	8	B	8	A	6	A	6	A	1
8	天津市	8	A	4	A	4	A	5	A	7	B	1
9	福建省	9	B	10	B	9	A	11	B	9	B	0
10	河北省	10	B	21	C	17	D	20	D	15	C	−5
11	安徽省	11	B	24	C	20	D	9	B	14	C	−3
12	河南省	12	B	13	C	12	C	10	B	10	B	2

序号	地区	2012 年		2013 年		2014 年		2015 年		2016 年		排名变化
		排名	分类	排名	分类	排名	分类	排名	分类	排名	分类	
13	湖北省	13	B	12	B	13	C	15	C	8	B	5
14	四川省	14	B	11	B	11	B	13	C	16	C	−2
15	重庆市	15	B	9	B	10	B	8	B	11	B	4
16	内蒙古	16	C	17	C	16	C	17	C	20	C	−4
17	吉林省	17	C	18	C	18	D	16	C	18	C	−1
18	湖南省	18	C	15	C	14	C	14	C	13	C	5
19	江西省	19	C	16	C	19	D	18	C	17	C	2
20	陕西省	20	C	14	C	15	C	24	D	21	C	−1
21	黑龙江	21	C	20	C	21	D	19	C	19	C	2
22	广　西	22	C	23	C	23	D	25	D	29	D	−7
23	山西省	23	C	22	C	22	D	27	D	23	D	0
24	宁　夏	24	D	25	D	24	D	21	D	28	D	−4
25	新　疆	25	D	30	D	28	D	30	D	26	D	−1
26	云南省	26	D	29	D	26	D	23	D	27	D	−1
27	海南省	27	D	19	D	25	D	22	D	25	D	2
28	甘肃省	28	D	27	D	30	D	29	D	30	D	−2
29	青海省	29	D	28	D	29	D	26	D	22	C	7
30	贵州省	30	D	26	D	27	D	28	D	24	D	6
31	西　藏	31	D	31	D	31	D	31	D	31	D	0

1. 排名变化

一般情况下,由于受到数据统计口径等因素的影响,4 个位次以内的变化我们都可以认为是排名的正常波动,因此根据表 2-5-18 的结果,2012 年到 2016 年,排名波动比较大的七省区是:湖北(+5 名)、湖南(+5 名)、青海(+7 名)、贵州(+6 名)、辽宁(-10 名)、广西(-7 名)、河北(-5 名)。其中青海上升了 7 名,上升最快;辽宁下降了 10 名,下降最大。其余省区市的排名大都保持稳定,上海、广东、江苏、北京、浙江、山东六省市总体依然保持优势,五年间总体上(山东偶尔一次掉队在 B 类)坚守在第一梯队 A 类地区阵营(见图 2-5-6)。

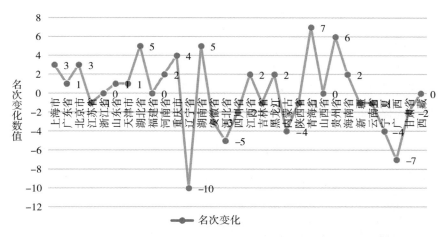

图 2-5-6 2012—2016 年各地区人力资源服务业综合得分名次变化

这一结果一方面说明了《中国人力资源服务业蓝皮书》所用的评价指标体系的合理性和相对稳定性,另一方面也较为符合现实情况,短期内除非有特殊情况,某一地区人力资源服务业短期内很难出现跨越式发展。人力资源服务业的发展受到很多因素的影响,经济因素是其中一个重要因素,人力资源服务业的发展是建立在经济发展的基础之上,其发展水平与经济发展水平密切相关。

青海省排名上升原因分析。在 7 个排名波动较大的省份中,青海省的排名上升幅度最大,5 年间上升了 7 位。影响排名上升的因素很多,其中一个重要原因是青海省政府等相关部门的高度重视和大力支持,积极制定出台促进人力资源服务业发展的政策措施。2012 年,青海省发布《青海省人民政府办公厅转发省人力资源社会保障厅省经委关于进一步加强人力资源服务工作促进全省园区经济发展意见的通知》(青政办〔2012〕59 号)。通知提出"搭建人力资源服务平台、完善人力资源服务机制、加大职业技能培训力度、建立人力资源激励机制"等措施来加强青海省的人力资源服务工作。2015 年,青海省财政厅发布实施《青海省人力资源和社会保障厅、青海省发展和改革委员会、青海省财政厅关于印发〈青海省加快发展人力资源服务业的实施意见〉的通知》(青人社厅发〔2015〕93 号)。该意见明确了青海省人力资源服务业发展的总体思路、发展目标、重点任务及政策措施。除了上述两份文件外,青海省人力资源和社会保障厅还发布实施了 8 份工作文件指导人力资源服务业的发展。这8份文件涵盖加强人力资源服务机构诚信体系建设、人力资源服务机构年检、开展"诚信服务月"活动以及同意向青海和众企业管理有限公司核发人力资源服务许可证的批复等内容。这10份关于人力资源服务业发展的文件对青海省人力资源服务业发展起到了积极的促进推动作用。

表 2-5-19　2012—2016 年青海省发布实施的与人力资源服务业相关的政策文件

序号	政策文件名称	发布部门	发文字号	实施日期
1	青海省人民政府办公厅转发省人力资源社会保障厅省经委关于进一步加强人力资源服务工作促进全省园区经济发展意见的通知	青海省政府	青政办〔2012〕59号	2012.03.05
2	青海省人力资源和社会保障厅关于转发人力资源和社会保障部《关于加强人力资源服务机构诚信体系建设的通知》的通知	青海省人力资源和社会保障厅	青人社厅函〔2012〕550号	2012.09.21
3	青海省人力资源和社会保障厅关于开展2012年青海省人力资源服务机构年检工作的通知	青海省人力资源和社会保障厅	青人社厅函〔2012〕694号	2012.11.30
4	青海省人力资源和社会保障厅关于印发《全省人力资源服务机构诚信体系建设实施方案》的通知	青海省人力资源和社会保障厅	青人社厅发〔2013〕105号	2013.09.03
5	青海省人力资源和社会保障厅关于开展2013年度青海省人力资源服务机构年检工作的通知	青海省人力资源和社会保障厅	青人社厅函〔2014〕19号	2014.01.13
6	青海省人力资源和社会保障厅关于做好2014年度人力资源服务机构年检工作的通知	青海省人力资源和社会保障厅	青人社厅函〔2014〕547号	2014.10.16
7	青海省人力资源和社会保障厅关于青海省2014年度人力资源服务机构年检情况的通报	青海省人力资源和社会保障厅	青人社厅函〔2015〕268号	2015.04.29
8	青海省人力资源和社会保障厅关于开展全省人力资源服务机构"诚信服务月"活动的通知	青海省人力资源和社会保障厅	青人社厅函〔2015〕406号	2015.07.17
9	青海省人力资源和社会保障厅、青海省发展和改革委员会、青海省财政厅关于印发《青海省加快发展人力资源服务业的实施意见》的通知	青海省财政厅	青人社厅发〔2015〕93号	2015.07.23

续表

序号	政策文件名称	发布部门	发文字号	实施日期
10	青海省人力资源和社会保障厅关于同意向青海和众企业管理有限公司核发人力资源服务许可证的批复	青海省人力资源和社会保障厅	青人社厅函〔2016〕246 号	2016.05.09

在制定积极的促进人力资源服务业发展的政策法规的同时,青海省也及时通过《青海日报》发布消息,宣传报道人力资源服务业领域发布的新政策、开展的活动、取得的成就。在中国知网输入关键词"人力资源服务业",得到 2012—2016 年期间《青海日报》的文章 15 篇。

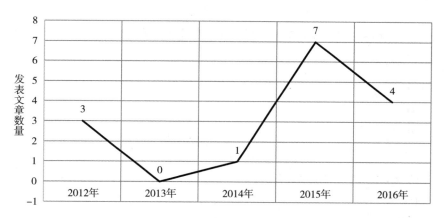

图 2-5-7　2012—2016 年《青海日报》发表有关人力资源服务业文章数量

辽宁省排名下降原因分析。在 7 个排名波动较大的省份中,辽宁省的排名下降幅度最大,5 年间下降了 10 位。这和辽宁省 2012—2016 年的经济发展情况关系较大。在这五年期间,辽宁省 GDP 在 2015 年达到最高值后,出现负增长,人均 GDP 也是出现了相同的情况。即使到 2018 年,二者均未回升到 2015 年的最高值。

受到全省整体经济不景气的影响,辽宁省居民消费水平也在 2016 年出现小幅下降的情况,但是下降幅度很小,2017 年比 2016 年略微下降。

2. 类别变化

经过分析研究五年间的类别变化发现,四大类别和排名一样相对稳定,

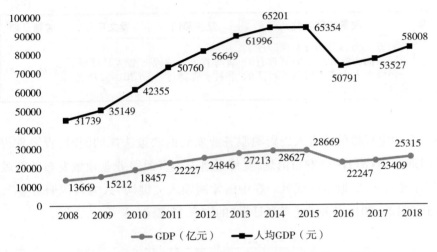

图 2-5-8　辽宁省 GDP 和人均 GDP 变化情况（2008—2018）

（单位：元）

图 2-5-9　辽宁省居民消费水平变化情况（2008—2017）

变化不大。特别是第一梯队 A 类地区和最后一个梯队 D 类地区,其中的省市区变化不大,B 类、C 类地区相对变化较大。

A 类地区,数量减少。A 类地区数量从 2012 年的 8 个降到 2016 年的 6 个,减少了 2 个。其中广东、江苏、上海、浙江、北京 5 个省市一直保持不变。山东省在 2013 年从 A 类地区降到 B 类,2014—2016 年又回归到 A 类;天津市在 2016 年降到 B 类;辽宁在 2015—2016 年直接降到 C 类。

B 类地区,变化较大。B 类地区数量从 2012 年的 7 个降到 2016 年的 5 个,减少了 2 个。7 个省、自治区、直辖市中,福建省 2014 年升到 A 类后,又回到 B 类。只有重庆一直保持在 B 类。河南、湖北两省下降后又回到 B 类地区。河北、安徽、四川 3 省从 B 类降到 C 类。

C 类地区,比较平稳。C 类地区数量从 2012 年的 8 个增到 2016 年的 11 个,增加了 3 个。内蒙古、湖南一直保持在 C 类,吉林、江西、陕西、黑龙江四省中途虽一度降到 D 类,后来又都回到 C 类。广西、山西则从 2014 年开始降到 D 类。

D 类地区,非常稳定。D 类地区数量从 2012 年的 8 个增到 2016 年的 9 个,增加了 1 个。8 个省、自治区、直辖市中,有 7 个一直不变,只有青海省在 2016 年进步最大,升到 C 类。

通过对比 2012—2016 年我国各地区人力资源服务业发展水平分类发现,五年间我国人力资源服务业发展总体水平出现下降趋势,东西部地区差距依然存在。相对于 2012 年,2016 年 A 类地区的总数减少了 2 个,A 类的省、自治区、直辖市依然全部属于东部地区。B 类地区的总数减少了 2 个,B 类的省、自治区、直辖市主要属于中部地区。C 类地区的总数增加了 3 个,C 类的省、自治区、直辖市主要属于中西部地区。D 类地区的总数增加了 1 个,D 类的省、自治区、直辖市主要集中于西部地区(见图 2-5-10)。综上,中西部地区特别是西部地区的人力资源服务业发展水平与东部地区存在非常大的差距。

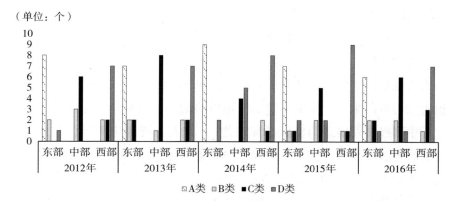

图 2-5-10　人力资源服务业各类别数量变化情况(2012—2016)

（二）排名变化原因分析

人力资源服务业属于朝阳产业,现代知识经济对人才的重视使得这一产业在国民经济中的地位迅速提升,并引起了人们的广泛关注和重视。国家、政府和社会都希望这一行业能健康快速发展,为整个国民经济的持续健康发展作出应有的贡献,因此,了解人力资源服务业在不同地区的发展水平就成为实现这一期许的前提。本次排名分类比较对 2012—2016 年五年间全国 31 个省区市人力资源服务业发展水平进行了排名和分类变化,并对相关的数据分析结果进行了阐释与说明。通过这一研究过程,我们认为引起排名变化的主要原因有经济、政策和人力资源三个因素。

1. 经济因素

人力资源服务业发展水平与我国经济发展水平总体上具有一致性,和我国东部、中部和西部地区的经济发展水平存在明显差距相类似,我国人力资源服务业发展水平差距也很明显。这种差距将会存在一段时间,我们只有通过加快发展西部地区的社会经济和人力资源服务业水平,逐渐缩小直至消除这种差距。

一个地区的经济发展水平直接影响着当地人力资源服务业的发展水平,地区人均 GDP 是衡量一个地区经济发展水平的重要指标。以 2016 年为例,人均 GDP 排名和人力资源服务业排名位次比较可以看出,31 个省、自治区、直辖市的排位具有高度趋同性(见图 2-5-11 和图 2-5-12)。位于 A 类地区的省、自治区、直辖市,其人均 GDP 排名也位居前列。以上海为例,2013 年上海从 2012 年的第 4 名逐渐升至第 3 名,2014 年升至第 1 名,此后连续 3 年一直保持第 1 名。上海之所以能长期保持在第 1 名的一个重要因素就是经济发展水平非常高,人均 GDP 在全国位居前列。经济的发展也为人力资源服务业提供了坚实的物质基础。上海是全球金融中心之一,也是中国经济发展最为活跃的城市之一,其人力资源聚集能力非常强大。经济的发展、社会的进步、人力资源的聚集,必然会对人力资源服务业提出更高的要求,促进人力资源服务业的快速发展。

未来我们一方面不能忽视中西部省区市在行业发展中作出的努力,采取多种措施为人力资源服务业发展创造更好的环境与空间,不断提升其发展速度;另一方面也要总结东部省市在人力资源服务业发展中的经验教训,

（单位：元）

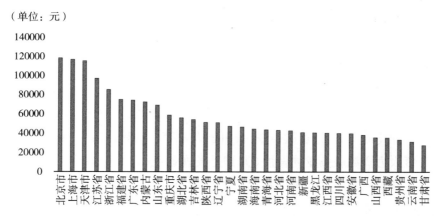

图 2-5-11　**2016 年 31 省、自治区、直辖市人均 GDP 排名表**

（名次）

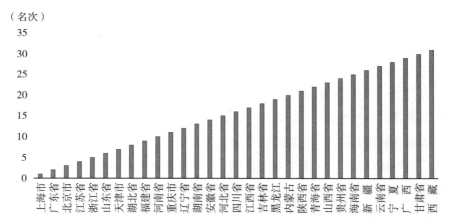

图 2-5-12　**2016 年 31 省、自治区、直辖市人力资源服务业发展水平（名次）排名表**

注重行业的可持续性发展与长期积累，而不仅仅是追求行业发展的高增速。

但是我们要正确理解地区人力资源服务业的发展与经济发展间的相互协同关系。一方面，地区经济发展水平对人力资源服务业发展有着基础性的影响，它为人力资源服务的开展提供了广阔的空间（包括平台与需求）；另一方面，人力资源服务业的发展又会对地区产业结构的优化与调整、增加地区人口的就业数量、提升企业运营效率产生积极影响，进而促进地区经济的发展。换句话说，人力资源服务业的发展并不是孤立的，一个地区的经济发展水平可以反衬出产业发展的未来潜力，反映在本书中就是指标体系中人力资源服务业发展现状和人力资源服务业发展潜力两部分指标相辅相成，缺一不可。

2.政策因素

一个地区人力资源服务业的发展水平,除了经济因素外,第二大因素就是政策因素。对于人力资源服务业的发展,政府积极及时的政策扶持与宏观调控至关重要。政府大力完善相关产业政策、优化环境、增强监管提升服务,如明确产业发展目标、具体扶持政策和监管措施,推动人才队伍建设和地方标准化的实施,搭建供需平台,引进人才等一些具体措施的推行,对一个地区人力资源服务业的发展(尤其是发展速度指标)会起到极大的促进作用。2012—2016 年青海省排名的大幅上升,上海市稳居榜首,都离不开当地政府的大力扶持与高度重视。上海市人力资源服务业发展水平的不断提升,离不开上海市政府数年来一以贯之的积极政策。上海人才服务行业协会秘书长朱庆阳在其《上海人力资源服务行业发展情况》中认为上海人力资源服务业是在政府部门主导培育、行业协会规范自律、业内企业共同努力的"上海模式"下,才得以迅速发展的。如在国家"营改增"政策法规的公布后,上海人力资源服务业根据行业发展特点,在上海人才服务行业协会的牵头下,第一时间开展广泛调研,详细了解"营改增"中人力资源服务机构所遇到的瓶颈和问题,将调研结果向人社部、中国人才交流协会、上海市人社局、上海市税务局等相关部门反馈,有效推动国家税务总局在"营改增"全面试点前夕出台《财政部、国家税务总局关于进一步明确全面推开营改增试点有关劳务派遣服务、收费公路通行费抵扣等政策的通知》(财税〔2016〕47 号)的文件,实现人力资源服务业在"营改增"中税负只减不增,降低企业负担。为推进人力资源服务行业的创新发展,在人社部、张江管委会、上海市委组织部、上海公共行政与人力资源研究所等部门的支持和委托下,上海人才服务行业协会陆续开展了"互联网+"对人力资源服务业的影响、人力资源服务机构政策适用、高级人才寻访业务发展、行业诚信服务建设、行业党建工作等情况调研,全方位了解行业以及人才发展的现状。在产业人才研究方面,上海人才服务行业协会从产业发展关键环节出发,率先总结出一套产业人才模型框架,并配合上海人才"30 条"中市场化人才评价的政策要求,开展胜任力模型的研究工作。①

---

①　田永坡:《中国人力资源市场分析报告(2018)》,社会科学文献出版社 2018 年版,第399页。

3.人力因素

影响一个地区人力资源服务业发展水平第三个重要因素是人力资源。人力资源是人力资源服务业发展的基础。没有数量充足的人力资源,没有广大的人力资源市场需求,就不可能有先进发达的人力资源服务业。2012—2016年排名下降最多的辽宁省,常住人口、城镇单位就业人员在2015年、2016年均呈下降趋势,特别是2016年,城镇单位就业人员下降了58万,下降幅度高达9.4%,城镇登记失业人数却呈逐年上升趋势(见表2-5-20)。人力资源总数的下降,必定会对人力资源服务业发展水平产生较大影响,这也是使辽宁省从A类地区下降到C类地区的一个重要因素。

表2-5-20　辽宁省人口指标变化情况(2012—2016)

人口指标	2016年	2015年	2014年	2013年	2012年
年末常住人口(万人)	4378	4382	4391	4390	4389
城镇单位就业人员(万人)	560.39	618.39	665.17	689.07	598.73
城镇登记失业人数(万人)	47.33	46.15	40.96	39.55	38.08

数据来源:国家统计局。

上海之所以能连续三年在全国人力资源服务业中独占鳌头,有一个很大的因素是其庞大的人力资源数量和旺盛的人力资源服务需求。截止到2014年12月,上海市对外服务有限公司(SFSC)人力资源业务服务企业客户超过25000家,其中90%为外商投资企业,服务员工总数达到139万名,服务规模位居中国人力资源服务行业首位。[1] 庞大的人力资源数量需要更多的人力资源服务企业,上海市政府积极引导,越来越多的人力资源服务企业在上海成立。2014年上海拥有的人力资源服务企业占比近全国的68%,远远超过其他任何地区。[2]

(三) 研究建议

1.人力资源服务业发展目标要与经济发展水平相协调

通过2012—2016年我国31省区市人力资源服务业发展水平排名及类

---

① 萧鸣政:《中国人力资源服务业蓝皮书2014》,人民出版社2015年版,第143页。
② 萧鸣政:《中国人力资源服务业蓝皮书2014》,人民出版社2015年版,第276页。

别的比较,我们可以得到一个结论,那就是经济是人力资源服务业发展的物质基础,发达的人力资源服务业是建立在发达的经济基础之上的。各地在制定人力资源服务业的发展目标时,应立足实际,不能盲目求高求远,脱离实际。人力资源服务业作为现代服务业的组成部分,其主要作用就是服务经济社会的发展。目前,中国的人力资源服务业虽然已经取得了很大的进步,但是还不能发挥引领经济社会发展的作用,这就要求各地政府应该将其放在经济社会发展的大环境中加以考量,因地制宜,避免因脱离实际设定过高目标而带来的效率低下和资源浪费。无论是现实角度还是理论角度,我们都需要把人力资源服务业发展的产业政策与经济社会发展政策有机结合。因此各地在制定人力资源服务业发展目标之前,一定要先进行调查研究,摸清本地"经济家底",如产业结构、人力资源队伍具体状况,做好未来产业发展前景预测。只有这样,才能制定出符合实际的人力资源发展目标和切实可行的措施建议,实现人力资源服务产业和社会经济发展水平协调发展,相互促进。

2. 政策法规是促进人力资源服务业发展的坚实保障

2012—2016 年,A 类地区的省、自治区、直辖市无一例外都制定了人力资源服务业发展的政策法规,发挥了政策引领产业发展的作用。2012 年,江苏省在全国率先发布实施《关于加快人力资源服务业发展的意见》,这是我国第一个省级政府出台的关于加快人力资源服务业发展的意见。该意见立足江苏实际,提出江苏人力资源服务业的发展目标:"到 2015 年,基本建成专业化、信息化、产业化、国际化的现代人力资源服务业体系,构筑全国人力资源服务业高地;到 2020 年,力争达到中等发达国家水平,基本实现人力资源服务业现代化。"此后,江苏省各部门先后制定发布实施了 9 项关于促进人力资源服务业发展的政策措施,为江苏人力资源服务业的发展提供了坚实的政策保障。正是因为这些政策,江苏省人力资源服务业发展良好,其发展水平五年来一直处于国内第一梯队 A 类地区。

各地政府应该根据本地经济产业发展水平,制定大力扶持加快人力资源服务业发展的政策措施。建立人力资源服务业政策智库,为产业发展提供政策咨询和建议。另外可以通过政策听证会等形式,向社会广泛征求意见和建议,听取反馈意见,不断完善人力资源服务产业的政策体系。人力资源服务政策要具有可操作性,并保持政策的延续性和平稳性。第一要构建和完善支持人力资源服务业发展的政策体系,在因地制宜的基础上明确人力资源服务业的发展目标、具体的扶持政策以及配套的监管措施。第二要与时俱进,根据社会经济改革要求,提升和创新监管服务能力,进一步深化行政审批改革,推进诚信体系建设,推进行业标准化实施,加强行业队伍建设,不断提升人力资源素质水平。第三要充分发挥市场的主体作用,改善人力资源服务业发展的市场环境,引入第三方机构对全国的人力资源服务业企业进行排名,鼓励和引导各类人力资源服务机构参与市场竞争,挖掘企业最大潜力,优化人力资源配置效率。第四要重视人才的作用,制定优惠政策吸引高素质人才,依托各类人力资源服务机构搭建供需平台,开展各类招才引智活动。

3. 加快人力资源服务业发展,促进社会经济的发展进步

各地要通过加快人力资源服务业的发展来促进社会经济的发展进步。人力资源服务业具有强大的经济动能。人力资源服务业是围绕人力资源配置、管理、开发提供相关服务的生产性服务行业,是现代服务业中的新兴重要门类和最具活力的行业之一,其发展程度直接反映一个国家或地区的人力资源开发利用水平。第一要建立完善人力资源多层次多元化的服务体系,逐步完善服务功能,明显提升服务能力,为社会经济发展提供人力资源支撑。第二要加快推进人力资源服务产业园的建设。根据市场需求,建立人力资源服务企业。依托各地已形成的产业发展优势,发挥产业集聚效应。第三要加强人力资源服务业信息化建设。利用大数据、云计算、人工智能等先进技术,打通政府、企业、就业者等人力资源参与者、供需市场间的数据壁垒,实现数据的互联互通共享,提高人力资源服务的精准化和精细化水平,提升人力资源服务决策的科学性和准确性。第四要加强人力资源服务业人才队伍建设。把人力资源服务业人才纳入人才规划发展方案之中,培养行业领军人才,加大行业高层次人才培养和引进力度,不断培养壮大人才队伍数量;通过继续教育培训,不断提升人力资源服务业人才队伍素质;加强人力资源服务业人才队伍的绩效考评和管理,不断提高从业人员专业化、职业化水平。

三、人力资源服务机构、人员与业态的变化分析

人力资源服务业,几十年来承载着历史使命,从孱弱一步步走向强壮,尤其是这 11 年来的迅猛发展,推动了经济发展,促进人力资源优化配置。同时,在当今新时代下,人力资源服务业即将推动"人口红利"向"人才红利"的转变。

(一) 人力资源服务机构与人员变化的分析

根据《中国人力资源服务业白皮书》(2008—2013 年)与《中国人力资源服务业蓝皮书》(2014—2018 年)11 本书以及《2018 年度人力资源和社会保障事业发展统计公报》中有关人力资源服务机构的情况进行如下梳理。

1. 机构及人员变化情况

(1)机构及人员数量变化

截至 2018 年底,全国设立各类人力资源服务机构和从业人员的发展情况如图 2-5-13 所示,其中 2008、2009、2010、2011 这四个年度的数据缺失,但仍能看出服务机构的数量在递增后趋于稳定,从业人员的数量一直稳定增长。

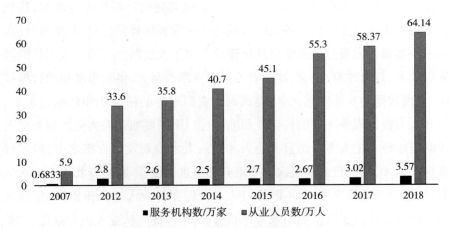

图 2-5-13　2007—2018 年人力资源服务机构与从业人员变化情况

（2）人力资源服务机构分类

根据《中国人力资源服务业白皮书》（2008—2013 年）与《中国人力资源服务业蓝皮书》（2014—2018 年）11 本书对中国人力资源服务机构分类进行了整理,有两种情况:一种是 2008—2011 年,人力资源服务机构主要有五类或六类,但没有实质改变,只是人事劳动系统的事业单位分成了人事系统的事业单位和劳动系统的事业单位两类(见表 2-5-21);2012—2016 年,人力资源服务机构主要有四类。2017 年、2018 年没有进行明确分类(见表2-5-22)。

表 2-5-21　2008—2011 年人力资源服务机构分类一览表

2008	国有服务企业	中外合资服务企业	民营服务企业	人事劳动系统的事业单位		专属人力资源服务机构
2009	国有服务企业	中外合资服务企业	民营服务企业	人事系统的事业单位	劳动系统的事业单位	专属人力资源服务机构
2010	国有服务企业	中外合资服务企业	民营服务企业	人事系统的事业单位	劳动系统的事业单位	专属人力资源服务机构
2011	国有服务企业	中外合资服务企业	民营服务企业	人力资源和社会保障系统事业单位		专属人力资源服务机构
主要业务	人事代理、人才派遣、人才培训	人才中介、猎头、咨询、培训	网络人才中介,兼人事代理猎头	主要承担一些政府的职能,为求职者提供人才中介或称职业介绍、档案管理		为外国航空公司、外交大使馆领事馆办事处、中国驻外海上钻井提供服务

表 2-5-22　2012—2016 年人力资源服务机构分类一览表

2012—2016年度	政府设立的人力资源公共服务机构	市场化、经营性的人力资源服务机构	一些部门和行业所属的人力资源服务机构	人力资源外事服务机构
主要业务	主要承担公共就业服务、公共人才开发配置以及档案管理服务、社会保险等人力资源社会保障事务代理服务	其中国有企业主要业务是人事代理、人才派遣、人才培训;合资企业主要业务是人才中介猎头、咨询培训;民营企业以从事网络人才中介、人事代理、猎头等业务为主	主要承担行业和系统内人力资源开发流动配置服务,支持行业人事制度改革	

单纯从以上两个表中可以看出,2012 年国家开始重视公益性人力资源服务机构的设立和运营,原因在于 2012 年 7 月,国务院发布了《关于印发国家基本公共服务体系"十二五"规划的通知》,其中指出,"十二五"时期,我国发展仍处于可以大有作为的重要战略机遇期,也是加快构建基本公共服务体系的关键时期。要牢牢抓住难得的历史机遇,顺应各族人民过上更好生活新期待,努力提升基本公共服务水平和均等化程度,推动经济社会协调发展,为全面建成小康社会夯实基础。①

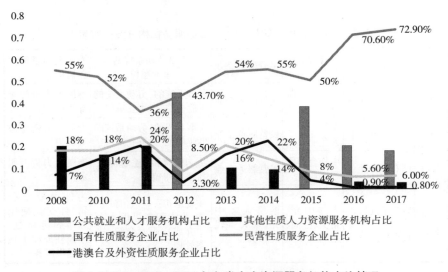

图 2-5-14 2008—2017 年各类人力资源服务机构占比情况

图 2-5-14 中 2008 年的数据来源于《中国人力资源服务业白皮书 2009》,是根据上海人才服务协会调研 50 家会员单位得出的数据,其中民营企业占 55%,国有企业占 18%,外资企业占 7%,其他性质的企业占 20%。2009 年、2010 年的数据缺失。2011 年的数据来源于《中国人力资源服务业白皮书 2012》,是编委会参与调研北京市 268 家机构得出的数据,事业单位9 家,占人力资源服务机构总量的 3%;民营企业 207 家,占人力资源服务机构总量的 77%;国有企业 22 家,占人力资源服务机构总量的 8%。2012 年的数据来源于《中国人力资源服务业白皮书 2013》,是以北京市 1031 家通

① 《国务院关于印发国家基本公共服务体系"十二五"规划的通知》,国发〔2012〕29 号。

过年审的机构得出的分布状况，人力资源公共服务机构 391 家，占 37.92%；
行业所属事业单位 68 家，占 6.6%；国有性质的服务企业 88 家，占 8.54%；
民营性质的服务企业 450 家，占 43.65%；港澳台外资性质的服务企业 34
家，占 3.30%。图 2-5-14 把人力资源公共服务机构和行业所属事业单位
合并为公共就业和人才服务机构。2013 年数据来源于《中国人力资源服务
业白皮书 2014》，由上海人才服务行业协会对 52 家机构调研得出，民营企
业 27 家，占比 54%；国有企业 10 家，占比 20%；外资企业 8 家，占比 16%；其
他机构 5 家，占比 10%。2014 年数据来源于《中国人力资源服务业蓝皮书
2015》，由上海人才服务行业协会对 100 家机构进行调研，其中民营企业 55
家，占比 55%；国有企业 14 家，占比 14%；外资企业 22 家，占比 22%；其他 9
家，占比 9%。2015 年数据来源于《中国人力资源服务业蓝皮书 2016》，是
从北京市从事人力资源服务行业 1193 家机构调研得出。2016 年、2017 年
的数据来源于《中国人力资源服务业发展报告 2018》。

从图 2-5-14 可以看出，公共就业和人才服务机构在 2012 年占比较
大，2015 年、2016 年、2017 年这三年中，占比虽然略有下降，但是其比重相
对来说不小。企业方面，国有性质的企业和港澳台及外资性质服务企业呈
波折状态，占比起点较低。民营性质服务企业占比起点较高，虽略有波折，
但一直以来占比较高，最近这两年，更是发展态势迅猛。

2. 全年行业营业总收入变化情况

截至 2017 年底，我国人力资源服务业全年营业总收入为 14400 亿元。
2007 年，我国人力资源服务业全年营业总收入为 384 亿元。2017 年是 2007
年的 37.5 倍，说明我国人力资源服务业在快速发展，对推动经济发展、促进
就业和人才优化配置具有重要作用。

对比 2015—2017 年不同性质人力资源服务机构的营业总收入占当年
全年营业总收入比例情况可以看出，国有性质服务企业营业收入持续上升，
占比也同步上升，民营性质服务企业的收入则始终保持在全年营业总收入
的 60% 以上（见图 2-5-15）。[①]

[①]　孙健立：《中国人力资源服务业发展报告 2018》，中国人事出版社 2018 年版，第 5—
6 页。

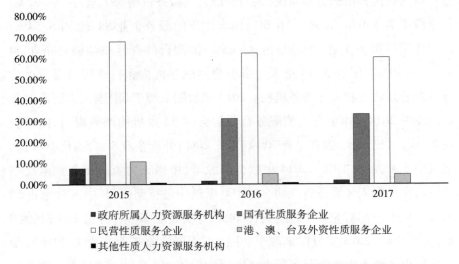

**图 2-5-15 2015—2017 年不同性质各类人力资源服务机构营业
总收入占当年全年行业总收入比例情况**

3. 从业人员学历情况

对于中国人力资源服务业从业人员的学历情况,从搜集到的资料来看,年度与年度之间阐述时所使用的分类标准不同,因此我们分两段来比较,一段是 2008—2014 年(2010 年部分缺,2012 年、2013 年数据全缺)5 年比较(见表 2-5-23),数据主要来源于"中国人力资源服务业白皮书和蓝皮书系列";一段是 2016—2017 这两年比较(见表 2-5-24),数据主要来源于《中国人力资源服务业蓝皮书 2018》和《中国人力资源服务业发展报告 2018》。

从表 2-5-23 可以看出,中国人力资源服务业 5 年的从业人员的学历状况呈中间大两端小的橄榄状,大学学历包括本科和专科的员工居多,硕士以上、大学学历以下占比较小。

我们找了一组数据比较齐全(各类学历比例在 10% 以下)来做详细比较,其硕士以上员工比例在 10% 以下的企业,2008 年有 59.09% 的企业,2009 年有 74% 的企业,2011 年有 61% 的企业,2014 年有 66% 的企业。稍有波动,但不大。大学学历(本科和大专)的员工比例在 10% 以下的企业,2008 年有 0% 的企业,2009 年有 0% 的企业,2011 年有 2% 的企业,2014 年有 1% 的企业。稍有波动,但不大。大学学历以下的员工比例在 10% 以下的企业,2008 年有 63.41%的企业,2009 年有 14%的企业,2011 年有 72%的企业,2014 年有 67%的企业。2009 年有些例外,这一年的人力资源服务业从业人员在大学以下的占比不少(见图 2-5-16)。

表 2-5-23　2008—2014 年人力资源服务机构从业人员学历情况

项 目　年度	学历类型	10%以下	10%—20%	20%—40%	40%—60%	60%—80%	80%—100%
2008	硕士以上	59.09%	27.27%	9.09%	4.55%	0%	0%
	大　学	0%	0%	0%	28.00%	22.00%	60.00%
	大学以下	63.41%	12.20%	12.20%	7.32%	2.44%	2.44%
2009	硕士以上	74%	13%	9%	2%	0%	2%
	大　学	0%	0%	2%	10%	30%	58%
	大学以下	14%	18%	20%	26%	12%	10%
2010	硕士以上						
	大　学						
	大学以下	70%	13%	6%	0%	9%	2%
2011	硕士以上	61%	23%	10%	2%	4%	0%
	大　学	2%	4%	4%	8%	20%	62%
	大学以下	72%	6%	14%	8%		
2014	硕士以上	66%	17%	7%	5%	3%	2%
	大　学	1%	10%	6%	8%	26%	49%
	大学以下	67%	7%	12%	8%	2%	4%

表 2-5-24　2016—2017 年人力资源服务机构从业人员学历情况①

年份	硕士以上	占比	本科学历	占比	大专及以下	占比	取得从业资格证	占比
2016	14096 人	2.6%	185357 人	33.5%	353375 人	63.9%	170599 人	30.9%
2017	15335 人	2.6%	188190 人	32.3%	380167 人	65.1%	180599 人	30.9%

① 孙健立:《中国人力资源服务业发展报告 2018》,中国人事出版社 2018 年版,第 8 页。

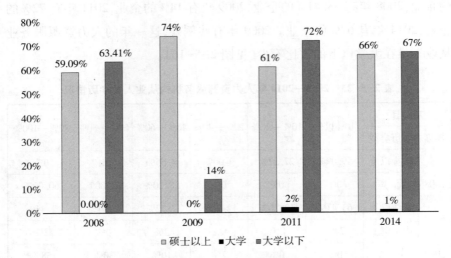

图 2-5-16 2008—2014 年人力资源服务机构从业人员学历比例在 10% 以下的企业情况

从表 2-5-24 可以看出,从业人员学历层次,硕士以上学历占比较小,仅仅为 2.6%,本科学历在 30% 多,比重也不大。大专及以下学历在 60% 多,占大多数。从业人员中取得从业资格证的占比为 30.9%,占比较小。和第一时间段对照,可以得出,人力资源服务业从业人员的学历以大专生为主。可见,人力资源服务业从业人员的学历水平较低。

(二)人力资源服务业业态变化分析

根据人力资源和社会保障部年审分类,中国人力资源服务业的业务有 10 种:求职推荐业务、人力资源信息网络服务业务、招聘会业务、劳务派遣业务、人力资源管理咨询业务、人力资源外包业务、人力资源和社会保障事务代理业务、培训业务、素质测评业务、猎头业务。

1. 招聘会业务变化

目前招聘服务主要有网络招聘服务和线下招聘服务,线上和线下相结合形成良性互动。传统的招聘模式变化不大,2017 年有所回升,全国各类人力资源服务机构举办现场招聘会(交流会)23.48 万场,同比增长 5.29%;现场招聘会提供岗位招聘信息 1.14 亿条,同比增长 9.37%。从网络招聘情况看,线上模式受到求职者和用人单位的青睐。

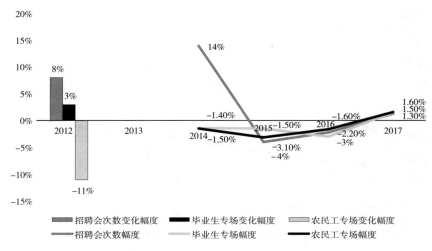

图 2-5-17　2012—2017 年全国举办现场招聘会业务变化表

表 2-5-25　2011—2012 年北京人力资源网络服务业务变化表

人力资源网络服务业务指标	2011 年	2012 年	新增量
现存求职信息量（亿条）	6.6	8.4	1.8
年入库信息量（亿条）	0.6	1.8	1.2
服务用人单位次数（万次）	190	1689	1499
发布招聘信息（万条）	2419	10788	8369
发布求职信息（万条）	2204	6308	4104
网站年访问量（亿次）	33	124	91

2. 素质测评业务变化

《中国人力资源服务业白皮书 2013》对北京人力资源服务机构的素质测评有详细的阐述。2012 年测评次数为 3.2 万人次，比 2011 年的 5.4 万人次，下降了 22%。测评人次也从 23.4 万人次下降到 12.4 万人次，下降了 47%。下降的原因主要是由于中外合资合作及港澳独资机构测评次数大幅下降，不过这数据真实性有待商榷。

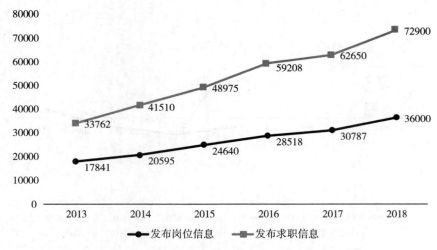

图 2-5-18　2013—2018 年网络招聘服务信息发布数量(万条)

《中国人力资源服务业发展报告 2018》对全国人力资源服务机构的素质测评有数据记录。2017 年各类人力资源服务机构共提供测评服务 2841.8 万人次,比 2016 年增长 11.8%。显示人才测评呈现发展态势。

3. 人力资源培训服务业务变化

《中国人力资源服务业白皮书 2013》对北京人力资源服务机构的人力资源培训进行了总结。2012 年和 2011 年相比,培训次数减少 3778 次,但培训人次增加了 10.4 万人。各类型培训单位中,公共人力资源服务机构减少 3483 次,但增加了 3.8 万人次;行业机构增加 98 次,但减少了 0.6 万人次;国有机构减少 251 次,但增加了 5.7 万人次;民营机构增加 699 次,人数也增加了 5.7 万人次;中外合资合作及港澳独资机构减少 841 次,人数也减少了 1.1 万人次。总之,培训次数减少了,但培训人次增加了,其中中外合资合作及港澳独资机构培训次数和人数都较 2011 年大幅降低。

《中国人力资源服务业发展报告 2018》对全国人力资源培训业务进行了阐述(见表 2-5-26),说明人力资源培训服务稳健发展;并指出,人力资源培训服务与人力资源外包、互联网云服务之间的横向拓展衍生出新的商业模式和产品,如管理培训外包、网络培训、移动端学习应用、学习交易平台

等。根据互联网教育研究院统计,2013 年中国在线职业培训的市场规模为
40 亿元,2014 年为 50 亿元,2015 年为 70 亿元,2017 年市场规模突破了 100
亿元。

表 2-5-26　2015—2017 年人力资源培训服务情况

年　份	举办培训班(万次)	参加培训人数(万人)
2015	25.6	1111.6
2016	27.9	1207.5
2017	31.9	1362.4

4. 猎头服务业务变化

高级人才寻访俗称猎头,是人力资源服务市场对高端人才市场化配置
的需要业态,一般为客户提供咨询、搜寻、甄选、评估、推荐等服务活动。从
表 2-5-27 可以看出,在 2011 年、2012 年间,猎头业务在民营机构和港澳台
外资机构中,服务用人单位和成功推荐人数占比较大。从图 2-5-19 可以
得知,2017 年参与调研的寻访机构中 93% 为民营企业,这说明中国猎头服
务市场化程度较高。

表 2-5-27　2011—2012 年北京人力资源猎头服务业发展情况

	服务用人单位		成功推荐人数		服务单位数变化	成功推荐人数变化
	2011	2012	2011	2012		
公共机构	42	96	420	1051	128.57%	150.24%
行业机构	386	120	124	20	−68.91%	−83.87%
国有机构	228	75	616	322	−67.11%	−47.73%
民营机构	5711	5214	13664	14473	−8.70%	5.92%
港澳台外资	2847	3462	19352	32707	21.60%	69.01%

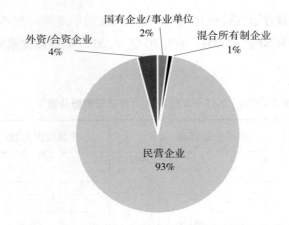

图 2-5-19　2017 年寻访服务机构所有制性质构成比例

注:2012 年数据基于北京市 2012 人力资源服务业年审报告及数据。

表 2-5-28　中国人力资源服务业各业态发展情况

年份	高级人才寻访（猎头）服务	人才测评服务	人才资源培训服务		人力资源外包服务	人力资源管理咨询服务	人才派遣服务		
	成功推荐人次	测评人数	举办培训班次数	参加培训人员	服务用人单位数	服务用人单位数	服务用人单位数	派遣人员总量	登记要求派遣人数
2012	48473 人	12.33 万人次	4274 期	35.85 万人次		2.2 万次	12111 次	16.55 万人次	
2015	1031890	22309625	255750	11116195	511002	2122849	283380	8676075	5473023
2016	1164881	25413581	278919	12075485	540004	2286149	281648	8760544	5518375
2017	1302987	28418210	318780	13624454	580868	2578356	283493	8932620	5652874
2018	168 万		37 万			329 万			
2016 年同比增长	12.9%	13.9%	9.1%	8.6%	5.7%	7.7%	-0.6%	1.0%	0.8%
2017 年同比增长	11.9%	11.8%	14.3%	12.8%	7.6%	12.8%	0.7%	2.0%	2.4%
2018 年同比增长	29.23%		15.63%			27.52%			

5.人力派遣业务变化

人力派遣服务,又称为劳务派遣或租赁,是一种针对企业需求灵活用工的人力资源配置方式。其服务内容主要包括用退工申报、各类社会保险和公积金申报与缴纳、工资发放、人事档案传递和信息管理、各类人事相关证明出具等服务。2014 年 3 月 1 日实施的《劳务派遣暂行规定》，要求用工单位使用的被派遣劳动者数量不得超过其用工总量的 10%，并设置了两年过渡期，自 2016 年 3 月 1 日起，派遣劳动者数量超过用工总量的 10% 即为违法。

表 2-5-29　2011 年与 2012 年北京市劳务派遣业务变化表

	派遣次数		派遣人数		派遣次数变化比例	派遣人数变化比例
	2011	2012	2011	2012		
行业机构	14	22	486	10170	57.14%	1992.6%
国有机构	2540	11437	127000	121000	350.28%	-5.0%
民营机构	344	642	20000	34000	86.63%	70%

从表 2-5-28 得知，2017 年底，全国各类人力资源服务机构共为 28.3 万家用人单位提供了劳务派遣服务，同比增长 0.7%；派遣人员 893 万人，同比增长 2.0%；登记要求派遣人员 565 万人，同比增长 2.4%。尽管国家对其有法规限制，但是发展形势依然一片大好。

从表 2-5-29 可以看出，在 2011 年和 2012 年，劳务派遣业务发展良好。2011 年北京市劳务派遣次数为 2898 次，2012 年为 12101 次，派遣人数也从 14.8 万人上升至 16.5 万人。其中国有企业对过去一年劳务派遣次数的增加贡献最大，行业机构对派遣人数的增加贡献最大。

6. 人力资源外包业务变化

人力资源外包服务主要包括人力资源事务外包、招聘流程外包、薪酬外包、福利外包和岗位外包等。从表 2-5-28 得知，2015 年人力资源服务机构为 51 万家用人单位提供了人力资源外包服务，2016 年为 54 万家，同比增长 5.7%，2017 年为 58 万家，同比增长 7.6%。人力资源外包服务业务稳步增长。

7. 人力资源咨询服务业务变化

人力资源咨询服务主要从服务用人单位数目上比较。表 2-5-28 中可以看出，人力资源管理咨询服务稳健发展。2015 年服务用人单位为

2122849 家,2016 年为 2286149 家,同比增长 7.7%;2017 年服务用人单位为 2578356 家,同比增长 12.8%。

(三) 人力资源服务业发展特点

1. 政策体系逐步完善

从 2007 年人力资源服务业首次写入国务院文件到逐渐成为国家重要的现代服务业和生产性服务业,在国家层面上对人力资源服务业进行了设计规划和全面部署;在地方层面上,全国 20 余个省份相继出台了加快发展人力资源服务业的意见和具体政策措施,包括招工与就业、工资福利与劳动保险、社会福利与社会保障、人事综合规定、劳动争议等,因地制宜,立足本地实际,丰富和细化了我国人力资源服务业的政策法规体系。

2. 民营机构蓬勃发展

截至 2018 年底,全国共有各类人力资源服务机构共计 3.57 万家,比上一年增长 5541 家。其中,公共人力资源服务机构 5180 家,比上一年减少 79 家;经营性人力资源服务机构 30523 家,比上一年增加 5620 家。无论从民营服务机构的数量还是收入,都占比相当大。这表明民营性质服务企业蓬勃发展。"放管服"改革的深入推进,设立人力资源服务机构的准入门槛降低,激发了市场活力,推动了民营性质服务企业的迅猛发展。

3. 从业人员学历总体变低

随着人力资源服务业的快速发展,行业从业人员数量在逐年增加。但是从从业人员学历层次分类来看,大专及以下学历占 60% 以上,存在学历偏低的现象。

4. 主要业态稳步增长

人力资源服务业从诞生到成长发展,不断转型升级,发展新业态,和新技术结合开拓新产品,拓展新内容。其中,人力资源培训、人力资源管理咨询、猎头业务、人力资源外包等业态业务同比增长,稳步发展。

5. 服务产品层出不穷

在互联网、大数据、云计算、AI 等新技术的推动下,催生了诸多新的服务形式,比如,出现了基于移动端的社保代理服务、网络直播、云猎头、云学习等。人力资源招聘、人力资源外包领域出现了与 AI 技术结合的产品。这不仅使人力资源服务水平和能力进一步提升,放大了服务价值,同时使人力资源配置更加有效。

(四) 人力资源服务业发展趋势

1. 聚集高端服务,延伸行业产业链

目前,我国人力资源服务业企业基本上都是单打独斗,各做各的,还没有形成全行业的产业链。《人力资源市场暂行条例》鼓励并规范高端人力资源服务等业态发展,为提高人力资源服务业发展水平创造了良好发展环境。因此,搭建行业集聚发展的实体平台,营建良好的发展空间,形成人力资源服务全产业链,是人力资源服务业的发展趋势。同时也能产生巨大聚集效应,创新和巩固人力资源服务产业,促进人力资源服务产业整体发展。

2. 专注细分领域,加快行业专业化

事物发展到一定时期,就会向深层发展,从外延式增长向内涵式发展转变。人力资源服务业也是如此。尤其是当前经济发展,科技进步日新月异,人力资源服务机构要以变应变,明确自身优势,专业化成为当前发展的一个显著趋势。个性化的需求要求人力资源服务机构更侧重于为客户提供"专、精、深"的服务,因此人力资源服务业应该专注于细分领域,提升服务的专业化水平,加快行业专业化是人力资源服务业发展的大势所趋。

3. 参与海外竞争,适应行业国际化

全球经济一体化、贸易自由化、"一带一路"建设等,促使人才流动全球化、人力资源配置国际化。我们拥有全世界第一的"人口红利",拥有全世界第二的庞大经济总量,没有理由不"走出去"。因此,为了适应国际化的发展趋势,要积极参与国际竞争,服务于我国的"一带一路"建设,企业要"走出去"。

4. 联手新生技术,促使行业融合化

跨界融合发展主要体现在产业融合和技术融合。产业融合方面,要达到优化配置,人力资源服务业要与相关产业相互渗透相互融合,比如与制造、金融、医疗、养老等产业的融合。技术融合方面,人力资源服务业要与新技术不断融合,比如与大数据、云计算、人工智能、移动互联等新技术的深度融合。这样将加快人力资源服务业的创新发展步伐,适应时代。

四、从行业大事件评选变化看人力资源服务业发展十一年

2007年3月,"人才服务业"第一次被写入国务院文件,正式成为服务业中个重要行业门类。从此,人力资源服务业承担起历史使命,在中国这片土地上,生根、发芽、成长、壮大。经过十余年的努力,我国的人力资源服务业发展取得了很大成绩。这些成绩的取得,是政府、行业协会、企业多方共同努力的结果。

为记录中国人力资源服务业的发展进程,《中国人力资源服务业白皮书》(2011—2013年)与《中国人力资源服务业蓝皮书》(2014—2018年)8本书的编委会,共进行了8次人力资源服务业发展的十大事件评选活动。从这8次评选活动评选出来的82件大事,可以看出人力资源服务业这十余年来的发展特点和新成效新趋势。

(一) 八次评选的情况概述

评选活动自2011年到2018年共进行了8次,活动遵循"严格筛选、科学公正、公平合理、公开透明"的原则,以先进性、开拓性、推动性、典型性、影响性为标准,选取在本年度中发生的促进人力资源服务业发展的活动事件,记载中国人力资源服务业的发展历程,让人们了解中国人力资源服务业在政策、学术和行业三方面过去一年来取得的关键性进展,让更多的人了解、关注和加入到这个行业中来,以进一步促进我国人力资源服务业高速发展。评选采用线上和线下相结合、评选和推荐相结合、从业个人和专家相结合的方式进行,经过广泛采集、民主投票、科学评定三阶段的评选,最终得出结果。

从行业政策事件、行业学术事件、行业事件分类归纳来看,2007—2011年促进人力资源服务业发展的十大事件中,行业政策事件有6件,行业学术事件有1件,行业事件有3件。2011年7月至2012年6月促进人力资源服务业发展的十大事件中,行业政策事件有5件,行业学术事件有2件,行业事件有3件。2012年7月至2013年6月促进人力资源服务业发展的十大事件中,行业政策事件有5件,行业学术事件有2件,行业事件有3件。

2013 年 7 月至 2014 年 8 月促进人力资源服务业发展的十大事件中,行业政策事件有 5 件,行业学术事件有 2 件,行业事件有 3 件。2014—2015 年度促进人力资源服务业发展的大事件中,行业政策事件有 7 件,行业学术事件有 3 件,行业事件有 2 件(见表2-5-30)。

表 2-5-30 评选分类情况一览表

时间	政策事件	学术事件	行业事件	总 数
2007—2011 年度	6	1	3	10
2011 年 7 月至 2012 年 6 月	5	2	3	10
2012 年 7 月至 2013 年 6 月	5	2	3	10
2013 年 7 月至 2014 年 8 月	5	2	3	10
2014—2015 年度	7	3	2	12
2015 年 8 月至 2016 年 7 月	6	2	2	10
2016—2017 年度	6	2	2	10
2017—2018 年度	6	2	2	10
总 计	46	16	20	82

从表2-5-30 可以很明显看出:从横向看,行业政策事件在十件大事(2014—2015 年度是 12 件大事)中的比例比较大;从纵向看,行业政策事件的占比逐渐增加,后趋于稳定。行业学术事件的占比逐渐增加后趋于稳定。行业事件的占比逐渐减少,后趋于稳定。

另外,第一次评选,时间跨度为 2007—2011 年,每个事件不止包含一件事,而是一类事。其他七次评选,时间跨度为一年。政策事件、学术事件、行业事件的比例逐渐趋于 6∶2∶2,越来越标准化、科学化、稳定化。

(二)十一年行业大事件变化揭示着人力资源服务业变化

1.政策体系逐步趋于完善

(1)人力资源服务业由首次写入国务院文件到逐步成为国家重点发展的产业领域

从政策大事件体现"人力资源服务业"地位发展脉络的法规政策有 11

个,其中,党中央、国务院文件有 7 个,人社部有 2 个,人力资源市场司 1 个,
国家发改委 1 个(见表 2-5-31)。

表 2-5-31　2007—2018 年体现"人力资源服务业"地位的
发展脉络的大事件(政策文件)

序号	法规名称	时间	部门
1	《关于加快发展服务业的若干意见》	2007 年 3 月 19 日	国务院
2	《国家中长期人才发展规划纲要(2010—2020 年)》	2010 年 6 月 6 日	党中央国务院
3	《产业结构调整指导目录(2011 年本)》	2011 年 3 月 27 日	国家发改委
4	《促进就业规划(2011—2015 年)》	2011 年 12 月 16 日	国务院
5	《关于加快发展生产服务业促进结构调整升级的指导意见》	2014 年 8 月 6 日	国务院
6	《人力资源社会保障部、国家发展改革委、财政部关于加快发展人力资源服务业的意见》	2014 年 12 月 25 日	人力资源市场司
7	《关于促进服务外包产业加快发展的意见》	2015 年 1 月 16 日	国务院
8	《关于深化人才发展体制机制改革的意见》	2016 年 3 月	中共中央
9	《人力资源和社会保障事业发展"十三五"规划纲要》	2016 年 7 月 14 日	人社部
10	《"十三五"促进就业规划》	2017 年 1 月 26 日	国务院
11	《人力资源服务业发展行动计划》	2017 年 10 月	人社部

2007 年国务院印发《关于加快发展服务业的若干意见》,首次将"人力资源服务业"写入国务院文件,"人力资源服务业"正式成为服务业中一个重要行业门类。2010 年 6 月 6 日,党中央、国务院《国家中长期人才发展规划纲要(2010—2020 年)》的正式颁布,为"人力资源服务业"的发展奠定了政策基础。2011 年 3 月 27 日国家发展改革委发布了新修订的《产业结构调整指导目录(2011 年本)》,"人力资源服务业"以鼓励类发展产业的身份,被正式列入国家产业目录。这一政治导向说明,国家把人力资源服务业纳入国家服务经济体系,成为国家重点发展的现代服务业的重要组成部分。2011 年 12 月 16 日国务院常务会议讨论通过了《促进就业规划(2011—2015 年)》,指出"十二五"时期就业工作的主要目标及为了落实这些目标,政府相关部门必将出台相关的支持性政策,这些都会推动中国人力资源服

务业的发展。2014年8月6日,国务院发布《关于加快发展生产服务业促进结构调整升级的指导意见》,为了从根本上解决制约服务业发展和经济转型的问题,把加强人才队伍建设作为重要的政策措施,人力资源服务业成为我国生产性服务业发展的重点领域之一。为贯彻落实《国家中长期人才发展规划纲要(2010—2020年)》和《国务院关于加快发展生产性服务业促进产业结构的调整升级的指导意见》等文件的部署和要求,2014年12月25日人力资源市场司发布《人力资源社会保障部、国家发展改革委、财政部关于加快发展人力资源服务业的意见》,确定了八项重点任务,提出到2020年建立专业化、信息化、产业化、国际化的人力资源服务体系的目标,促进了人力资源服务业持续健康发展。

2015年1月,国务院印发了《关于促进服务外包产业加快发展的意见》,在文件中,国务院首次对促进服务外包产业加快发展作出全面部署。这种从国家层面对服务外包产业发展作出规划,势必会使"中国服务"走向世界。2016年3月,中共中央印发了《关于深化人才发展体制机制改革的意见》,强调了"积极培育各类专业社会组织和人才中介服务机构,有序承接政府转移的人才培养、评价、流动、激励等职能",这意味着在国家层面正式承认人力资源服务主要业态的服务供给由政府大包大揽转向市场化配置,突出市场主体的作用,为人力资源服务业发展提供了坚实的政策基础。2016年7月14日,人社部印发《人力资源和社会保障事业发展"十三五"规划纲要》,是"十三五"期间人社领域最重要的纲领性文件,仍然把人力资源服务业的发展放在了重要的位置。2017年1月26日,国务院印发《"十三五"促进就业规划》,人力资源服务业再一次被写入"十三五"规划中,人力资源服务业将作为重要抓手,进一步释放人力资源的市场配置潜力。2017年10月,人力资源社会保障部印发了《人力资源服务业发展行动计划》,这是从国家层面上对发展人力资源服务业作出全面部署,并对人力资源服务业的后续发展作出了战略布局。

从以上表述可以看出,人力资源服务业从首次写入国务院文件,到相继写入"十二五""十三五"规划和国务院及其他部级部门的其他重要文件,说明人力资源服务业已经成为服务业中的独立门类,成为国家重点发展的产业领域。

（2）人力资源服务业由首个国家标准发布到更趋标准化、规范化、科学化

标准是在一定范围内,经过协商一致并由公证共认机构批准、共同使用和遵守的规则,是各行各业加强管理、建立现代企业制度的重要技术依托。标准化是当今时代增强行业竞争力的重要武器。人力资源服务业作为国家重点发展的产业更应该实现标准化、规范化、科学化。关于涉及人力资源服务业标准的大事件有 3 个,文件 6 个（见表 2-5-32）。

表 2-5-32　2007—2018 年有关人力资源服务业标准化的大事件及法规

序号	事件及法规名称	时间	部门
1	全国人才服务标准化技术委员会在北京成立,并制定了"全国人才服务标准化体系"	2007 年 9 月 13 日	全国人才服务标准化技术委员会
2	《人力资源和社会保障部标准化工作管理办法》	2008 年	人力资源和社会保障部
3	我国人力资源服务行业首个国家标准《高级人才寻访服务规范》正式批准发布于 2011 年 1 月 1 日起实施	2010 年 10 月 13 日	国家质检总局
4	《北京市地方标准公告》批准发布《人力资源服务机构等级划分与评定》和《人力资源服务规范》	2013 年 6 月 21 日	北京市质量技术监督局
5	国家质检总局国家标准委于 2017 年 5 月 31 日发布 2017 年第十三号《中国国家标准公告》,批准发布推荐性国家标准《人力资源服务机构能力指数》,并将于 2017 年 12 月 1 日正式实施。	2017 年 12 月 1 日	国家质检总局国家标准委

2007 年 9 月 13 日,全国人才服务标准化技术委员会在北京成立,并制定了"全国人才服务标准化体系",人力资源服务业走向规范化。2008 年人力资源和社会保障部颁布了《人力资源和社会保障部标准化工作管理办法》,完善了人力资源服务内容体系、提供了准入行业的标准,为人力资源标准化工作打下了坚实的基础。2010 年 10 月 13 日,国家质检总局正式批准发布《高级人才寻访服务规范》,这是我国人力资源服务行业首个国家标准。要加快全球一体化进程,全球范围内的高层次人才的流动和配置应运而生,并日益急迫,《高级人才寻访服务规范》的颁布和实施,有利于规范高

级人才寻访服务行为,提升人力资源服务业的服务质量,从而推动人才强国战略。2013年6月21日,北京市质量技术监督局发布《北京市地方标准公告》,批准发布《人力资源服务机构等级划分与评定》《人力资源服务规范》。这是我国发布的第一部完整的人力资源服务地方标准,是在2007年8月13日发布的地方标准的基础上修订完成,通过建立人力资源服务机构和服务项目评价指标体系,对影响人力资源服务质量的从业人员、设施设备、服务环境、业务范围及其工作流程、基本要求等因素进行修订和规范,促使其达到相应标准水平,推动人力资源服务行业的健康发展。① 2017年5月31日,国家质检总局国家标准委发布了推荐性国家标准《人力资源服务机构能力指数》。该标准对服务机构的基本要求、注册资本、从业人员、服务环境、设施设备和规章制度等六个方面进行了规范,具有科学性、合理性和可操作性。这次国家标准的制定,有利于形成各级人力资源服务机构统一的能力指数,对于人力资源服务业的发展具有里程碑式的意义。该标准的颁布与实施,将会使得人力资源服务机构的服务趋向标准化、规范化、科学化,将推动人力资源服务业的服务质量、服务水平和服务效率逐步提升,更好地推动人才强国战略的实施。

（3）人力资源服务业相关法律保障作用规范日渐强大

从2007—2018年期间的8次大事件可以看出,国家机关以及各相关职能部门相继发布实施的人力资源服务业相关政策法规,人力资源服务业的法律保障日渐强大(见表2-5-33)。

表2-5-33　2007—2018年发布实施的与人力资源服务业的相关法规政策

序号	法规名称	时间	部门
1	《中华人民共和国劳动合同法》	2007年6月29日	全国人大常委会
2	《中华人民共和国就业促进法》	2007年8月30日	全国人大常委会
3	《劳动争议调解仲裁法》	2007年8月30日	全国人大常委会
4	《在中国境内就业的外国人参加社会保险暂行办法》	2011年10月15日	人力资源和社会保障部
5	《企业劳动争议协商调解规定》	2011年12月5日	人力资源和社会保障部

① 萧鸣政:《中国人力资源服务业白皮书2013》,人民出版社2014年版,第387页。

续表

序号	法规名称	时间	部门
6	《女职工劳动保护特别规定(草案)》	2012 年 4 月 28 日	国务院
7	《劳动合同法修正案草案》	2012 年 6 月 26 日	全国人大常委会
8	《外国人在中国永久居留享有相关待遇的办法》	2012 年 12 月	中央组织部、人力资源社会保障部、公安部等 25 个部门联合
9	《劳务派遣行政许可实施办法》	2013 年 6 月	人社部
10	《劳务派遣暂行规定》	2014 年 3 月	人社部
11	《事业单位人事管理条例》	2014 年 7 月 1 日	国务院
12	《关于建立统一的城乡居民基本养老保险制度的意见》	2014 年 2 月 21 日	国务院
13	《关于构建和谐劳动关系的意见》	2015 年 4 月 8 日	中共中央、国务院
14	《基本养老保险基金投资管理办法》	2015 年 8 月 23 日	国务院
15	《全国社会保障基金条例》	2016 年 3 月 10 日	国务院
16	《关于全面推进人力资源社会保障部门法治建设的指导意见》	2015 年 7 月 6 日	人力资源和社会保障部
17	《关于阶段性降低社会保险费率的通知》	2016 年 4 月	人社部和财政部
18	《关于建立企业职工基本养老保险基金中央调剂制度的通知》	2018 年 5 月 30 日	国务院
19	《人力资源市场暂行条例》	2018 年 7 月颁发，自 2018 年 10 月 1 日起施行	国务院

　　2007 年,相继出台了《劳动合同法》《就业促进法》《劳动争议调解仲裁法》三部法律,为人力资源服务业构建了良好的制度环境。其中《劳动合同法》《劳动争议调解仲裁法》属于劳动关系领域,《就业促进法》属于招工与就业领域。三部法律的出台,在各自领域发挥着规范作用。《劳动合同法》规范了劳务派遣业务,《就业促进法》代表了就业政策的法律化,《劳动争议调解仲裁法》降低了维权成本。三部法律的出台为人力资源服务业构建了良好的制度环境。2011 年 12 月 5 日,人社部发布了《企业劳动争议协商调解规定》,在《劳动法》《劳动合同法》《劳动争议调解仲裁法》《就业促进法》等劳动就业相关法律的基础上,进一步完善了中国劳动就业法律制度环境,也进一步完善了人力资源服务业法律制度环境。2012 年 4 月,国务院通过

《女职工劳动保护特别规定（草案）》，对女性人力资源服务业发展提供了保障，同时也是为中国整个人力资源服务业的发展提供了一个更健全和规范的制度环境。2012 年 6 月 26 日，十一届全国人大常委会第二十七次会议初次审议《劳动合同法修正案草案》，既完善了人力资源服务业的法律制度环境，又规范了人力资源服务业的经营活动，使人力资源服务业越来越规范化、专业化。劳务派遣不规范会损害劳动者的利益，2013 年 6 月，人力资源社会保障部第 10 次部务会审议通过了《劳务派遣行政许可实施办法》，对经营劳务派遣的用人单位进行有效的法律监督和规范，有利于人力资源服务业健康持续发展。中共中央、国务院于 2015 年 4 月 8 日印发《关于构建和谐劳动关系的意见》，系统阐述了构建中国特色和谐劳动关系的重大意义、指导思想、基本原则、目标任务和政策措施，使和谐劳动关系构建规范化。2014 年 7 月 1 日国务院发布的《事业单位人事管理条例》，规范了事业单位人事管理的基本制度。人力资源和社会保障部于 2015 年 7 月 6 日颁布《关于全面推进人力资源社会保障部门法治建设的指导意见》，为全面推进人力资源与社会保障事业包括人力资源服务业的科学发展提供坚实的法治保障。

在社会福利和社会保障领域，国务院于 2014 年、2015 年、2016 年、2018 年发布了四个文件：《关于建立统一的城乡居民基本养老保险制度的意见》《基本养老保险基金投资管理办法》《全国社会保障基金条例》《关于建立企业职工基本养老保险基金中央调剂制度的通知》。人社部和财政部于 2016 年发布了《关于阶段性降低社会保险费率的通知》。这五个文件既解决了这个领域的问题，又维护了社会的稳定，促进了经济的发展，更重要的是为人力资源服务业的规范化、专业化带来了机遇。

《在中国境内就业的外国人参加社会保险暂行办法》的正式实施，以及《外国人在中国永久居留享有相关待遇的办法》的出台，既完善了国内人力资源服务业的制度环境，又为中国境内的外籍人力资源提供更加完善的就业环境和权益保障，吸引更多高层次外籍人才，进而促进和推动中国人力资源服务业的国际化发展趋势。

因此，从人力资源服务业的 11 年的大事件中，可以看出相关的法律规范从各自领域、各个角度完善人力资源服务业的政策体系。

（4）诚信体系也持续推进

在政策事件中，关于诚信方面的事件有两个（见表 2-5-34）。诚信是市场经济的基础，是市场主体经营活动的基本要求。人力资源经过 30 多年的培育和发展，2007 年人力资源服务业第一次写入国务院文件，人力资源服务业不断成长、壮大，但是也有个别服务机构失信经营，扰乱市场，损害行业形象。为之，人社部于 2012 年及时发布了《关于加强人力资源服务机构诚信体系建设的通知》，对规范人力资源服务市场秩序、推进人力资源服务业健康发展有重要作用。2016 年 9 月，人社部推出人社信用评价体系，更是使人力资源服务业走向数据化、信息化的发展。

表 2-5-34　2007—2018 年发布实施的与人力资源服务业
诚信体系的有关的法规政策

序号	事件名称	时间	部门
1	人社部下发《关于加强人力资源服务机构诚信体系建设的通知》，推动人力资源服务业诚信体系建设	2012 年 8 月 29 日	人社部
2	人社部推出人社信用评价体系	2016 年 9 月	人力资源和社会保障部

2. 学术研究持续化、系统化、高端化

82 件大事中，关于学术事件一共有 16 件，其中"中国人力资源服务业白皮书与蓝皮书"系列独占首位。其次是"人力资源蓝皮书"系列（见表 2-5-35）。这两大研究团队的高端配置，使人力资源服务业的学术研究持续化、系统化、前沿化、信息化、高端化。

《中国人力资源服务业白皮书》（2008—2013 年）与《中国人力资源服务业蓝皮书》（2014—2018 年）11 本书，是由北京大学人力资源开发与管理研究中心出版的关于人力资源服务业的研究成果，系统地介绍每年人力资源服务业的发展状况、服务机构、与之相关政策法规解读、服务业的先进经验与案例、企业竞争力的分析以及行业十件大事的述评等，全面地展现了中国及各省市十一年来人力资源服务业的发展现状、重点、亮点、问题和最新进展。本研究对推动人力资源服务业的发展，具有重要的战略意义。

2012 年，我国首部人力资源蓝皮书——《中国人力资源发展报告

（2011—2012）》，由社会科学文献出版社、中国人事科学研究院、中国劳动科学研究院发布。之后，每年持续研究出版。目前出版发布了7本。该系列图书长期致力于跟踪反映我国人力资源和社会保障事业发展动态，围绕中国人力资源发展重点领域研究，从基本现状、创新举措、发展策略、未来走向等视角，对当前中国人力资源事业发展状况进行较为全面、系统、深入的分析，为人力资源服务业的相关研究提供了借鉴，为政府决策提供一定的参考。

但是，关于人力资源服务业的学术研究，国内研究人力资源服务业的著作和学术论文数量还存在着偏少和质量偏低的缺点，研究领域与研究深度都有待扩展和加强。

表 2-5-35　2007—2018 年发布的与人力资源服务业学术大事件一览表

序号	大事名称	时间
1	《中国人力资源服务业白皮书》系列发布，人力资源服务业走向产学研结合一体化道路	2007—2011
2	促进人力资源服务业发展十大事件（2007—2011）首次揭晓，记录中国人力资源服务业发展历程	2011—2012
3	我国首次全口径人才资源统计公布，全国人才总量达 1.2 亿人；我国第三产业就业去年首超第一产业，未来 5 年中国人力资源外包市场增长将超 20%。中国人力资源服务业市场潜力巨大，前景无限	
4	北京大学人力资源开发与管理中心与上海市对外服务有限公司联合出版《人力资源服务业白皮书 2012 年》	2012—2013
5	我国首部人力资源蓝皮书发布，7 月 19 日，社会科学文献出版社、中国人事科学研究院、中国劳动科学研究院发布了人力资源蓝皮书《中国人力资源发展报告（2011—2012）》	
6	北京大学人力资源开发与管理中心与上海市对外服务有限公司联合出版《人力资源服务业白皮书 2013》	2013—2014
7	人力资源蓝皮书《中国人力资源发展报告 2013》出版，主题为"推动实现更高质量的就业"	
8	《中国人力资源服务业蓝皮书 2014》出版	2014—2015
9	《2015 中国人力资源服务业市场研究报告》发布	
10	《中国人力资源服务业发展报告（2014）》发布	
11	《中国人力资源服务业蓝皮书 2015》发布	2015—2016
12	第四届中华人力资源研究会年会暨学术研讨会在广西南宁召开	

序号	大事名称	时间
13	《中国人力资源服务业蓝皮书 2016》发布暨行业发展高端论坛举行——"中国人力资源服务业白皮书与蓝皮书"系列十周年之作,针对人力资源服务业的现状与发展态势展开分析和预测的学术性研究成果	2016—2017
14	中国人力资源服务业博士后学术交流会召开——国内首次专门针对人力资源服务业领域的高层次学术交流会议	
15	《中国人力资源服务业蓝皮书 2017》和《中国人力资源服务业发展报告 2017》发布	2017—2018
16	《2017 年度人力资源和社会保障事业发展统计公报》发布	

3. 人力资源服务行业快速高质增长

82 件大事中,行业事件 20 件(见表 2-5-36)。这些行业事件透漏的信息有:有关人力资源的首届中国博览会论坛召开,促进人力资源服务业的社会影响,同时其影响也会越来越大;国家级人才特区和人力资源服务集聚区成立,说明人力资源服务业的业务拓展有了新的空间;"十一五"期间,三家人力资源服务企业入选中国企业 500 强,"十二五"期间,两家人力资源服务企业进入中国服务企业 100 强,说明从无到有、从弱到强的快速发展的人力资源服务业,已经在行业内具有了很强的竞争力;"全国招聘信息公共服务网开通试运行"到"公共就业人才服务网络信息化建设全面铺开",说明人力资源服务业嗅觉比较敏捷,也具有前瞻性,顺应了当今时代发展信息化的趋势;"LinkedIn 中文版'领英'进入中国市场"和"Adeco(德科)成为500 强榜单中唯一的人力资源企业"这两件大事显示了人力资源服务业已经有了全球化竞争意识,走向国际化;"广西锦绣前程人力资源股份有限公司进入'新三板'"和"科锐国际上市"以及"民营人力资源服务业企业继续助力我国人力资源服务产业发展"这三件大事,说明人力资源服务业的竞争格局是多种性质机构竞相发展,特别是民营性质的服务企业呈快速增长的趋势,势头强足;等等。综上所述,说明人力资源服务业快速高质增长。

表 2-5-36　2007—2018 年发布的与人力资源服务业行业大事件一览表

序号	事件名称	时间范围
1	2007 年上海人才服务业博览会、2011 年首届中国人力资源服务业发展论坛召开,促进人力资源服务业的社会影响	2007—2011 年
2	"十一五"期间,三家人力资源服务企业入选中国企业 500 强	
3	首个国家级人才特区与人力资源服务集聚区成立,人力资源服务业有了特区	
4	全国招聘信息公共服务网开通试运行,进一步完善了公共人力资源服务平台	2011 年 7 月至 2012 年 6 月
5	上海市首届"劳动论坛"成功举办,助推企业和谐劳动关系的构建,为人力资源服务业发展构筑良好的社会氛围和市场环境	
6	各地纷纷成立人力资源服务行业协会,人力资源服务行业逐步走向规范化和专业化	
7	就业优先战略被纳入地区经济社会发展框架和政府考核体系	2012 年 7 月至 2013 年 6 月
8	公共就业服务体系建设和人力资源市场建设得到进一步推进,公共就业人才服务网络信息化建设全面铺开	
9	两家人力资源服务企业进入中国服务业 100 强榜单	
10	LinkedIn 中文版"领英"进入中国市场	2013 年 7 月至 2014 年 8 月
11	2013—2014《财富》世界 500 强发布,Adeco(德科)成为 500 强榜单中唯一的人力资源企业	
12	我国首发调查失业率:6 月底为 5.05%,连降 4 个月	
13	全国人力资源市场建设工作座谈会召开	2014—2015 年度
14	上海外服发布"外服云"	
15	两家人力资源服务企业进入中国服务业 100 强榜单	2015 年 8 月至 2016 年 7 月
16	广西锦绣前程人力资源股份有限公司在新三板挂牌上市	
17	科锐国际在深交所创业板上市交易,成国内首家登陆 A 股的人力资源服务企业——作为国内首只上市 A 股的猎头概念股,其在创业板的表现对于国内其他大型人力资源服务业具有借鉴意义	2016—2017 年度
18	2016 中国人力资源服务战略发展大会召开——由政府、互联网领域、人力资源领域资深专家出席的人力资源服务领域	
19	人社部发文确定 128 家全国人力资源诚信服务示范机构	2017—2018 年度
20	民营人力资源服务业企业继续助力我国人力资源服务产业发展	

（三）从十一年来的大事件看人力资源服务业的未来发展

1. 诚信体系建设任重道远

老子说："人无信不立,国无信则衰。"有人精彩附会："商无信不财,企无信不兴。"诚信自古就是商家经营的基本规则。诚信是市场经济的基础,是市场主体经营活动的基本要求。没有了诚信就没有了秩序,就没有了企业。任何企业行业只有诚信经营,才能得到社会的认可。人力资源服务业走到今日,难免有不协调的音符。为了使人力资源服务业健康发展,必须抓好人力资源服务机构诚信体系的建设,这是推动人力资源服务业健康发展的必要条件,也是加强人力资源市场管理的一件大事,是一项长期坚持持续做的事情,任重道远。

2. 政策体系建设完善精准

11 年的人力资源服务业从首次写入国务院文件到逐渐成为重点产业,成为国家战略中的重要组成部分,是离不开相关法律法规的保障,离不开政策体系的支持的。当今时代,赢得人才更是赢得国际竞争主动战略,建设强国梦需要人才强国。因此健全行业发展的法规政策体系需要可持续性长期性。

3. 监督体系规范化专业化

人力资源服务业在我国仍然是处于不成熟阶段,市场不成熟,从业企业层次不整齐,遵循的标准不统一。政府和行业协会在规范人力资源服务方面,不应该缺位。因此,制定行业专业化的标准,完善政府的监督机制,加强行业协会的自律,是人力资源服务业持续健康发展的必然要求。

4. "传统+互联网"一体化

在信息化时代,移动互联网、大数据、云计算、AI 等新技术的发展,冲击着传统的人力资源服务业。人力资源服务业必须与新技术不断融合,才能使其服务模式及商业模式跟上时代,才能加快人力资源服务业的创新发展步伐,才能发挥人力资源服务业促进人力资源优化配置的作用,推动"人口红利"向"人才红利"转变。

5. 秉持"一带一路"全球化

随着"一带一路"建设的推进和日益全球化经济的催化,我国"走出去"的企业越来越多,人力资源服务机构也必然要为这些企业承接国际业务提供服务,并参与到全球人力资源服务的竞争中。很显然,国外人力资源服务机构也走进中国市场,参与国内人力资源服务市场竞争,全球竞争格局已出现。因此,要想持续发展,必须秉持"一带一路"全球化意识。

五、人力资源服务业成果变化分析

(一) 专著类

十一年来,对人力资源服务业的研究专著,重磅级的有三个系列:一是北大政府管理学院博导萧鸣政教授带领北大人力资源开发与管理研究中心研究团队与上海市对外服务有限公司合作,编写的《中国人力资源服务业白皮书》(2008—2013 年)与《中国人力资源服务业蓝皮书》(2014—2018年)11 本专著;二是中国人事科学研究院、中国劳动科学研究院发布的人力资源蓝皮书《中国人力资源发展报告》(2011—2018)8 本专著;三是人社部孙健立司长带领编委会,发布的《中国人力资源服务业发展报告》(2014—2018)5 本专著。

1.《中国人力资源服务业白皮书》《中国人力资源服务业蓝皮书》系列

十几年来,北京大学人力资源开发与管理研究中心一直秉承推动人力资源服务业更好更快发展的宗旨,投入经费与力量,组织专家与相关研究人员对中国人力资源服务业的发展予以关注、记录、总结与探索,共发布了《中国人力资源服务业白皮书》(2008—2013 年)与《中国人力资源服务业蓝皮书》(2014—2018 年)11 本专著。

2008 年中国第一本人力资源服务业白皮书发布,说明了中国的人力资源服务业基本走上了正轨,并逐年快速增长。每一本专著的发布,都是全面贯彻党和国家政策方针,结合专业前沿理论对年度内行业实践状况进行理论概述、事实描述、量化实证、案例分析,作出具有科学性和前瞻性的评价、分析与预测,全方位展现本年度内中国各省市人力资源服务业的发展现状、重点、亮点、问题和最新进展,助力人力资源服务业的健康发展,提高人力资源服务业对实施人才强国战略的助推作用。

2.《中国人力资源发展报告》系列

社会科学文献出版社、中国人事科学研究院、中国劳动科学研究院发布了人力资源蓝皮书《中国人力资源发展报告(2011—2012)》,这是我国首部人力资源蓝皮书发布。以后每年发布,已有 8 本系列专著。每一本专著都通过大量的数字和事实,全面、深刻地反映我国人力资源开发的状况,展示中国实施就业优先和人才强国战略的重点研究成果。其中"人力资源服务业"作为一个专题篇,占有很重要的位置。

3.《中国人力资源服务业发展报告》系列

2015 年 1 月 20 日,《中国人力资源服务业发展报告(2014)》发布,成为第一本全国性的人力资源服务业发展报告。

之后每一本专著,从两个维度展示人力资源服务业的现状。横向维度上,从现状的总体情况入手,360 度介绍人力资源服务业的相关政策、法规,并探讨和研究行业发展环境,展望趋势和未来。纵向维度上,根据调查的数据情况,回顾行业发展的历程,并站在历史视角,对行业发展中的重大事件、重大政策进行系统的梳理和解读。

《中国人力资源服务业发展报告(2018)》,和以往的行业报告相比,更加突出了"专""精""全""新",对人力资源服务机构及从业者提供一定的帮助和指导作用,成为具有权威性和实用性的重要史料和业务指南,对我国人力资源服务业的发展起到引领和促进作用。

4. 其他专著

2015 年 4 月 2 日,中国人力资源服务业的重量级市场研究报告《2015 中国人力资源服务业市场研究报告:现状、趋势与展望》由中国最大的人力资源媒体公司 HRoot 发布。报告内容囊括人力资源服务业的分类与内涵、发展历程、市场规模、发展速度、驱动因素、竞争格局、客户类型、进入壁垒、市场环境预测、市场需求分析、市场细分、收入规模预测等。报告研究结果为政府部门、人力资源行业专家和企业家、投资界了解和分析中国人力资源服务业市场发展现状规模、未来发展趋势提供了权威的参考。中华人民共和国人力资源和社会保障部发布的每年度的《人力资源和社会保障事业发展统计公报》,具有数据精准权威作用。还有其他关于服务业方面的教材和实操手册,都是对人力资源服务业的研究和实践的补充。

（二）期刊论文、硕博论文类

在知网上输入"人力资源服务业"字样，可搜出 275 篇期刊文章。具体情况参见图 2-5-20。

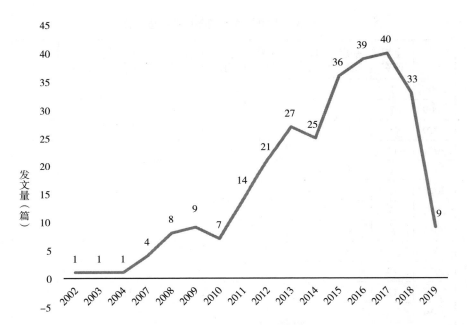

图 2-5-20　发表年度趋势图

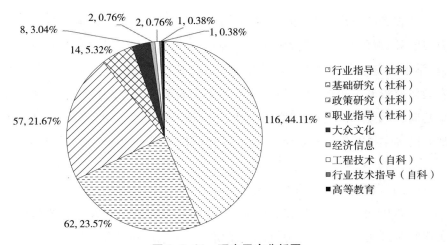

图 2-5-21　研究层次分析图

从图 2-5-20 和图 2-5-21 可以看出,从 2007 年到 2019 年,研究数量成曲线上升。研究层次以"行业指导、基础研究、政策研究、职业指导"为多。

表 2-5-37　期刊论文主题年度数量总体表

	全面研究	基层研究	借鉴国外	互联网+	人才测评	外包	人力资源管理咨询	产业园区	其他
2008	1					2	2		
2009	1	1			3	1	1		
2010	3	3						3	
2011	11	2						3	
2012	2	5				1		1	
2013	8	5	4		2	1	3	3	
2014	6	7	1					6	
2015	8	8			6	1	1	11	
2016	7	13	3	1	1	2		6	
2017	10	5	1	5	2	2		8	
2018	12	11	1	3			2	7	
2019	2	4						4	
总计	71	63	10	9	13	10	9	52	38

从表 2-5-37 可以看出,我国人力资源服务业研究成果主要有三个特点:从不同视角对人力资源服务业的现状、发展途径以及战略思想等全面研究;学术研究与实践结合紧密,如发展产业园区等;基层人力资源服务业的发展研究较多。此外,还可以看出我国人力资源服务业理论研究体现出五个趋向,即更加重视理论研究的细化、更加重视区域发展的差异性比较、更加鼓励多学科的参与和融合、适应互联网时代发展与全球化发展等趋势。

（三）其他成果:举办会议等

从 2007 年 11 月 2 日在北京举办的"基于全球视角的人力资源理论与实践问题研究——国际人力资源开发研究会第六届亚洲年会"到 2018 年 4 月 14 日在深圳举办的"亚太人力资源开发与服务博览会暨第十六届中国

国际人才交流大会",每一次大会都契合时代发展,为业界奉献一场场人力资源行业的知识盛宴。从初级阶段大力发展人力资源服务业,力促创新和发展,提升学术与社会影响力,实施人才强国战略开始,经历助推企业和谐劳动关系的构建,促进人力资源领域的国际交流和合作,再深入研究人才开发战略问题的研究后,在全面深化改革背景下以独特的视角纵论人力资源服务的转型与创新,迎接"云平台、大数据、'互联网+'"等新技术新理念带来的挑战。

十一年来关于人力资源服务业的研究成果,每一部专著、每一篇文章、每一次论坛与会议都展示着人力资源服务业的发展与成长。北京大学也坚持不懈,持续发布《中国人力资源服务业白(蓝)皮书》,力求客观、全面与深入展示中国人力资源服务业的成就与发展,不忘初心,保持始终。

附录　2018—2019 年度人力资源
服务业研究相关成果

专著类①

[1]萧鸣政:《中国人力资源服务业蓝皮书 2018》,人民出版社 2019年版。

[2]弗布克管理咨询中心:《人力资源服务机构运营手册》,中国劳动社会保障出版社 2019 年版。

[3]蒋倩:《百万猎头从入门到精通》,北京大学出版社 2019 年版。

[4]周文斌:《转型期中国企业人力资源管理变革问题研究》,中国社会科学出版社 2019 年版。

[5]谌新民:《人力资源管理概论》,科学出版社 2019 年版。

[6]刘娜欣:《人力资源管理》,北京理工大学出版社 2018 年版。

[7]张健东:《人力资源管理理论与实务》,中国纺织出版社 2018 年版。

中文期刊论文类②

[1]任巍、简浩:《基于"五事"模型粤港澳大湾区人力资源服务业发展现状分析》,《广东经济》2019 年第 6 期。

[2]刘婧捷、郁亚楠:《江苏省人力资源服务业发展的新常态》,《现代营

---

① 专著类名单根据亚马逊、当当网搜索排序选编而成,为 2018 年 8 月 1 日至 2019 年 9月 31 日期间出版且书名包含有"人力资源服务"字样或主题高度相关的图书。搜索不全面等不当之处,恳请读者斧正。

② 中文期刊论文类名单选自中国知网 2018 年 8 月 1 日至 2019 年 9 月 31 日期间发表的论文,篇名中包含有"人力资源服务"字样或以人力资源服务业各业态为主题按发表时间顺序排序。搜集不全面等不当之处,恳请读者斧正。

销(下旬刊)》2019年第5期。

[3]《发挥人力资源服务业作用　开展人力资源服务机构助力脱贫攻坚行动》,《中国人力资源社会保障》2019年第5期。

[4]王睿:《人力资源服务业迎来历史机遇期》,《中国人力资源社会保障》2019年第5期。

[5]郭晓丽:《论人力资源服务业中的会计处理》,《纳税》2019年第13期。

[6]李春霸:《区域人力资源服务业的发展瓶颈与对策研究——以江苏省为例》,《中国管理信息化》2019年第6期。

[7]孙建立:《人力资源服务业高质量发展:成效、问题与对策》,《中国劳动》2019年第3期。

[8]钟红艳:《论人力资源服务业的业态及价值》,《企业科技与发展》2019年第3期。

[9]田永坡:《人力资源服务业四十年:创新与发展》,《中国人力资源开发》2019年第1期。

[10]王浩明:《海南自由贸易区(港)人力资源服务业发展研究——基于产业集聚理论的视角》,《改革与战略》2018年第12期。

[11]《吉林省组团到浙江开展人力资源服务业对口合作活动》,《劳动保障世界》2018年第34期。

[12]鄂义辉、吴航:《"一带一路"视野下提升我国人力资源服务业国际竞争力的思考》,《劳动保障世界》2018年第34期。

[13]刘红光:《我国人力资源服务业集聚化发展的制约因素及对策研究》,《成功营销》2018年第11期。

[14]刘剑锋:《山西省人力资源服务业发展研究》,《忻州师范学院学报》2018年第5期。

[15]王浩明:《负面清单制度下海南自贸区(港)人力资源服务业发展对策分析》,《中国经贸导刊(中)》2018年第29期。

[16]王睿:《人力资源服务业迎来新时代》,《中国人力资源社会保障》2018年第9期。

[17]谭永生:《人力资源服务业需要实现高质量发展》,《中国人力资源

社会保障》2018 年第 9 期。

[18]《充分发挥人力资源服务业的作用》,《中国人力资源社会保障》2018 年第 9 期。

[19]孙继伟:《重庆人力资源服务业走上发展快车道》,《中国人力资源社会保障》2018 年第 9 期。

[20]《中智连续 13 年领航中国人力资源服务业》,《国资报告》2018 年第 9 期。

硕博士论文类①

[1]牛娜:《传统型人力资源服务机构转型升级研究——以 T 人才服务公司为例》,硕士学位论文,天津大学,2018 年。

[2]骆丹清:《人力资源服务产业园发展中的政府作用研究——以上海为例》,硕士学位论文,华东政法大学,2018 年。

[3]侯倩倩:《区域人力资源服务业聚集下的政府行为研究——以长江三角洲为例》,硕士学位论文,长春工业大学,2018 年。

[4]王丰强:《辽宁省人力资源服务机构的现状与调整策略研究》,硕士学位论文,辽宁工程技术大学,2018 年。

[5]沈海:《宁波市人力资源服务产业园区发展的现状、问题及对策研究》,硕士学位论文,宁波大学,2018 年。

[6]刘元萍:《基于产业结构升级的人力资源服务产业园建设路径研究——以广西为例》,硕士学位论文,广西大学,2018 年。

其他成果:举办会议等②

[1]中国人力资源服务业发展高层论坛暨评价成果发布会,北京,2019 年 3 月 19 日。

---

① 硕博士论文类名单选自知网硕博数据库,为 2018—2019 学年通过答辩的论文,题目包含有"人力资源服务"字样或以人力资源服务业各业态为主题。搜集不全面等不当之处,恳请读者斧正。

② 其他类名单来自于中国知网、中国人力资源研究会官网、中国国家人才网、中国人力资源市场网等网站。搜集不全面等不当之处,恳请读者斧正。

［2］中国人力资源服务战略发展大会,北京,2018 年 9 月 13 日。

［3］中国人力资源服务业创新大会,苏州,2018 年 12 月 3 日。

［4］第二届西部人力资源服务博览会暨首届西部人力资源服务创新大赛总决赛,重庆,2018 年 12 月 13 日。

［5］亚太人力资源开发与服务博览会,深圳,2019 年 4 月 14 日。

［6］中国(上海)自由贸易试验区人力资源服务创新发展论坛,上海,2019 年 4 月 29 日。

［7］中国天津人力资源服务业发展论坛,天津,2019 年 5 月 10 日。

［8］发展浙江省人力资源服务行业及支持小微企业园建设工作会议,绍兴,2019 年 5 月 29 日。

［9］第四届河北省人力资源服务业战略发展高峰论坛,石家庄,2019 年 8 月 18 日。

［10］第二届广东人力资源峰会暨人力资源服务展,广州,2019 年 8 月 28 日。

参考文献

1.《国务院关于在全国推开"证照分离"改革的通知》，http://www.gov.cn/zhengce/content/2018-10/10/content_5329182.htm。

2.《中共中央办公厅、国务院办公厅〈关于建立健全基本公共服务标准体系的指导意见〉》，http://www.xinhuanet.com/politics/2018-12/12/c_1123843910.htm。

3.《我国将从四个层面构建基本公共服务标准体系》，光明网，2018年12月24日。

4.《中组部、人社部印发〈事业单位工作人员奖励规定〉》，http://www.mohrss.gov.cn/SYrlzyhshbzb/dongtaixinwen/buneiyaowen/201812/t20181221_307467.html。

5.《中共中央办公厅印发〈公务员职务与职级并行规定〉》，http://www.gov.cn/zhengce/2019-03/27/content_5377422.htm。

6.樊鹏:《职务与职级并行拓宽公务员晋升通道》，《光明日报》2019年4月2日。

7.《中共中央印发〈党政领导干部选拔任用工作条例〉》，http://www.gov.cn/zhengce/2019-03/17/content_5374532.htm。

8.《中组部负责人就修订颁布〈党政领导干部选拔任用工作条例〉答记者问》，http://news.xinhuanet.com/2019-03/18/c_1124250450.htm。

9.《国务院关于推动创新创业高质量发展打造"双创"升级版的意见》，http://www.gov.cn/zhengce/content/2018-09/26/content_5325472.htm。

10.《人力资源社会保障部、财政部出台〈关于全面推行企业新型学徒制的意见〉》，http://www.mohrss.gov.cn/gkml/zcfg/gfxwj/201810/t20181024_

303482.html？keywords＝。

11.《国务院关于做好当前和今后一个时期促进就业工作的若干意见》,http://www.gov.cn/zhengce/content/2018-12/05/content_5345808.htm。

12.《人力资源社会保障部、国家发展改革委、财政部共同印发〈关于推进全方位公共就业服务的指导意见〉》,http://www.mohrss.gov.cn/SYrlzyhs-hbzb/jiuye/gzdt/201812/t20181205_306352.html。

13.《国务院办公厅发布〈关于全面推进生育保险和职工基本医疗保险合并实施的意见〉》,http://www.gov.cn/zhengce/content/2019-03/25/content_5376559.htm。

14.新浪财经转经济参考报,https://finance.sina.com.cn/roll/2019-03-26/docihtxyzsm0449773.shtml。

15.《国务院办公厅印发〈降低社会保险费率综合方案〉》,http://www.gov.cn/zhengce/content/2019-04/04/content_5379629.htm。

16.《国务院办公厅印发〈关于推进养老服务发展的意见〉》,http://www.gov.cn/zhengce/content/2019-04/16/content_5383270.htm。

17.《国务院办公厅印发〈关于促进3岁以下婴幼儿照护服务发展的指导意见〉》,http://www.gov.cn/zhengce/content/2019-05/09/content_5389983.htm。

18.《国务院印发〈个人所得税专项附加扣除暂行办法〉》,http://www.gov.cn/zhengce/content/2018-12/22/content_5351181.htm。

19.《国务院印发〈国家职业教育改革实施方案〉》,http://www.gov.cn/zhengce/content/2019-02/13/content_5365341.htm。

20.《国务院办公厅印发〈职业技能提升行动方案(2019—2021年)〉》,http://www.gov.cn/zhengce/content/2019-05/24/content_5394415.htm。

21.《国务院办公厅印发〈关于促进家政服务业提质扩容的意见〉》,http://www.gov.cn/zhengce/content/2019-06/26/content_5403340.htm。

22.《国务院印发〈关于实施健康中国行动的意见〉》,中央人民政府网,http://www.gov.cn/zhengce/content/2019-07/15/content_5409492.htm。

23.《HRoot全球人力资源服务机构50强榜单与白皮书》,http://www.hroot.com。

24. 中国人力资源和社会保障部:《2018 年度人力资源和社会保障事业发展统计公报》,http://www. mohrss. gov. cn/SYrlzyhshbzb/zwgk/szrs/tjgb/201906/t20190611_320429.html。

25. 中华人民共和国人力资源和社会保障部:《我国人力资源服务业发展再上新台阶——2018 年人力资源服务业统计情况》。

26. 前瞻产业研究院:《2018 年人力资源服务行业市场现状与发展趋势:向服务外包方向转变》,http://mini.eastday. com/a/190611180316339.html。

27. 朱茜:《2023 年中国灵活用工规模达千亿 成人力资源服务下一个"爆发点"》,前瞻产研。

28. 吴帅:《创新是人力资源服务业的必由之路》,http://news. gmw. cn/2018-04/22/content_28431524.htm。

29. 王睿:《人力资源服务业迎来历史机遇期》,《中国人力资源社会保障》2019 年第 5 期。

30. 李振:《中国人工智能市场现状与趋势》,http://www. cena. com. cn/semi/20190808/101918.html。

31. 中国科技部:《国家新一代人工智能开放创新平台建设工作指引》,http:// www. most. gov. cn/mostinfo/xinxifenlei/fgzc/gfxwj/gfxwj2019/201908/t20190801_148109.htm。

32. 王政:《去年我国虚拟现实产业规模增 164%》,http://paper.people. com.cn/rmrb/html/2018-05/22/nw.D110000renmrb_20180522_4-10.htm。

33. 夏旭田:《5G 牌照发放为 VR 开辟新天地,预计 2021 年 VR 年复合增长率达 95. 2%》,https://m. 21jingji. com/article/20190620/herald/7c6eb561c18663cbb61ab2af496a32fc.html。

34. 赵沁平:《VR 有可能成为新信息技术支撑平台》,http://www. cena. com.cn/arvr/20180821/95284.html。

35.《全国人民代表大会常务委员会关于修改〈中华人民共和国个人所得税法〉的决定》,http://npc. people. com. cn/n1/2018/0831/c14576-30264982.html。

36. 沈海燕:《社保入税,企业可合规减负》,《人力资源》2018 年第 10 期。

37. 钟红艳：《论人力资源服务业的业态及价值》，《企业科技与发展》2019 年第 3 期。

38. 史宏伟：《京津冀会展人力资源开发的问题与对策分析》，《劳动保障世界》2019 年第 3 期。

39. 董小华：《人力资源服务业发展问题初探》，《中国人力资源开发》2013 年第 5 期。

40. 陈雷、郑美群：《促进欠发达地区人力资源服务业发展的个案研究》，《经济纵横》2012 年第 10 期。

41. 田永坡、李羿：《全球民间职介服务状况及其对中国人力资源服务业发展的启示》，《中国劳动》2016 年第 24 期。

42. 王艳霞、王瑞兴：《河北省人力资源服务业发展的路径选择》，《河北学刊》2009 年第 1 期。

43. 商华：《中国人力资源服务行业现状及分析》，《人力资源管理》2012 年第 2 期。

44. 相玉红等：《辽宁省人力资源服务业发展现状与存在问题分析及对策》，《辽宁科技学院学报》2012 年第 2 期。

45. 周艳丽：《海南省人力资源服务业的路径选择》，《品牌》2015 年第 4 期。

46. 萧鸣政：《中国人力资源服务业蓝皮书 2016》，人民出版社 2017 年版。

47. 张芹芬：《探寻二线城市人力资源服务产业发展路径》，《人力资源管理》2013 年第 9 期。

48. 来有为：《加快人力资源服务业发展的政策选择》，《中国发展观察》2012 年第 3 期。

49. 来有为、袁东明：《中国人力资源服务业的发展状况、问题及政策建议》，《生产力研究》2014 年第 2 期。

50. 陈玉萍：《中国人力资源服务业的发展思路》，《当代世界社会主义问题》2012 年第 4 期。

51. 王林雪、熊静：《人力资源服务业空间集聚组织模式研究》，《科技进步与对策》2016 年第 14 期。

52. 姚战琪：《中国人力资源服务业发展现状、趋势与政策建议》，《经济研究参考》2012 年第 46 期。

53. 丁进：《江苏人力资源服务业发展和对策研究》，《第一资源》2012 年第 5 期。

54. 王红俊：《人力资源服务业发展中政府职能发挥的障碍及其消除》，硕士学位论文，苏州大学，2013 年。

55. 詹晓梅、贾梦、金蕾：《江西省人力资源服务业发展现状及趋势研究》，《科技广场》2014 年第 1 期。

56. 卢冬君：《河南省人力资源服务业发展的现状、趋势及对策建议》，《商丘师范学院学报》2014 年第 10 期。

57. 吕旭涛：《河南省人力资源服务业发展问题研究》，《搏击（武术科学）》2014 年第 12 期。

58. 蒋志芬、李坚：《海南人力资源服务业品牌建设的现状及发展对策研究——在新常态经济背景下》，《中国商论》2016 年第 19 期。

59. 佟林杰：《基于政府协同的京津冀人力资源服务业发展研究》，《中国集体经济》2017 年第 4 期。

60. 黄荔梅：《论促进人力资源服务业的发展》，《新西部》2017 年第 33 期。

61. 汪怿：《人力资源服务业支撑上海全球科技创新中心建设策略研究》，《科学发展》2017 年第 4 期。

62. 田永坡：《"互联网+"与人力资源服务业创新发展状况：基于调查数据的研究》，《中国人力资源开发》2017 年第 8 期。

63. 吴玮：《提升人力资源服务业"三化"水平》，《浙江经济》2017 年第 19 期。

64. 孙林：《人力资源服务业评价指标体系的构建与实践——以北京市人力资源服务业为例》，《中国市场》2015 年第 35 期。

65. 姚曦：《济宁市人力资源市场建设的问题分析与对策研究》，硕士学位论文，新疆大学，2017 年。

66. 陈伟：《人力资源服务业服务效率的影响因素研究》，《人力资源管理》2018 年第 3 期。

67. 刘舜:《提升河北省人力资源服务业产业支撑力策略研究》,《商业经济》2014 年第 16 期。

68. 于艳红、洪静:《山东省人力资源服务业发展问题研究》,《理论学刊》2015 年第 7 期。

69. 来有为:《新时代推动中国人力资源服务业转型升级的政策选择》,《西部论坛》2017 年第 6 期。

70. 叶红春、邓琪:《湖北省人力资源服务业服务效率的影响因素研究》,《湖北大学学报(哲学社会科学版)》2015 年第 4 期。

71. 张维:《经济后发区域人力资源服务产业园建设模式和途径探讨——以云南为例》,《中国工程咨询》2017 年第 11 期。

72. 郭璐:《地方政府促进人力资源服务业集聚的行为研究》,硕士学位论文,西安电子科技大学,2017 年。

73. 于飞、吴红蕾:《人力资源服务业转型升级的对策研究》,《经济纵横》2018 年第 7 期。

74. 侯增艳:《中国人力资源服务产业园区发展状况及对策研究》,《经济研究参考》2014 年第 56 期。

75. 孟续铎:《人力资源服务业及其产业园建设发展研究》,《北京劳动保障职业学院学报》2015 年第 3 期。

76.《人力资源市场暂行条例》,http://www.gov.cn/zhengce/content/2018-07/17/content_5306967.htm。

77. 甘藏春、张义珍:《人力资源市场暂行条例释义》,中国法制出版社 2018 年版。

78.《让人力资源自由有序流动》,《人才就业社保信息报》2018 年 7 月 20 日。

79.《四部门有关负责人就〈降低社会保险费率综合方案〉答记者问》,http://www.gov.cn/zhengce/2019-04-10/content_5381172.htm。

80.《人力资源社会保障部有关负责人就〈国务院办公厅关于印发职业技能提升行动方案(2019—2021 年)的通知〉答记者问》,http://www.gov.cn/zhengce/2019-05-28/content_5395391.htm。

81. 叶昊鸣:《"出钱""扩招",接好这份沉甸甸的"稳就业"大礼包》,

http://www.gov.cn/guowuyuan/2019-05/01/content_5388028.htm。

82. 邱玥:《提升技能稳就业——专家解读〈职业技能提升行动方案（2019—2021 年）〉》, http://www.gov.cn/zhengce/2019 - 06/03/content_5396966.htm。

83. 荀凤元:《解读〈职业技能提升行动方案（2019—2021 年）〉》, http://news.youth.cn/gn/201905/t20190525_11964024.htm。

84.《人力资源社会保障部 市场监管总局关于开展清理整顿人力资源市场秩序专项执法行动的通知》, http://www.mohrss.gov.cn/SYrlzyhshbzb/laodongguanxi/gzdt/201903/t20190326_313157.html。

85. 赵兵:《各类人力资源服务机构超 3 万家》,《人民日报》2018 年 5 月 24 日。

86.《人力资源和社会保障部关于充分发挥市场作用促进人才顺畅有序流动的意见》, http://www.mohrss.gov.cn/gkml/zcfg/gfxwj/201901/t20190128_309872.html。

87.《促进人才顺畅有序流动 全面激发人才创新创业活力》, http://www.gov.cn/xinwen/2019-01/29/content_5362000.htm。

88.《国务院办公厅关于成立国务院就业工作领导小组的通知》, http://www.gov.cn/zhengce/content/2019-05/22/content_5393742.htm。

89. 班娟娟、秦燕玲:《稳就业走实向深 合力初成政策升级》,《经济参考报》2019 年 5 月 28 日。

90. 孟晓蕊:《"2019 年中国人力资源服务业发展高层论坛"在北大举行》,《中国劳动保障报》2019 年 3 月 23 日。

91.《2018 年中国人才发展论坛在京胜利召开》, http://finance.ifeng.com/a/20181219/16629203_0.shtml。

92.《人力资源社会保障部关于同意建立中国北京人力资源服务产业园的函》, http://www.mohrss.gov.cn/SYrlzyhshbzb/jiuye/zcwj/201811/t20181101_304037.html。

93.《人力资源社会保障部关于同意建立中国广州、中国深圳人力资源服务产业园的函》, http://www.mohrss.gov.cn/gkml/zcfg/gfxwj/201811/t20181101_304040.html。

94.《人力资源服务产业园发展前景无限》，http://dangjian.people.com.cn/n/2015/0803/c397259-27401193.html。

95.《人力资源服务产业园——集聚效应明显　未来潜力巨大》，http://www.snhr.gov.cn/zxdt/113096.jhtml。

96.《2018 西部人博会打造人力资源服务业盛宴》，http://cq.people.com.cn/GB/365412/news/20181217/20181217121438351469.htm。

97.《人力资源服务业在以下两方面发挥重要作用》，http://www.gov.cn/xinwen/2018-07/17/content_5307145.htm。

98. 萧鸣政等：《中国人力资源服务业白皮书 2008—2018》，人民出版社 2009—2019 年版。

99. 田小宝、吴江：《中国人力资源发展报告（2011—2012）》，社会科学文献出版社 2012 年版。

100. 吴江：《中国人力资源发展报告（2013）》，社会科学文献出版社 2013 年版。

101. 余兴安：《中国人力资源发展报告（2014—2018）》，社会科学文献出版社 2014—2018 年版。

102. 王克良等：《中国人力资源服务业发展报告（2014）》，中国人事出版社 2014 年版。

103. 孙健立等：《中国人力资源服务业发展报告（2016/2018）》，中国人事出版社 2016/2018 年版。

104. 叶健：《三部劳动法律开启和谐就业新时代》，《辽宁日报》2008 年 1 月 3 日。

105. 彭东昱：《三法实施将对和谐社会建设产生深远影响——访全国人大常委会法工委副主任信春鹰》，《中国人大》2008 年 4 月 10 日。

106. 人力资源和社会保障部党组理论学习中心组：《把就业这个最大的民生抓紧抓好——改革开放 40 年来我国就业工作取得的成就和经验》，《人才资源开发》2018 年第 17 期。

107. 谢玉、李萍：《浅析当下我国养老问题》，《商业经济》2013 年第 7 期。

108. 胡杨：《补齐大病医保的短板》，《中国社会保障》2013 年第 7 期。

109. 江苏省委办公厅、省政府办公厅:《关于加快人力资源服务业发展的意见》,《江苏省人民政府公报》2012 年 5 月 31 日。

110. 孙建立:《人力资源服务业高质量发展:成效、问题与对策》,《中国劳动》2019 年第 3 期。

111. 田永坡:《人力资源服务业四十年:创新与发展》,《中国人力资源开发》2019 年第 1 期。

112. 王睿:《人力资源服务业迎来新时代》,《中国人力资源社会保障》2018 年第 9 期。

责任编辑：李媛媛

封面设计：姚　菲

责任校对：陈艳华

图书在版编目（CIP）数据

中国人力资源服务业蓝皮书.2019/萧鸣政 等 编著. —北京：人民出版社，
　2020.4

ISBN 978－7－01－021898－4

Ⅰ.①中…　Ⅱ.①萧…　Ⅲ.①人力资源-服务业-研究报告-中国-2019
　Ⅳ.①F249.23

中国版本图书馆 CIP 数据核字（2020）第 030823 号

中国人力资源服务业蓝皮书 2019

ZHONGGUO RENLI ZIYUAN FUWUYE LANPISHU 2019

萧鸣政 等 编著

人民出版社 出版发行

（100706　北京市东城区隆福寺街 99 号）

北京中科印刷有限公司印刷　新华书店经销

2020 年 4 月第 1 版　2020 年 4 月北京第 1 次印刷

开本：710 毫米×1000 毫米 1/16　印张：22.75

字数：352 千字

ISBN 978－7－01－021898－4　定价：69.00 元

邮购地址 100706　北京市东城区隆福寺街 99 号

人民东方图书销售中心　电话（010）65250042　65289539